हर मंज़िल होगी आसान

एक शानदार ज़िंदगी के राज़ जानिए

गौर गोपाल दास

आधुनिक दुनिया के लिए विवेक की आवाज़

अनुवाद

बासब चंदना

हार्पर
हिन्दी

प्रथम प्रकाशन 2026
हार्पर हिन्दी
(हार्परकॉलिंस *पब्लिशर्स* इंडिया) द्वारा प्रकाशित
हार्परकॉलिंस *पब्लिशर्स* इंडिया, साइबर सिटी, बिल्डिंग 10-A,
गुरुग्राम, हरियाणा – 122002, भारत
www.harpercollins.co.in

P-ISBN: 978-93-7307-517-4
E-ISBN: 978-93-7307-991-2

टाइपसटिंग : हार्परकॉलिंस *पब्लिशर्स* इंडिया प्राइवट लिमिट्ड
मुद्रक : थॉम्सन प्रेस (इंडिया) लि.

Printed and bound at
Manipal Technologies Limited, Manipal

This book is produced from independently certified FSC® paper to ensure responsible forest management.

*

HarperCollins *Publishers*, Macken House, 39/40 Mayor Street Upper, Dublin 1, D01 C9W8, Ireland

You Can Have It All का हिंदी अनुवाद

हर मंज़िल होगी आसान

मेरे प्रिय आध्यात्मिक गुरु को,
परम पूज्य राधानाथ स्वामी महाराज,
उनके पचहत्तरवें जन्मदिन पर प्रेम से समर्पित –
जिनकी समझदारी और करुणा
आज भी अनगिनत ज़िंदगियों को रोशन करती रहती है।

विषय-सूची

लेखक की कलम से

सबसे पहले, डियर रीडर, मैं दिल से आपका धन्यवाद करना चाहता हूँ। मेरी पहली दो किताबों और मेरे द्वारा शेयर किए गए हर कंटेंट – चाहे वह सोशल मीडिया पर हो या फिर मोंकिफ़ाइ, वह छोटा-सा ऐप जिसे हमने आपकी अंदरूनी नींव मज़बूत करने के लिए बनाया – को आपने जिस तरह प्यार दिया है, उसके लिए मैं बेहद आभारी हूँ। इस पूरे सफ़र में आप मेरे साथ रहे हैं, और इसके लिए मैं सच में कृतज्ञ हूँ।

यह किताब दस ऐसे लाइफ़-चेंजिंग सिद्धांतों को एक साथ पिरोती है, जिन्हें एक दिलचस्प कहानी के ज़रिए बताया गया है। इसके किरदारों में शायद आपको अपनी ही थोड़ी-सी झलक दिख जाए। हर चैप्टर असली कहानियों, भावनाओं और अनुभवों से प्रेरित है। हालाँकि, कहानी का फ़्लो बनाए रखने के लिए कई डिटेल्स बदली गई हैं – और प्राइवेसी का सम्मान करने के लिए ज़्यादातर नाम और जगहें भी – लेकिन उसका सार, उसकी सच्चाई अनछुई ही रखी गई है।

आप चाहें तो बस इन कहानियों और इनमें छुपी समझदारी का आनंद लें। और अगर आप इस अनुभव को थोड़ा ज़्यादा पर्सनल और प्रैक्टिकल बनाना चाहते हैं, तो आपको वर्कशीट्स मिलेंगी, जो इन सिद्धांतों पर सोचने और उन्हें अपनी ज़िंदगी में लागू करने में आपकी मदद करेंगी। पढ़ने का

अनुभव सहज बना रहे, इसलिए जो लोग पेन और पेपर पसंद करते हैं, उनके लिए ये वर्कशीट्स किताब के अंत में दी गई हैं। और जो रीडर्स डिजिटल फ़ॉर्मैट एंजॉय करते हैं, उनके लिए पेज नं. 263 पर दिया गया क्यूआर कोड आपको मोंकिफ़ाइ तक ले जाएगा, जहाँ आप इन्हें ऑनलाइन भर सकते हैं।

यह किताब आपके अंदरूनी विकास और सेल्फ़-डिस्कवरी के सफ़र में आपको गाइड करने, प्रेरित करने और सपोर्ट देने के इरादे से लिखी गई है। यह किसी भी तरह से प्रोफ़ेशनल, मेडिकल, साइकोलॉजिकल या थेरप्यूटिक सलाह, डायग्नोसिस या ट्रीटमेंट का ऑप्शन नहीं है। अगर कभी आपको बहुत ज़्यादा भारीपन महसूस हो या आप इमोशनली या फ़िज़िकली स्ट्रगल कर रहे हों, तो किसी क्वालिफ़ाइड प्रोफ़ेशनल, किसी भरोसेमंद दोस्त या काउंसलर से ज़रूर संपर्क करें। मदद माँगना कमज़ोरी की निशानी नहीं है, यह समझदारी और सेल्फ़-केयर की निशानी है।

इस क़िताब में दी गई सोच, एक्सरसाइज़ और कहानियाँ पूरे प्यार और ईमानदारी के साथ शेयर की गई हैं, आपके सफ़र को सपोर्ट करने के लिए, न कि आपकी अपनी समझ या प्रोफ़ेशनल गाइडेंस को रिप्लेस करने के लिए। जो बात दिल से जुड़े, उसे अपनाइए; जहाँ ज़रूरत हो, वहाँ रुकिए; और इस प्रक्रिया को आराम से आगे बढ़ने दीजिए।

मेरे गुरुओं, शिक्षकों, परिवार, दोस्तों, टीम के सदस्यों और हर उस शुभचिंतक के प्रति मैं दिल से आभार व्यक्त करता हूँ, जिन्होंने इस सफ़र में, चुपचाप या खुलकर, मेरा साथ दिया।

हार्पर कॉलिंस इंडिया और उनकी शानदार टीम को भी दिल से धन्यवाद, जिन्होंने इस विज़न पर भरोसा किया और इसे साकार किया। मेरी एडिटर, तृषा बोरा, और एडिटोरियल टीम की पौलोमी चटर्जी, रचिता राज और गायत्री गोस्वामी को स्पेशल थैंक्स। डिज़ाइन्स और इलस्ट्रेशन्स के लिए सौरव दास और वीर मिश्रा का, और टाइपसेटिंग के लिए राजन यादव का भी बहुत-बहुत धन्यवाद।

और आख़िर में, आपको – प्यारे पाठक – इन पन्नों के साथ अपना कीमती समय बिताने के लिए। मैं आशा करता हूँ कि भगवान की कृपा से यह किताब, जहाँ आप हैं, वहीं रहकर आपको सबकुछ – शांति, उद्‌देश्य और आनंद पाने के राज़ खोलने में मदद करेगी।

1

हैशटैग, हूडी और एक मॉन्क

रिश्तों को समझने के तीन आयाम की खोज

~

ज़िंदगी तीन सवाल हमसे बार-बार पूछती है: क्या आप दूसरों को समझते हैं? क्या आप खुद को समझते हैं? और क्या आप जानते हैं कि आपके आने का मकसद क्या है?

इस सवालों के प्रति हमारे जवाब ही बाकी सब दिशा निर्धारित करते हैं।

ये ठीक वैसे वाली ही शादी थी, जिसका अपना हैशटैग, लोगो, ड्रोन कवरेज... और ऊपर से पाँच वेडिंग प्लानर थे! दो दुल्हन के, दो दूल्हे के, और एक स्टैंडबाय पर– ताकि अगर पहले वाले क्रिएटिवली लड़ पड़ें तो बैकअप रेडी हो।

शादी का इन्विटेशन भी बिल्कुल फिल्म के पोस्टर जैसा था:
रोहन और संजना आपको आमंत्रित करते हैं
उनकी ग्रैंड रॉयल वेडिंग वीकेंड में,
हेरिटेज हवेली पैलेस, जैसलगढ़, राजस्थान।
#SanjRohShaadi #PalacePromiseForever

और 'ड्रेस कोड' में बड़ी शान से लिखा हुआ था:

- पहली शाम: *टैरेस पार्टी*
- 1 दिन: *मेहंदी रॉयल*
- 1.5 दिन: *बॉलीवुड ब्लिंग*
- 2 दिन: *डेज़र्ट चिक*
- 2.5 दिन: *सनसेट गोल्ड*
- 3 दिन: *रीगल रेडिएन्स*
- आखिरी सुबह: *रिकवरी कैज़ुअल*

जब शादी के शेड्यूल में मैथमेटिक्स की किताब से ज़्यादा डेसिमल पॉइंट हों, तब समझ जाओ कि मामला ज़रा ज़्यादा ही इंटेन्स होने वाला है!

ये शादी मेरे दोस्त राकेश अरोड़ा के बेटे रोहन की थी। राकेश और मेरी जान-पहचान हुए दो साल से थोड़ा ज़्यादा समय हुआ था, और इतने कम समय में ही हम काफ़ी अच्छे दोस्त बन गए थे। और वो मेरे इतने क़रीबी

दोस्त हों – और मैं एक मॉन्क (संत) – तो उनका मुझे बुलाना कोई बड़ी बात नहीं थी। असल में इंडिया में तो शादी में दूल्हे का सेहरा भूल जाने से भी ज़्यादा बड़ा अपशकुन मॉन्क को न बुलाना माना जाता है।

अब, मुझे 'डेज़र्ट चिक' क्या होता है, 'सनसेट गोल्ड' क्या होता है, या बाकियों का क्या मतलब है – इनमें से कुछ भी समझ नहीं आया। लेकिन 'रिकवरी कैज़ुअल'? बस, इसको मैं दिल से सपोर्ट करता हूँ! तीन दिन की नॉन-स्टॉप फेस्टिविटीज़, ग्लिटर, सेल्फिज़, और इतने भारी डम्बल जैसे बुफ़े प्लेट्स... उसके बाद कौन आधे दिन की रिकवरी को मना करेगा?

क़िस्मत से, मेरी वार्डरोब में ऐसी कोई दिक्कत नहीं थी। मेरा ड्रेस कोड तो हमेशा फिक्स रहता है: एक ही स्टाइल, हर दिन। नारंगी वस्त्र। सिर पूरा साफ़ (मेरी मर्ज़ी से – बाल गए नहीं हैं; मैंने ख़ुद दे दिए हैं)। चेहरा क्लीन-शेव। बस। कोई टेंशन लेने की बात ही नहीं! आईने के सामने खड़े होकर ये सोचने की ज़रूरत ही नहीं: आज दाढ़ी रखूँ या मूंछ? साइड फेड या मैन-बन? डेज़र्ट चिक या 'डेज़र्टेड' चिक?

एक बार मैंने मज़ाक में कहा भी था कि गंजा होना कितना बड़ा एडवांटेज है, बाल सँवारने में टाइम ही नहीं जाता। तभी किसी ने तुरंत बोल दिया, 'सही है, पर एक डिसएडवांटेज भी है – तुम्हें पता ही नहीं चलता कि चेहरा कहाँ तक धोना है। कोई बाउंड्री ही नहीं है!'

तो मैं जैसलमेर एयरपोर्ट पहुँचा – छोटा-सा रेगिस्तानी आउटपोस्ट जो एयरपोर्ट कम और एक ऐसे बस स्टैंड जैसा ज़्यादा लगता है जिसके सपने बड़े हों। एक कन्वेयर बेल्ट, एक एग्ज़िट गेट, और बाहर तकरीबन सात ऊँट ऐसे घूमते हुए मानो अनऑफ़िशियल ग्रीटर्स हों।

यहाँ से हवेली पैलेस चालीस मिनट की ड्राइव थी, वही हैशटैग-हेवी #SanjRohShaadi वाली जगह। एक ऐसा पैलेस, जो ग्लिटर, गोल्ड और फैमिली ड्रामा से भरा था... और मैं, एक मॉन्क, जिसके पास इतनी छोटी स्ट्रॉली थी कि चाहूँ तो ग्लव कम्पार्टमेंट में भी रख दूँ।

जैसे ही मैं अराइवल गेट से बाहर निकला, हवा गर्म और सूखी लगी। नवंबर की रेगिस्तानी गर्मी को हल्की-सी ठंडी ब्रीज़ थोड़ा कम कर तो रही थी, लेकिन उतनी भी नहीं कि कॉटन के अलावा कुछ पहनने का मन करे।

और वहाँ वो खड़ा था। एक दुबला-सा टीनएजर, मुश्किल से उन्नीस साल का, हाथ में एक छोटा-सा 'Welcome' प्लेकार्ड लिए, जो आधा उसके फ़ोन के पीछे छुपा हुआ था। सिर से लेकर पैर तक पूरा Gen Z वाइब – रेगिस्तान की गर्मी में ओवरसाइज़्ड हुडी (फैशन, लॉजिक नहीं), ऐसे स्नीकर्स जिनकी कीमत शायद उसकी कॉलेज की फ़ीस से ज़्यादा हो। उसके वायरलेस ईयरबड्स का नेकबैंड ऐसे लटक रहा था जैसे कोई टेक-इंस्पायर्ड नेकलेस हो। बाल बड़े प्यार से ऐसे सेट किए हुए कि बेतरतीब लगें– टिप्स पर हल्की सिल्वर-ब्लॉन्ड हाइलाइट्स... यानी 'एफ़र्टलेस' दिखने में भी पूरा एफ़र्ट। उसके कंधे पर एक कैनवस टोट बैग टंगा था, जिसके कोने से एक स्केचबुक झाँक रही थी – किनारे मुड़े हुए, पन्ने ग्रेफ़ाइट से हल्के-हल्के धब्बेदार – मानो यह पन्नों से ज़्यादा कहानियों के ज़रिए उसके साथ सफ़र कर चुका हो।

ये था वेद। मेरे दोस्त राकेश का नाती। हम पहले कभी नहीं मिले थे।

वेद ने अपने फ़ोन से नज़र उठाकर मेरी तरफ़ देखा, मेरे केसरिया कपड़े देखकर वो एक पल के लिए रुक गया। फिर उसने वो हल्की-सी, आधी-अधूरी मुस्कान दी... वही जो टीनएजर्स तब देते हैं जब उन्हें समझ नहीं आता कि सामने वाले को सम्मान देना है, दोस्ताना स्वभाव रखना है, या फिर ऐसे किसी सिचुएशन की आइरनी को बताने से ही बच जाना है।

'हाय... उम्म... गौर गोपाल दास? मैं वेद हूँ। नानाजी ने मुझे आपको रिसीव करने भेजा है,' उसने थोड़ा झिझकते हुए लेकिन ईमानदारी से कहा।

मैंने गर्मजोशी से सिर हिलाया। 'थैंक यू, वेद। तुमसे मिलकर अच्छा लगा।'

उसने भी तुरंत सिर हिलाया और वेटिंग एरिया की तरफ इशारा किया। 'चलें?'

हम वहाँ पहुँचे जहाँ एक चमचमाती काली मर्सिडीज-बेंज़ एस-क्लास खड़ी थी, इंजन हल्का सा गुनगुना रहा था, और यूनिफ़ॉर्म में खड़ा ड्राइवर हमारा सामान लेने के लिए तैयार था। हम कार में बैठ गए।

मुझे यह बात छू गई कि राकेश ने मुझे लेने के लिए किसी फ़ैमिली मेम्बर को भेजा, सिर्फ़ कोई अच्छी-सी पिक-अप कार नहीं। आजकल मैं काम के लिए काफ़ी ट्रैवल करता हूँ, और जब भी ऐसे इवेंट्स पर पहुँचता हूँ, लोग अपना आभार जताने के लिए बहुत कुछ करना चाहते हैं। तो नैचुरली, मुझे ऐसी लग्ज़री सिडान में पिक किया जाता है जिनकी क़ीमत मेरे पूरे बैंक अकाउंट की लाइफटाइम वैल्यू से भी ज़्यादा होती है। मुझे फाइव-स्टार होटल के ऐसे स्वीट दिए जाते हैं जो इतने बड़े होते हैं कि कभी-कभी बाथरूम ढूँढते-ढूँढते मैं ख़ुद ही खो जाता हूँ। और टेबल पर? एक वेलकम प्लैटर जिसमें चौदह तरह के एक्सॉटिक फ्रूट्स सजे होते हैं – जिनमें से तेरह के नाम मैं ठीक से बोल भी नहीं पाता, ख़ाना तो दूर की बात है।

मैं अक्सर मज़ाक में कहता हूँ, 'जिस चीज़ के लिए लोग पूरी ज़िंदगी मेहनत करते रहते हैं, वो मुझे ऐसे ही रास्ते में गिफ़्ट की तरह मिल जाती है। करियर समझदारी से चुनो!'

लेकिन साफ़ बता दूँ – ये बस एक मज़ाक है (इससे पहले कि यहाँ कोई फ़ायदे सुनकर संन्यासी बनने के लिए मॉन्क-स्कूल में एडमिशन लेने पहुँच जाए)।

क्योंकि असली मॉन्क लाइफ़ तो बिल्कुल उलट है। हमारे मुंबई आश्रम में एक 8-बाय-8 फीट का छोटा-सा कमरा मेरा पर्सनल रेज़िडेंस है। कोई पर्सनल शेफ़ नहीं है जो मेरे लिए स्पेशल मेन्यू बनाए – बस एक कम्युनिटी किचन है, जो पूरे भारत के अलग-अलग कोनों से आए अस्सी से ज़्यादा भिक्षुओं के लिए खाना बनाता है। अब आप उन बेचारे रसोइयों की हालत की कल्पना कर ही सकते हैं जो हर किसी को ख़ुश करने की कोशिश करते हैं। जिस दिन सांभर-चावल मिलता है, हमारे पंजाबी भाई प्लेट को ऐसे देखते

हैं जैसे उसमें हॉस्पिटल का ख़ाना परोसा गया हो। और जिस दिन छोले-भटूरे बनते हैं, साउथ इंडिया के मॉन्क्स को देखकर लगता है जैसे उन्हें कोई सज़ा मिल गई हो।

यही है आश्रम का जीवन – सिंपल, डेमोक्रैटिक और बोरिंग बिल्कुल भी नहीं।

फिर भी, इस रास्ते पर चलते हुए मैंने जो सबसे गहरे सबक सीखे हैं, उनमें से एक है – प्रेम जिस रूप में मिले, उसे ग्रेसफ़ुली उसी रूप में स्वीकार करना। कभी वो प्रेम एक लग्ज़री कार के रूप में, तो कभी किसी साधारण से घर के फ़र्श पर परोसे गए सीधे-सादे ख़ाने के रूप में आता है। जेस्चर से ज़्यादा उसके पीछे की फ़ीलिंग मायने रखती है।

कभी-कभी इशारा छोटा होता है, लेकिन उसके पीछे की फ़ीलिंग बहुत बड़ी होती है। और कई बार जेस्चर बड़ा होता है, पर उसके पीछे कोई भावना ही नहीं होती। आप क्या लेना पसंद करेंगे? अगर कोई बच्चा चिपचिपी उँगलियों से आपको आधा बिस्किट दे दे, तो उस जेस्चर में ज़्यादा आत्मीयता होती है – बजाए किसी ऐसे इंसान के, जो आपको एक महँगा पेन पकड़ा दे और उसमें कोई इमोशन न हो। एक सिर्फ़ हाथ से दिया गया गिफ़्ट है। दूसरा दिल से दिया गया गिफ़्ट है। और सच तो यह है कि हमें संतुष्ट सिर्फ़ दिल वाला करता है। और केवल एक ही जो हमें सचमुच संतुष्ट करता है। ऐसा नहीं है कि मटेरियल चीज़ें बुरी होती हैं, लेकिन अगर उनके पीछे भावनाएँ न हों, तो उनका मतलब ही खो जाता है।

जिस भक्ति परंपरा को मैं मानता हूँ, उसने बहुत पहले ही मुझे सिखा दिया था: किसी वस्तु को सिर्फ़ देखो मत, उसकी इंटेंशन को महसूस करो। सिर्फ़ जेस्चर मत गिनो, प्यार को संभालो।

महाभारत जैसी महान कथाएँ इसे बहुत खूबसूरती से समझाती हैं। जब श्रीकृष्ण शांति प्रस्ताव लेकर हस्तिनापुर आए, तो दुर्योधन ने उन्हें अपनी ओर करने के लिए शानदार मेहमाननवाज़ी का लालच दिया – रहने के लिए भव्य महल, बेहतरीन कपड़े और गहने, और छप्पन-भोग का राजसी भोजन, जिनमें

ऐसे-ऐसे ख़ाने की चीज़ें जो किसी को भी इंप्रेस कर दें। लेकिन श्रीकृष्ण ने मना कर दिया, उन्होंने कहा, 'कोई भी भेंट दो कारणों से स्वीकार की जाती है – या तो भूख के कारण, या फिर इसलिए कि वह प्रेम से दी गई हो। मैं न तो भूखा हूँ, और न ही यह प्रेम से दी गई है।'

इसके बजाय वे अपने भक्त विदुर के साधारण-से घर गए। विदुर घर पर नहीं थे, तो उनकी पत्नी, श्रीकृष्ण के आगमन से भाव-विभोर होकर, तुरन्त उनकी सेवा करने लगीं। उन्होंने सादा-सा भोजन पेश किया। कुछ लोक-कथाएँ कहती हैं कि खुशी में उन्होंने केले छील दिए, लेकिन घबराहट में फल की जगह श्रीकृष्ण को छिलके ही परोस दिए। फिर भी श्रीकृष्ण मुस्कुराते हुए उन्हें प्रेम से खाते रहे। क्यों? क्योंकि वे वस्तु नहीं – उसके पीछे का प्रेम चख रहे थे।

यह सीख टाइमलेस है। दुनिया गिनती है कितने व्यंजन थे, गिफ़्ट कितना बड़ा था, ज्वेलरी की कीमत कितनी है – यानी फ़ॉर्म। लेकिन जो लोग सार को समझते हैं, वो फ़ॉर्म से आगे देखते हैं – वो भाव देखते हैं।

जैसा कि भगवद्गीता में कहा गया है:

पत्रं पुष्पं फलं तोयं
यो मे भक्त्या प्रयच्छति
तदहं भक्त्युपहृतम्
अशनामि प्रयतात्मनः

जो कोई मुझे प्रेम और भक्ति से
पत्र, पुष्प, फल या जल भी अर्पित करता है,
मैं उस भक्ति-भरे उपहार को
सहर्ष स्वीकार करता हूँ। (9.26)

चीज़ें तो मिट जाती हैं, लेकिन भावनाएँ रह जाती हैं। कारें पुरानी हो जाती हैं, होटल के स्वीट से हम चेक-आउट कर जाते हैं, फल खा लिए जाते हैं...

लेकिन जब ये चीज़ें हमें प्रेम से दी गई थीं, उस समय हमने जो महसूस किया था? वो बना रहता है।

~

वेद सीट पर टिककर आराम से फ़ोन स्क्रोल कर रहा था। ड्राइवर ने रियर-व्यू मिरर ठीक किया; सामने रेगिस्तान वाली सड़क दूर तक फैली थी। कुछ मिनटों बाद, वेद ने अपना फ़ोन नीचे रखा और मेरी तरफ मुड़ा। 'तो... आपके नाम का असल मतलब क्या है? गौर गोपाल दास... थोड़ा लंबा-सा है।'

मैं मुस्कुराया। 'आह, कम से कम तुमने सही तो बोला। ज़्यादातर लोग इसमें क्रिएटिव हो जाते हैं। एक बार किसी ने मेरा इंट्रोडक्शन करते हुए नाम बोला – "गोल्ड गोपाल दास"। मैंने उससे कहा, "ज़रूर... लेकिन 10 ग्राम का रेट क्या लगेगा?"'

वेद ने हँसते हुए माथा पीट लिया। 'गोल्ड! ओह मैन, ये तो कमाल ही हो गया!'

मैंने आगे कहा, 'और एक बार एयरपोर्ट पर एक स्टाफ ने मुझे आवाज़ दी – "मिस्टर गोल गोपाल दास"। देखो, मानता हूँ कि मेरा चेहरा थोड़ा गोल है, और मेरा क्लीन-शेव्ड सर उसे और हाईलाइट कर देता है... लेकिन मैं इतना भी गोल-मटोल नहीं हूँ!'

वेद ज़ोर से हँस पड़ा। 'गोल-मटोल? ये तो बहुत फ़नी है!'

'और एक कॉर्पोरेट इवेंट में तो मेरे नाम के कार्ड पर लिखा था – "गौरव ग्लोबल दास"। एक पल के लिए मुझे लगा मैं मॉन्क कम और कोई मल्टीनेशनल कंपनी ज़्यादा हूँ।'

वेद खुशी से ताली बजाता हुआ बोला, 'ये तो बेस्ट है। गौरव ग्लोबल दास – सीईओ मॉन्क।'

हम दोनों ठहाके लगाने लगे।

फिर मैंने थोड़ा नरमी से कहा, 'लेकिन मेरा नाम मुझे मेरे आध्यात्मिक शिक्षक – मेरे गुरु – ने दिया था, जब मैं आश्रम में जुड़ा। हम सब शिष्यों को दीक्षा के समय नए नाम दिए जाते हैं। पुरुषों के नाम के अंत में *दास* लगता है, और महिलाओं के लिए *दासी*।'

वेद ने हैरानी से पूछा, 'हमेशा दास या दासी ही क्यों?'

'क्योंकि दास का मतलब होता है – सेवक। मेरे गुरु ने मुझसे एक बार कहा था, "तुम्हारे पूरे नाम में सबसे ज़रूरी हिस्सा दास है। हमेशा याद रखना – तुम भगवान के सेवक हो, और लोगों के भी।"'

वेद ने भौंहें सिकोड़ लीं। 'लेकिन... सेवक? ये थोड़ा इंसल्टिंग नहीं लगता? मतलब... थोड़ा नीचा?'

'वो इसलिए क्योंकि इस शब्द का ग़लत इस्तेमाल किया गया है। पुराने ग्रंथों में जब "सेवक" शब्द आया था, तब उसके अंदर गरिमा थी – वो कोई ऐसा व्यक्ति होता था जो निष्ठा, भक्ति या कर्तव्य से सेवा करता था। उदाहरण के तौर पर, त्रिवेंद्रम, केरल में शाही परिवार ने ख़ुद को औपचारिक रूप से श्री पद्मनभ दास और श्री पद्मनभ सेविनी घोषित किया था – यानी "भगवान पद्मनभ के सेवक" जो उस राज्य के प्रमुख देवता हैं। पुरुष सदस्य "दास" और महिलाएँ "सेविनी" लगाती थीं, ये बताते हुए कि वे राज्य पर मालिक बनकर नहीं, बल्कि भगवान के सेवक बनकर शासन करते हैं। आज भी ये परंपरा जारी है।[1] इसी तरह भक्ति परंपरा में संत और भक्तों ने अपने नाम तुलसीदास और सूरदास रखे जो विनम्रता और प्रेम का संकेत देते हैं।

'और ये सिर्फ़ भारत में ही नहीं था। मध्यकालीन यूरोप में भी राजघराने और बड़े राज्यों के मंत्री यही भावना रखते थे। जैसे सर थॉमस मोर अपने पत्रों पर अक्सर लिखते थे – "your humble servant" – ये किसी तरह की बेइज़्ज़ती नहीं, बल्कि गहरी इज़्ज़त और निष्ठा का प्रतीक माना जाता था।

'लेकिन समय के साथ इस शब्द का रूप बदल गया। कॉलोनियलिज्म और गुलामी के दौर में सेवक शब्द को बंधुआ मज़दूरी और हीनता से जोड़ा

जाने लगा। लेकिन असल में दोनों चीज़ों में ज़मीन-आसमान का फ़र्क है। ग़ुलामी मजबूरी है। सेवा – एक चॉइस है।'

वेद ने भौंह उठाई। 'चॉइस?'

'हाँ। सोचकर देखो, क्या प्यार की पहचान यही नहीं कि हम उस इंसान की सेवा करें जिसे हम प्यार करते हैं? एक माँ बिना सोचे-समझे अपने बच्चे की सेवा करती है। दोस्त ज़रूरत के समय एक-दूसरे की सेवा करते हैं। प्रेमी छोटी-छोटी बातों में एक-दूसरे की देखभाल करते हैं। इन सबमें से कुछ भी नीचा दिखाने की निशानी नहीं – ये तो प्यार का चलायमान रूप है।'

वेद पीछे की तरफ झुक गया। 'हम्म। तो आप कह रहे हैं कि सेवक होना स्टेटस का सवाल नहीं, और सेवा प्यार से आ सकती है?'

'बिल्कुल। और सोचो अगर रिश्तों में हम बॉस बनने की कोशिश छोड़ दें और सेवा करने की भावना रखें! और वो भी एकतरफ़ा नहीं, दोनों तरफ़ से, उसी जज़्बे के साथ तो रिश्ता कितना सुंदर, कितना सामंजस्यपूर्ण हो जाएगा।'

'तो आपके नाम का मतलब बेसीकली ये हुआ'... वेद मुस्कुराते हुए बोला, 'कि आप एक सेवक हैं?'

मैं हँस पड़ा। 'हाँ। हालाँकि एक बार किसी ने मुझे "गोपाल बॉस" भी बुलाया था। तब मुझे उन्हें सुधारना पड़ा – पूरा पॉइंट ही यही है कि मैं बॉस नहीं हूँ। और ज़िंदगी अगर कभी हमें बॉस या लीडर की पोज़िशन भी दे दे, तो भी असली लीडरशिप सेवा ही है – उनकी मदद करना जिन्हें मार्गदर्शन देना हमारा काम है।'

वेद ने मस्ती में सिर हिलाया। 'अच्छा ठीक है, सेवक जी... बस मज़ाक कर रहा हूँ। मुझे लगता है मैं आपको 'गौर-जी' बुलाऊँगा, अगर आपको ठीक लगे?'

मैं मुस्कुराया। 'बिल्कुल। तुम्हें जो अच्छा लगे। नाम का लेबल नहीं – उसके पीछे का प्रेम मायने रखता है।'

कुछ पल के लिए वेद फिर से अपने फ़ोन में खो गया। एक मिनट बाद उसके चेहरे पर अचानक एक शरारती-सी मुस्कान फैल गई। 'एक मिनट...

आपके तो सोशल मीडिया पर मिलियन्स में फॉलोअर्स हैं? आप बेसीकली एक सेलेब्रिटी मॉन्क हो!'

मैंने भौंह उठाई। 'सेलेब्रिटी मॉन्क? ये तो सीधा-सीधा एक ऑक्सीमोरॉन हुआ।' फिर मैंने नरमी से जोड़ा, 'लेकिन सच कहूँ, वेद... लोग और उनका प्यार ही मुझे बनाते हैं। अगर कोई मेरा कंटेंट न देखे, न सुने, न सराहे तो मैं कौन हूँ? सेलेब्रिटी तो वो लोग हैं। मैं तो बस सेवक हूँ – एक दास हूँ – और कोशिश कर रहा हूँ कि ईमानदारी से सेवा करता रहूँ।'

वेद का चेहरा थोड़ा नरम पड़ा। 'ये... दरअसल काफ़ी अच्छा है।'

हम दोनों पूरी तरह अलग-अलग दुनियाओं के लोग थे। एक जेन ज़ी का टीनएजर, जो शायद पूरी बातें इमोजी और शॉर्ट-फॉर्म में करता होगा। और एक मॉन्क, जो आज भी कभी-कभी DM को 'डिस्ट्रिक्ट मेजिस्ट्रेट' समझ लेता है। मुझे महसूस हुआ, ये यात्रा सिर्फ़ महल तक की ड्राइव नहीं होने वाली थी। ये दो बेहद अलग दुनिया का एक साथ मिलन था – केसरिया और स्नीकर्स, प्रेयर्स और प्लेलिस्ट्स का मिलन। ये लड़का उस जेनरेशन गैप का चलता-फिरता उदाहरण था, जो इन दिनों मेरे दिमाग में लगातार घूम रहा था। और हालांकि मुझे इसकी उम्मीद नहीं थी, लेकिन वेद के साथ मेरी यह बातचीत इस बात को उजागर कर रही थी कि विभिन्न पीढ़ियों और पृष्ठभूमि के लोगों को समझने का वास्तव में क्या मतलब है।

~

चाहे परिवार हों, दफ़्तर हों या फिर संन्यासी ही क्यों न हों – आज हम जिन सबसे बड़ी चुनौतियों से जूझ रहे हैं, उनमें से एक है पीढ़ियों का अंतर। कभी भी जीवनशैली, सोच, मान्यताओं और अपेक्षाओं में इतना बड़ा फ़र्क एक ही परिवार के भीतर नहीं देखा गया था।

एक पीढ़ी पैसे फ़िक्स्ड डिपॉज़िट में बचाती है, अगली उसे क्रिप्टो में लगा देती है। एक को प्यार से लंबी चिट्ठियाँ लिखने की आदत है, दूसरी हर

बात पर सिर्फ़ 'k' टाइप करके या एक थम्स-अप इमोजी भेजकर काम ख़त्म कर देती है। एक को स्थिरता पर गर्व है, दूसरी बदलाव को महत्व देती है।

न कोई सही है, न कोई ग़लत – बस दोनों के देखने का नज़रिया अलग है।

मैं इसे अक्सर यूँ समझाता हूँ: दो लोग एक ही संख्या को देखते हैं – एक इस तरफ़ से, दूसरा उस तरफ़ से। एक कहता है यह 6 है। दूसरा ज़ोर देकर कहता है यह 9 है। और दोनों ही सही हैं – जहाँ खड़े हैं, वहाँ से।

लेकिन क्या हो अगर, बस एक बार, हम थोड़ा घूमकर दूसरी तरफ़ से देखें? यह देखने के लिए कि सामने वाला क्या देख रहा है? अगर हम न भी मानें – कम से कम हमें समझ तो आएगा। और कई बार समझ आना, सहमत होने से कहीं ज़्यादा इम्पॉर्टेंट होता है। क्योंकि क्रिप्टो बनाम फ़िक्स्ड डिपॉज़िट, इमोज़ी बनाम चिट्ठियाँ, हूडीज़ बनाम चोगे, इन सभी डिफरेंसेस के बावजूद इनमें एक ही इंसानी ज़रूरत छिपी होती है। ज़रूरत समझे जाने की, सम्मान मिलने की, और प्यार मिलने की।

इससे मुझे एक कहानी याद आती है – एक शिक्षक की जिन्होंने एक आम उठाया और क्लास से उसको डिस्क्राइब करने को कहा।

एक ने कहा, 'यह पीला है।' दूसरे ने कहा, 'नहीं, यह हरा है।' तीसरे ने कहा, 'अरे नहीं, यह लाल है!' और देखते ही देखते सब बहस में पड़ गए।

शिक्षक मुस्कुराए और बोले, 'तुम सब सही हो। जहाँ तुम बैठे हो, वहाँ से आम का अलग हिस्सा दिख रहा है। जब तक तुम उसे चारों तरफ़ घूमकर नहीं देखोगे तब तक तुम्हें समझ नहीं आएगा।'

ज़िंदगी भी उसी आम की तरह है। रिश्ते हों, पीढ़ियों के मतभेद हों या दफ़्तर की खटपट – यह सही-ग़लत साबित करने का खेल नहीं है। यह इस बात पर टिका है कि हम थोड़े से कदम बढ़ाकर दूसरी तरफ़ जाने को तैयार हैं या नहीं।

और मुझे लगता है कि हममें से हर कोई, मेरे प्यारे दोस्तों, यह समझ अपने तरीके से हासिल करता है। मुझे पूरे आम को देखने का हुनर ऐसे ही मिला।

जब मैंने आश्रम जॉइन किया, तो अपने साथ एक छोटे शहर के, कंज़रवेटिव परिवार में पले-बढ़े लड़के की परवरिश भी ले आया था। मेरे घर में स्लैंग का इस्तेमाल लगभग न के बराबर था – सोच भी नहीं सकते थे। सच कहूँ तो, आश्रम में आने से पहले मैंने कोई स्लैंग बोला ही नहीं था। हमारा आश्रम मुंबई के डाउनटाउन में था, और ज़्यादातर साधु वहीं के पले-बढ़े थे। कुछ तो शहर में पढ़े-लिखे और नौकरी भी कर चुके थे।

तो ऐसे में, पहले के कुछ दिन मेरे लिए एकदम कल्चर शॉक के थे। ये गंभीर, तपस्वी, बेहद समर्पित साधु आम बातचीत में ऐसी भाषा बोलते थे, जिससे मैं घबरा जाता था। अगर कोई गुज़र गया, तो कहते, *'ऑफ़ हो गया।'* अगर कोई इरिटेट कर रहा हो, तो हँसते हुए बोलते, *'दिमाग़ का दही मत कर!'* मुझे मज़ा भी आता था, और झटका भी लगता था। इतने गंभीर ईश्वर-भक्त लोग ऐसे कैसे बोल सकते हैं?

और फिर एक दिन – उनको भी और मुझे भी – झटका तब लगा जब मैंने ख़ुद को कहते सुना, *'लफ़ड़ा हो गया।'* हम सब हँसते-हँसते लोटपोट हो गए।

उस पल ने मुझे एक इम्पॉर्टेन्ट बात सिखाई। कई बार अनजाने में ही हम अपने आस-पास के लोगों की आदतें, भाषा और तौर-तरीके अपना लेते हैं। और तभी मैंने ठान लिया – जो भी मैं अपना रहा हूँ, उस पर सजग रहूँगा, सतर्क रहूँगा।

कुछ समय बाद, एक प्रवचन के दौरान, मैंने एक वरिष्ठ साधु से यह बात सुनी: 'सिर्फ़ क्या मत देखो। उसके आगे जाओ। क्यों को देखो।'

यह बात मेरे भीतर गहराई तक उतर गई। मुझे पता था कि ये साधु क्या कर रहे थे – स्लैंग का इस्तेमाल। पर क्यों? क्योंकि वे मुंबई में पले-बढ़े थे। यह उनकी रोज़मर्रा की भाषा की बारीकियाँ थीं। और फिर भी, इसके बावजूद, वे यहाँ आश्रम में थे ख़ुद को निखारने की कोशिश करते हुए, बेहतर बनने के लिए संघर्ष करते हुए, अपना पूरा जीवन सेवा में समर्पित करते हुए। उनकी भाषा कभी-कभी उनके पृष्ठभूमि का स्वाद लिए होती थी, लेकिन उनकी नीयत खालिस सोना थी। उस दिन मैंने उनकी नज़र से देखना सीखा। मैंने व्हॉट से आगे बढ़कर व्हाई देखना शुरू किया। मैं केवल 6 देखने से आगे बढ़कर यह देखने का प्रयास करने लगा कि वे 9 को किस प्रकार देख रहे थे।

जब प्रयास दोनों तरफ़ से होता है, तो बिना जल्दबाज़ी में कन्क्लूज़न पर पहुँचे रिश्ते बेहतर बनते हैं क्योंकि हम किसी के शब्दों, कर्मों और इरादों को समझने की कोशिश करते हैं। इससे समझ और विश्वास की गहरी भावना पैदा होती है।

कुछ महीनों बाद, मुझे यही सीख फिर मिली – इस बार एक अलग तरीके से।

आश्रम में एक साधु थे जो मुझे मिले एक काम में इंटरफेयर करने लगे थे। बिना कुछ कहे-सुने, उन्होंने वही काम करना शुरू कर दिया जो मुझे सौंपा गया था। मुझे लगा जैसे मेरे हिस्से में दखल दिया जा रहा हो। न कोई बातचीत हुई, न कोई वजह बताई गयी, सीधे दख़ल।

मैं एक सीनियर मॉन्क के पास गया और अपनी परेशानी उन्हें ख़ुलकर बताई। उन्होंने शांत भाव से सुना और बोले, 'इस काम के अलावा तुम्हारे पास चार और काम हैं, जिन्हें तुम अच्छी तरह कर सकते हो। लेकिन उसके पास सिर्फ़ यही एक है। तुम्हारे लिए यह कई कामों में से एक है, लेकिन उसके लिए यह सबकुछ है। ऐसा हो सकता है कि उसका अपनाया हुआ तरीक़ा ग़लत हो, लेकिन वो ऐसा क्यों कर रहा है ये बिल्कुल साफ़ है – उसकी अनकही ज़रूरत उसके व्यवहार के रूप में सामने आ रही है।'

उन सीनियर मॉन्क ने मुझे आश्वस्त किया कि वे उससे इस तरह बात करेंगे कि उसकी ज़रूरत भी पूरी हो और उसे मेरा दृष्टिकोण भी समझ आए। और ठीक उसी क्षण, मुझे एक गहरा सत्य समझ में आया: 6-9 का सिद्धांत सिर्फ़ पीढ़ियों या पृष्ठभूमियों का अंतर नहीं, बल्कि ज़रूरतों का भी अंतर है।

आपकी ज़िंदगी में भी ऐसे पल आए होंगे। शायद अभी भी हैं। गलतफ़हमियाँ होती हैं, कॉनफ्लिक्ट्स हो जाते हैं, इशूज़ सामने आते हैं। और यह बिल्कुल सामान्य है। हममें से कोई भी पूर्ण नहीं। हम सब अपने-अपने तरीके से बेहतर बनने की कोशिश कर रहे हैं।

असल सवाल यह है कि: आप और सामने वाला व्यक्ति एक-दूसरे की ज़रूरतों, चिंताओं और दृष्टिकोण को बेहतर समझ पाने के लिए क्या कदम उठा सकते हैं?

एक-दूसरे को समझना सिर्फ़ एक मजबूत रिश्ते की नींव ही नहीं, बल्कि हमारे रोज़मर्रा के जीवन में सुखद और संतुष्ट जीवन जीने का आधार भी है।

लेकिन इससे भी अलग एक और बात है – सबसे महत्वपूर्ण।

दूसरों को समझना संतुष्टि लाता है, लेकिन उस सफ़र की शुरुआत तभी होती है जब हम पहले ख़ुद को समझते हैं। वहीं से हमारी ख़ुद के साथ रिलेशनशिप की नींव बनती है। दूसरों के साथ हमारा संबंध तभी गहरा और प्रभावी हो सकता है जब हमारा अपने-आप से संबंध गहरा हो। जब हम ख़ुद को समझते हैं, अपनी ज़रूरतों को पहचानते और पूरा करते हैं, तभी एक संतुष्ट अवस्था से हम दूसरों की ज़रूरतों को समझने और उन्हें पूरा करने की क्षमता रखते हैं।

~

हम कुछ देर चुप बैठे रहे, वेद खिड़की के बाहर चमकते रेगिस्तानी नज़ारे को देख रहा था। लेकिन उसका ध्यान ज़्यादा देर वहाँ नहीं टिक पाया। थोड़ी ही देर में वह मुस्कुराते हुए मेरी तरफ मुड़ा।

'तो ... गौरजी,' वेद ने हमारी बात आगे बढ़ाते हुए कहा, 'मेरे नाम के बारे में क्या? मेरी नानी हमेशा कहती हैं कि वेद का मतलब विज़डम या ज्ञान वगैरह होता है?'

मैंने सिर हिलाया। 'हाँ। संस्कृत में "वेद" शब्द "विद्" से आता है, जिसका मतलब है – जानना, समझना। सिर्फ़ जानकारी इकट्ठा करना नहीं, बल्कि गहरी समझ रखना। देखो, आज हमें दुनिया के बारे में कितना कुछ पता है – सेलिब्रिटी स्कैंडल्स, मीम ट्रेंड्स, करोड़पतियों की नेट वर्थ ...'

'और डिजिटल स्कैम्स, ऑनलाइन साज़िश और इंस्टा ब्रेकअप्स भी मत भूलना।'

मैं हँस पड़ा। 'बिल्कुल! हम जानकारी से घिरे हुए हैं, लेकिन बहुत कम लोग सच में जानते हैं कि वे ख़ुद कौन हैं। और यहीं से विज़डम की शुरुआत होती है। विज़डम का मतलब होता है ख़ुद को जानना – अपनी ज़रूरतें, अपने ट्रिगर्स, अपनी शांति, अपनी ख़ुशी।'

'ठीक है,' वह आगे झुकते हुए बोला, 'लेकिन किसी को ये कैसे पता चलेगा कि उसे क्या चाहिए? जैसे आप कहते हैं – ख़ुद को समझो। सुनने में अच्छा लगता है... पर कैसे?'

मैं मुस्कुराया। 'अच्छा सवाल है। मैं अपनी ही जर्नी से कुछ बताता हूँ। जानते हो, एक समय ऐसा भी था जब मैं बहुत ज़्यादा आउटरीच कर रहा था – मैसेजेस बाँटना, लोगों को गाइड करना, दूसरों की मदद करने की कोशिश करना – इतना कि मैं बेहद व्यस्त हो गया था।'

वेद ने भौहें सिकोड़ीं। 'लोगों की मदद करते-करते बिज़ी रहना तो अच्छी ही प्रॉब्लम लगती है।'

'है भी,' मैंने सिर हिलाया। 'और सच कहूँ तो, मुझे जो सराहना मिली, और जो लोगों की ज़िंदगी में बदलाव देखा मैंने, वही मेरे लिए और अधिक काम करते रहने का फ़्यूल बन गया।'

'तो फिर ... प्रॉब्लम कहाँ है? सुनने में तो पूरा विन–विन जैसा लग रहा है।'

'मुझे भी यही लगता था,' मैंने कहा। 'लेकिन एक बार, बहुत ही बिज़ी पीरियड में, मेरी आवाज़ चली गई – लिट्रली। हफ़्तों तक ट्रैवल करके बोलते रहने की वजह से आख़िरकार मेरे गले ने जवाब दे दिया। डॉक्टर ने कुछ दिनों का कम्पलीट साइलेंस लिख दिया। पहले-पहल तो बेचैनी हुई। मुझे बोलने का मन करता था, काम करते रहने का मन करता था। लेकिन ख़ामोशी आपको वो सिखा देती है जो शोर कभी नहीं सिखा सकता। जब आप बोल नहीं पा रहे होते, तब आप अलग तरह से सुनना शुरू करते हैं – दूसरों को, ज़िंदगी को, और ख़ुद को भी।

'उस चुप्पी में मुझे एहसास हुआ कि हम कितनी बार रुककर ये सोचते हैं कि, "मुझे अभी सच में क्या चाहिए?" बस एक्सपेक्टेशंस, रूटीन और रोल्स के हिसाब से चलते रहते हैं। उन कुछ दिनों की ख़ामोशी ने मुझे एक अहम सबक सिखाया: हम अपनी असली ज़रूरतें अक्सर सुनने के ठहराव में खोज पाते हैं, काम के शोर में नहीं। कभी-कभी ब्रह्मांड हमें ये बहुत प्यार से याद दिलाता है, और कभी झकझोर के – लोगों के ज़रिए, हालात के ज़रिए, या एक ऐसे झटके से जो हमें रुकने पर मजबूर कर दे। मेरे लिए, वो झटका मेरी खोयी हुई आवाज़ थी।'

वेद ने सोचते हुए कुर्सी पर टेक लगाया। 'मतलब, मुझे भी कभी-कभार अपनी आवाज़ खो देनी चाहिए?'

'नहीं, आवाज़ खोने की ज़रूरत नहीं,' मैंने हँसते हुए कहा। 'बस फ़ोन की बैटरी ख़त्म हो जाना काफ़ी है – फ़ोन की चार्जिंग ख़त्म होने के बाद जो खामोशी मिलती है, वो काफ़ी एनलाइटनिंग होती है।'

फिर, उसके पहले वाले सवाल पर लौटते हुए मैंने कहा, 'तुम पूछ रहे थे कि हम अपनी ज़रूरतों को कैसे पहचानें – तो बस यही तरीका है। हमें थोड़ा सा धीरे चलने और अपनी इनर वॉइस को सुनने की ज़रूरत है। क्योंकि अगर हम ख़ुद ऐसा नहीं करते, तो ज़िंदगी हमारा ध्यान खींचने के अपने तरीके ढूँढ लेती है। लेकिन दर्द का इंतज़ार ही क्यों करना, जब हम जागरूक होकर अपनी ज़रूरतों को समझकर उसका समाधान कर सकते हैं?'

वेद ने थोड़ा सा सिर तिरछा किया और आधी मुस्कान के साथ बोला, 'तो ... यूनिवर्स साइंस देता है, साइलेंट आंसर्स देता है और मेरी जेनरेशन देती है... नोटिफिकेशन्स। लेकिन ये जानकर अच्छा लगा कि मॉन्क्स के भी अपने चैलेंजेस होते हैं – ये थोड़ा-सा कम्फर्टिंग है।'

मैं हँस पड़ा। 'हाँ, वेद। मॉन्क्स भी। हम सब वर्क इन प्रोग्रेस ही हैं। सच्चाई ये है कि हम सीखते हैं, हम फिसलते हैं, हम चिंतन करते हैं और फिर से ख़ुद को संगठित करते हैं। असली ग्रोथ पाने का यही तरीक़ा है।'

वेद सीधा बैठ गया, अब वह सच में रुचि लेने लगा था। 'लेकिन आपने अपने-आप से दुबारा जुड़ने के लिए एक्चुअली क्या किया?'

'अगर सच में जानना चाहते हो, तो मैं बता सकता हूँ। लेकिन इसमें तुम्हारा थोड़ा समय लगेगा... और थोड़ी पेशेंस भी। बेसिकली, थोड़ा-सा ज्ञान टाइम।'

वेद मुस्कुराया। 'ज्ञान टाइम, हुंह? चलिए, मैं तैयार हूँ।'

मैं भी मुस्कुरा दिया। 'डील। एक छोटा-सा टेड टॉक अभी देता हूँ। तो ये रहा मेरा मॉडल: पॉज। रिफ्लेक्ट। एक्सपेरिमेंट।'

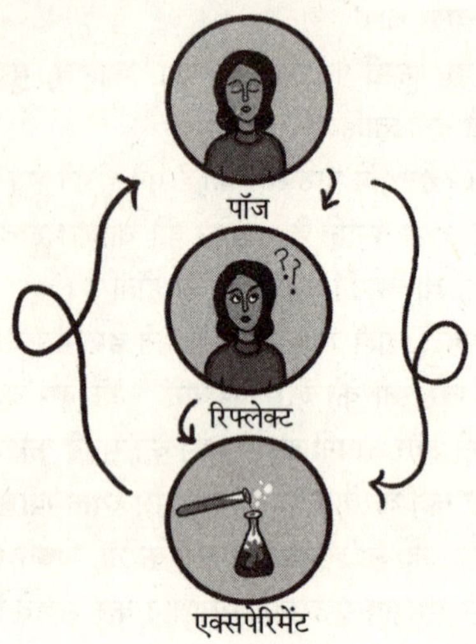

'ओके... सुनने में तो आसान लगता है। लेकिन इसका मतलब क्या है?'

'सबसे पहले, *पॉज* यानी ठहराव,' मैंने कहा। 'ज़िंदगी तुम्हारे लिए नहीं रुकेगी, तुम्हें ख़ुद को रोकना पड़ेगा।'

वेद ने हल्की सी भौंह सिकोड़कर पूछा, 'ठहराव? मतलब ... ध्यान?'

'ज़रूरी नहीं,' मैंने कहा। 'ठहराव का मतलब हमेशा पद्मासन लगाकर बैठना या आँखें बंद करना नहीं होता। इसका मतलब बस इतना है कि अपनी भागदौड़ को थोड़ी देर के लिए रोक दो, इतना कि तुम ये देख सको कि तुम्हारे अंदर सच में क्या चल रहा है। बस एक पल के लिए उस प्रवाह से बाहर निकलो, और देखो कि वो तुम्हें कहाँ ले जा रहा है।'

शब्दों को ध्यान से चुनते हुए मैं थोड़ा पीछे झुक गया। 'शुरू में ये बहुत अनकंफर्टेबल लगता है, ऑलमोस्ट अननैचुरल। मन इधर-उधर भागने लगता है। तुम्हें वो चीज़ें याद आने लगती हैं जो तुम करना भूल गए थे। तुम फ़ोन की तरफ हाथ बढ़ाते हो। तुम्हें महसूस होता है कि दिमाग में कितना शोर भरा हुआ है। ये नॉर्मल है। हम मूवमेंट के इतने आदी हैं कि स्टिलनेस अजीब लगती है।'

वेद ने धीरे से सिर हिलाया। 'तो ये कुछ ऐसा है... जैसे लंबी ड्राइव के बाद आप जब इंजन बंद करते हैं, कार तो शांत हो जाती है, लेकिन कानों में अब भी इंजन की हमिंग महसूस होती रहती है?'

'बिल्कुल,' मैंने मुस्कुराते हुए कहा। 'वो जो हमिंग होती है, वो हमारे मन की बची हुई गति होती है। उसे थोड़ा सा टाइम दो, तो सेटल हो जाती है। और तभी असली जागरूकता शुरू होती है – तब हम शोर के नीचे छिपे अपने असली विचार, असली भावनायें और असली आवश्यकताओं को सुन पाते हैं। जब मेरी आवाज़ चली गई थी, तब मेरे पास सुनने के लिए दुनिया भर का समय था। हमारी बिज़ी ज़िंदगियों में शायद इतनी शांति न मिले – लेकिन थोड़ी-सी जगह हम ख़ुद बना सकते हैं। बस सुबह के दस मिनट – दिन शुरू होने से पहले। कोई फ़ोन नहीं। कोई डिस्ट्रैकशंस नहीं। बस स्पेस – सुनने के लिए।'

वेद ने हामी भरते हुए कहा, 'मतलब बेसिकली... अपनी ज़िन्दगी को एक नेवर-एंडिंग-हसल-रील की तरह चलाना बंद कर दूँ?'

मैं हँस पड़ा। 'हाँ। रील लाइफ़ से थोड़ा हटकर रियल लाइफ़ में आओ।'

'दूसरा, रिफ्लेक्ट, यानी विचार,' मैंने आगे कहा। 'विचार करना उस पुल की तरह है जो भाग-दौड़ को बैलेंस से जोड़ता है। उस ठहराव के दौरान – चाहे सुबह, शाम या दिन में जब भी थोड़ा-सा टाइम मिले – हम अपने आपसे तीन सवाल पूछ सकते हैं: मैं क्या महसूस कर रहा हूँ? मैं ऐसा क्यों महसूस कर रहा हूँ? और अभी, इस वक़्त, मुझे सच में क्या चाहिए? जब मैं अपनी आवाज़ को आराम दे रहा था, तब मैंने ख़ुद से ये सवाल अक्सर पूछे, और हर बार जवाब अलग होता था। कभी मुझे धैर्य चाहिए होता था। कभी आराम। और कभी-कभी... सिर्फ़ थोड़ी-सी खुशी।'

वेद ने आँखें सिकोड़कर पूछा, 'आपको सचमुच इन सवालों के जवाब मिले?? मतलब... सचमुच?'

'हाँ,' मैंने कहा। 'शुरुआत में जवाब बहुत अजीब थे। वे सरल शब्दों में मेरे पास आए जैसे: "मैं थका हुआ हूँ" या "मैं बेचैन महसूस कर रहा हूँ।" लेकिन अगर आप इस प्रैक्टिस पर टिके रहते हो, तो आपके भीतर जो आवाज़ है वो और साफ़ होती जाती है, और मज़बूत भी। और जब आप उस आवाज़ की इज़्ज़त करते हो, तो आपके काम आपके असली ज़रूरतों के साथ मेल खाने लगते हैं। आपकी इनर वॉइस आपको ऑटोपायलट मोड पर भागने से रोककर, आपकी ज़रूरतें सुनना सिखाती है।

'और आखिर में, एक्सपेरिमेंट यानी प्रयोग। एक्शन के बिना विचार सिर्फ़ सोच बनकर रह जाता है। जो भी ज़रूरतें आपको पता चलती हैं, उन्हें पूरा करने की छोटी-छोटी कोशिश करें। ज़िंदगी को एक जीते-जागते लेबोरेटरी की तरह देखें – कोशिश करें, सीखें, और फिर एडजस्ट करें। वक़्त के साथ ये छोटे-छोटे एक्सपेरिमेंट्स आदत बन जाते हैं। और वो आदत बनती है बदलाव। जब हमें पता चल जाता है कि हमें सच में क्या चाहिए, तब हम उसे अपने दिन में बुनना शुरू कर सकते हैं। अगर हमें आराम चाहिए, तो थोड़ा जल्दी

सो जाते हैं। अगर फ़ोकस चाहिए, तो डिस्ट्रैकशंस ख़त्म करते हैं। और अगर खुशी चाहिए, तो किसी के साथ हँसने के लिए वक़्त निकाल लेते हैं।'

वेद ने मुस्कुराकर कहा, 'अच्छा, तो... आपका बड़ा मॉन्क सीक्रेट है – ट्रायल एंड एरर?'

मैं हँस पड़ा। 'हाँ। ट्रायल, एरर, सीखो, फिर रिपीट। ऐसे ही तो ग्रोथ होती है। पॉज! रिफ्लेक्ट! एक्सपेरिमेंट! और सबसे अच्छी बात – तुम अभी से ही इसकी प्रैक्टिस शुरू कर सकते हो। आत्म-ज्ञान गूगल सर्च की तरह नहीं बल्कि लैब एक्सपेरिमेंट की तरह होता है – थोड़ा-थोड़ा करके मिलता है।'

वेद ने हँसते हुए कहा, 'हम्म!... मतलब मैं नो-योरसेल्फ वाला ऐप डाउनलोड नहीं कर सकता?'

मैंने जवाब दिया, 'नहीं। वो ऐप पहले से ही तुम्हारे अंदर इंस्टॉल्ड है। बस अपने क्रश की स्टोरी देखने के लिए जितनी बार इंस्टाग्राम खोलते हो, उससे ज़्यादा बार इसे खोलने की ज़रूरत है।'

वेद ने सिर हिलाया और झट से अपने फ़ोन की तरफ देखा – ठीक वैसे ही जैसा टीनएजर्स तब करते हैं जब मज़ाक उनकी असल आदतों के थोड़ा ज़्यादा करीब पहुँच जाए।

हमारी इस बातचीत में वेद जो समझ रहा था... वो वही चीज़ है जिससे हम सब भी तो जूझते हैं, है ना?

हम सब हर वक़्त दौड़ते ही रहते हैं – परिवार की ज़िम्मेदारियाँ, काम का प्रेशर, सोशल सर्कल की उम्मीदें। हम दुनिया से इतने कनेक्टेड हैं कि इसी भागदौड़ में ख़ुद को ही भूल जाते हैं। उर्दू के शायर बशर ने इस हालत को बड़ी खूबसूरती से कहा है:

उन्हें कामयाबी में सुकून नज़र आया तो वो दौड़ते गए,
हमें सुकून में कामयाबी दिखी तो हम ठहर गए!
ख्वाहिशों के बोझ में, बशर... तू क्या–क्या कर रहा है...
इतना तो जीना भी नहीं, जितना तू मर रहा है...

हाँ, ज़िंदगी में हमेशा डिमांड्स और रेस्पॉन्सिबिलिटीज़ रहेंगी, डेडलाइन्स पूरी करनी होंगी, चाहतें पूरी करनी होंगी, और सपनों का पीछा भी करना होगा। लेकिन अगर हम यह सब अपने सुकून की कीमत पर करते हैं, तो जिसके लिए इतनी मेहनत कर रहे हैं, उसी चीज़ का सार खो देते हैं। यही है खुद को सच में समझने की कला:

पॉज – ताकि अपने भीतर थोड़ी जगह बना सको।

रिफ्लेक्ट – ताकि अंदर की आवाज़ सुन सको।

एक्सपेरिमेंट – ताकि जो समझो, उसके हिसाब से बढ़ सको।

इन प्रैक्टिसेज़ को रोज़ थोड़ा-सा भी करने से – चाहे कुछ ही मिनट क्यों न हों – हम अपनी सेल्फ–अवेयरनेस की मसल को रिफ़ाइन करना शुरू कर देते हैं। समय के साथ ये छोटे ठहराव और विचार मिलकर बड़ा असर डालते हैं। ये हमें हमारी नीड्स, डिज़ायर्स, मोटिवेशन्स – और आखिरकार, हम असल में कौन हैं – ये समझने में मदद करते हैं।

मैंने देखा कि वेद अभी भी आधा ध्यान अपनी स्क्रीन में लगाए बैठा था, तो मैंने उसे थोड़ा वापस खींचने का सोचा। मैं मुस्कुराते हुए थोड़ा झुक गया।

'और अब एक मज़ेदार ट्विस्ट,' मैंने कहा। 'मराठी में "वेद" – जिसे "इवेद" की तरह बोला जाता है – का मतलब दीवानापन भी होता है।'

उसकी भौहें एकदम ऊपर उठ गईं। 'वेट – व्हाट?! मतलब मैं समझदार भी हूँ और पागल भी?'

'हाँ,' मैंने मुस्कुराते हुए कहा। 'और सच कहूँ तो, कुछ एक्स्ट्रा ऑर्डिनरी करने के लिए थोड़ी सी दीवानगी तो ज़रूरी है। स्टीव जॉब्स ने भी कहा था: "स्टे हंग्री, स्टे फूलिश।" हंग्री का मतलब भूखा होना नहीं है – इसका मतलब है अंदर की आग, ग्रोथ की ड्राइव।'

'ओके... और फूलिश?'

'फूलिश का मतलब बेवकूफ़ नहीं होता,' मैंने कहा। 'इसका मतलब है रिस्क लेने की हिम्मत रखना, भीड़ को हमेशा फॉलो न करना, इतना क्यूरियस होना कि मिस्टेक्स करो और उनसे सीखो।'

'हम्म। लेकिन हंगर और फूलिशनेस हर इंसान के लिए अलग–अलग दिख सकती है, है ना?'

'बिल्कुल,' मैंने मुस्कुराते हुए कहा। 'एक इंसान के लिए हंगर का मतलब अपने बिज़नेस को खड़ा करना हो सकता है। दूसरे के लिए म्यूज़िक बनाना या समाज-सेवा करना। किसी के लिए फूलिशनेस का मतलब एक स्टेबल जॉब को छोड़कर सपनों का पीछा करना हो सकता है। और, किसी और के लिए बस इतना कि सबके "हाँ" की उम्मीद के बीच वो "ना" कहने की हिम्मत रखे।'

'मतलब मेरी हंगर मेरे फ्रेंड की हंगर जैसी हो ये ज़रूरी नहीं?'

'एकदम सही। और यहाँ असली बात आती है, तुम्हें किस तरह की हंगर और किस तरह की फूलिशनेस सूट करती है, ये तभी पता चलेगा जब तुम पहले ख़ुद को जानोगे। वरना तुम किसी और का पैशन, किसी और के ड्रीम को अपना मानकर काम करते रहोगे।'

वेद ने आँखें थोड़ी सिकोड़ लीं। 'ओके, लेकिन मुझे कैसे पता चलेगा कि ये सच में मैं ही हूँ या मैं सिर्फ़ अपने दोस्तों को कॉपी कर रहा हूँ? मतलब, आधा टाइम तो हम सब वही पसंद करते हैं क्योंकि बाकी सब वो ही कर रहे होते हैं।'

मैं हँसा। 'बहुत बढ़िया सवाल है। इसे ऐसे सोचो कि ये एक छोटा-सा लिटमस टेस्ट है। तीन सिंपल चेक्स हैं।'

'ठीक है, बताइए – मॉन्क–अप्रूव्ड चेकलिस्ट।'

'पहला,' मैंने उंगली उठाते हुए कहा, 'तुम्हारे हिसाब से जो तुम्हारे लिए सही है उसके बारे में सोचो – तुम्हारा पैशन, तुम्हारा ड्रीम, तुम्हारा डेली ग्राइंड – और फिर ख़ुद से पूछो: ये तुम्हें एनरजाइज़ करता है या ड्रेन करता है? अगर वो सच में तुम्हारी कॉलिंग है, तो वो हमेशा आसान नहीं होगा, लेकिन वो सार्थक लगेगा... और तुममें एनर्जी जगाएगा।

'दूसरा – क्या तुम्हारा पैशन ट्रेंड के बाद भी टिकता है? अगर आज एक्साइटिंग लगे, पर हफ़्ते भर में बोर कर दे, तो शायद वो बस हाइप था।

लेकिन अगर उसमें गहराई में जाते हुए तुम्हारा इंटरेस्ट और बढ़ रहा है, तो समझो कि ये सही दिशा है।

'और तीसरा,' मैंने जोड़ा, 'क्या तुम वो काम तब भी करोगे जब कोई नोटिस न करे? जब कोई तालियाँ न बजाए, कोई लाइक्स न दे, कोई वैलिडेशन न हो? अगर तब भी तुम उसे एन्जॉय करोगे तो समझो ये ऑथेंटिक है।'

वेद ने अपने फ़ोन पर हल्का-सा टैप किया, जैसे कुछ सोच रहा हो। 'ओके, तो मतलब... एनर्जी, एंड्यूरेंस, और नो एक्सटर्नल अप्रूवल। गॉट इट।'

'यही तो है,' मैंने मुस्कुराते हुए कहा। 'यही बातें बताती हैं कि तुम्हारी हंगर सच में रियल है – और तुम्हारी फूलिशनेस नकल नहीं, बल्कि हिम्मत है।'

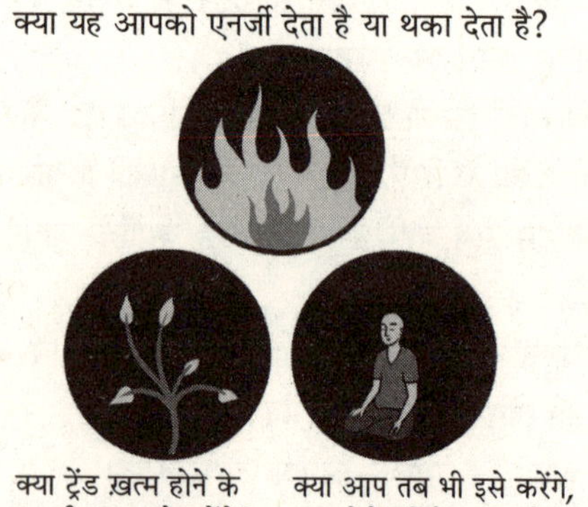

क्या यह आपको एनर्जी देता है या थका देता है?

क्या ट्रेंड ख़त्म होने के बाद भी आप इसे करेंगे?

क्या आप तब भी इसे करेंगे, जब कोई नहीं देख रहा होगा?

मैंने एक पल रुककर कहा, 'और याद रखना – बहुत ज़्यादा हंगर बिना फूलिशनेस के ब्लाइंड एम्बिशन बन जाती है। और बहुत ज़्यादा फूलिशनेस बिना हंगर के लापरवाही। लेकिन जब दोनों साथ आते हैं? वही बैलेंस असली ब्रेकथ्रूज़ पैदा करता है।'

वेद हँस पड़ा। 'हाँ... मेरा एक दोस्त इंजीनियरिंग छोड़कर कंपनी शुरू करना चाहता है। उसके पेरेंट्स को लगता है वो पागल हो गया है।'

मैं धीरे से मुस्कुराया। 'हो सकता है वो सच में थोड़ा पागल हो... पर हो सकता है वो उसका वेद मोमेंट हो – जहाँ बुद्धि थोड़े-से पागलपन से मिलती है।'

हममें से ज़्यादातर लोगों के लिए 'स्टे हंगरी, स्टे फुलिश' का मतलब अगला ब्रेकथ्रू स्टार्ट-अप शुरू करना, रातों-रात अपनी नौकरी छोड़ देना या बिना किसी सेफ्टी-नेट के सपनों के पीछे भाग पड़ना नहीं होता। असल ज़िंदगी अपनी शर्तों के साथ आती है – जहाँ बिल्स भरने होते हैं, परिवार संभालना होता है, करियर बनाना होता है। हममें से ज़्यादातर लोग अपने काम में ही रहेंगे, उसी में ग्रोथ ढूंढेंगे, और अपनी जिम्मेदारियों के साथ-साथ अपने सपनों को भी लेकर चलेंगे।

लेकिन असली बात ये है: स्टे हंगरी और स्टे फूलिश का मतलब सिर्फ़ बड़े, ड्रामेटिक कदम लेना नहीं होता – ये रोज़मर्रा की छोटी-छोटी चॉइसेज़ में भी छिपा होता है।

- स्टे हंगरी हर रोज़: इसका मतलब है अपने रोल में क्यूरियस रहना, नई स्किल्स सीखना, कम्फर्ट ज़ोन में फिसल जाने से बेहतर ख़ुद को ग्रो करने के लिए पुश करना। ये हंगर बेहतर लीडर बनने, बेहतर पैरेंट, पार्टनर या प्रोफेशनल बनने की है।
- रोज़मर्रा में फूलिश रहो: इसका मतलब है मीटिंग में जब बाकी सब चुप हों तब बोलने की हिम्मत करना, कोई नया आइडिया आज़माना अगर वो फेल भी हो जाए फिर भी या किसी ऐसी चीज़ को 'ना' कहना जो आपकी वैल्यूज़ के खिलाफ़ जाती हो। यहाँ फूलिशनेस का मतलब है छोटे-छोटे पलों में हिम्मत दिखाना।

ब्रेकथ्रू हमेशा मैगज़ीन कवर पर नहीं आते – वे चुपचाप आते हैं, आपके रोज़मर्रा के फैसलों में, आप अपनी ज़िंदगी कैसे जीते हैं, उसमें।

तो असली सवाल ये नहीं है कि क्या तुम अपने सपने के लिए सबकुछ दाँव पर लगाओगे या नहीं?

असली सवाल है: अपनी हकीकत की सीमाओं के भीतर रहते हुए, तुम अपनी हंगर को ज़िंदा और अपनी फूलिशनेस को कैसे बनाये रखोगे?

वेद खिड़की के बाहर देखने लगा, उसके चेहरे पर एक नरमी-सी उतर आई। 'हाँ... शायद,' उसने कहा।

पहली बार, मुझे उसके हल्के-फुल्के मज़ाक के पीछे एक सूक्ष्म-सा बदलाव महसूस हुआ – कोई ऐसी बात जिसे वो अभी ज़बान पर नहीं ला पा रहा था...

~

रिसॉर्ट के पास पहुँचते-पहुँचते, हमारी जनरेशन गैप से बनी जो अजीब-सी दूरी मैंने शुरुआत में महसूस की थी, वो हँसी, जिज्ञासा और एक साँझे ठहराव के पल से कुछ हद तक कम हो गई थी।

फ़ूलों से सजे उस रिसॉर्ट के भीतर घुसने से ठीक पहले, वेद मेरी तरफ देखकर बोला, 'आप जानते हैं, साधु होने के लिहाज़ से आप काफ़ी चिल हैं।'

'और किसी ओवरसाइज़्ड हूडी पहनने वाले इंसान के लिहाज़ से तुम काफ़ी बुद्धिमान हो,' मैंने जवाब दिया।

गाड़ी धीमे से रुक गई, लेकिन मुझे एहसास हुआ कि वेद और मेरे लिए एक अलग तरह की यात्रा पहले ही शुरू हो चुकी थी – और वैसी ही यात्रा हम सबके लिए भी शुरू हो सकती है, अगर हम बस थोड़ी देर ठहरें और दूसरों को, ख़ुद को और अपने पैशन और पर्पज़ को समझने की कोशिश करें।

....

सोचने लायक बातें...

गुलामी बनाम सेवा: सच्ची सेवा, गुलामी की तरह थोपी नहीं जाती – वह प्रेम से किया गया एक सचेत चयन होती है। जब हम अपने रिश्तों में दूसरों पर नियंत्रण या हुकूमत करने की इच्छा को छोड़कर देखभाल के

साथ योगदान देना शुरू करते हैं, तो बहुत कुछ बदल जाता है। शक्ति की खींचतान की जगह आपसी सम्मान ले लेता है, और हर संबंध हल्का, कोमल और अधिक जीवंत महसूस होने लगता है।

समझ के तीन आयाम: असली संतुलन और विकास समझ की कला में निपुणता से आते हैं:

- दूसरों को समझने से कनेक्शन और हारमनी मिलती है।
- स्वयं को समझने से क्लैरिटी और बैलेंस मिलता है।
- अपने पैशन को समझने से पर्पज़ मिलता है।

दूसरों को कैसे समझें: दो व्यक्ति एक ही संख्या को देख सकते हैं – एक उसे 6 देख सकता है, दूसरा 9, और दोनों अपने स्थान से सही हैं। असली बदलाव तब आता है जब हम दूसरे की जगह जाकर देखते हैं, जब हम 'क्या' के पीछे छिपे 'क्यों' को समझने की कोशिश करते हैं। हो सकता है कि सहमति कभी न बने, लेकिन समझ बन सकती है। और अक्सर, समझ का महत्व सहमति से भी अधिक होता है।

ख़ुद को कैसे समझें – पॉज, रिफ्लेक्ट, एक्सपेरिमेंट:

- पॉज: लगातार स्क्रोलिंग, भागदौड़ और प्रतिक्रियाओं से पीछे हटें। अपने लिए जगह बनाएं।
- रिफ्लेक्ट: ख़ुद से पूछें – मैं अभी क्या महसूस कर रहा हूँ? क्यों महसूस कर रहा हूँ? मुझे वास्तव में किस चीज़ की ज़रूरत है?
- एक्सपेरिमेंट: जो ज़रूरतें उजागर हों, उन्हें पूरा करने की छोटी-छोटी कोशिशें करें। नई चीज़ें आज़माएं। देखें – क्या सहज लगता है और क्या नहीं।

अपने सच्चे पैशन को कैसे समझें – असली कसौटी:

- एनर्जी: क्या यह आपको भीतर से रोशन करता है और ताकत देता है, या आपको थका देता है?

- एनड्यूरन्स: क्या यह ट्रेंड से आगे बढ़कर समय के साथ और गहरा होता जाता है?
- ऑथेंटिसिटी: क्या आप इसे तब भी करेंगे जब कोई आपको सराहे नहीं, देखे नहीं, या इनाम न दे?

हंगर और फूलिशनेस का संतुलन: मूर्खता के बिना भूख अंधी महत्वाकांक्षा बन जाती है। भूख के बिना मूर्खता लापरवाही बन जाती है। लेकिन जब दोनों साथ आते हैं – भूख और साहस – तो ये मिलकर नए ब्रेक-थ्रू बनाते हैं। और हममें से अधिकांश के लिए, भूखे और थोड़ा मूर्ख बने रहना बड़े जोखिमों से नहीं, बल्कि रोज़मर्रा के छोटे निर्णयों से जुड़ा होता है जो हमें बढ़ने में मदद करते हैं।

....

इस अध्याय में बताए गए विचारों से जुड़े अभ्यास पेज नंबर 264 पर उपलब्ध हैं।

2

साँप सीढ़ी का खेल

असफलता से निपटना और सच्ची सफलता पाना

~

जीवन के सबक किसी सीधी रेखा में नहीं, बल्कि उतार-चढ़ाव के रूप में आते हैं, और इन्हीं उतार-चढ़ावों से हम बनते हैं।

आलीशान महल जैसे रिसॉर्ट पर पहुँचना किसी फ़िल्मी दृश्य से कम नहीं था – मानो किसी बॉलीवुड सेट डिज़ाइनर ने होली के रंग निगल लिए हों, और चमक-दमक सूँघकर फिर छींक मारकर सब कुछ एक शानदार धमाके के साथ बाहर निकाल दिया हो।

ढोल और नगाड़े इतनी जोर से बज रहे थे कि मुझे संदेह हुआ – ये मेरे आगमन की घोषणा कर रहे थे या किसी युद्ध की शुरुआत हो गई थी। लाल, सुनहरे और फिरोज़ी रंगों के घाघरा-चोली पहने महिलाएँ भँवर की तरह गोल-गोल घूम रही थीं। ऊपर की बालकनियों से गुलाब की पंखुड़ियाँ धीमी गति में बरस रही थीं। यह बिल्कुल वैसा ही सीन था, जिसे आमतौर पर फिल्मों में नायक की एंट्री के लिए सँभालकर रखा जाता है।

महल के प्रवेशद्वार पर दूल्हा-दुल्हन का फुल-साइज़ कटआउट रखा था, उनकी मुस्कानें उनके उत्साह जितनी चौड़ी लग रही थीं। मेहमान अंदर जाने से पहले उसी के साथ सेल्फी लेने की लाइन में लगे हुए थे।

और फिर आये राकेश और उनकी पत्नी, लक्ष्मी। राकेश एक सफल, प्रभावशाली अधिनायक की तरह दिख रहे थे – लंबे, चौड़े कंधों वाले, उनकी शेरवानी राजस्थान की धूप में चमक रही थी। और लक्ष्मी – हल्के पेस्टल रंग की साड़ी में, शांत, सरल, मगर सहज तेजस्विता लिए हुए, जैसे पूरे दृश्य का कोमल, सुंदर विराम चिह्न। उनका स्वागत स्नेहिल, आत्मीय और व्यक्तिगत था, ऐसा जो इस सारी चकाचौंध के बीच मुझे याद दिला रहा था कि मैं असल में यहाँ क्यों था।

उसी समय, कड़क प्रेस की हुई वर्दी पहने एक अटेंडेंट अचानक कहीं से प्रकट हुआ, ऐसे झुककर अभिवादन किया जैसे मैं कोई शाही मेहमान हूँ, और मेरे हाथ में चाँदी का गिलास थमा गया। उसमें कुछ ऐसा भरा हुआ था जो अलग से चमक रहा था। यह कोई ड्रिंक नहीं, बल्कि किसी लग्ज़री विज्ञापन का ऑडिशन प्रॉप जैसा लग रहा था।

'स्वामीजी, चिंता मत कीजिए,' राकेश ने मेरे हाव-भाव देख मुस्कुराते हुए कहा, 'ये बस लेमनेड है।'

'बढ़िया,' मैंने मज़ाक में कहा, 'वरना अगर ये शैम्पेन होती, तो मैं अपनी प्रार्थनाएँ कविताओं में बोलना शुरू कर देता।'

महल के भीतर कदम रखते ही, विनम्र होटल स्टाफ मेरे छोटे से वफ़ादार बैग पर ऐसे टूट पड़ा मानो वह कोई दुर्लभ खज़ाना हो, और राकेश ने उसी अपनेपन भरी सहजता से मेरी ओर मुड़कर कहा, 'आप थक गए होंगे, स्वामीजी। अगर आप चाहें तो अपने कमरे में जाकर थोड़ा विश्राम कर लीजिए और वहीं शांति से भोजन कर लीजिए। या', उन्होंने हल्की मुस्कान के साथ कहा, 'हमने भी अब तक भोजन नहीं किया है। यदि आप हमारे साथ बैठकर भोजन करें तो हमें बहुत प्रसन्नता होगी। शेफ को पहले ही बताया जा चुका है, और उसने आपके आहार के अनुसार एक शाही भोजन तैयार किया है।'

मैंने ये महसूस किया कि उनके स्वर में सचमुच मेरे साथ भोजन करने की इच्छा झलक रही थी। मैं थोड़ा थका हुआ था, पर मैं मान गया। विश्राम ज़रूरी है, लेकिन रिश्ते भी उतने ही आवश्यक। कभी-कभी विश्राम करना ही वास्तविक आवश्यकता होती है और 'न' कहना एक ऑब्वियस चॉइस जो आप ख़ुद के लिए चुनते हैं। पर कुछ पल ऐसे होते हैं जब थोड़ी सी थकान सहकर, दूसरों के साथ बैठने से सुकून और अपनापन मिलता है। बात बस यही है कि कब 'हाँ' कहना है और कब 'न' – बैलेंस ही कला है।

मैं आजकल यह बात बार-बार कहता हूँ, शायद इसलिए कि हममें से बहुत से लोग ऐसी रफ़्तार से भाग रहे हैं जहाँ हमारा शरीर, मन और दिल, साथ नहीं दे पा रहे। प्रिय मित्रों, जहाँ एक तरफ़ *हाँ* हमें लोगों को क़रीब लाती है, वहीं *ना* कहने की कला सीखना भी खुद का ख्याल रखने के लिए बेहद आवश्यक है। नींद, विश्राम और सीमाएँ – कोई लग्ज़री नहीं, बल्कि ज़रूरतें हैं। इनके बिना हम थककर टूटने लगते हैं, उन लोगों के प्रति चिड़चिड़े हो जाते हैं जिन्हें हम प्यार करते हैं, और ख़ुद को ठीक दिखाने की कोशिश में भीतर का ख़ालीपन लिए आगे बढ़ते रहते हैं।

चाहे पढ़ाई हो, काम, रिश्ते या ख़ुद के लिए समय – हमें याद रखना चाहिए कि हम एक तेज़ रफ़्तार दुनिया का हिस्सा हैं, जो हमें लगातार चलते रहने का दबाव देती है, और दिमाग को आराम करने, खुलकर साँस लेने, या बस अपने मन के हिसाब से चलने नहीं देती। शरीर और मन को आराम देना हमारे पूरे सिस्टम को रीबूट करने की कुंजी है।

शरीर और मन की देखभाल जितनी ज़रूरी है, उतना ही ज़रूरी है ऐसे लोगों के साथ रहना जो हमसे प्यार करते हों और हमारा अच्छा चाहते हों – ऐसे लोग जिनकी मौजूदगी हमारी एनर्जी को ख़त्म नहीं करती, बल्कि उसे रिस्टोर करती है। ये भी एक तरह का *इमोशनल रेस्ट* होता है – एक ऐसा सुरक्षित स्पेस, जहाँ हमें ख़ुद को बचाकर रखने की ज़रूरत महसूस न हो। जो काम हमें सच में पसंद है – चाहे वह कोई हॉबी हो या हमारा काम जिससे हमारा पैशन जुड़ा है – तो मेहनत के बावजूद भी वह हमें सुकून देता है, क्योंकि वह हमारे अंदर की किसी गहराई को छू जाता है। इन अलग-अलग तरह के आराम को नियमित रूप से पाने की कोशिश ही हमें फिर से खुद जैसा महसूस कराती है, और मन को हल्का कर जाती है।

एक बार मैं इस बारे में अपने एक मित्र से बात कर रहा था, तो उसने मुझे इस विचार के एक और स्ट्रक्चर्ड वर्ज़न से परिचित कराया जो डॉ. सॉण्ड्रा डाल्टन-स्मिथ द्वारा दिया गया था। वह कहती हैं कि हम सबको सात तरह के आराम की ज़रूरत होती है।[1] सबसे पहले *शारीरिक आराम* – और वह सिर्फ़ नींद नहीं, बल्कि स्ट्रेचिंग, गहरी साँसें लेना या बस शरीर को शांत रहने देना भी है। फिर आता है *मेन्टल आराम* – वह दुर्लभ राहत जब दिमाग़ दौड़ना बंद कर देता है और हमें ऐसा नहीं लगता कि हम एक साथ हज़ार टैब्स संभाल रहे हैं।

इसके बाद आता है *सेंसरी आराम* – क्योंकि हमारी इन्द्रियों को भी आराम चाहिए – स्क्रीन्स, शोर और तेज़ रोशनियों से छुट्टी, जहाँ ख़ामोशी ही दवा बन जाए। हमें *क्रिएटिव आराम* भी चाहिए – विचारों को ज़बरदस्ती थोप कर नहीं, बल्कि ख़ुद को खूबसूरती और आश्चर्य से घेर कर, ताकि कल्पना

फिर से धीरे-धीरे जाग उठे। *इमोशनल आराम* तब मिलता है जब हम बिना किसी दिखावे के, ईमानदार हो पाते हैं, जब हम दुनिया के लिए पहना हुआ भारी मास्क उतार पाते हैं। *सोशल आराम* का मतलब है ऐसी संगत चुनना जो हमारी ऊर्जा बढ़ाए, ना कि उसे ख़त्म करे – या फिर कभी-कभी बिना किसी झिझक के अकेले रहना। और आख़िर में, *स्पिरिचुअल आराम,* इन सबमें सबसे गहरा। किसी अर्थ या उद्देश्य से जुड़े रहने की गहरी भावना, जो हमें प्रार्थना, चिंतन, सेवा या सिर्फ़ कृतज्ञता में महसूस होती है।

ये सातों तरह के आराम मिलकर सच्चे सेल्फ़-केयर की नींव बनाते हैं। लेकिन आज की दुनिया में सेल्फ़-केयर को अक़्सर ग़लत समझा जाता है। इसे ऐसे बेचा जाता है मानो इसका मतलब सबको दूर कर देना, ख़ुद को बस लाड़-प्यार करते रहना या 'मी-टाइम' को ही सबकुछ बना लेना हो। यह केयर नहीं है, यह कम्फर्ट है जो धीरे-धीरे आइसोलेशन में बदल जाती है।

असल सेल्फ़-केयर अलग होता है। वह हमें ज़िंदगी से दूर नहीं करता; बल्कि हमें उसे पूरा जीने की ताक़त देता है। वह ज़िम्मेदारियों से भागना नहीं है – बल्कि वह इंधन है, जो हमें अधिक ऊर्जा और धैर्य के साथ ज़िम्मेदारियाँ निभाने में मदद करता है। यह हमें सौंपे गए इस एक शरीर और एक मन की सेल्फ़िशनेस नहीं – स्टीवर्डशिप है।

लेकिन यह सीमा-रेखा नाज़ुक है। जब सेल्फ़-केयर सेल्फ़-सेंटर्डनेस में बदल जाए तो वह हानिकारक बन जाता है – जब हमारी हर पसंद सिर्फ़ 'मेरा क्या?' पर टिकी हो और हम 'हमारा क्या?' पूछना बंद कर दें तब धीरे-धीरे हम उन चीज़ों से कटने लगते हैं, जो जीवन को वास्तव में समृद्ध बनाती हैं – प्यार भरे, अर्थपूर्ण रिश्ते।

सच्चा सेल्फ़-केयर वह पॉज़ है जो हमें साँस लेने देता है ताकि हम बेहतर सुन सकें। ये वह सीमा है जो हमें संपूर्ण रखती है, ताकि हम बिना थके, बिना नाराज़ हुए अपनी भूमिका अदा कर सकें। वह आराम ही है जो हमें दूसरों से दूर होने के लिए नहीं, बल्कि हल्के, शांत और पूरी तरह उपस्थित होकर उनके पास लौटने के लिए तैयार करता है।

और इसलिए, मैंने राकेश और लक्ष्मी का निमंत्रण स्वीकार किया कि मैं उनके साथ दोपहर का भोजन करूँ। कभी-कभी दिल को संगत से पोषित करना उतना ही ज़रूरी होता है जितना शरीर को भोजन, आराम और ध्यान से।

~

मैंने जल्दी से फ्रेश होकर कपड़े बदले और थोड़ी ही देर में राकेश, लक्ष्मी और वेद के साथ उस महलनुमा रेस्टोरेंट में चला गया।

अब ये महज रेस्टोरेंट नहीं था, ये किसी झूमर के शोरूम जैसा था जिसमें कुर्सियाँ लगी हुईं थीं। क्रिस्टल की लाइटें छत से ऐसे लटकी थीं जैसे आसमान के तारे हों। कुर्सियाँ इतनी कलात्मक थीं कि उन पर बैठकर मुझे अपराध-बोध हो रहा था, और प्लेटें ऐसी लग रही थीं जिनमें दाल-चावल परोसने के बजाय किसी म्यूज़ियम में रखा जाना चाहिए था।

हम शादी की भीड़ से दूर एक शांत कोने में बैठ गए, और सर्वर्स सुन्दर कोरिओग्राफ़्ड डांसर्स की तरह काम करने लगे। शेफ ने सच में वही रॉयल फीस्ट तैयार की थी, जिसका ज़िक्र राकेश ने किया था – राजसी अंदाज़ में परोसी गई, लेकिन मेरी पसंद को ध्यान में रखकर। एक के बाद एक डिशेस बेहद सुनिश्चित तरीक़े से सामने सजती गईं: सुनहरी रोटियाँ जो घी में चमक रही थीं, कटोरी में महकती हुई गरम दाल, हल्के मसालों में पकाई गई सब्जियाँ, चावल का छोटा-सा सफ़ेद पहाड़, और हरे, लाल और सुनहरे छोटे-छोटे रत्न जैसे रंगों में चटनी-पापड़ का खजाना।

राकेश मुस्कुराए और थोड़ा नज़दीक झुककर बोले, 'रोहन और संजना से बात करके हमने तय किया कि शादी की पूरी रस्में शुद्ध शाकाहारी और अल्कोहल-फ्री रहेंगी। यहाँ सब हमारे अपने हैं, और हमें पता था कि वे इस भावना को समझेंगे – जिससे रस्मों की पवित्रता बनी रहे और ध्यान उसी पर रहे जिस पर होना चाहिए – शादी पर। हाँ, मुंबई वाले ग्रैंड रिसेप्शन में हम सबकी पसंद का ख्याल रखेंगे।'

मैंने प्रशंसा भरी नज़रों से उनकी ओर देखकर इस निर्णय के पीछे के इरादे और साहस की सराहना की। 'बहुत खूबसूरत सोच है,' मैंने कहा। 'आजकल समाज अक्सर भूल जाता है कि बिना निर्भर हुए भी खुशी मनाई जा सकती है। बिना शराब के भी मस्ती, बिना फ़ोन के बातें, बिना शर्तों के प्यार, बिना ड्रग्स के भी सपने देखना और बिना सेल्फ़ी के भी हँसना – ये खुशी के सबसे असली पल होते हैं। और मैं हर व्यक्ति की पर्सनल चॉइस का सम्मान करता हूँ, लेकिन मेरा मानना है कि असली खुशी तभी मिलती है जिसे हम अपने कंट्रोल से बनाते हैं, ना कि दूसरों पर या किसी बाहरी चीज़ पर छोड़कर।'

हम सब उस आलीशान टेबल के चारों ओर बैठे थे – राकेश लक्ष्मी के पास, और वेद और मैं उनके सामने। खिड़की से आती धूप वेद की आँखों में चमकते आश्चर्य को उजागर कर रही थी।

घी और मसालों की खुशबू, हँसी की आवाज़ों और चमकती कटलरी की खनक के साथ मिलकर माहौल ऐसा बना रही थी कि जैसे ही हम खाने लगे, असली दावत तो बातचीत बन गई।

वेद आगे झुककर, कोहनी मेज़ पर रखते हुए बोला, 'गौरजी, आप मेरे नानू को कैसे जानते हैं?'

मैं जवाब देता उससे पहले ही राकेश बोले, 'करीब दो साल पहले, मैं फ्लाइट में था। मेरी सीट स्वामीजी के बगल में ही थी। बातचीत शुरू हुई और कुछ देर बाद इन्होंने मुझसे मेरी कहानी पूछी।'

वेद की भौंहें आश्चर्य से ऊपर उठ गईं। 'और क्या है वो कहानी, नानू?'

राकेश की आँखें नरम पड़ गईं। 'काफी पुरानी बात है... उस समय मैं दिल्ली का बस एक साधारण मिडिल क्लास लड़का था, जिसके सपने बड़े थे, पर उन्हें पूरा करने के साधन बहुत कम।'

'सच में? आप? नानू?' वेद ने हैरानी से कहा। 'लेकिन अब आपको देखिये – मुंबई के सबसे पॉश इलाकों में आपका घर है!'

लक्ष्मी हल्का-सा हँसी। 'वेदू, वो तो बस हमारा घर है, ऐसा कोई महल नहीं। तुम हमें जितना बड़ा दिखा रहे हो, हम उतने हैं नहीं।'

हम सब हँस दिए, वेद के होंठों पर एक शरारती मुस्कान थी, और राकेश आगे बोले, 'जब मैं सिर्फ़ दस साल का था तब मेरे पिता का देहांत हो गया था। मेरी माँ – तुम्हारी परनानी, रुक्मिणी दादी – मुझे पालने के लिए जितना कर सकती थीं, उन्होंने वो सब किया। छोटे-छोटे घरेलू काम, सिलाई, ट्यूशन... उन्होंने कभी मुझे यह महसूस नहीं होने दिया कि हमारे हालात अच्छे नहीं हैं, चाहे हालात कितने भी बुरे क्यों न हों।'

वेद कुछ पल के लिए खामोश हो गया। फिर धीमी आवाज़ में बोला, 'मुझे ये पता ही नहीं था।'

मैंने धीरे से कहा, 'हर सफलता के पीछे कोई न कोई चुपचाप सब सँभाल रहा होता है। कोई जो आप पर विश्वास करता है। कोई जो आपकी जीत देखकर खुश होता है। ऐसे लोग हमारे जीवन में फ़रिश्तों की तरह होते हैं – क्योंकि जहाँ दुनिया अक्सर आपसे कम्पीट करती है, वो बस चाहते हैं कि आप आगे बढ़ें। इसलिए मैं अक्सर कहता हूँ: "जो सुख में साथ देते हैं उन्हें रिश्ते कहते हैं, लेकिन जो दुख में साथ देते हैं उन्हें फ़रिश्ते कहते हैं।" तुम्हारे नानू की ज़िंदगी में वो फ़रिश्ता थीं, तुम्हारी रुक्मिणी दादी।'

वेद की आँखें चमक उठीं। 'वाह, वो फ़रिश्ते वाला डायलॉग तो कमाल है! तो असली हीरो तो वही हैं, है ना?'

राकेश की आँखें नम थीं, मुस्कुराहट भरी। 'हाँ, वेदू। वही असली हीरो हैं। उन्हें सहारा देने के लिए मैंने भी काम शुरू कर दिया – दूध पहुँचाना, अख़बार बाँटना... जो भी मिल जाता। स्कूल जाने से पहले सुबह के काम, कॉलेज के बाद शाम की ड्यूटी। जब सर्वाइवल चुनौती बन जाए, तो चॉइस की गुंजाइश कहाँ रह जाती है!'

वेद ने आश्चर्य से पूछा, 'नानू, आप अख़बार बाँटते थे? मतलब... सच में घर-घर पहुँचाते थे?'

राकेश हँस पड़े। 'अफ़कोर्स! और भरोसा करो, उन अख़बारों की गड्डियाँ तुम्हारे स्कूल बैग से भी भारी होती थीं। मेरी साइकिल ही मेरी डिलीवरी वैन थी।'

लक्ष्मी ने प्यार से आगे कहा, 'और जानते हो, हमारी मुलाकात कैसे हुई? शादी से पहले ये अख़बार देने आते थे – बारिश में भी, भीगी हुई कमीज़ में, लेकिन चेहरे पर हमेशा मुस्कान, जैसे ये भी सफ़र का एक हिस्सा हो।'

वेद ने अपनी आँखें फैलाकर उनकी ओर मुड़ते हुए पूछा, 'और आपने फिर भी हाँ कर दी?'

लक्ष्मी शरमाते हुए मुस्कुराईं, 'मैंने उनसे शादी उनके भीगे कपड़ों की वजह से नहीं, उनके स्नेही हृदय की वजह से की।'

राकेश ने हल्की मुस्कान के साथ सिर हिलाया। 'देखो, ये पहले से ही कोमल हृदय की थीं।'

वेद हँस पड़ा। 'नानी, ये तो बड़ा चीज़ी है... लेकिन थोड़ा प्यारा भी।'

लक्ष्मी भी हँस पड़ीं, उनकी आँखें हल्की नम थीं। 'चाहे चीज़ी लगे, पर सच तो यही है।'

मैं उनके इस प्यारे, मन को छू लेने वाले संवाद का आनंद राकेश की कहानी सुनते हुए ले रहा था – ये हमारी प्लेन यात्रा के बाद, दूसरी बार था। इस बार कहानी का असर और गहरा था। यह केवल सफलता की कहानी नहीं थी, यह त्याग, ज़िम्मेदारी, धैर्य और समर्पण की ताकत की एक कोमल याद दिलाती थी – प्रेम से जुड़े उन सभी लोगों की जो उसके सबसे ख़ास थे। कहानियाँ, दोबारा सुनने पर, नए अर्थ लेकर आती हैं – शब्दों के बदलाव की वजह से नहीं, इसलिए क्योंकि हम बदल जाते हैं। कंटेंट नहीं बदलता, लेकिन कॉन्टेक्स्ट बदल जाता है, और वही बदला हुआ कॉन्टेक्स्ट उसी कंटेंट को नया अर्थ दे देता है। हर बार दोबारा सुनने पर कहानियाँ हमें वे बातें सुनने देती हैं, जिन्हें हम पहली बार समझ नहीं पाए थे – वो ऑब्वियस मैसेज से हटकर छिपी हुई बारीकियों को दर्शाती हैं।

कुछ ज्ञान केवल जीकर समझ आते हैं – जो किसी सेल्फ़-हेल्प किताब, मैनेजमेंट डिग्री या टेक्स्टबुक में पूरी तरह नहीं मिलता। जीवन का क्लासरूम कोई सिलेबस नहीं लेकर आता – इसके पाठ इंसानों में, उनके फैसलों, घावों, और उनकी हँसी में छिपे होते हैं। यही कारण है कि जितना मुझे बोलना पसंद

है, उतना ही सुनना भी। सुनना नए दृष्टिकोण के वह दरवाज़े खोल देता है, जिन्हें अकेले सोचकर कभी नहीं खोला जा सकता।

हम अक्सर इसे कम आँकते हैं लेकिन सुनना भी विनम्रता है। यह इस बात को स्वीकार करना है कि किसी और की यात्रा में वे खज़ाने हैं जिन्हें हमने अभी तक नहीं पाया। आखिर कहते हैं ना, 'अगर आप कमरे में सबसे समझदार व्यक्ति हैं, तो आप ग़लत कमरे में हैं।' हर बातचीत, सीखने का निमंत्रण है – यदि हम कुछ पल अपनी आवाज़ धीमी करके, किसी और को सच में सुन लें।

किसी ने बहुत सुंदर कहा है:

फ़र्क बहुत है आपकी और हमारी तालीम में,
आपने उस्तादों से सीखा है, और हमने हालातों से।

ये सच है कि हम शिक्षकों से सीखते हैं, लेकिन हम उन लोगों से भी सीखते हैं जिनके शिक्षक केवल संघर्ष थे – जिन्होंने दर्द को ज्ञान में बदल दिया। वे भी हमारे शिक्षक बन जाते हैं। और समय के साथ, हमारे अपने संघर्ष भी, हमारे भीतर मौन सबक छोड़ते हुए हमें उसी तरह गढ़ते हैं।

राकेश की कहानी हमें फिर से यह याद दिला रही थी कि जीवन एक कभी न ख़त्म होने वाली पाठशाला है, और ज्ञान हर जगह बिखरा है – बस हमें बैठकर सुनने और सीखने की इच्छा चाहिए।

उसी समय बटलर चुपचाप वापस आया, मेज़ पर भाप उठता गरम कढ़ी का कटोरा रखकर बिना कोई शब्द कहे वापस चला गया। भोजन बातचीत के साथ ऐसे बह रहा था जैसे कोई धीमा, मधुर संगीत – न ज़रूरत से ज़्यादा, न कम, बस अनुभव को और गहरा कर देने वाला।

राकेश की आवाज़ फिर गंभीर हो गई। 'इंजीनियरिंग के बाद मैंने कई साल एक साधारण नौकरी की। हर रुपया बचाया, और एक छोटा सा घर खरीदा। मेरे आगे बढ़ने का वही पहला कदम था। फिर मैंने एक छोटा सा बिज़नेस

शुरू किया, केबल्स और वायर्स का। सच कहूँ तो मुझे उम्मीद नहीं थी कि यह इतना बढ़ेगा। लेकिन मेहनत, ईमानदारी, थोड़ी सी किस्मत...' –उन्होंने शरारती मुस्कान के साथ लक्ष्मी की ओर देखा – 'और लक्ष्मीजी की ढेर सारी दुआओं की वजह से हमें सफलता मिली।'

लक्ष्मी ने तुरंत सिर हिला दिया। 'नहीं, नहीं। ये सब इनका डेडिकेशन है।'

मैं मुस्कुराया। 'हर राकेश को उसकी लक्ष्मी चाहिए। सफलता मेहनत से मिलती है, लेकिन उसमें स्थिरता एक उपहार की तरह होती है।'

वेद सब समझने की कोशिश करते हुए पलकें झपकाता रहा। 'रुकिए, नानू... मुझे लगा आप हमेशा से ऐसे ही थे,' उसने इधर-उधर इशारा करते हुए कहा, 'ये फैंसी वेडिंग्स, बड़े घर, ये सब।'

राकेश ने वेद के कंधे पर हाथ रखा। 'वेदू, कभी मत भूलना – शुरुआत कभी अंत को डिफाइन नहीं करती। मैंने लगभग शून्य से शुरू किया था। हिम्मत के साथ काम करना और कभी हार न मानना ही मायने रखता है।'

लक्ष्मी ने जोड़ा, 'और कभी-कभी धैर्य से इंतज़ार करना, यकीन करना कि तुम्हारा वक्त ज़रूर आएगा।'

वेद ने सिर खुजलाया, मानो विश्वास न हो रहा हो। 'नानू, आप तो मेरी सोच से ज़्यादा कूल निकले। मतलब... आधे-बिज़नेसमैन, आधे हीरो!'

मैं हँस पड़ा। 'और फुल-टाइम न्यूज़पेपर-डिलीवरी बॉय भी, भूल मत जाना।'

राकेश हँसे, मानो उनके संघर्ष गर्व के साथ स्मृतियों में चमक रहे हों। 'सच है। इन्हीं संघर्षों ने मुझे बनाया। इनके बिना आज मैं जो हूँ, वह नहीं होता।'

मैंने भी सिर हिलाया। 'संघर्ष रुकावट नहीं होते – यही वो मिट्टी है जिसमें ताकत उगती है।'

जब तक हमने बातें ख़त्म की उतने में बटलर एक प्लेट मिठाइयों के साथ वापस आया – केसरी हलवा जो पिघले सूरज जैसा चमक रहा था, रसमलाई जो मलाई और गुलाब की खुशबू में डूबी थी, और जमे हुए गाढ़े दूध से बनी कुल्फ़ी।

उस प्लेट को देखते हुए मैं मुस्कुराया। संघर्ष ज़िंदगी में गहराई लाते हैं, और मिठास ज़िंदगी को जीने लायक बनाती है। भोजन मिठाई पर खत्म होता है, लेकिन जीवन अपना सच्चा सौंदर्य मिले हुए सबक, बाँटे हुए प्रेम और रिश्तों को महत्व देकर हासिल करता है।

लंच के बाद, जब राकेश, लक्ष्मी और वेद मुझे मेरे कमरे तक छोड़ने आए, तो रास्ते में हम महल के बगीचे से होकर गुज़रे। वहाँ एक छोटा सा लड़का पीले रंग की तितली के पीछे-पीछे भाग रहा था। तितली थोड़ी आगे उड़ जाती, वह उसे पकड़ने दौड़ता, पर जितना वह तेज़ भागता, तितली उतना ही ऊंचा और दूर उड़ जाती। धूप में उसके पंख ऐसे चमक रहे थे जैसे सोने की परत हो।

मैंने वेद की ओर इशारा किया, 'देखो वेद, ज़िंदगी की सबसे अनमोल चीज़ें – सक्सेस, प्रेम, शांति, खुशियाँ – इन तितलियों की तरह होती हैं। जितना हम उन्हें पकड़ने भागते हैं, उतनी ही वे हमसे दूर हो जाती हैं। लेकिन अगर हम सही माइंडसेट, ईमानदारी, मेहनत, दया और अच्छे सिद्धांतों का एक खूबसूरत बगीचा बना लें तो तितलियाँ ख़ुद हमारे पास आ जाती हैं। तितलियों के पीछे भागोगे, तो थक जाओगे और हाथ कुछ नहीं आएगा। लेकिन अगर बगीचा बना लिया, तो एक नहीं, कई तितलियाँ आएँगी... बार-बार।'

दोस्तों, क्या यह हमारी ज़िंदगी पर भी लागू नहीं होता?

कितनी बार हम अपनी ही ज़िंदगी में तितलियाँ पकड़ने दौड़ते हैं? हम प्रोमोशंस, रिकग्निशन, रिलेशनशिप्स या शांति के पीछे ऐसे भागते हैं कि थक जाते हैं। हम वेलिडेशन के लिए लगातार स्क्रोल करते रहते हैं, अपनी जर्नी दूसरों से कम्पेयर करते हैं, ख़ुद को लगातार पुश करते रहते हैं – और जो पाना चाहते हैं, वो फिर भी हमसे दूर निकलता जाता है।

लेकिन ज़रा उन पलों के बारे में सोचिए जब आप किसी चीज़ के पीछे भाग नहीं रहे थे। जब आप पूरी ईमानदारी से, अपना बेस्ट देते हुए बस अपने काम में डूबे हुए थे। जब आपने रिश्तों में बिना कुछ वापस पाने की उम्मीद के बस दया और अपनेपन का भाव दिखाया। जब आपके कर्म किसी दबाव

या कम्पैरिज़न की वजह से नहीं बल्कि आपके वैल्यूज़ से तय हो रहे थे। क्या उन्हीं पलों में आपको सफलता नहीं मिली? क्या उन्हीं में प्यार और गहरा नहीं हुआ? क्या शांति ने चुपचाप आपके दिल में घर नहीं कर लिया?

बग़ीचा बनाने का यही असर होता है। बग़ीचा तितलियों को बुलाता नहीं – वो इतना खूबसूरत बन जाता है कि तितलियाँ ख़ुद उसे चुन लेती हैं। ठीक उसी तरह, जब हम ग्रोथ, लर्निंग, ईमानदारी और सर्विस का वातावरण बनाते हैं, तो वो सारी चीज़ें, जिनके लिए हम तरसते हैं, धीरे-धीरे हमारे जीवन में आने लगती हैं। सफलता मेहनत की पहचान बनकर आती है। प्रेम केयर का रिफ्लेक्शन बनकर आता है। जब हमारा जीवन हमारी वैल्यूज़ और पर्पज़ के साथ मेल खाता है तब हमें शांति मिलती है।

मैं मुस्कुराते हुए राकेश की तरफ़ मुड़ा, 'आपने भी ऐसा ही बग़ीचा बनाया। तभी तो आपकी ज़िंदगी तितलियों से भरी है।'

राकेश ने शांत स्वर में सिर हिलाया, 'सच कहा, स्वामीजी। मैंने कभी धन या सफलता का पीछा नहीं किया। बस कुछ वैल्यूज़ को पकड़े रखा, मेहनत की, ईमानदारी बरती। शायद इसीलिए ज़िंदगी ने मुझे मेरी उम्मीद से भी ज़्यादा दिया।'

अब तक चुपचाप सुन रही लक्ष्मी ने कहा, 'और हर बग़ीचे को धैर्य भी चाहिए, वेदू। बीज आज बो कर कल ही फूल की उम्मीद नहीं कर सकते।'

वेद मुस्कुराया, 'अच्छा! मतलब नानू सक्सेस के पीछे नहीं भागे – बस उसका माहौल बना दिया, और सक्सेस ख़ुद चलकर आ गई।'

हम सब हँस पड़े, और तितलियों का वह चित्र मन में संजोये हम मेरे सुइट तक पहुँच गए।

मेरी जिंदगी में जब पहली बार किसी ने मुझसे कहा था, 'आप एक सुइट में ठहरेंगे', तो मैं परेशान हो गया था। मुझे लगा – स्वीट मतलब कुछ ऐसा जो खाने के बाद आप खाते हैं? फिर उन्होंने मुझे स्पेलिंग दिखाई – suite। अंग्रेज़ी सच में हमारे साथ पैंतरे खेलना पसंद करती है।

मेरे लिए जो सुइट आरक्षित किया गया था वह बहुत सुंदर और बड़ा था। एक आरामदायक लिविंग एरिया था, और एक सजावटी टेबल जो मेरे सुबह की पूजा के लिए छोटी-सी जगह सजाने का मानो मुझे न्योता दे रही थी। बड़ी खिड़कियों के उस पार एक छोटा बैकयार्ड था, जहाँ के तालाब में कुमुदिनी खिली थीं, और उस पर मँडराती मधुमक्खियाँ गुंजन कर रही थीं। उसी क्षण मुझे लगा कि यह जगह मेरी सुबह के पाठ और ध्यान के लिए बिल्कुल सही है।

राकेश ने मेरी नज़रें पढ़ लीं और मुस्कुराए, 'हमने यह सुइट आपके लिए इसलिए चुना है, स्वामीजी। यहाँ शादी की भीड़ नहीं आएगी। आप शांति से प्रार्थना कर पायेंगे, और जब चाहें, किसी भी समय समारोह में शामिल हो सकेंगे।'

यह सच में दोनों दुनिया का सुंदर संगम जैसा लगा – एकांत जब ज़रूरत हो, और उत्सव जब मन करे।

यह सुइट मेरी साधना के लिए एकदम उपयुक्त था, मेरे रोज़ की स्पिरिचुअल प्रैक्टिस। मेरे लिए साधना सिर्फ़ एक रिचुअल नहीं, मेरी लाइफ़-लाइन है। यदि मैं एक बल्ब हूँ, तो साधना वह तार है जो मुझे सकारात्मकता, बल, ख़ुशी और शांति के स्रोत से जोड़ती है। पूजा उस कनेक्शन को और पर्सनल बना देती है – जब मैं अपने ईष्ट देवों को फूल या धूप अर्पित करता हूँ, तो मैं अपने दिल को फिर से उस ब्रह्म-शक्ति से जोड़ता हूँ।

मेरा मिशन है दूसरों की सेवा करना – बाँटना, देना, योगदान करना। लेकिन एक कुआँ भी, अगर लगातार पानी देता जाए और उसे दोबारा भरने का समय न मिले, तो वह एक दिन खाली हो ही जाता है। आध्यात्मिक साधना उस कुएँ को एक असीम सागर से जोड़कर रखती है, एक कभी ना ख़त्म होने वाले भंडार से।

और साधना सिर्फ संन्यासियों के लिए नहीं है। दरअसल, यह उन लोगों के लिए और भी ज़्यादा ज़रूरी है, जो लगातार देते ही रहते हैं – बच्चों को पालते माता-पिता, घर-परिवार के लिए समर्पित लोग, काम के प्रति पूरी तरह समर्पित प्रोफेशनल्स, और ज़रूरतमंदों की देखभाल करने वाले लोग। हम प्यार, उम्मीद, सहारा, संसाधन, समय और जगह – सबकुछ देते ही रहते हैं। लेकिन अगर हम कभी ख़ुद को न भरें, तो हम थक जाते हैं, टूट जाते हैं।

इसीलिए आध्यात्मिक अभ्यास कोई सुविधा नहीं, एक आवश्यकता है। जब हम दिव्यता के उस अनंत सागर से जुड़े रहते हैं, तो हमारा कुआँ भरा रहता है। और जब हमारा कुआँ भरा होता है, तब हम लगातार दे सकते हैं – बिना सूखे और बिना इस उम्मीद से कि कोई दूसरा हमें भरे।

कमरे में प्रवेश करते ही, वेद की तेज़ नज़र तुरंत एक पहचान वाली चीज़ पर जा टिकी, एक सलीके से रखे डिब्बे पर।

'गौरजी!' उसने खुशी से उछलकर डिब्बा उठाते हुए कहा। 'ये मेरा फेवरेट गेम है – स्नेक्स एंड लैडर्स! मैं इसे अपने दोस्तों के साथ हमेशा अपने iPad पर खेलता हूँ। सबको बहुत मज़ा आता है। क्या हम अभी खेल सकते हैं, प्लीज़?'

राकेश और लक्ष्मी एक-दूसरे की ओर देखने लगे। वे मुझे लंबे सफ़र के बाद आराम करने देना चाहते थे, लेकिन वे यह भी समझ रहे थे कि क्या हो रहा था – एक जेनेरेशन ज़ी के लड़के और जेनेरेशन एक्स के मॉन्क के बीच इतने थोड़े से समय में एक मीठा, सम्मानपूर्ण रिश्ता बन रहा था। मैं जानता था कि वो चाहते थे कि वेद को ये ख़ुशी के पल और सौम्य मेंटरिंग मिले।

मैं हल्के से मुस्कुराया। 'मुझे आराम करना तो चाहिए... और मैं करूँगा। लेकिन एक गेम के बाद। चलिए, हम सब एक राउंड खेलते हैं।'

वेद का चेहरा खुशी से चमक उठा। राकेश हँस पड़े और लक्ष्मी ने सिर हिलाया – ऐसे जैसे उन्होंने पहले ही हार मान ली हो।

सांप-सीढ़ी (स्नेक्स एंड लैडर्स) दुनिया के सबसे पुराने और सरल बोर्ड गेम्स में से एक है। हर खिलाड़ी की एक गोटी होती है, और उसे पासे के हिसाब से आगे बढ़ाते हैं। लैडर आपको आगे का शॉर्टकट दे देती है, जबकि साँप आपको पीछे गिरा देता है। जो सबसे पहले आख़िरी खाने तक पहुँच जाए – वही जीतता है।

सुनने में तो आसान लगता है, लेकिन जिसने भी यह खेल खेला है, वह जानता है कि इसमें कितना ड्रामा होता है। कभी आप आगे होते हैं, और अगली ही चाल में कोई साँप आपको पूरा निगलकर नीचे गिरा देता है। पासा पटकना, नकली सी बहस, और कुछ लोगों की पासे पर फूँक मारकर 'लकी' बनने की कोशिश – सब चलता रहता है। और चाहे आप कितनी बार भी हार जाएँ, मन फिर कहता है – चलो, एक बार और!

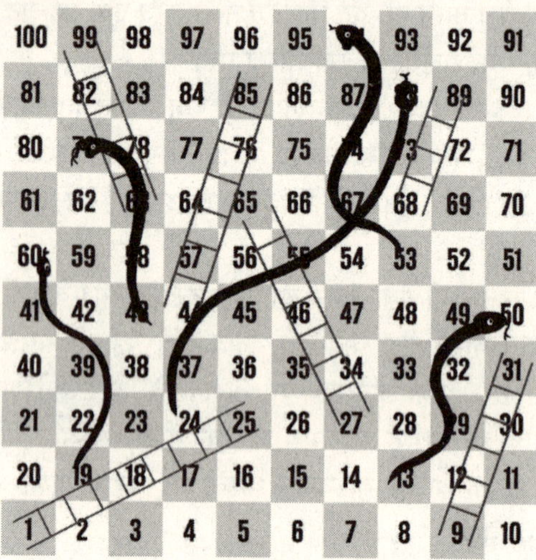

बोर्ड मेज़ पर सजा दिया गया और गोटियाँ बड़े ही अच्छे तरीक़े से स्टार्टिंग स्क्वायर पे रख दी गयीं। वेद ने हरी गोटी चुनी, राकेश ने लाल, लक्ष्मी ने नीली, और मेरे पास बची केसरिया।

वेद तुरंत मुस्कुराया, 'अफ़-कोर्स, गौरजी के लिए केसरिया ही बचा। मॉन्क कलर! बोर्ड को भी आपके ब्रांडिंग की ख़बर है।'

सब पासा फेंकने से पहले ही हँस पड़े।

वेद ने शुरुआत की। 'सबसे छोटा पहले खेलेगा, ये नियम है,' उसने पूरे स्टाइल से पासा झटका, फूँक मारी जैसे जन्मदिन की मोमबत्ती बुझा रहा हो, और फिर फेंका तो सीधे छह।

'देखा!' वेद उछल पड़ा। 'मैंने कहा था न? मैं इस गेम का मास्टर हूँ!'

राकेश ने अगला पासा फेंका, दो आया। उन्होंने हाथ नाटकीय अंदाज़ में ऊपर कर दिए। 'सेवानिवृत्ति में भी ओवरटाइम! हमेशा पीछे ही रहता हूँ।'

मैंने मुस्कुराते हुए कहा, 'या फिर... आप बस समझदारी से धीरे चल रहे हैं।'

मेरी बारी आई – तीन आया। 'धीमा और स्थिर,' मैंने गोटी आगे बढ़ाते हुए कहा।

लक्ष्मी की पहली चाल उन्हें सीधे एक लैडर पर ले गई और वे ऊपर पहुँच गईं।

वेद तुरंत कराह उठा, 'नानी! ये तो चीटिंग है।'

राकेश मुस्कुराए, 'ये तुम्हारी नानी हैं, वेदू। शांत रहकर जीतती हैं।'

अगली चाल में वेद एक साँप पर जा चढ़ा और फिसलकर नीचे आ गया। वह भौंहें चढ़ाकर बोला, 'ये गेम बायस्ड है। पासा मुझे नापसंद करता है!'

मैं हँसा और बोला, 'अरे वेद, ये तो क्लासिक ह्यूमन टेन्डेन्सी है – जब चीज़ें हमारे हिसाब से चलें, हम कहते हैं यह मेरी स्किल है। और जब न चलें, हम कहते हैं – दुनिया गलत है।'

राकेश समझदारी से सिर हिलाते हुए बोले, 'बिल्कुल सच। जब मेरी पहली बिज़नेस डील फेल हुई थी तो मैंने बाजार को दोष दिया, अपने पार्टनर

को भी, यहाँ तक कि मौसम को भी। कई साल बाद समझ आया – इनमें से कोई भी असल वजह नहीं थी। गलती मेरी ही थी। मैं तैयार नहीं था।'

वेद ने पलकें झपकाईं। 'तो अगर मैं लगातार पासे को दोष देता रहूँ, तो मैं कभी जीत नहीं पाऊँगा?'

'बिल्कुल,' मैंने कहा। 'पासा हमारे नियंत्रण में नहीं होता। लेकिन पासे के बाद हम क्या करते हैं, वो हमेशा हमारे हाथ में होता है।'

लक्ष्मी ने जोड़ा, 'और कभी-कभी, वेद, बात जीतने की भी नहीं होती। बात उन लोगों के साथ खेल का आनंद लेने की होती है, जिनके साथ आप खेल रहे हों।'

कुछ चालों बाद, मैं एक मोटे, चौड़े मुँह वाले साँप पर जा चढ़ा और बहुत नीचे फिसल पड़ा।

वेद खुशी से उछल पड़ा। 'फ़ाइनली! साधु भी डँसे जाते हैं!'

राकेश ठहाका लगाकर बोले, 'हाहा! देखा? ज़िंदगी कितनी न्यायप्रिय है।'

मैं मुस्कुराया, 'हाँ, साँप किसी को नहीं छोड़ते। लेकिन इसका मतलब ये नहीं कि खेल खत्म हो गया। साँप हमें याद दिलाते हैं कि चाहे कितना ही नीचे गिरें हम, हमें फिर से शुरू करने के लिए तैयार रहना होगा।'

थोड़ी देर बाद, वेद एक लंबी सीढ़ी पर पहुँचा और ऊपर चढ़ गया। 'शॉर्टकट, बेबी!' उसने शान से कहा।

लक्ष्मी मुस्कुराई, 'ध्यान रखना। कभी-कभी सीढ़ियाँ हमें किसी बड़े साँप के और करीब ले जाती हैं।'

मैंने जोड़ा, 'सीढ़ियाँ ऊपर तो ले जाती हैं, लेकिन हमें परखती भी हैं। ये देखने के लिए कि कहीं ऊपर जाकर हम घमंड में चूर ना हो गए हों।'

कुछ देर बाद मुझे भी एक ऊँची सीढ़ी मिली और मैं जल्दी आगे बढ़ गया।

जैसे-जैसे हम बोर्ड के आख़िरी हिस्से के पास पहुँचे, तनाव बढ़ने लगा। वेद 84 पर, राकेश 87 पर, लक्ष्मी 93 पर, और मैं पीछे-पीछे 76 पर था।

वेद ने दबी आवाज़ में प्रार्थना की और पासा फेंका। पासा रुका... सीधे 88 पर बैठे एक राक्षसी साँप के मुँह पर। और वेद फिसलता हुआ सीधे 24 तक पहुँच गया।

वेद ने सिर पकड़ लिया, 'नहीं!!! सब ऊपर जा रहे हैं, और मैं ही नीचे गिर रहा हूँ!'

मैंने हँसते हुए कहा, 'वेद, ज़िंदगी कभी-कभी बिल्कुल ऐसी ही लगती है। लगता है पूरा संसार ऊपर जा रहा है और सिर्फ हम नीचे फिसल रहे हैं। लेकिन बस एक चाल... सब बदल सकती है।'

वेद फर्श पर गिरकर बोला, 'मैं कितना करीब था! ये बहुत गलत है!'

राकेश हँसते-हँसते बोले, 'ब्लॉकबस्टर पल! हीरो आख़िरी मोड़ पर गिर गया। परफेक्ट क्लाइमैक्स!'

लक्ष्मी ने धैर्य से मुस्कुराते हुए कहा, 'वेद, ये सिर्फ एक खेल है।'

वेद नाटकीय अंदाज़ में बैठकर बोला, 'खेल? नहीं नानी। ये तूफ़ान है। मेरे सपने चूर-चूर हो गए हैं!'

मैं झुककर उसके पास आया। 'तुम जानते हो, वेद, तुम गलत भी नहीं हो। तुम्हारा ये 88 वाला साँप बिल्कुल अज़ीज़ अली जैसा है – फ़रहान अख्तर के किरदार जैसा, *तूफ़ान* फिल्म में। याद है आख़िरी फाइट? शरीर टूट चुका है, थकान हड्डियों में उतर गई है। दिमाग कहता है – खत्म। कंधे झुक जाते हैं, गार्ड गिर जाता है – बिल्कुल जैसा तुम्हारा हाल है उस साँप के बाद।'

वेद को याद आया, 'ओह हाँ... और फिर उसका कोच चिल्लाता है – "डू इट फ़ॉर हर!"'

मैंने आगे कहा, 'और अचानक, वह फाइट खिताब के लिए नहीं रह जाती। वो उसकी पत्नी के लिए होती है – उसकी वजह, उसका *व्हाई*। अब ये बात है प्यार, उद्‌देश्य और प्रायश्चित की। बस यह एक याद दिलाना सब बदल देता है। उसके पाँव स्थिर हो जाते हैं, उसकी मुट्ठी कड़ी हो जाती है। दर्द जाता नहीं, पर उसकी ताकत खत्म हो जाती है।'

वेद ने पासे को कसकर पकड़ लिया। 'तो ये साँप... मेरा नॉकआउट पंच है। और फिर से रोल करना मतलब... मैं एक और राउंड खेलने जा रहा हूँ?'

मैंने सिर हिलाया। 'ज़िंदगी तुम्हारे रास्ते में साँप भी डालेगी, मुक्के भी, और असफलताएँ भी। पासा कभी-कभी अन्यायपूर्ण लगेगा। लेकिन असली सवाल ये है: तुम क्यों खेलते रहोगे?'

वेद ने कुछ क्षण सोचा, फिर मुस्कुराया। 'ठीक है। मैं फिर से पासा फेकूँगा। लेकिन इस बार, नानी के लिए। उन्हें मेरी जीत ज़रूर देखनी चाहिए।'

लक्ष्मी खिलखिलाकर हँसीं। राकेश ने योद्धा-सा नारा लगाया। और मैंने सिर हिलाया, 'बस यही तो है, वेद। साँप-सीढ़ी में भी, तुम्हारा "क्यों" ही तुम्हें आगे बढ़ाता है। जिंदगी में भी प्रेम, परिवार, विश्वास, सेवा – यही वजहें होती हैं, जो हर बार गिरने के बाद हमें फिर से पासा उठाने की ताकत देती हैं।'

वेद ने मुट्ठी भींचकर कहा, 'वन मोर राउंड!'

गोटियाँ बढ़ती रहीं, पासा खनकता रहा, हँसी कमरे में गूँजती रही। और इस सारी हलचल से परे, ज़िंदगी ने धीरे से अपनी सच्चाई कही: साँप सब्र की परीक्षा लेते हैं। सीढ़ियाँ अहंकार की। लेकिन तुम्हारा "क्यों" – वो दिल की परीक्षा लेता है। और जब वो मज़बूत होता है, तब तुम हमेशा आगे बढ़ते रहोगे।

जब खेल खत्म हुआ और गोटियाँ वापस डिब्बे में रख दी गयीं, अपने चेहरे पर गर्व और सुकून के मिले-जुले भाव लिए वेद कुशन पर टिककर बैठा।

'गौरजी, थैंक यू। बहुत मज़ा आया... और सीख भी।'

'हँसी में लिपटा ज्ञान, दिल में गहराई तक उतर जाता है। और इसी बात पर... एक फन-फैक्ट।'

वेद ने आँखें तरेरीं। 'लो शुरू हो गया... आध्यात्मिक ज्ञान!'

लक्ष्मी मुस्कुरा उठीं, 'श्शश.... शांत रहो। मुझे ये छोटी–छोटी बातें बहुत पसंद हैं।'

राकेश भी सिर हिलाकर बोले, 'मुझे भी।'

मैंने कहा, 'इस साँप-सीढ़ी के ख़ेल का ओरिजिन दरअसल, बहुत ही डीप और स्पिरिचुअल है। इसकी शुरुआत मनोरंजन के लिए नहीं, बल्कि फिलॉसफी, नैतिकता और आत्म-बोध सिखाने के लिए हुई थी।

'प्राचीन भारत में इसे मोक्षपटम् कहा जाता था – मोक्ष तक की सीढ़ियाँ।[2] इसे संतों ने कर्म और धर्म का पाठ पढ़ाने के लिए बनाया था। सीढ़ियाँ सत्य, करुणा और भक्ति जैसी गुणों की प्रतीक थीं, जो आत्मा को ऊपर उठाती हैं। साँप प्रतीक थे लोभ, क्रोध और अहंकार जैसे दोषों के, जो आत्मा को नीचे गिराते हैं। और अंतिम खाना? मोक्ष। जन्म-मरण के चक्र से मुक्ति।'

लक्ष्मी की आँखें चमक उठीं। 'कितना सुंदर! हर चाल, जैसे जीवन का संदेश।'

मैंने जोड़ा, 'सीख बहुत सरल थी – जीवन में सीढ़ियाँ भी हैं, और साँप भी। आपके चुनाव तय करते हैं कि आप कहाँ पहुँचते हैं। लेकिन कितनी ही बार आप गिरें... फिर से पासा फ़ेंकने का मौका हमेशा मिलता है।'

राकेश मुस्कुराए, 'बिल्कुल यही मैं तुम्हें हमेशा समझाता हूँ, वेदू। कभी हार मत मानना।'

वेद हँसा, 'ठीक है, ठीक है। कहानी का सार यही है: साँप बुरे हैं, सीढ़ियाँ अच्छी हैं, और जीत हमेशा मेरी होती है।'

हम दरवाजे की ओर बढ़ रहे थे कि तभी लक्ष्मी ने बाहर किसी को देखकर आवाज़ लगाई, 'प्रिया!'

एक सादी-सी, गरिमामयी युवती मुड़ी और हमारी तरफ आने लगी। राकेश के चेहरे पर चमक आ गई। 'गौरजी, ये हमारी बेटी प्रिया है,' उन्होंने गर्व से कहा। 'मुंबई में फैशन डिजाइनर है। बहुत अच्छा काम कर रही है।'

लक्ष्मी ने उसके हाथ पर प्यार से हाथ रखा, 'हाँ, इसने सचमुच अपनी राह ख़ुद बनाई है। हमें इस पर बहुत गर्व है।'

वेद ख़ुद को रोक न पाया और बोला, 'आख़िर मम्मी किसकी है?' और वह शरारती अंदाज़ में मुस्कुराया। हम सब हँस पड़े।

प्रिया ने हल्की, शिष्ट मुस्कान के साथ कहा, 'बस अपना काम कर रही हूँ।' वह कम बोलती थी, पर उसके भीतर एक शांत आत्मविश्वास और सहज गरिमा थी।

राकेश आँखों में अपार स्नेह लिए उसे देख रहे थे। लक्ष्मी का चेहरा गर्व से खिला हुआ था। वेद भी उससे सटकर खड़ा था, जैसे बच्चे सहज ही अपनेपन से जुड़ जाते हैं। लेकिन जब राकेश की नजरें एक पल को और ठहरीं, तो मैंने प्रिया की आँखों में एक हल्की सी छाया देखी – वही छाया, जो तब उभरती है जब खुशियों का दामन किसी पुराने एहसास को हल्के से छूकर निकल जाता है।

कुछ कहा नहीं गया, पर उस पल मुझे फिर वही सच्चाई महसूस हुई – हर हँसी के पीछे, परिवारों में कुछ अनकहे भाव भी होते हैं। कुछ जश्न हम दुनिया के साथ मनाते हैं, लेकिन कुछ चुपचाप दिल में रखे जाते हैं, जब तक उन्हें साझा करने का सही समय न आ जाए।

~

कुछ देर बाद, अपने कमरे में अकेला, मैं यही सोचता रहा कि मेरी सोशल मीडिया यात्रा भी साँप-सीढ़ी के खेल से कम नहीं रही।

जब मैंने सोशल मीडिया पर पोस्ट करना शुरू ही किया था, तब ऐसा लगता था कि बिना नियम जाने ही पासा फेंक रहा हूँ। कुछ पोस्ट मुश्किल से कुछ कदम आगे बढ़ पातीं। वहीं कुछ, बिना किसी उम्मीद के, लोगों तक पहुँच जातीं और लगता मानो कोई सीढ़ी मुझे ऊपर की ओर धकेल रही हो। कोई एक वीडियो अचानक हर जगह साझा हो जाता और मैं सोचता, 'बस! अब तो 99 पर पहुँच गया!' लेकिन फिर... सन्नाटा। एक साँप। दर्शकों की रुचि घट जाती, आलोचनाएँ बढ़ने लगतीं और मैं ख़ुद को फिर से खाना नंबर 10 पर पाता – ये सोचते हुए कि क्या खेल जारी रखना भी चाहिए?

अफ़-कोर्स, मेरा उद्देश्य हमेशा ज्ञान बाँटना और संदेश फैलाना ही था। फिर भी, खेल की तरह यहाँ भी साँप और सीढ़ियाँ असर करती हैं – याद दिलाती हैं कि पासा हमेशा हमारे नियंत्रण में नहीं हो सकता, लेकिन हमारा उद्देश्य ज़रूर हो सकता है।

सच तो यही है कि साँप और सीढ़ियाँ, दोनों खेल का हिस्सा हैं। सीढ़ियों के रोमांच का आनंद तभी आता है जब साँप हमें विनम्र बनना सिखाएं। और सबसे बड़ा सबक यह है कि न साँप हमें परिभाषित करते हैं, न सीढ़ियाँ – जब तक हम खेल में बने रहते हैं, पासा घूमता रहता है।

मेरे लिए सीढ़ियाँ तब आईं, जब मैंने सच्चाई से बोला, दिल से निकली कहानियाँ साझा कीं। और साँप तब मिले, जब मैंने दर्शकों को खुश करने, ट्रेंड्स को पकड़ने या एल्गोरिथ्म को प्रभावित करने की कोशिश की। हर साँप ने मुझे ह्युमिलिटी सिखाई, हर सीढ़ी ने ग्रैटिट्युड। और दोनों ने मिलकर धैर्य।

मेरे जीवन का सबसे बड़ा आधार श्रीकृष्ण का भगवद्गीता में समझाया सिद्धांत रहा – निष्काम कर्म योग। यह कर्म में लगाव रखना लेकिन उसके फल से विरक्त रहना सिखाता है।

निष्काम कर्म का अर्थ है: परिणाम की चिन्ता किये बग़ैर पूरे मन से अपना सर्वश्रेष्ठ देना। यह आलस्य या लापरवाही का नाम नहीं है – यह तो पूरे समर्पण से अपना कर्तव्य निभाने और फिर उसे छोड़ देने की कला है। अगर पैशन न हो, तो हम कोशिश करना छोड़ देंगे। लेकिन अगर अटैचमेंट बहुत बढ़ जाए, तो जब चीजें हमारे अनुसार न हों, हम टूटने लगते हैं। पासा हमेशा हमारे अनुकूल नहीं गिरेगा, और ऐसे समय में विरक्ति ही स्थिर रहना, गरिमा से स्वीकार करना और फिर से प्रयास करना सिखाती है।

और फिर अपने साथ बहा लिए जाने का ख़तरा लिए दो चरम की चुनौतियाँ आती हैं – सीढ़ियाँ, जो हमारे अहंकार को पोषित करती हैं, और साँप, जो हमारी आशाएँ तोड़ने लगते हैं। हम अहंकार और निराशा के बीच निरंतर झूलते रहते हैं। महाभारत के महान योद्धा अर्जुन भी रणभूमि में इसी तनाव से जूझे थे – कर्तव्य और भावना, स्पष्टता और भ्रम के बीच उलझे हुए।

निष्काम कर्म हमें समभाव सिखाता है – संतुलित बने रहने की कला। हाँ, हम इंसान हैं – हम पर असर तो होगा ही। लेकिन अभ्यास हमें जल्दी सँभलना सिखाता है, वह भी गरिमा के साथ। सोशल मीडिया में आने से पहले जो मैंने आश्रम में वर्षों तक अभ्यास करते हुए समय बिताया, वही अभ्यास इस खेल को समझने में अमूल्य साबित हुआ।

और यही रहस्य है: जब हम अपने काम को किसी उच्च उद्‌देश्य से जोड़ देते हैं तब निष्काम कर्म योग बन जाता है। जब हमारे कर्म केवल स्वयं के लिए नहीं, बल्कि दूसरों, समाज या ईश्वरीय भाव के लिए किए जाते हैं – तब उनका एक गहरा उद्‌देश्य बन जाता है। तब हर कोशिश, चाहे छोटी या बड़ी, पवित्र हो जाती है। कोई पोस्ट लिखना, भोजन बनाना, साथी की मदद करना, बच्चे का पालन-पोषण – यदि हम इन्हें योगदान की भावना से करें तो ये सब योग बन जाते हैं।

जब हम इस मानसिकता से काम करते हैं तो सीढ़ियाँ हमें अहंकारी नहीं बनातीं, क्योंकि हम उन्हें कृपा समझते हैं। और साँप, क्योंकि उन्हें हम ग्रोथ समझते हैं, हमें तोड़ते नहीं। दोनों ही यात्रा के सहयात्री बन जाते हैं।

तो इसे अपने जीवन में कैसे लाएँ? निष्काम कर्म योग को केवल तीन सरल चरणों में अपनाकर:

1. **एफर्ट (अपना सर्वश्रेष्ठ दें):** जो भी करें – काम, रिश्ते, स्वयं का विकास – पूरे मन से करें। पैशन और डिसिप्लिन ज़रूरी हैं।
2. **डिटैचमेंट (परिणाम को छोड़ दें):** जो करना था, कर चुके – अब परिणाम के बारे में सोचना बंद कीजिये। हर बार पासा हमारे पक्ष में नहीं गिरेगा – कोई बात नहीं। डिटैचमेंट हमें सफलता में विनम्र और असफलता में गरिमामयी बनाती है।
3. **सर्विस (कर्म को ऊँचे उद्‌देश्य से जोड़ें):** जब हमारा काम किसी के हित में, समाज के लिए या ईश्वरीय भावना के साथ किया जाता है, तब कर्म योग बन जाता है। यदि योगदान की भावना से किया जाए, तो हर कार्य, चाहे छोटा हो या बड़ा एक भेंट बन जाता है।

इसलिए जब आप किसी सपने का पीछा कर रहे हों – चाहे वह सोशल मीडिया पर आगे बढ़ना हो, करियर में कोई लक्ष्य हो या कोई व्यक्तिगत आकांक्षा – याद रखें: ये एक ही पासे में 100 तक पहुँच जाने की बात नहीं है। बात इस खेल में बने रहने की है – हर चढ़ाई, हर गिरावट से सीखते रहने की है। क्योंकि हम जिस भी खाने पर पहुँचते हैं, वही हमें गढ़ रहा होता है।

क्योंकि अंत में, जीवन साँपों से बचने का नाम नहीं है। जीवन नाम है बार-बार उठने का, फिर से पासा फेंकने का, और चलते रहने का, जब तक हमारी कहानी किसी और तक पहुँचकर उसे प्रेरित न कर दे।

मेरा मन फिर राकेश की कहानी की ओर चला गया – कैसे उन्होंने कम उम्र में ही अपने पिता को खो दिया था और फिर भी एक छोटे से बालक के रूप में, छोटे-मोटे काम करते हुए, पढ़ाई जारी रखते हुए, घर का भार सँभालते हुए अपनी माँ के साथ खड़े रहे। वर्षों की कठिन मेहनत और लगन से वे आज एक सफल उद्योगपति बने – संपन्नता, प्रभाव और प्रेम से भरे अपने घर के साथ।

अक्सर हम केवल आइसबर्ग का टिप ही देखते हैं – दिखती हुई सफलता, चमक और वह जीवन जो लोगों ने बनाया है। लेकिन वह विशाल हिस्सा जो सतह के नीचे हमारी आँखों से छिपा है उसे देखने से हम चूक जाते हैं – विफलताएँ, निराशाएँ, संघर्ष, समर्पण, अनुशासन और दृढ़ता – जो वास्तव में सबकुछ सँभाले हुए है।

जीवन अनिश्चित है – अचानक चढ़ाइयाँ, अप्रत्याशित गिरावटें, ऐसे मोड़ जो कभी हमने सोचे भी नहीं। परिणाम अक्सर हमारे नियंत्रण से बाहर होते हैं, लेकिन यात्रा की परिभाषा हमारे प्रत्युत्तर से होती है – हमारे प्रयास से, हमारे धैर्य से और हमारे उद्देश्य से। विफलताएँ विनम्रता सिखाती हैं, अवसर हमें आगे बढ़ाते हैं। प्रगति सीधी रेखा नहीं होती, यह आगे बढ़ने और पीछे हटने की लय में, ठहराव और छलाँगों में खुलती है – और ये सब मिलकर हमें जो बनना है उसमें हमारी मदद करती है।

और यदि हम अपने सपनों का जीवन पाना चाहते हैं, तो यह भाग्य का पीछा करने से नहीं, बल्कि प्रक्रिया से जुड़े रहने के अनुशासन से आता है – लगातार करते रहने से, कदम दर कदम, जब तक कि सफलता स्वयं सामने न आ जाए।

इन विचारों की गूँज अभी भी मन में थी, और मैंने ख़ुद को थोड़ी देर थाम लिया – शाम की गतिविधियाँ शुरू होने से पहले एक शांत विश्राम।

....

सोचने वाली बातें...

हम जो चाहते हैं उसे आकर्षित कैसे करें – तितली की बुद्धिमत्ता:: सफलता, प्रेम, शांति और ख़ुशी तितलियों की तरह होते हैं। जितना हम उन्हें पकड़ने के लिए भागते हैं, वे उतनी दूर उड़ जाती हैं। लेकिन जब हम ईमानदारी, दया और उद्देश्य से भरा एक बगीचा बनाते हैं, तो ये तितलियाँ ख़ुद उड़कर आती हैं... और ठहर जाती हैं।

आध्यात्मिक साधना कोई विलासिता नहीं – एक आवश्यकता है: आध्यात्मिक साधना केवल संन्यासियों के लिए नहीं है। यह तो उन लोगों के लिए और भी ज़रूरी है जो लगातार दूसरों के लिए काम करते हैं। जब हम ईश्वरीय स्रोत से जुड़े रहते हैं, तो हमारा भीतर का कुआँ भरा रहता है। और जब हम भीतर से पूर्ण होते हैं, तब हम देते रह सकते हैं – बिना थके, बिना खाली हुए, और बिना दूसरों पर निर्भर हुए कि वे हमें भरें।

साँप-सीढ़ी –सफलता और असफलता में दृढ़ता:

- पासा फेंकना हमारे हाथ में है, लेकिन वह किस अंक पर थमेगा – यह नहीं। प्रयास हमारा, परिणाम भाग्य का।
- किस्मत बहुत जल्दी बदल जाती है – एक पल हम आगे होते हैं, अगले ही पल नीचे गिर जाते हैं। इसलिए जब ऊपर उठें तो विनम्र रहें, और गिरें तो दृढ़ रहें।

- साँप किसी को नहीं छोड़ते, लेकिन खेल खत्म भी नहीं करते। वे याद दिलाते हैं कि चाहे कितना ऊपर चढ़ें या कितना नीचे फिसलें, हमें फिर से शुरू करने के लिए तैयार रहना होगा।
- हमारी आदत है – हारने पर भाग्य को दोष देना और जीतने पर श्रेय ख़ुद ले लेना। न दोष दें, न घमंड करें – बस पासा चलाते रहें।
- यात्रा उतनी ही महत्वपूर्ण है जितनी जीत – असली आनंद साथ खेलते रहने में है।
- जब असफलताएँ हमें गिरा दें, तो उद्देश्य ही हमें दोबारा उठने और आगे बढ़ने की ताकत देता है।

निष्काम कर्म योग: गीता हमें सिखाती है कि हमें परिणाम से स्वयं को अलग रखते हुए अपना श्रेष्ठ देना चाहिए और अपने कर्म को किसी उच्च उद्देश्य से जोड़ना चाहिए, चाहे वह सेवा समाज के लिए योगदान हो या ईश्वरीय अर्पण। इसी तरह कोई भी साधारण कर्म पवित्र बन जाता है और चाहे जीवन हमें सीढ़ियाँ दे या साँप हम संतुलित रहते हैं।

जीवन अनिश्चित है अचानक ऊँचाइयों और अप्रत्याशित गिरावटों के साथ: हमारी यात्रा को सबसे अधिक आकार परिणाम नहीं देता, बल्कि वह प्रयास और वह नीयत देती है जो हम उसमें लगाते हैं। परिणाम कई बार हमारे नियंत्रण से बाहर होते हैं, लेकिन परिणामों के प्रति हमारा दृष्टिकोण, जीत पर हमारी प्रतिक्रिया, हार के बाद धैर्य और ठहराव में विश्वास – यही हमें गढ़ता है। प्रगति कभी भी सीधी रेखा में नहीं चलती, वह उठती-गिरती है – हर मोड़ हमारे बनने की प्रक्रिया को और निखार देता है।

....

इस अध्याय में बताए गए विचारों से जुड़े अभ्यास पेज नंबर 273 पर उपलब्ध हैं।

3

क्रेक्ड मग्स

इम्परफ़ेक्शन में सुंदरता और एक्सेप्टेन्स की खोज

~

हमारी ज़िंदगी की दरारें असफलताएँ नहीं होतीं – वो सुनहरे अक्षरों में लिखी कहानियाँ होती हैं, जो खुलने का इंतज़ार कर रही हैं।

शाम होते-होते मेहमानों के आने से महल में रौनक लौट आई। आरच्ड ड्राइववे से होती हुई कारें एक-एक कर अंदर आ रही थीं। उनकी हेडलाइट्स पल-भर के लिए सैंडस्टोन की दीवारों पर चमकतीं और फिर साँझ के धुंधलके में गुम हो जातीं। सलीकेदार यूनिफ़ॉर्म पहने पोर्टर तेज़ी से लग्ज़री सूटकेस उतार रहे थे, उनके चमकते मेटल नेम-टैग रास्ते के किनारे अभी-अभी जले लालटेन की रोशनी में झिलमिला रहे थे।

अंदर, ऊँची छत वाली लॉबी तरह-तरह की आवाज़ों से गूँज रही थी – गर्मजोशी भरे अभिवादन, ठहाकों की गूँज, रेशमी साड़ियों की सरसराहट और सलीके से सिले सूट्स की हल्की टकराहट। रिसेप्शन डेस्क के पास रोहन के कुछ सबसे करीबी दोस्त, आपस में हँसी-मज़ाक करते हुए नज़र आ रहे थे। वहीं पास ही राकेश और लक्ष्मी के रिश्तेदार और पारिवारिक मित्र मिल-जुल रहे थे – हाथ मिलाते, गले लगते और मुस्कुराते हुए, उन मुस्कानों में बरसों की साझा यादें झलक रही थीं।

संजना की ओर से मेहमानों की मौजूदगी थोड़ी छोटी और सादी थी। गौरव, उसका भाई और वहाँ मौजूद उसका इकलौता परिवार, उसके साथ था, और उसके अलावा कुछ गिने-चुने दोस्त। इस चहल-पहल के बीच उनकी मौजूदगी उसके लिए एक शांत लंगर की तरह थी – स्थिर, भरोसेमंद।

मेहमानों की सूची काफी सीमित थी – कुल मिलाकर कोई चालीस लोग। लेकिन माहौल बिल्कुल भी छोटा नहीं लग रहा था। सुनहरे झूमरों की रोशनी में चमक रहे संगमरमर के फर्श पर बेलबॉय खाने की ट्रॉलियाँ धकेल रहे थे। सिल्वर ट्रे में वेलकम ड्रिंक्स भीड़ के बीच घूम रही थीं, और गिलासों की खनक शाम की बातचीत में एक अलग-सी लय जोड़ रही थी। बाहर टैरेस पर, एक राजस्थानी संगीतकार सारंगी पर अपनी धुन छेड़ रहा था, और आत्मा को छू लेने वाली उसकी तानें रेगिस्तानी हवा में घुल रही थीं।

संगीत और ज़ायकेदार पकवानों की महक के साथ-साथ, मेहमान धीरे-धीरे महल के टैरेस रेस्टोरेंट की ओर बढ़ने लगे। वहीं जश्न की असली धड़कन थी –हवा में हल्की हँसी, संगीत और सौ से ज़्यादा लालटेन की नरम रोशनी रेगिस्तानी हवा में हल्के-हल्के झूल रही थीं। ऊपर, पूनम का चाँद पूरी चमक बिखेरे था, और उसकी चाँदनी दूर-दूर तक फैले रेत के टीलों पर चाँदी-सी बिछी हुई थी।

मैं चुपचाप इस अपनेपन भरे माहौल में पहुँचा। चूँकि दोपहर का खाना काफ़ी भारी और देर से हुआ था, मैंने रात के खाने को स्किप करने का मन बना लिया था लेकिन राकेश कभी भी मुझे यूँ ही निकल जाने नहीं देते। अपनी उसी सादगी भरी शालीनता के साथ, वे मुझे अपने रिश्तेदारों और मेहमानों से ख़ुद मिलवाते हुए अंत में रोहन और संजना के पास ले गए। रोहन से मेरी मुलाक़ात पहले एक बार हो चुकी थी – संक्षिप्त और औपचारिक। लेकिन संजना से यह मेरी पहली मुलाक़ात थी। उसमें एक शांत गरिमा थी – एक संयमित मुस्कान, और आँखों में ऐसी ख़ुशी जिनके आगे शब्द बेकार लगें। इसके बाद राकेश मुझे टैरेस के एक शांत कोने में रखी मेज़ तक ले गए। 'यहाँ आप आराम से बैठ पाएँगे,' उन्होंने अपनेपन भरी आवाज़ में कहा, और फिर वो और लक्ष्मी दोबारा सबका स्वागत करने, हाल-चाल लेने, और हर किसी को स्पेशल ट्रीटमेंट का एहसास दिलाने के लिए मेहमाननवाज़ी की लय में वापस लौट गए।

जैसे ही प्लेटें समेटी जाने लगीं, रोहन का एक दोस्त खड़ा हुआ और उसने अपना गिलास हल्के से थपथपाया। 'अच्छा अब जो लोग मुझे नहीं जानते,' वह मुस्कुराते हुए बोला, 'उन्हें बता दूँ – मुझे इस बंदे के साथ लंदन के किंग्स कॉलेज में तीन साल बिताने का सौभाग्य मिला... या कहूँ दुर्भाग्य।' टेबलों पर हँसी की लहर दौड़ गई। 'वहीं पर इसकी संजना से मुलाक़ात हुई थी। या यूँ कहें कि संजना ने इसे इतनी देर तक सहन किया कि अंत में उसे लगा – हाँ, इसे साथ रख सकते हैं?'

खुशनुमा टोस्ट आगे बढ़ता रहा –लंदन में स्टूडेंट लाइफ़ के दिनों की कहानियाँ, देर रात के स्टडी सेशंस जो आधी रात की दावतों में बदल जाते

थे, रोहन की कुकिंग स्किल्स पर चुटकुले (या यूँ कहें, उनकी कमी पर), और वह यादें कि कैसे संजना बिना किसी तैयारी के हर एग्ज़ाम में टॉप कर जाती थी। हर मज़ाक के साथ शाम और हल्की, और ज़्यादा रोशन होती चली गई। अब टैरेस सिर्फ़ संगीत से नहीं, बल्कि उस साझा खुशी से भरा था, जो दोस्तों और परिवारों को एक-दूसरे से जोड़ रही थी।

मैं अपने शांत कोने में पानी की चुस्की लेते हुए और माहौल को भीतर तक महसूस करते हुए पूरी तरह संतुष्ट था कि तभी प्रिया सामने आई। थोड़ी झिझक के साथ उसने नरमी से पूछा, 'अगर ज़्यादा डिस्टर्ब न हों, तो क्या मैं आपके साथ बैठ सकती हूँ?'

मैं मुस्कुराया। 'अरे, बिल्कुल भी डिस्टर्ब नहीं। बल्कि आप तो एक रेस्क्यू मिशन जैसी हैं, एक ऐसे मॉन्क को बचाने के लिए जो पार्टी में फँसा हुआ है और समझ नहीं पा रहा कि उसे करना क्या है।'

वह हँस पड़ी। पहली मुलाक़ात के लिए इससे बेहतर आइस-ब्रेकर हो ही नहीं सकता था।

हम बात करने लगे। उसने वेद से दोस्ती करने के लिए मुझे धन्यवाद दिया। 'आसान नहीं है,' उसने सिर हिलाते हुए कहा। 'उन्नीस साल की उम्र, जेन ज़ी, और अपने ओपिनियन्स से भरा हुआ। कभी-कभी उस तक पहुँचना बहुत मुश्किल हो जाता है।'

मैं हँस पड़ा। 'सच है। लेकिन हर जेनरेशन को लगता है कि दूसरी जेनरेशन को समझना नामुमकिन है। है न? आप जानती ही हैं – घर की खीर, दाल बराबर। माँ-बाप सबसे मीठी सलाह देते हैं, लेकिन बच्चों को वह सादी दाल लगती है। और सच कहूँ तो, जब पैरेंट्स ऐसा कहते हैं, तो बात बोरिंग लगती है। लेकिन कोई बाहर वाला वही बात कह दे, तो अचानक वह "विज़डम" बन जाती है। मैं तो बस उसी अनफेयर रूल का फ़ायदा उठा रहा हूँ! असल ट्रिक लेक्चर देने में नहीं –बल्कि सुनने में है, बिना जज किए एम्पैथी दिखाने में है। तब जाकर वेद जैसे बच्चे खुलते हैं। तो यह मेरे बारे में कम और कभी-कभी एक बाहरी आवाज़ की ज़रूरत के बारे में ज़्यादा है।'

वह धीरे-से सिर हिलाने लगी। उसके चेहरे पर कुछ हल्कापन आ गया, जैसे दिल का कोई बोझ थोड़ा कम हो गया हो। फिर वह थोड़ा पास झुकी और उत्सुकता से पूछा, 'और आप? अपने बारे में बताइए। आपकी ज़िंदगी कैसी है?'

मैं मुस्कुराया। 'अरे, कुछ खास नहीं – थोड़ा-बहुत यहाँ-वहाँ ट्रैवल, कुछ स्पीकिंग एंगेजमेंट्स, थोड़ी-सी राइटिंग... वही आम-सा संन्यासी वाला रूटीन।' मैंने बात को हल्के में टाल दिया और सवाल उसे लौटा दिया। 'मेरे बारे में बहुत हो गया। आपके बारे में कुछ बताइए। सुना है आप फैशन डिज़ाइनर हैं?'

तभी पास से एक वेटर गुज़रा। प्रिया ने हल्का-सा हाथ उठाया। 'एक कॉफी मिल सकती है, प्लीज़?' और फिर वह मेरी ओर मुड़ी, चेहरे पर एक बहुत हल्की, लगभग नाज़ुक-सी मुस्कान के साथ।

वह ऐसे बोलने लगी, जैसे अपने मन की बातें पहली बार शब्दों में ढाल रही हो। 'ऐसे कपड़े डिज़ाइन करना, जो दूसरों को सुंदर दिखाएँ... लेकिन मेरे जैसे इंसान के लिए इसका असल मतलब क्या है?' उसकी नज़रें एक पल के लिए नीचे झुक गईं। वह तारीफ़ नहीं ढूँढ रही थी, यह कुछ और गहरा था, जैसे कोई अनजाने में निकला हुआ कन्फेशन।

मैंने तुरंत जवाब नहीं दिया। संन्यासी जीवन ने मुझे सिखाया है कि कई बार ख़ामोशी, शब्दों से ज़्यादा बोलती है – एक शांत-सी तसल्ली कि मैं समझने के लिए यहाँ हूँ, ठीक करने के लिए नहीं।

'यह कहना भी मुश्किल है... क्योंकि ऐसा लगता है जैसे मैं फिर से अपना बचपन जी रही हूँ,' वह आगे बोली, उसकी आवाज़ भर्राने लगी। 'मेरे पिता, राकेशजी। एक कामयाब बिज़नेसमैन, नेकदिल, इज़्ज़तदार, सबके लिए उदार। और फिर भी...' उसके शब्द अटक गए। उसकी नज़र टेबल पर रखी लालटेन पर टिक गई, जिसकी लौ रेगिस्तानी हवा में काँप रही थी – कमज़ोर और अस्थिर, बिल्कुल उसकी आवाज़ की तरह।

'कहते हैं न –"दीये तले अंधेरा",' उसने धीमे-से कहा, और होंठों पर कड़वी-सी मुस्कान उभर आई। 'दुनिया के लिए वह पूरी तरह से रोशन थे।

लेकिन मेरे साथ... लापरवाह, बेरुखे, बिना प्यार के। क्यों? क्योंकि मैं बाकी अरोड़ा परिवार जैसी नहीं थी। रंग में साँवली। मेरे माँ-बाप या भाई रोहन की तरह गोरी नहीं। पढ़ाई में भी खास नहीं। और ऊपर से मोटी।'

तभी वेटर लौट आया और प्रिया के सामने भाप उठती कॉफी रख गया। उसने दोनों हाथों से कप को थाम लिया, जैसे उसकी गर्माहट का सहारा ले रही हो। उसकी आँखों में कहीं दूर खोया हुआ-सा भाव था, उन यादों के बोझ में डूबा हुआ, जिन्हें वह दोबारा जी रही थी।

'और धीरे-धीरे, उनकी बेरुख़ी ने मुझे यह यक़ीन दिला दिया कि मैं कम हूँ। काफ़ी नहीं हूँ। उस गर्माहट के क़ाबिल नहीं हूँ, जो दूसरों को इतनी आसानी से मिल जाती थी।'

टैरेस के दूसरे तरफ़ से गिलासों की खनक और लोकगीत की धुन उठी। लेकिन यहाँ, इस शांत कोने में, प्रिया के शब्द हवा में ऐसे ठहरे हुए थे, जैसे वीरान रेगिस्तान में गूँजती हुई कोई आवाज़।

'माँ ने कोशिश की,' वह आगे बोली, 'लेकिन हमारे घर में उनकी आवाज़ बहुत कम सुनी जाती थी। मैं आर्ट की तरफ़ मुड़ गई – वही एक जगह थी जहाँ मुझे लगा... मैं "मैं" हो सकती हूँ। वहीं से फैशन मिला। पापा ने उसका भी विरोध किया, लेकिन जब उन्होंने देखा कि मेरे पास और कुछ नहीं है, तो भारी मन से उन्होंने इजाज़त दे दी।'

वह यूँ ही कॉफी को हिलाने लगी, जबकि उसमें उसने चीनी डाली ही नहीं थी। फिर उसने कप उठाया और धीरे-से एक घूँट लिया।

'पहली डिज़ाइन फ़र्म, जहाँ मैंने काम किया, वहीं मेरी मुलाक़ात विनय से हुई।' उसके होंठों पर हल्की-सी मुस्कान आई। 'वह लंबा था, गोरा, एनर्जेटिक – वह सबकुछ, जो मुझे लगता था कि मैं नहीं हूँ। मैं उसकी असिस्टेंट डिज़ाइनर थी। और न जाने कैसे... उसने मुझे देख लिया। मेरा रंग, मेरा वज़न, मेरी कमियाँ नहीं –बस मुझे।' वह कप में झाँकते हुए बोली, 'एक बार मैंने उससे कहा था कि मैं उसके लायक़ नहीं हूँ। वह हँसा और बोला, "यह तुम्हारी कहानी है, मेरी नहीं।" उसने कभी मुझे कम महसूस नहीं होने दिया। एक बार भी नहीं।'

मैं चुप रहा, उसके शब्दों को रात की हवा में अपनी जगह लेने दी।

'जब हमने शादी करने की सोची, पापा ने फिर विरोध किया। माँ ने मेरे लिए लड़ाई लड़ी। और विनय...' उसकी आवाज़ नरम हो गई, 'उसने मेरे लिए ज़िंदगी बनाई। हमने अपना खुद का लेबल शुरू किया, और हम अच्छा करने लगे। फिर वेद हुआ।' उसका चेहरा एक पल के लिए खिल उठा। 'पहली बार ज़िंदगी एक पेंटिंग जैसी लगी –रंगों से भरी, पूरी... और फिर...' उसकी आवाज़ काँप गई, 'जब हम उस नए घर में शिफ़्ट हुए, जो विनय ने हमारे लिए बनवाया था... वेद तब बस दो साल का था...' वह रुक गई। उसके होंठ काँपने लगे। 'वह वहीं गिर पड़ा... मेरे सामने... कार्डिएक अरेस्ट। और फिर... वह चला गया। मेरी बांहों में... चला गया।'

दूर टैरेस पर बजती सारंगी से एक ऐसी टीस भरी तान निकली, मानो वह भी उसके दर्द को महसूस कर रही हो।

मैंने कुछ नहीं कहा। बस उसके साथ बैठा रहा ताकि उसका दुख़ अपना रास्ता ढूँढ सके।

काफ़ी देर बाद वह फिर बोली। उसकी आवाज़ में कोई ताक़त नहीं बची थी। 'तब से पापा सपोर्टिव रहे हैं। वेद से बहुत प्यार करते हैं। शायद यह उनका भरपाई करने का तरीका है जो वे मुझे नहीं दे पाए। लेकिन इससे वह सब नहीं बदलता, जो मैंने खो दिया– मेरा बचपन, मेरी सेल्फ़-वर्थ... और विनय।' वह मेरी ओर देखने लगी, आँखें आँसुओं से भरी हुई। 'आज भी मुझे लगता है कि मैं कम हूँ। अधूरी हूँ। मुझे नहीं पता, इससे कैसे निपटूँ।'

मैंने फ़ैसला किया कि तुरंत जवाब नहीं दूँ।

जब कोई आपके सामने अपनी पूरी ज़िंदगी खोल देता है, अपना दर्द उड़ेल देता है तो हमें क्या करना चाहिए?

अक्सर हमारे भीतर उसे "ठीक" कर देने की इच्छा जागती है। कुछ ऐसा कहने की, जिससे सामने वाला तुरंत बेहतर महसूस करे। कोई सलाह देने लगता है, कोई हँसी में टालने की कोशिश करता है, कोई बात ही बदल देता है। हम ऐसा इसलिए नहीं करते कि हमें परवाह नहीं है – बल्कि

इसलिए करते हैं क्योंकि दर्द हमें असहज कर देता है, उनका भी और अपना भी।

लेकिन यह रहा एक विरोधाभास: जब कोई अपना दिल खोल रहा होता है, तो वह हमेशा समाधान नहीं माँग रहा होता। वह जगह माँग रहा होता है। उसे यह नहीं चाहिए कि हम भागकर सब "ठीक" कर दें। उसे चाहिए कि हम धैर्य से वहाँ रहें और चीज़ों को जैसा है, वैसा रहने दें।

एक अँधेरे कमरे में रखे कैंडल को याद कीजिए। वह अंधेरे से लड़ता नहीं –बस चुपचाप जलता है, ताकि दूसरों को रास्ता दिख सके, और वे फिर से अपने आस-पास देख सकें। उसी तरह, जब कोई अपना दर्द बाँटता है, तो हमारा काम उनकी अँधेरी रात से लड़ना नहीं होता बल्कि उनके पास बैठे रहना होता है, जब तक उनकी अपनी रोशनी वापस न लौट आए।

ख़ामोशी तब खालीपन नहीं, बल्कि मौजूदगी होती है। करुणा से भरी ख़ामोशी, जल्दबाज़ी में दी गई हज़ार सलाहों से कहीं ज़्यादा गहराई से घाव भर सकती है। जब हम बीच में टोकने, विश्लेषण करने या अपनी कहानी से तुलना करने की इच्छा को रोक लेते हैं, तो हम सामने वाले को एक दुर्लभ तोहफ़ा देते हैं – सुने जाने का एहसास।

तो अगली बार, जब कोई आपके सामने बैठा हो, आँसुओं को रोकने की कोशिश कर रहा हो – तो अपने दिल को वह कहने दीजिये जिसे कहने की ज़रूरत आपके होंठों को बिल्कुल नहीं है: मैं हूँ यहाँ। मैं हूँ तुम्हारे साथ। मुझे तुम्हें ठीक नहीं करना है। मुझे बस तुम्हारे साथ रहना है। यही वह चीज़ है, जो टूटे हुए मन को धीरे-धीरे भरने लगती है।

और प्रिया के साथ भी मैंने यही करने की कोशिश की।

~

वह फिर से अपनी कॉफी की तरफ़ बढ़ी। उसके हाथ अब भी काँप रहे थे। कप तश्तरी से टकराया और एक तीखी-सी आवाज़ हुई। उसने तुरंत सँभाल

लिया, लेकिन तब तक कप के किनारे पर एक पतली-सी दरार उभर चुकी थी।

एक पल के लिए वह बस उसे देखती रह गई। वह कोई साधारण कप नहीं था – नाज़ुक पोर्सिलेन, हाथी-दाँत जैसे सफ़ेद रंग का, जिस पर हल्की नीली बेलें बनी थीं। ऐसा कप, जो इस शाही महल की भव्यता से मेल खाने के लिए चुना गया हो। और इतनी सावधानी से बनाई गई वस्तु पर ये दरार लगभग बेमेल लग रही थी।

'यह कप भी... बाहर से तो ठीक दिखता है,' उसने धीरे से कहा, 'लेकिन एक बार दरार आ जाए, तो लोग आमतौर पर इसे फेंक देते हैं। मैं भी खुद को ऐसा ही महसूस करती हूँ। दुनिया के सामने प्रेज़ेंटेबल, लेकिन अंदर से टूटी हुई। विनय को गए सत्रह साल हो गए हैं,' उसने कहा, इस नंबर का भार उसकी आवाज़ में स्पष्ट था। 'मैंने मैनेज किया है... काम के साथ, वेद के साथ। बाहर से तो लगता है कि मैंने सब सँभाल लिया है। और कुछ हद तक, सच में सँभाला भी है।' वह रुकी। 'लेकिन अंदर... पुराने ट्रॉमा अब भी वहीं हैं। आज भी खुद को कम समझने का वही एहसास, वही अधूरापन। जैसे मैं चाहे जितना कुछ बना लूँ, मेरे भीतर का कोई हिस्सा अब भी ढह जाता है।'

उसने मेरी तरफ़ देखा, उसकी आँखें कुछ ढूँढ रहीं थीं। 'मुझे पता है यह सेंसिटिव टॉपिक है, और मैं देख सकती हूँ कि आप बस ऐसे ही... सलाह देने झपट नहीं रहे। मैं उसकी क़द्र करती हूँ।' उसके होंठों पर हल्की मुस्कान आई। 'लेकिन सच कहूँ, स्वामीजी, मैं आपको पूरी आज़ादी दे रही हूँ। प्लीज़, अपने विचार शेयर कीजिए। अगर काम न आए, तो मैं आप पर केस नहीं करूँगी –प्रॉमिस।' वह अपनी ही बात पर हँस पड़ी। 'वैसे भी, अगर कॉफी पर कोई मॉन्क ज्ञान न दे पाए, तो फिर कौन देगा?'

मैं मुस्कराया। 'केस?' मैंने कहा। 'यह पहली बार होगा जब कोई मॉन्क मुफ़्त सलाह देने के जुर्म में कोर्ट पहुँचेगा। लगता है अब मुझे अपने वस्त्रों के साथ एक लीगल डिस्क्लेमर भी रखना पड़ेगा – "चेतावनी: अनचाहा ज्ञान हो सकता है।"'

उसकी हँसी फूट पड़ी। हवा में छाई झिझक कुछ हल्की हो गई।

मैंने फिर बोलना शुरू किया, इस बार आवाज़ और नरम थी। 'लेकिन धन्यवाद, प्रिया... मुझ पर इतना भरोसा करने के लिए। सत्रह साल कोई छोटी यात्रा नहीं होती। आपने काम, मातृत्व और ज़िम्मेदारियों को गरिमा के साथ निभाया है। और फिर भी, मैं आपके भीतर उस हिस्से को सुन पा रहा हूँ, जो आज भी पुराने ज़ख़्म महसूस करता है – वही कमतर होने का एहसास, वही अधूरापन। और मैं आपको यह कहना चाहता हूँ कि यह बिल्कुल स्वाभाविक है। कुछ आघात सिर्फ़ समय बीतने से मिटते नहीं हैं। वे निशान छोड़ जाते हैं – ठीक इस कप के दरार की तरह। लेकिन दरार का मतलब यह नहीं कि आप उपयोग के लायक़ ही नहीं रहे। इसका मतलब बस इतना है कि आपने ज़्यादातर लोगों से ज़्यादा जिया है, ज़्यादा महसूस किया है।'

वह मुझे देखती रही, जैसे आगे सुनने को तैयार हो।

'प्रिया...' मैंने कहा, 'आपकी स्थिति पर मैं कई तरीकों से प्रतिक्रिया दे सकता हूँ। लेकिन इस टूटे हुए कॉफी कप ने मुझे एक और कहानी याद दिला दी। यह मीरा की कहानी है – मुंबई में हमारी कम्युनिटी की एक सदस्य, जो अक्सर आश्रम में मेरे प्रवचनों में आती थीं।

'एक सेशन के बाद, जिसमें मैंने यह कहा था कि ज़िंदगी हमें ठीक उसी वक़्त संकेत भेजती है, जब हमें उनकी सबसे ज़्यादा ज़रूरत होती है उन्होंने कुछ बहुत ख़ास साझा किया। उसी दिन पहले, उनका मग हाथ से फिसल गया था और उसमें एक बहुत बारीक-सी दरार आ गई थी। और फिर, जैसे किसी योजना के तहत, उन्हें एक प्राचीन और बेहद सशक्त कला के बारे में पता चला –किंत्सुगी।[1]

'अब आप चाहें तो इसे ऑब्ज़र्वेशन कहें, याददाश्त और रिकॉल, संयोग, क़िस्मत –या फिर एक मॉन्क की कॉफी पर गढ़ी गई कहानी... लेकिन कहानी यह है...'

और फिर मैंने मीरा का अनुभव प्रिया के साथ साझा किया। और प्रिय मित्रों, वही कहानी मैं आपसे भी साझा कर रहा हूँ। शायद यह आपको

भी अपनी उन दरारों के बारे में सोचने पर मजबूर करे, जिन्हें आप अपनी कमज़ोरी, अपनी कमी, या अपनी कहानी मानते हैं – और शायद, उनमें छुपा अर्थ खोजने में आपकी मदद करे।

~

मंगलवार की एक सुबह, मग टूट गया। बिना कोई नाटकीय अंदाज़ या बेवजह के शोर के – बस किचन के काउंटर पर एक हल्की-सी ठक, और उसकी पसंदीदा सिरेमिक मग के किनारे एक पतली-सी दरार उभर आई। वही मग, जिसे मीरा ने दस साल पहले जयपुर की एक छोटी-सी कारीगर की दुकान से ख़रीदा था। हाथ से बना हुआ। थोड़ा एसीमिट्रिकल। उसके ग्लेज़ थोड़े उबड़-खाबड़। नीचे की तरफ़ हल्का नीले रंग का घुमाव ऐसा, जैसे कोई अल्हड़-सी समुद्री लहर।

वह चाहती तो उसे फेंक सकती थी। बजाय इसके, वह बैठ गई, अपनी उँगलियाँ उस दरार पर फिराते हुए। जाने क्यों पर इस बात से वह बेहद भावुक हो उठी थी। शायद इसलिए, क्योंकि वह खुद को भी टूटा हुआ महसूस कर रही थी।

मीरा बावन साल की थी। और पिछले कुछ समय से वह ख़ुद को आईनों में ज़्यादा और तस्वीरों में कम देखने लगी थी।

उसके कभी घने काले बाल अब सॉल्ट-पेपर लुक में बदल गए थे, और अब तो सॉल्ट ज़्यादा था, पेपर कम। उसका निचला पेट चर्बी जमा होने के वज़ह से और उभर गया था। और उसकी आँखों के आस-पास, होंठों के पास और गर्दन की हल्की-सी ढलान पर रेखाएँ उभर आई थीं – जिन्हें वह दाँत ब्रश करते वक़्त न देखने की कोशिश करती थी।

कभी एक समय था, जब वह खुद को सुंदर मानती थी। तेज़ नैन-नक़्श, पतली काया, गरिमामयी। लेकिन अब, सुंदरता ने चुपके से दामन छोड़ दिया था, जैसे कोई मेहमान बिना अलविदा कहे चला जाए।

उसने एक आह भरकर चाय का एक घूँट पीया – अब भी गरम, अब भी राहत। मग ने उसे ठीक से थाम रखा था।

शायद मैं भी इसी मग जैसी हूँ, उसने सोचा।

काम पर भी हालात कुछ ज़्यादा अच्छे नहीं थे। वह पिछले बीस सालों से कॉपीराइटर थी। शब्द उसकी ताक़त थे। लेकिन इन दिनों, नए-नवेले युवा – अपने अनोखे टैटूज़, तेज़ दिमाग़ और उत्तेजक शब्दावली के साथ – जैसे उससे आगे निकल रहे थे।

उसे ईर्ष्या नहीं हो रही थी। सच में नहीं।

वह बस... थक गयी थी। और कभी-कभी, थोड़ा-सा इनविज़िबल फ़ील करती थी। उसके आइडियाज़ अब भी अच्छे थे, बस आने में थोड़ा वक़्त लेते थे। वह ईमेल भेजने से पहले तीन बार जाँचती थी। और वो अक्सर चतुर पंक्तियाँ डिलीट कर देती थी, क्योंकि वे कुछ ज़्यादा ही ऐसी लगती थीं, 'जैसे कोई स्मार्ट दिखने की कोशिश कर रहा हो।'

पिछले हफ्ते, उसके मैनेजर ने मुस्कराते हुए कहा था, 'मीरा, तुम इस टीम की इमोशनल डेप्थ हो।'

उसे समझ नहीं आया कि यह तारीफ़ थी या रिटायरमेंट की तरफ़ इशारा।

उसके रिश्तों में भी ख़ामोशी अब ज़्यादा तेज़ सुनाई देने लगी थी।

उसका पति, राजीव, अच्छा इंसान था। सुरक्षित। वे एक घर साझा करते थे, बिल्स, टीवी का रिमोट। और कुछ शामों को, डिनर के दौरान, वे एक ऐसी ख़ामोशी भी साझा करते थे जो अटपटी नहीं, बल्कि साथ वाली होती थी। लेकिन जोश भरी बहसें, अचानक फूट पड़ने वाली हँसी, या देर रात पैरों की मालिश – वो दिन कहीं पीछे छूट गए थे।

अब वे अपडेट्स में बात करते थे:

'दूध ख़त्म हो गया है।'

'तुम्हारी बहन का फ़ोन आया था।'

'प्लंबर चार बजे आएगा।'

कभी उनका रिश्ता कविता हुआ करता था। अब वह एक टू-डू लिस्ट बन गया था।

उसकी बेटी, तारा, लंदन में रहती थी। टाइम डिफ़रेंस अब बाधा से ज़्यादा बहाना बन गया था। कॉल्स की जगह मैसेज ने ले ली थी। इमोजी ने जज़्बात की।

'मिस यू, मां 💜,' तारा लिखती।

मीरा जवाब देती, 'मिस यू टू, बेटा 💕' – और फिर चैट स्क्रीन को देखती रह जाती, उम्मीद करती हुई कि शायद और शब्द आएँगे जो कभी नहीं आते थे।

लेकिन फिर, एक रविवार, कुछ बदल गया।

वह यूँ ही स्क्रॉल कर रही थी, जब उसकी नज़र एक वीडियो पर पड़ी। एक जापानी कलाकार टूटे हुए बर्तनों को सोने से जोड़ रहा था। इस कला को किंत्सुगी कहते हैं, जिसमें टूटे बर्तन को फेंकने के बजाय, लाख और सोने से उसकी मरम्मत की जाती है।

'क्योंकि,' कलाकार ने धीमी आवाज़ में कहा, 'जो टूटता है, अगर उसे अपनाया जाए, तो वह और भी सुंदर बन जाता है।'

मीरा ने वीडियो रोक दिया। उस पंक्ति को फिर से चलाया और उसके साथ कुछ देर बैठी रही।

अगले कुछ दिनों तक, उसने अपनी ज़िंदगी को उसी सुनहरी नज़र से देखना शुरू किया।

उसका चेहरा? जिया हुआ। हर मुस्कान और हर मौसम का नक़्शा।

उसका शरीर? जिसने एक बच्चे को जन्म दिया था, एक सर्जरी झेली थी, बरसात की रातों में नाचा था, और त्योहारों पर पूरे परिवार के खाना बनाने के लिए घंटों चूल्हे के सामने खड़ा रहा था।

उसका करियर? हाँ, वह सोशल मीडिया पर वायरल नहीं थी। लेकिन कभी उसने एक ऐसा ऐड लिखा था, जिसने एक क्लाइंट को कृतज्ञता और खुशी से रुला दिया था। और वह ऐड लोगों के दिलों में ज़्यादा देर तक टिका रहा – किसी भी ट्वीट से कहीं ज़्यादा।

उसकी शादी? बहुत रोमांचक नहीं थी। लेकिन वह एक घर था। सुकून था। और मुश्किल दिनों में भी, राजीव को याद रहता था कि उसे चाय कैसी पसंद है –अदरक वाली, बिना चीनी, एक्स्ट्रा गरम।

तो उसने छोटे-छोटे बदलाव करने शुरू किए।

उसने अपने सफ़ेद होते बालों को छुपाना बंद कर दिया और बालों को चाँदी जैसे जूड़े में बाँध लिया।

उसने एक साड़ी पहनी, जिसके पल्लू के पास एक दाग़ था। 'यह तब लगा था,' उसने फैमिली डिनर में किसी से कहा, 'जब मैं अपनी भतीजी के जोक पर बहुत ज़ोर से हँसते हुए चटनी गिरा बैठी थी। अच्छा यादगार पल।'

उसने अपनी बेटी को टेक्स्ट की जगह एक वॉइस नोट भेजा। 'जवाब देने का कोई प्रेशर नहीं,' उसने कहा। 'बस तुम्हें मेरी आवाज़ सुनानी थी।'

उसने काम पर अपनी जूनियर कलीग से भी कहा, 'मुझे आइडियाज़ हमेशा फटाफट नहीं आते, लेकिन गहरे ज़रूर होते हैं – अगर कभी स्लो थिंकर के साथ आइडियाज़ पर बात करनी हो, तो मैं हूँ।'

एक शाम, राजीव ने अख़बार से नज़र उठाकर कहा, 'आजकल तुम... थोड़ी बेहतर लग रही हो। कुछ बदला है क्या?'

मीरा मुस्कुराई। 'कुछ नहीं। सबकुछ।'

उसने सिर हिलाया। 'मुझे अच्छा लग रहा है।'

उसे भी अच्छा लग रहा था।

अपने तिरपनवें जन्मदिन पर, उसने उस दरार वाली मग को एक डीआईवाई गोल्ड पेंट पेन से ठीक किया। असली सोना नहीं था, लेकिन इतना ज़रूर था कि वह दरार चमकने लगे।

एक महीने बाद, जब उसकी बेटी मिलने आई, तो उसकी नज़र उस मग पर पड़ी। 'तुमने इसे फेंका क्यों नहीं?' उसने पूछा।

मीरा ने बस इतना कहा, 'क्योंकि इसमें अब भी गर्माहट टिकती है।'

तारा मुस्कुराई। 'बिल्कुल तुम्हारी तरह।'

~

लेकिन अब यहाँ एक बार रुककर ज़रा अपनी ओर मुड़ते हैं। क्योंकि प्रिया की कहानी, कहीं न कहीं, हमारी भी है।

ज़िंदगी कभी परफ़ेक्ट नहीं होती। खुश रहने के लिए हमें न तो परफ़ेक्ट शरीर चाहिए, न परफ़ेक्ट नौकरी, न परफ़ेक्ट घर और न ही परफ़ेक्ट जीवनसाथी। फिर भी, हममें से ज़्यादातर लोग अपनी इतनी ऊर्जा 'परफ़ेक्ट' के पीछे दौड़ने में लगा देते हैं कि हमारे सामने मौजूद साधारण, अधूरे लेकिन सच्चे सुखों को देख ही नहीं पाते। उदाहरण के तौर पर, क्या आपने कभी 'परफ़ेक्ट' पार्किंग स्पॉट ढूँढने की कोशिश की है? आप लगातार गाड़ी घुमाते रहते हैं, चिड़चिड़ाते रहते हैं और आख़िर में वापस उसी जगह आ जाते हैं, जिसे आपने दस मिनट पहले ठुकरा दिया था। बस यही है ज़िंदगी – परफ़ेक्शन के पीछे भागते हुए, जबकि 'काफ़ी अच्छा' बिल्कुल बढ़िया काम कर सकता था!

और यही है वाबी-साबी।[2] एक ऐसी फिलॉसफी, जो हमें सिखाती है कि जो टूटा हुआ है, विनम्र है, अधूरा है, उसमें सुंदरता कैसे देखी जाए। वाबी साबी अपूर्णता, अस्थायित्व और अधूरेपन को स्वीकार करने की कला है।

जब मैंने पहली बार 'वाबी-साबी' शब्द सुना था, तो सच कहता हूँ मुझे लगा कि या तो यह कोई नया सुशी रोल है या वसाबी का कोई दूर का रिश्तेदार। मैंने यहाँ तक सोचा कि शायद इससे मेरी नाक जल जायेगी। लेकिन इसने मेरी आँखें खोल दीं। वाबी-साबी दुनिया को देखने का एक नज़रिया

है। एक ऐसा नज़रिया, जो कहता है कि ज़िंदगी की दरारें और असमानताएँ छुपाने या मिटाने की चीज़ नहीं–बल्कि उन्हें अपनाने की ज़रूरत है।

और क्या यह विचार स्वतांत्रिक नहीं? कि हमारी क़ीमत हमारी झुर्रियों, असफलताओं, नुक़सानों या भटकावों से मिटती नहीं है। कि सुंदरता परफ़ेक्शन में नहीं रहती – वह सच्चाई में रहती है।

ज़रा सोचिए, यह हमारे निजी जीवन में कैसे चलता है जहाँ परफ़ेक्शन हर दिन कान में फुसफुसाता है कि हमें एक ख़ास तरह से दिखना चाहिए – बिल्कुल बेदाग़ त्वचा, समतल पेट, घने और चमकदार बाल। वाबी-साबी जवाब देता है: 'तुम्हारे चेहरे की लकीरें ज़िंदगी की कैलिग्राफ़ी हैं। वे इस बात का सबूत हैं कि तुम हँसे हो, रोए हो और सच में जिए हो।' और क्या यह किसी एयरब्रश की हुई सेल्फ़ी से ज़्यादा सुंदर नहीं है?

रिश्तों में हम अक्सर सोचते हैं कि प्यार किसी परफ़ेक्ट लिखी हुई फ़िल्म की तरह होगा। लेकिन असली प्यार ब्लूपर्स से भरा होता है – मूड्स का न मिलना, अधूरे वाक्य, भूली हुई सालगिरहें। फिर भी, कई बार यही 'दरारें' रिश्ते को असली बनाती हैं। वो अंदरूनी जोक्स, वो ज़ख़्म जो आप साथ लेकर चलते हैं, वह लड़ाई जो आख़िरकार हँसी में बदल जाती है – ये कमियाँ नहीं हैं, ये वही सोना हैं जो दो लोगों के बीच की जगह को भर देता है।

हमारे काम में भी, परफ़ेक्शन यह माँग करता है कि हर रिपोर्ट एक मास्टरपीस हो और हर प्रेज़ेंटेशन एक टेड टॉक। वाबी-साबी हमें याद दिलाता है कि एक्सीलेंस का मतलब फ्लॉलेस होना नहीं है – उसका मतलब है ईमानदारी। आप किसी पाई-चार्ट को भूल जाएँगे। किसी शब्द का गलत उच्चारण कर देंगे। हो सकता है आप गलती से किसी गलत ग्रुप चैट में मैसेज भेज दें (और तभी आपको एहसास हो कि आपके नए मैनेजर को अब पता चल गया है कि ऑफ़िस उसके बारे में क्या सोचता है)। लेकिन ये चूक आपकी क़ीमत को कम नहीं करतीं, ये उसे मानवीय बनाती हैं।

और फिर ज़िंदगी ख़ुद – अनिश्चित, अस्थायी, अधूरी। दोस्तियाँ फीकी पड़ जाती हैं, बाल सफ़ेद हो जाते हैं, शरीर बदलता है, लोग चले जाते हैं।

अगर हम ज़िंदगी का आनंद लेने के लिए परफ़ेक्शन का इंतज़ार करेंगे, तो हम हमेशा इंतज़ार ही करते रहेंगे। वाबी-साबी हमसे कहता है कि हम उस टूटे हुई गुलदस्ते को उठायें, उसमें फूल रखें, और देखें कि दरार के बावजूद वे कैसे खिलते हैं।

और यहीं हम फिर लौटते हैं किंत्सुगी पर। आपने इसे मीरा की कहानी में पहले ही देखा है – टूटी हुई मिट्टी की चीज़ों को सोने से जोड़ने की कला, जहाँ दरारें ही उस वस्तु का सबसे सुंदर हिस्सा बना दी जाती हैं। यही है वाबी-साबी का व्यावहारिक रूप। जब ज़िंदगी हमें कोई ज़ख्म दे, तो ख़ुद से हार न मानना – बल्कि उन्हीं ज़ख्मों को अपनी मजबूती का प्रमाण बनाना।

और शायद उस रात प्रिया को यही सुनने की ज़रूरत थी। कि एक दरार आपको सुंदरता, सेल्फ़-वर्थ या प्रेम से अयोग्य नहीं बनाती। बल्कि अगर आप चाहें, तो वही दरार वह जगह बन सकती है जहाँ से रोशनी भीतर आती है।

~

जब मैंने बात पूरी की, तो प्रिया बहुत देर तक चुप बैठी रही। उसकी नज़रें अब भी अपने कॉफ़ी कप की दरार पर थीं। उसने दरार की रेखा को महसूस करते हुए उँगली से हल्के से किनारे को छुआ। फिर उसने मेरी तरफ़ देखा। उसकी आँखें नम थीं, लेकिन पहले से ज़्यादा स्थिर। 'मीरा ने अपनी दरारों में सोना देखा,' उसने धीरे से कहा। 'शायद मैं भी देख सकूँ।'

कोई नाटकीय बदलाव नहीं हुआ था, कोई अचानक वाला चमत्कार भी नहीं, बस होठों के कोने पर उभरती एक हल्की-सी मुस्कान। और कई बार, यहीं से हीलिंग आपके अंदर दस्तक देती है: गरजते बादलों सा नहीं, बल्कि उम्मीद की ओर किए गए एक छोटे, शांत सिर हिलाने सा।

'लेकिन अब मुझे बताइए, स्वामीजी...' उसने शरारती मुस्कान के साथ कहा, 'क्या यह पूरा वाबी-साबी वाला आइडिया – इम्परफ़ेक्शन को स्वीकार

करना – लेज़ीनेस का परफ़ेक्ट बहाना भी तो बन सकता है? ज़रा सोचिए, मैं अपने क्लाइंट से कहूँ: "रिपोर्ट टाइम पर मत उम्मीद कीजिए, मैं वाबी-साबी प्रैक्टिस कर रही हूँ!" या अपने ट्रेनर से कहूँ: "ट्रेडमिल पर क्यों दौड़ूँ, जब मेरी कर्व्स वाबी-साबी हैं?"'

हम दोनों ज़ोर से हँस पड़े। लेकिन उसके मज़ाक के पीछे एक सवाल छुपा था, उतना ही तीखा, जितना उसके कप की दरार: क्या एक्सेप्टेन्स का मतलब सुधार की कोशिश छोड़ देना है?

'देखिए, प्रिया,' मैंने मुस्कुराते हुए कहा, 'अगर वाबी-साबी मिस्ड डेडलाइन्स और स्किप्ड वर्कआउट्स का कारण बन जाए, तो हमें एक नया डिपार्टमेंट खोलना पड़ेगा – "गलत तरह से लागू की गई जापानी फिलॉसफीज़"।'

वह हँसी।

'लेकिन मैं आपकी बात समझता हूँ,' मैंने आगे कहा। 'एक्सेप्टेन्स कई बार हार मानने जैसा लग सकता है। जबकि असली एक्सेप्टेन्स उदासीनता नहीं है – वह ज़मीन है, जहाँ से असली विकास शुरू होता है। जब हम ख़ुद को एक्सेप्ट करते हैं, तो हम कुछ देर के लिए अपने-आप से लड़ना बंद कर देते हैं और तभी सच में उस इंसान पर काम कर पाते हैं, जो हम बन सकते हैं। एक्सेप्टेन्स के बिना सुधार– गिल्ट, डर या कम्पैरिज़न से चलता है, और ऐसा सुधार ज़्यादा दिन टिकता नहीं।'

मैंने हल्के से उसके कप की तरफ़ इशारा किया। 'इस दरार को देखिए। वाबी-साबी यह नहीं कहता कि "इसे टूटा ही रहने दो।" वह कहता है, "इसे ध्यान से जोड़ो। इसे उभारो। इससे सीखो।" उसी तरह, इम्परफ़ेक्शन को मान लेना आपके अंदरूनी विकास से इंकार करना नहीं है – बल्कि करुणा के साथ आगे बढ़ने का चुनाव करना है, ना की सज़ा के साथ। परफ़ेक्शन नहीं –प्रोग्रेस। प्रेशर नहीं –प्रेज़ेन्स।'

हमारे बीच लैंटर्न की लौ हल्के से काँपी। 'तो नहीं, वाबी-साबी मेहनत छोड़ने का बहाना नहीं है। यह ज़्यादा खुशी के साथ, ज़्यादा टिकाऊ तरीके

से आगे बढ़ने की वजह है क्योंकि इस पूरी प्रक्रिया में भी, हम पहले से ही काबिल हैं।'

और तभी मैंने तय किया कि प्रिया के साथ एक और ऐसी कहानी साझा करूँ जो मैंने कभी पढ़ी थी। एक कॉर्पोरेट प्रोफेशनल अर्जुन की कहानी। ऐसी कहानी, जिससे हम सब जुड़ सकते हैं और जो हमें यह याद दिलाती है कि स्वीकार और सुधार के बीच संतुलन कैसे पाया जाए।

~

अर्जुन चालीस का था जब उसने अपने अपार्टमेंट की मरम्मत कराने का फैसला किया। कोई पूरी तोड़-फोड़ नहीं – बस नई पेंटिंग, थोड़ा-सा डिक्लटरिंग, नये परदे। सिम्बॉलिक-सा। एक मिड-लाइफ़ रीस्टार्ट।

उसने शुरुआत अपने बेड के सामने वाली दीवार से की। एक सुकून देने वाला ऑलिव ग्रीन रंग – मिट्टी-सा, स्थिरता देने वाला। उसने ब्रश खरीदे, दीवार के किनारों पर टेप लगाया ताकि बॉर्डर साफ़ रहें, फ़र्श पर कपड़ा बिछाया और पूरे मन से दो दिन तक पेंट करता रहा।

फिर ज़िंदगी बीच में आ गई।

काम का क्राइसिस, बूढ़े होते माता-पिता, वीकेंड का शोर-शराबा। दीवार अधूरी रह गई – आधी ऑलिव ग्रीन, आधी फीकी क्रीम।

हफ़्ते बीतते गए। हर रात अर्जुन उस दो रंगों वाली दीवार को देखता और बुदबुदाता, 'ख़त्म कर ये दीवार।' लेकिन फिर भी, उसने ऐसा नहीं किया।

एक रविवार उसकी दोस्त रिया आई। दिल से एक आर्टिस्ट। उसने चाय की चुस्की ली, दीवार की तरफ़ देखा और मुस्कुरा दी।

'अरे! कितना प्यारा है यह!'

'क्या प्यारा है?' अर्जुन झुंझलाया। 'मेरा आलस, अधूरी दीवार?'

रिया हँस पड़ी। 'नहीं। यह ट्रांज़िशन। यह कॉन्ट्रास्ट। यह कच्चापन। यह ईमानदार है। यह... वाबी-साबी है।'

'वाबी-क्या?'

'वाबी-साबी,' उसने समझाया, 'अपूर्णता को अपनाने की कला। यह याद दिलाने वाला कि ज़िंदगी मीनिंगफुल होने के लिए परफ़ेक्ट नहीं होनी चाहिए। इसका मतलब यह नहीं कि "दीवार मत पूरी करो।" इसका मतलब है – "अगर समय लग रहा है, तो ख़ुद से नफ़रत मत करो"।'

उस रात अर्जुन देर तक जागते हुए सोचता रहा। ज़िंदगी भर वह दो छोरों के बीच झूलता रहा था – या तो सबकुछ, या फिर कुछ भी नहीं। छह दिन सुबह छह बजे जिम – फिर एक दिन छूट गया, तो तीन हफ्ते बंद। एक महीना सलाद और अनुशासन – फिर एक स्नैक खाने की वज़ह से अपराधबोध में डूबा हुआ बिंज।

शायद वह आलसी नहीं था। शायद उसे अधूरा होने से शर्म आती थी। बीच में होने से।

अगली सुबह, दीवार के सामने खड़े होकर उसने फुसफुसाया, 'तुम्हें आधा होने की इजाज़त है।'

उस दिन उसने ब्रश नहीं उठाया।

लेकिन वह टहलने ज़रूर गया। एक बेकार कॉल कैंसल की। उस किताब के दो पन्ने लिखे, जिसे वह टालता आ रहा था।

दीवार से बचने के लिए नहीं, बल्कि उसने ख़ुद से बचना बंद कर दिया था।

अगले कुछ हफ़्तों में उसने बेहतर खाना खाया। परफ़ेक्ट नहीं। बस बेहतर। उसने अपने पिता को फ़ोन किया। बातें लंबी नहीं, लेकिन पूरी मौजूदगी के साथ। उसने वादे निभाए। सारे नहीं। बस वही, जो सच में मायने रखते थे।

और फिर, एक तेज़ बारिश वाले शनिवार की दोपहर, खिड़की पर रखी चाय के कप के साथ, कमरे में हल्का संगीत बजता हुआ, उसने आख़िरकार ब्रश उठाया और दीवार पूरी कर दी। कुछ साबित करने के लिए नहीं। बस उस बातचीत को पूरा करने के लिए जो उसने कभी ख़ुद से शुरू की थी।

क्योंकि वाबी-साबी समझौता करना नहीं सिखाता। वह नरमी सिखाता है। यह कमियों में अटके रहने की बात नहीं करता, बल्कि आत्म-सम्मान से धीरे-धीरे बढ़ने की बात करता है, आत्म-घृणा से नहीं।

जब हम परफ़ेक्शन की ज़िद छोड़ देते हैं,
तो हम इतनी आसानी से हार मानना भी छोड़ देते हैं।
क्योंकि अब हम असफल नहीं हो रहे –
हम बस आगे बढ़ रहे हैं।
दीवार की तरह।
ज़िंदगी की तरह।
हमारी तरह।

~

मैंने कहानी पूरी की और शब्दों को रात की हवा में ठहरने दिया।

प्रिया ने अपने कप को छुआ तक नहीं था। वह मुझे देख रही थी, आँखों में तलाश लिए। 'तो वाबी-साबी का मतलब दीवार को अधूरा छोड़ देना नहीं है,' उसने कहा। 'बल्कि यह है कि जब तक आप उसे पेंट कर रहे हैं, तब तक ख़ुद से नफ़रत न करें।'

मैंने सिर हिलाया। 'हाँ। एक्सेप्टेन्स ग्रोथ के ख़िलाफ़ नहीं होती – बल्कि यही वह जगह है जहाँ से ग्रोथ का दरवाज़ा धीरे-धीरे खुलता है।'

वह पीछे टिक गई, गहरी साँस छोड़ते हुए, मानो वह बरसों से ढोती आ रही कोई बोझ उतार रही हो। 'हूँ...' उसने लगभग ख़ुद से कहा। 'शायद मैं अधूरेपन को ही अयोग्यता समझ बैठी थी।'

उस पल, बात न कॉफ़ी के कप की थी और न ही आधी पेंट की हुई दीवारों की। बात प्रिया की थी – और शायद हम सबकी। इस सीख की, कि हम वर्क-इन-प्रोग्रेस हो सकते हैं और फिर भी पर्याप्त हो सकते हैं।

थोड़ी देर बाद, प्रिया शायद एक और सवाल के साथ तैयार थी, लेकिन तभी वेद वहाँ आ पहुँचा और उसके साथ गौरव भी।

'मॉम!' वह झपटकर गले लगा। 'आशा है आप गौरजी को अपनी दुखभरी कहानियों से बोर नहीं कर रहीं।'

प्रिया ने मुस्कुराते हुए आँखें बड़ी कर लीं। 'एक्सक्यूज़ मी, मैं मॉन्क को प्रेरित कर रही थी – तुम भी कभी ट्राय करना।'

वेद हँसा और मेरी तरफ़ मुड़ा। 'तो शाम कैसी रही, गौरजी? उम्मीद है मॉम की इंस्पिरेशन डोज़ ने आपको डरा न दिया हो।'

मैं कुछ कह पाता, उससे पहले ही गौरव कूद पड़ा। 'अगर कोई लोगों को भगा रहा है, तो वो वेद है। पूरे वेडिंग का अनऑफिशियल एमसी बना घूम रहा है। मैंने कम से कम तीन बार इसे वही जोक दोहराते सुना है – और लोग फिर भी हँस रहे हैं... तरस खाकर।'

वेद ने उसे घूरा। 'इसे ब्रांड कंसिस्टेंसी कहते हैं।'

मैं सिर हिलाते हुए हँस पड़ा। 'खैर, तुम दोनों तो ख़ूब एंजॉय कर रहे हो।'

'बिल्कुल!' वेद बोला। 'खाना भी खा लिया, मस्ती भी कर ली और आधे रिश्तेदारों की रोस्टिंग भी – एक ही शाम में। यही तो एफिशिएंसी है।'

प्रिया ने नाटकीय आह भरी। 'और ये है, स्वामीजी, जिसके साथ मैं रहती हूँ – कॉमेडी सेंट्रल, चौबीसों घंटे।'

हम सब ज़ोर से हँस पड़े। कुछ ही देर पहले जो माहौल गहरी सोच से भरा हुआ था, अब फिर से हँसी और अपनापन लिए हल्का हो गया था।

जैसे-जैसे शाम रात में ढलने लगी, मैंने विदा लेना ही बेहतर समझा। इसलिए नहीं कि बातचीत अच्छी नहीं थी – वह तो बेहद सुंदर थी। लेकिन इसलिए कि मॉन्क भी जानते हैं कि कब चुपचाप निकल जाना चाहिए, इससे पहले कि कोई आधी रात को बॉलीवुड रीमिक्स पर नाचने की बात कर दे।

तो मैं धीरे से निकल पड़ा – संगीत, हँसी और वह बुफ़े लाइन को पीछे छोड़ते हुए जो किसी तीर्थयात्रा से भी लंबी लग रही थी। रेगिस्तान की

चाँदनी में अपने कमरे की ओर चलते हुए, मेरे विचार उसी पर लौटते रहे जो उस शाम मेरे साथ रह गये थे – किंत्सुगी और वाबी-साबी की शांत, गहरी समझ।

हमारे भीतर की दरारों को अर्थपूर्ण ढंग से भरा जा सकता है। जिन अपूर्णताओं को हम छिपाना चाहते हैं, अक्सर उन्हीं में अपनी एक अलग सुंदरता होती है। ज़िंदगी हमसे परफ़ेक्ट होने की माँग नहीं करती – वह हमसे सच्चा होने की बात करती है, कि हम अपने घावों को ताक़त बनने दें, और अपने अधूरेपन को संभावनाओं में बदल दें। शायद यही वह सबसे कोमल सत्य था जिसे मैंने उस रात अपने साथ रख लिया।

....

सोचने के लिए कुछ बातें...

शोक के लिए जगह देना: जब कोई अपना दर्द बाँटता है, तो उसे तुरंत 'ठीक' करने की ज़रूरत नहीं होती। उसे बस यह महसूस होना चाहिए कि कोई उसे जैसा है वैसा स्वीकार कर रहा है। अक्सर, सलाह का शोर नहीं – बल्कि करुणा की ख़ामोशी ही सच्चा उपचार लाती है।

दरारों में सोना: किंत्सुगी – टूटे हुए बर्तनों को सोने से जोड़ने की जापानी कला – हमें याद दिलाती है कि हमारे घाव और असफलताएँ जब प्रेम और देखभाल से अपनाई जाती हैं, तो हमें और भी सुंदर बना देती हैं।

वाबी-साबी की सुंदरता: हम परफ़ेक्शन के पीछे इतना भागते हैं कि हमारे सामने मौजूद सरल, अपूर्ण खुशियों को देख ही नहीं पाते। वाबी-साबी एक दृष्टिकोण है जो अपूर्णता, अनित्यता और अधूरेपन में सुंदरता देखना सिखाता है – सुंदरता जिसमें विनम्रता है, जो खरा है और अधूरा है।

एक्सेप्टेन्स के साथ एस्पिरेशन: वाबी-साबी का मतलब एक्सेप्टेन्स के नाम पर विकास छोड़ देना नहीं है। यह पलायन नहीं है। यह दोनों सच्चाइयों को एक साथ थामना है – ज़िंदगी को जैसा है वैसा अपनाना, और फिर भी नरमी के साथ बेहतर बनने की कोशिश करना है। एक्सेप्टेन्स हमें शांति देती है, एस्पिरेशन हमें दिशा।

....

इस अध्याय में बताए गए विचारों से जुड़े अभ्यास पेज नंबर 274 पर उपलब्ध हैं।

4

कमल का संदेश

अभाव से तृप्ति की ओर कैसे बढ़ें

~

हर लड़ाई ताक़त से नहीं जीती जाती – कभी-कभी जीत तब मिलती है, जब हम अपने मन को कड़वाहट के हवाले करने से इंकार कर देते हैं।

मैंने अभी-अभी अपनी सुबह की साधना पूरी की थी – जप, प्रार्थना और थोड़ी देर की नि:शब्द स्थिरता। ये वे क्षण होते हैं जो जीवन की लंबी पंक्ति में विराम-चिह्नों की तरह अर्थ और गहराई जोड़ते हैं। इसके बाद मैं सुबह की शांति का आनंद लेने के लिए बाहर निकल गया।

सुबह के इस समय में, महल के लॉन बिल्कुल अलग ही दुनिया जैसे लग रहे थे। वही जगह, जो कुछ घंटे पहले तक गीतों, नृत्य और ठहाकों से धड़क रही थी, अब उगते सूरज की मुलायम सुनहरी रोशनी में नहाई हुई थी।

ख़ामोशी में कुछ जादुई-सा होता है। यह सिर्फ़ आवाज़ का अभाव नहीं होती, बल्कि किसी गहरी उपस्थिति का अनुभव होती है। हमारा शांत बैठना बिल्कुल वैसा ही है जैसे किसी भीतर की ओर मुड़े हुए आईने के सामने बैठना। हम अपने ही दिल और मन के उन कोनों को देखने लगते हैं, जिनके अस्तित्व का हमें पहले अंदाज़ा भी नहीं था। शुरुआत में भीतर थोड़ी बेचैनी ज़रूर महसूस होती है – क्योंकि ख़ामोशी में कोई फ़िल्टर नहीं होता, कोई मेकअप नहीं, कोई जोड़-तोड़ नहीं, किसी के लिए कोई एक्टिंग नहीं। वहां सिर्फ हम होते हैं– बिल्कुल वैसे ही, जैसे हम सच में हैं।

लेकिन इन्हीं अनगढ़, ईमानदार पलों में सच्चा आत्म-मंथन शुरू होता है। ख़ामोशी हमें उन चीज़ों का सामना करने का साहस देती है, जिनसे हम अक्सर मुँह फेर लेते हैं – आत्मविश्वास के नीचे छिपा डर, व्यस्तता के पीछे छिपी थकान, हँसी के नीचे दबी हुई तड़प। और साथ ही, यह हमें कुछ और बड़ा भी सौंपती है –अपने ही भीतर के अस्तित्व से जुड़ने का द्वार।

हमारा मन विचारों की जंग का मैदान है। इच्छाएँ संदेहों से टकराती हैं, डर आशाओं से कुश्ती लड़ते हैं, अपेक्षाएं वास्तविकता से भिड़ती हैं, अहंकार विनम्रता को दबाने की कोशिश करता है। जिम्मेदारियों, समय-सीमाओं और सामाजिक दबावों के शोर में हम अक्सर इस अंदरूनी युद्ध की आवाज़ सुन ही नहीं पाते। लेकिन ख़ामोशी में वह युद्धभूमि साफ दिखने लगती है। और

यही शांति की पहली सीढ़ी है –इसलिए नहीं कि लड़ाई खत्म हो गई, बल्कि इसलिए कि हम हर चलती हुई तलवार से अपनी पहचान जोड़ना बंद कर देते हैं। हम सिर्फ़ योद्धा नहीं रहते, साक्षी बन जाते हैं।

जप, ध्यान प्रार्थना जैसे आध्यात्मिक अभ्यास हमें इस ख़ामोशी में और गहराई से प्रवेश करने में मदद करते हैं। लेकिन कभी-कभी, भोर के समय किसी शांत बगीचे में टहलना भी एक आध्यात्मिक क्रिया बन जाता है। ख़ामोशी की अपनी भाषा होती है, अगर हम सुनने का साहस करें। और इसी कारण साधना हमारे दिन की कोमल लय बन जाती है –एक ऐसा स्थिर बिंदु, जो हर बदलाव के बीच हमें थामे रखता है।

यही सब सोचते हुए, घास पर चमकती सुबह की ओस और चेहरे को छूती रेगिस्तानी हवा के बीच मुझे एहसास हुआ मैं अकेला नहीं था।

लॉन के उस पार, हाथ में भाप उड़ती चाय का कप लिए धीरे-धीरे टहलते हुए गौरव दिखाई दिए –संजना के बड़े भाई –जिनसे मेरी पिछली रात छोटी-सी मुलाक़ात हुई थी। उन्होंने सादे, सहज कपड़े पहन रखे थे: हल्की ग्रे टी-शर्ट, नेवी ट्रैक पैंट और रनिंग शूज़। उनके बाल थोड़े बिखरे हुए थे, मानो अभी-अभी नींद से उठे हों, और उनकी चाल में कोई जल्दबाज़ी नहीं थी, जैसे हर कदम उनके विचारों का भार उठाए आगे बढ़ रहा हो। जब उन्होंने नज़रें ऊपर कर मेरी ओर देखा, तो उनकी मुस्कान गर्मजोशी से भरी पर थोड़ी थकी-सी भी थी –जैसे कोई व्यक्ति जो देर रात सिर्फ़ जश्न ही नहीं, बल्कि आत्म-चिंतन में भी जागता रहा हो।

'स्वामीजी! आप रोज़ सुबह इतनी जल्दी उठ जाते हैं?' उन्होंने मुस्कुराते हुए कप उठाकर अभिवादन किया। 'कल रात के डांस फ़्लोर का कोई हैंगओवर नहीं हुआ?'

मैं हँस पड़ा। 'एक मॉन्क के लिए डांस फ़्लोर पर सबसे अच्छा स्टेप होता है, एग्ज़िट। किसी के खींचने से पहले ही मैं निकल गया।'

गौरव हँसे। 'स्मार्ट! मैं इतना भाग्यशाली नहीं था। मुझे तो एक कोरियोग्राफ़ किए हुए डांस में घसीट लिया गया। आधा समय स्टेप्स याद करने में गया, और बाकी आधा इस डर में कि कहीं ठोकर न लग जाए।'

हम साथ-साथ चलने लगे। पैरों के नीचे बजरी की हल्की चरमराहट थी। कुछ देर तक हम बस चलते रहे, बिना बोले, सुबह के आसमान में उड़ते पक्षियों की आवाज़ सुनते हुए।

फिर गौरव ने हल्का-सा सिर तिरछा किया, जैसे किसी विचार को तौल रहे हों, और मेरी ओर देखा। 'आप जानते हैं,' उन्होंने कहा, 'मैंने आपके कुछ वीडियोज़ ऑनलाइन देखे हैं।'

मैंने भौंह उठाई। 'और फिर भी आपने मेरे साथ चलने का फ़ैसला किया? बड़े साहसी आदमी हैं।'

इस पर वे खुलकर हँसे। 'नहीं, सच में। एक क्लिप खासतौर पर याद रह गई–आप कह रहे थे कि ज़िंदगी कभी-कभी हमें ऐसे किरदारों में डाल देती है, जिन्हें हमने चुना नहीं होता, लेकिन उन्हें प्रेम से निभाने पर हम और मज़बूत बनते हैं। वो बात... ऐसा लगा जैसे आप मुझसे ही बात कर रहे हों।'

मैं मुस्कुराया। 'यह सुनकर अच्छा लगा। आप जानते हैं, मैं अपने शब्दों को अक्सर काग़ज़ की नावों की तरह दुनिया में छोड़ देता हूँ, यह जाने बिना कि वे डूबेंगी या तैरेंगी। यह जानना कि उनमें से एक आपके पास सुरक्षित पहुँच गई, वही मेरा पुरस्कार है।'

गौरव ने धीरे-से सिर हिलाया, अपने कप में चाय घुमाते हुए। 'काग़ज़ की नावें... बढ़िया मिसाल है। कुछ डूब जाती हैं, कुछ तैरती हैं... कुछ रास्ता भटक जाती हैं, और कुछ किनारे तक पहुँच जाती हैं।'

'और कभी-कभी,' मैंने जोड़ा, 'वे ऐसी जगह आ लगती हैं, जिसकी हमने कल्पना भी नहीं की होती –जैसे देर रात की डांस पार्टी के बाद, किसी महल के लॉन में यह बातचीत।'

वह मुस्कुराया। 'हाँ, ज़िंदगी हमें यूँ ही चौंकाती रहती है। आप कुछ दुनिया में भेजते हैं, यह जाने बिना कि उसे कौन थाम लेगा।'

कुछ पल वे चुप रहे, मानो तय कर रहे हों कि आगे बोलें या नहीं। फिर धीमे से बोले, 'मज़ेदार बात है न –ज़्यादातर लोग शादियों को शोर-शराबे, चमक-दमक और दिखावे से जोड़ते हैं। लेकिन ऐसी सुबहें... ये आपको याद दिलाती हैं कि उन सारी चकाचौंध के पीछे क्या छिपा होता है।'

मैंने सिर हिलाया। 'ख़ामोशी वही दिखाती है, जिसे शोर छिपा लेता है।'

सुबह की ठंडक में गौरव ने गहरी साँस छोड़ी। उसकी भाप हवा में साफ़ दिखाई दी। फिर एक पल के लिए उसकी निगाह लॉन से आगे, किसी बहुत दूर जगह पर जा टिकी।

'तो,' उसने कहना शुरू किया, अब उसके शब्द धीमे और अधिक सोच-समझकर बोले जा रहे थे। 'मेरे माता-पिता की तब मौत हो गई थी, जब मैं इक्कीस साल का था –एक कार दुर्घटना में। तब संजना सिर्फ़ तेरह की थी। एक ही रात में मैं सिर्फ़ उसका बड़ा भाई नहीं रहा। मैं उसका माता-पिता, संरक्षक, अलार्म घड़ी, ए.टी.एम, ट्यूशन टीचर... सबकुछ बन गया।' उसने हल्की-सी कड़वी मुस्कान के साथ कहा। 'रिश्तेदार आ गए और जो थोड़ा-बहुत हमारे पास था, ले गए। बस घर बचा रहा। मैं तब भी कॉमर्स की पढ़ाई कर रहा था, लेकिन घर चलाने के लिए जो भी काम मिला, करता चला गया। जब मेरे दोस्त पार्टियाँ कर रहे थे, मैं बिल और फ़ीस भर रहा था।'

हम चलते रहे। तभी एक गिलहरी रास्ते के आर-पार दौड़ गई, मुँह में कुछ कसकर पकड़े हुए। एक पल के लिए वह रुकी, फिर फुर्ती से पेड़ पर चढ़ गई। गौरव की नज़र कुछ क्षणों तक उसका पीछा करती रही और उसके होंठों पर एक हल्की, विडंबनापूर्ण मुस्कान आ गई।

'मेरे लिए ज़िंदगी कुछ ऐसी ही रही है,' उसने कहा। 'हमेशा मुँह में, हाथों में, पीठ पर कुछ न कुछ उठाए हुए... कभी बस "होने" की आज़ादी नहीं मिली। और जब से माता-पिता इस दुनिया से चले गए, मैंने सच में कभी शादी या अपनी ज़िंदगी के बारे में सोचा ही नहीं। संजना ही मेरी ज़िंदगी बन गई। उसी के लिए मैंने काम किया, त्याग किया और मज़बूत बना रहा। तो हाँ, जब आपने उस वीडियो में कहा था कि जो ज़िम्मेदारी हमने कभी चुनी नहीं, वही हमें गढ़ सकती है, तो वो बात... सीधे दिल तक पहुँची।'

वह कुछ और क़दम चुपचाप चला, फिर मानो अपनी बात का संतुलन हल्का करने के लिए बोला, 'देखिए, मैं बेहद आभारी हूँ कि मैं संजना के लिए वहाँ मौजूद रह सका। अगर मुझे सबकुछ फिर से करना पड़े, तो भी मैं

वही करूँगा। एक बार भी मैंने खुद को इसकी शिकायत करने नहीं दी, एक बार भी कोई नाराज़गी नहीं दिखाई। किसी से भी पूछ लीजिए, वो यही कहेंगे कि मैं हमेशा मज़ाक करने वाला, माहौल हल्का करने वाला, मदद के लिए तैयार रहने वाला इंसान हूँ। और ये सब सच है।'

जब वह फिर बोला, तो उसकी आवाज़ और धीमी हो गई। 'लेकिन आप जानते हैं... कहीं दिल के किसी कोने में एक बिटरनेस अब भी रह गई है। ऐसा स्वाद, जिससे मैं छुटकारा नहीं पा सका। ज़िंदगी कभी-कभी बहुत अनफेयर लगती है। माता-पिता इतनी जल्दी छिन गए, बचपन एक रात में छीन लिया गया। सब मुझे मुस्कुराता हुआ, मज़बूत इंसान मानते हैं। लेकिन उन अँधेरी रातों में, जब संजना सो जाती थी और मैं अपने ख़्यालों के साथ अकेला होता था, मेरे भीतर से एक सवाल उठता था: हम ही क्यों? वो तेरह की उम्र में क्यों? मैं इक्कीस में क्यों? कुछ बच्चे बच्चों की तरह क्यों रह पाते हैं, और कुछ को तैयार हुए बिना ही बड़ा क्यों बनना पड़ता है?'

उसने चाय के कप को और कसकर पकड़ लिया। 'बेशक, मैंने संजना को कभी यह महसूस नहीं होने दिया। उसने हमेशा एक ऐसे भाई को देखा जो स्थिर था, स्टेडी था। लेकिन भीतर... उस बिटरनेस को मैं ढोता रहा हूँ। शायद इतनी नहीं कि मैं कठोर बन जाऊँ, लेकिन इतनी ज़रूर कि कभी-कभी सोचूँ की अगर शुरुआत में ज़िंदगी इतनी निर्दयी न होती, तो सबकुछ कैसा होता...'

उसने मेरी ओर तिरछी नज़र डाली। उसकी आँखें थकी हुई थीं, लेकिन कुछ तलाश रही थीं – जवाब नहीं, बल्कि समझ।

रेगिस्तानी हवा हमारे बीच की ख़ामोशी को भर गई, उसके शब्दों का भार उस तरह उठा ले गई, जैसा मैं शायद कभी नहीं कर पाता। मैं बस धीरे-धीरे, जान-बूझकर सिर हिलाता रहा, उसे यह बताने के लिए कि मैंने उसे सुना है, सच में सुना है।

फिर मैं हल्के से बोला, 'कभी-कभी ज़िंदगी हमें उन लड़ाइयों में झोंक देती है, जिनके लिए हम कभी तैयार नहीं होते। लेकिन जिस तरह से आपने मोर्चा संभाला है –संजना सिर्फ़ भाग्यशाली नहीं, ब्लेस्ड है।'

मैं एक पल के लिए रुका और इस पर गौर करने दिया और फिर कहा। 'गौरव, ताक़त को अक्सर ग़लत समझ लिया जाता है। लोग सोचते हैं कि ताक़त का मतलब है – कोई कड़वाहट नहीं, कोई संदेह नहीं, कोई शोक नहीं। लेकिन असली ताक़त इन सबका न होना नहीं है। असली ताक़त है – इन्हें जीतने न देना। हाँ, आपने कड़वाहट को अपने भीतर रखा, और आपके अनुभवों को देखते हुए यह बिल्कुल नैचुरल और ह्यूमन है, लेकिन आपने उसे आपको कड़वा नहीं बनने दिया। आपने उसे अपने प्रेम को कम नहीं करने दिया, न ही उसे संजना के लिए तूफ़ानों में आपकी छत बनने से रोका। और आपने उसे आपकी मुस्कान, आपकी हँसी, आपके हास्य को छीनने नहीं दिया। यह कमज़ोरी नहीं है। यह विजय है।'

गौरव के कंधे ढीले पड़ गए, जैसे वर्षों से उठाया हुआ कोई बोझ हल्का हो गया हो। उसकी आँखें क्षितिज की ओर चली गईं, जहाँ धूप धीरे-धीरे लॉन पर फैल रही थी। उसके होंठों पर एक कृतज्ञ मुस्कान खिल उठी।

~

प्रिय पाठक, अगर जीवन में कोई एक स्थायी सत्य है, तो वह यह कि जीवन चुनौतियों और निराशाओं से भरा हुआ है। जिन चीज़ों को हम कभी नहीं चाहते, वे हमारे हिस्से में आ जाती हैं। जिन घटनाओं की हमने कल्पना तक नहीं की होती, वे सच हो जाती हैं। जिन उम्मीदों को हमने बहुत सलीके से सजाया होता है, वे टूट सकती हैं; जिन योजनाओं को सोच-समझकर बनाया होता है, वे बिखर सकती हैं; और कभी-कभी हमारे सबसे उजले सपने हमारी आँखों के सामने ही चकनाचूर हो जाते हैं। और जब ऐसा होता है, तो जीवन हमें कड़वा बना देने की एक अजीब-सी क्षमता रखता है – अक्सर साइलेंटली, लगभग अदृश्य रूप से, अंदर ही अंदर।

कड़वाहट हमेशा ग़ुस्से या ऊँची शिकायतों के रूप में दिखाई नहीं देती। कई बार वह हास्य के पीछे छिप जाती हैं, व्यस्तता के पीछे, या उस अभ्यास

की हुई मुस्कान के पीछे जिसे हम दुनिया के लिए पहन लेते हैं। लेकिन भीतर कहीं एक धीमी-सी आवाज़ फुसफुसाती रहती है: ज़िंदगी मेरे साथ अन्याय कर रही है। मेरे साथ ही क्यों?

यह कुछ छोटा-सा हो सकता है – जैसे किसी परीक्षा की तैयारी में हफ़्तों लगा देना और उसी दिन बीमार पड़ जाना। या उस छुट्टी को आख़िरकार बुक करना जिसके आपने सपने देखे हों, जिसके लिए आपने सालों तक पैसे जोड़े हों, और आख़िरी पल में कोई एमरजेंसी आ जाए। यह कुछ बड़ा भी हो सकता है – जैसे किसी रिश्ते में दिल खोलकर सबकुछ दे देना और फिर बिना किसी वजह के उसे टूटते हुए देखना। या अपने काम में पूरी मेहनत करना, धैर्य से रिकग्निशन मिलने का इंतज़ार करना और फिर प्रमोशन के टाइम पर नज़रअंदाज़ हो जाना।

और कभी-कभी बात सिर्फ़ उस चीज़ की नहीं होती जो हमें नहीं मिलती, बल्कि उसकी भी होती है जिसे हम खो देते हैं। कोई माता-पिता जो बहुत जल्दी चले जाते हैं। कोई दोस्त जो धीरे-धीरे दूर हो जाता है। कोई अवसर जो हाथ से फिसल जाता है। इन पलों का दर्द वास्तविक होता है, और कोई भी पॉज़िटिव सोच उसे पल भर में नहीं मिटा सकती।

जब निराशा बार-बार हमारे दरवाज़े पर दस्तक देती है, तो ख़तरा यह होता है कि हम अपने चारों ओर दीवारें खड़ी कर लेते हैं। हम अपने दिल को कठोर बना लेते हैं ताकि फिर से चोट न लगे। हम कड़वाहट को कवच की तरह पहन लेते हैं, यह सोचकर कि यह हमें बचाएगी। लेकिन कड़वाहट हमें बचाती नहीं है, वह हमें ज़हरीला बना देती है। वह हमें बाहर से जीवित रखती है, लेकिन भीतर से खोखला कर देती है।

और फिर – यहीं से आशा की किरण नज़र आती है – हर कड़वे अनुभव के भीतर किसी बेहतर चीज़ का बीज छिपा होता है। सवाल यह नहीं है कि क्या जीवन हमें घाव देगा; इसमें कोई संदेह नहीं कि वह देगा। असली सवाल यह है कि क्या वे घाव हमें कठोर बनायेंगे, या हमें अधिक बुद्धिमान, कोमल और करुणामय बना देंगे?

गौरव की कहानी इसका प्रूफ़ है। हाँ, उसने अपने लॉस की कड़वाहट को ढोया, लेकिन उसने उसे कभी अपनी नाराज़गी में बदलने नहीं दिया। इसके बजाय, उसने उस दर्द को ज़िम्मेदारी, प्रेम और ह्यूमर में ढाल दिया। उसने ट्रैजडी को उसे कठोर बनाने नहीं दिया; उसने उसे ताक़त में बदल दिया।

और यही सीख है। जीवन हमें बार-बार ऐसी चीज़ें देता रहेगा, जिनकी हमने कभी माँग नहीं की –अतिरिक्त ज़िम्मेदारियाँ, अचानक आयी बीमारियाँ, आर्थिक दबाव, टूटा दिल। हम यह कंट्रोल नहीं कर सकते कि हमारे रास्ते में क्या आएगा, लेकिन हम यह ज़रूर चुन सकते हैं कि हम उसे कैसे रिसीव करेंगे। कड़वाहट हमें छोटा करती है। ज़िम्मेदारी, आस्था और प्रेम हमें एक्सपैंड करते हैं। दर्द तो आएगा ही, लेकिन वह ज़हर बनेगा या शक्ति – यह इस बात पर निर्भर करता है कि हम उसे कैसे थामते हैं।

मुझे अपने दो प्रिय मित्र याद आते हैं – दोनों मुझसे उम्र में काफ़ी बड़े थे, फिर भी हमारा गहरा जुड़ाव था। अफ़सोस, आज दोनों इस दुनिया में नहीं हैं। एक का निधन कोविड की महामारी के दौरान हुआ और दूसरे का छुट्टियों के दौरान। आज भी मैं उन्हें याद करता हूँ, और उनके कहे हुए शब्द अब भी मेरे मन में गूँजते हैं। दिलचस्प बात यह है कि जीवन को लेकर उनके दृष्टिकोण एक-दूसरे से बिल्कुल विपरीत थे।

एक कहा करते थे: 'ज़िंदगी अनुचित है। इसकी आदत डाल लो।' दूसरे ज़ोर देकर कहते थे: 'ज़िंदगी अनुचित है। इससे मोलभाव करना सीखो।'

तो कौन सही था और कौन ग़लत? सच यह है कि कोई भी ग़लत नहीं था। दोनों सही थे।

जीवन में कुछ चीज़ें ऐसी होती हैं जो पूरी तरह हमारे नियंत्रण से बाहर होती हैं – किसी प्रियजन की मृत्यु, कोई दुर्घटना, कोई अचानक बीमारी। ऐसे हालात में हम क्या मोलभाव कर सकते हैं? कुछ भी नहीं। उन क्षणों में एक्सेप्टेन्स ही आगे बढ़ने का एकमात्र रास्ता होता है। ज़िंदगी अनुचित है, इसे स्वीकार करना सीखो।

लेकिन ऐसी कई परिस्थितियाँ भी होती हैं जहाँ हम कुछ कर सकते हैं, जहाँ हमारे चुनाव और हमारे प्रयास फर्क डालते हैं। जैसे गौरव का अपनी और संजना की ज़िंदगी की ज़िम्मेदारी उठाना। जैसे आर्थिक झटकों, तनावपूर्ण रिश्तों या पेशेवर चुनौतियों से जूझना। यहाँ जीवन भले ही अनुचित हो, लेकिन हम उससे मोलभाव कर सकते हैं, स्वयं को ढाल सकते हैं और हालात को मोड़ सकते हैं। ज़िंदगी अनुचित है – मोलभाव करना सीखो।

इसे रोज़मर्रा की ज़िंदगी में देखिए। काम पर आपका बॉस कोई ऐसा फ़ैसला ले सकता है जिससे आप सहमत न हों। उसके कुछ हिस्से नॉन-नेगोशिएबल होते हैं; उन्हें आपको स्वीकार करना पड़ता है। लेकिन कुछ हिस्सों पर आप संवाद, प्रदर्शन और निरंतर प्रयास के ज़रिए प्रभाव डाल सकते हैं। विवाह में, आपके जीवनसाथी के कुछ स्वभाव ऐसे होंगे जिन्हें आप बदल नहीं सकते – यह एक्सेप्टेन्स है। लेकिन घर की ज़िम्मेदारियाँ बाँटी जा सकती हैं, यह मोलभाव है। स्वास्थ्य के मामले में, हम उम्र बढ़ने को रोक नहीं सकते – यह एक्सेप्टेन्स है। लेकिन हम समझदारी से खा सकते हैं, व्यायाम कर सकते हैं और अपने शरीर का ख़याल रख सकते हैं – यह मोलभाव है।

मच्योरिटी और विज़डम इन दोनों के बीच का फर्क़ जान लेने में ही है कि कब सिर्फ़ एक्सेप्ट करना है और कब मोलभाव करना है। जो बदला नहीं जा सकता, उसे स्वीकार करना शांति देता है। जो बदला जा सकता है, उससे मोलभाव करना ग्रोथ देता है। और इन दोनों के बीच कहीं हमारी रेसिलिएंस बसती है।

यह सोचते हुए मैंने अपने साथ चलते हुए गौरव की ओर देखा। उसने अपने माता-पिता के खोने की त्रासदी को स्वीकार किया था – ऐसी चीज़ जिसे कोई भी संघर्ष पलट नहीं सकता। और उसी साँस में, उसने जीवन से मोलभाव भी किया था – ज़िम्मेदारियाँ उठाकर, झटकों से लड़कर, यह सुनिश्चित करके कि संजना का भविष्य सुरक्षित हो। उसकी कहानी में दोनों सत्य मौजूद थे: एक्सेप्टेन्स और मोलभाव।

और शायद यही चुनाव जीवन हम सबके सामने हर दिन रखता है – कड़वा बने रहने का या बेहतर बनने का। दर्द से कठोर हो जाने का या उससे और गहरे हो जाने का। यह कहने का कि 'ज़िंदगी अनफेयर है, लेकिन मुझे सहना होगा,' और साथ ही यह भी कहने का कि, 'ज़िंदगी अनफेयर है, लेकिन मुझे उसे चुनौती भी देना है।'

इसी तरह कड़वाहट विज़डम में बदलती है। इसी तरह घाव रेसिलिएंस में बदलते हैं। और इसी तरह साधारण संघर्ष हमें असाधारण इंसान बना देते हैं।

हालाँकि, इन सब बातों के बीच हमें एक बात को लेकर बहुत सावधान रहना चाहिए। यह दृष्टिकोण कहीं टॉक्सिक पॉज़िटिविटी में न बदल जाए– ऐसी पॉज़िटिविटी जो दर्द को नज़रअंदाज़ कर दे, संघर्ष को छोटा बना दे या झूठी आशा बाँट दे। 'दर्द को स्वीकार करना' इसका अर्थ कभी भी यह नहीं होना चाहिए कि हम अपने या दूसरों के दुख के प्रति असंवेदनशील हो जाएँ।

सच यह है कि हर किसी की सहनशीलता समान नहीं होती। कुछ लोग विपरीत परिस्थितियों से जल्दी उबर जाते हैं – अपने भीतर की शक्ति या अपने आस-पास के सहारे से। कुछ को इसमें महीनों लगते हैं, कभी-कभी साल। और कुछ ऐसे भी होते हैं जो एक समय के लिए, या कभी उससे भी ज़्यादा, अपने दर्द के साथ ही रहना चाहते हैं – इसलिए नहीं कि वे उसमें डूबना चाहते हैं, बल्कि इसलिए कि उनका हृदय अभी आगे बढ़ने के लिए तैयार नहीं होता। यह भी वैलिड है।

इसलिए बेहतर बनना कोई ऐसी मंज़िल नहीं है, जिस पर तुरंत पहुँचना ज़रूरी हो, न ही यह कोई दौड़ है जहाँ सबसे तेज़ ही सबसे मज़बूत हो। यह एक यात्रा है। कभी धीमी। कभी असमान। कभी दो क़दम आगे और एक क़दम पीछे। मायने यह नहीं रखता कि हम कितनी तेज़ी से चलते हैं, बल्कि यह कि हम चलते रहें।

उतना ही महत्वपूर्ण यह भी है कि इस यात्रा में हम अपने साथ कैसा व्यवहार करते हैं। अगर हम खुद पर तुरंत 'बेहतर बनने' का दबाव डालते हैं, तो हम दुख के ऊपर गिल्ट जोड़ देते हैं। अगर हम तब मुस्कुराने की ज़िद

करते हैं जब हमारी आत्मा टूट रही होती है, तो हम उस दरार को और गहरा कर देते हैं। करुणा की शुरुआत स्वयं को मनुष्य मानने से होती है – बिना शर्म के रोने की अनुमति देना, बिना गिल्ट के ख़ुद को ठहरने देना, और तभी उठने देना जब हमारी आत्मा तैयार हो।

संतुलन यही है: दर्द की सच्चाई का सम्मान करना, लेकिन दर्द को अपनी पूरी सच्चाई न बनने देना। उसे पूरी तरह महसूस करना, पर उससे निगले न जाना। आनंद और शोक – दोनों को शिक्षक मानकर स्वीकार करना, क्योंकि दोनों ही हमें ऐसे ढंग से गढ़ते हैं, जैसे दूसरा नहीं गढ़ सकता।

~

मैं और गौरव, हमारी बातचीत को कभी मौन में और कभी विचारों के आदान-प्रदान में घोलते, चलते-चलते एक तालाब के पास आ पहुँचे। सुबह की हल्की हवा, पानी की सतह पर सुस्त-सी लहरें बना रही थी जहाँ कमल के फूल पानी पर तैर रहे थे और उनकी पंखुड़ियाँ सूरज की ओर धीरे-धीरे खुल रही थीं। हम रुके और बिना कुछ कहे पास ही रखी एक पत्थर की बेंच पर बैठ गए।

कुछ देर बाद उसने कहा, 'स्वामीजी, मैंने बहुत कुछ आज़माया है। दो-चार वेंचर्स पर भी काम किया। मैं ईमानदार था, मेहनती था, समझदार भी, या कम-से-कम मुझे ऐसा लगता था। लेकिन हर बार... असफलता ही मिली। कभी मेरी गलती थी, कभी विश्वासघात। परिवार ने हमें धोखा दिया, और बाद में जिन बिज़नेस पार्टनर्स पर भरोसा था, वे भी खिलाफ हो गए।'

वह अब भी तालाब की ओर देखते हुए सिर हिलाने लगा। 'और फिर मैं अरोड़ा परिवार के लोगों को देखता हूँ – इतने सफल, इतने समृद्ध। इसका क्या अर्थ निकाला जाए? इस दुनिया में कितने ही लोग हैं जो पूरी निष्ठा से, अपना दो सौ प्रतिशत देकर, दिल और जान लगाकर काम करते हैं। फिर भी परिणाम इतने अलग क्यों होते हैं? कोई ऊँचाइयों तक पहुँच जाता है, कोई

ठोकर खाता रह जाता है। कोई जीतता है, कोई बार-बार हारता है। और मैं यह सवाल ईर्ष्या से नहीं, ईमानदारी से पूछ रहा हूँ। बताइए स्वामीजी – ज़िंदगी इतनी अनफेयर क्यों है?'

मैंने पानी की सतह पर हल्के से डोलते कमलों को देखा। 'गौरव,' मैंने कहा, 'क्या तुम इन कमलों को देख रहे हो? ये कीचड़ से दूर उठकर नहीं खिलते – ये कीचड़ की वजह से खिलते हैं। वही कीचड़, जो गंदा और अव्यवस्थित लगता है, इन्हें खिलने की ताक़त देता है।

'ज़िंदगी भी कुछ ऐसी ही है,' मैंने आगे कहा। 'कुछ लोग साफ़ तालाबों में जन्म लेते हैं, कुछ दलदल वाले पानी में। इस हिस्से पर हमारा कोई कंट्रोल नहीं होता। किसी को यह डेस्टिनी लगता है, किसी को कर्म, किसी को बस को-इंसिडेन्स। फिलॉस्फर्स इस पर अंतहीन बहस कर सकते हैं, लेकिन सच ये है कि हममें से किसी ने भी अपनी शुरुआत नहीं चुनी। मायने यह नहीं रखता कि हमें कौन-सा तालाब मिला, बल्कि ये कि हम ख़ुद को कौन-सा फूल बनने देते हैं।'

मैं थोड़ा रुका। 'प्रयास ज़रूरी है, गौरव – लेकिन परिणाम हमेशा हमारे हाथ में नहीं होता। हम देखते हैं कि मेहनती, ईमानदार लोग संघर्ष करते रहते हैं, जबकि कुछ लोग शॉर्टकट अपनाकर सक्सेस पा लेते हैं। यह अनफेयर

लगता है। और शायद सोसाईटल पर्सपेक्टिव से यह है भी। लेकिन ज़िंदगी एफर्ट्स और रिवाड्र्स की कोई बैलेंस शीट नहीं है। यह एक क्लासरूम है। हर व्यक्ति को उसकी जर्नी के अनुसार पाठ पढ़ाए जाते हैं। कुछ लेसन आपको ऐबनडन्स का पाठ पढ़ाते हैं, कुछ लॉस के। कुछ अप्प्लॉज़ के, कुछ बिट्रेयल के।

'सवाल यह नहीं है कि ज़िंदगी अनफेयर है या नहीं। सवाल यह है कि: ज़िंदगी ने मुझे जो दिया है, उससे मुझे क्या सीखना है? क्योंकि तालाब अलग-अलग हो सकते हैं, लेकिन इन्विटेशन वही है – ऊपर उठने का, बढ़ने का, खिलने का।'

मैंने फिर तालाब की ओर देखा। 'और याद रखो, अगर कोई कमल धीरे-धीरे उगता है, अगर वह देर से खिलता है, तब भी वह अपना उद्देश्य पूरा करता है। उसका मूल्य इस बात से कम नहीं हो जाता कि वह कब या कहाँ खिला। और वैसे भी, गौरव... कमल आपस में लिंक्ड-इन पर यह तुलना नहीं करते कि कौन कब खिला। वे बस अपने मौसम के आने पर खिल जाते हैं।'

गौरव हँस पड़ा। 'सही कहा, स्वामीजी। हालाँकि अगर कमलों के लिंक्ड-इन अकाउंट होते, तो मुझे पूरा यक़ीन है कि तब भी अरोड़ा परिवार "जल्दी खिलने" पर मोटिवेशनल कोट्स डाल रहे होते।'

मैं भी हँस पड़ा, उसके बोझ के भारीपन को हल्का करती हुई उस हँसी को आभार व्यक्त करते हुए।

~

प्रिय मित्रों, कमल का यह उदाहरण हमें एक सरल सत्य की याद दिलाता है: उन बातों पर ध्यान दें जिन्हें हम बदल सकते हैं, न कि उन पर जिन पर हमारा कोई वश नहीं। और इसे समझाने के लिए, आइए एक किसान के जीवन को देखें।

अब बताइए – अच्छी फ़सल के लिए सबसे ज़रूरी चीज़ क्या है? आपमें से ज़्यादातर कहेंगे, 'ज़मीन!' और आप सही हैं। अगर मिट्टी बंजर हो, तो किसान की सबसे अच्छी मेहनत भी ज़्यादा फल नहीं दे पाती।

लेकिन सिर्फ़ उपजाऊ ज़मीन ही सफलता की गारंटी नहीं है। किसान को स्किल्ड भी होना चाहिए। उसे पता होना चाहिए कि कब जुताई करनी है, कैसे बीज बोने हैं, कब पानी देना है और कब प्रतीक्षा करनी है। एक अच्छा किसान औसत ज़मीन से भी जीवन खींच सकता है। वहीं, एक अकुशल किसान सबसे फ़र्टाइल ज़मीन को भी बर्बाद कर सकता है क्योंकि उसे पता ही नहीं कि उसके साथ करना क्या है।

फिर आते हैं रिसोर्सेज – अच्छे बीज, सिंचाई, खाद। इनके बिना, सबसे अच्छा किसान भी सिर्फ़ आशा ही कर सकता है।

अब ये देखिये – उपजाऊ ज़मीन, कुशल किसान, अच्छे संसाधन। परफ़ेक्ट लग रहा है, है न? लेकिन अगर किसान सारा समय पेड़ के नीचे सोता रहे, बादलों को देखते हुए समय बिताता रहे, तो सबसे अच्छी ज़मीन भी फ़सल नहीं देगी। एफ़र्ट मायने रखता है। जैसा कि कहा गया है, 'जब प्रतिभा मेहनत नहीं करती, तो मेहनत प्रतिभा को भी पछाड़ देती है।'

लेकिन यहाँ एक ट्विस्ट है। जब किसान के पास सबकुछ हो – ज़मीन, कौशल, संसाधन और मेहनत – तब भी एक चीज़ ऐसी है जो पूरी तरह उसके हाथ से बाहर है: बारिश। उसके बिना कुछ भी नहीं उगता।

और यहीं गीता का यह गहरा ज्ञान सामने आता है:

कर्मण्येवाधिकारस्ते
मा फलेषु कदाचन।
मा कर्मफलहेतुर्भूर्मा
ते सङ्गोऽस्त्वकर्मणि॥

अर्थात् –

तुम्हारा अधिकार केवल कर्म करने में है,
कर्म के फलों में नहीं।
फल को अपना उद्देश्य मत बनाओ,
और न ही अकर्म – न करने – में आसक्त हो जाओ। (2.47)

इसलिए उन बातों पर ध्यान दीजिए जो आपके कंट्रोल में हैं और जिन पर आपका कोई वश नहीं, उनके सामने विनम्रता से सिर झुका दीजिए। जब चीज़ें आपके मन मुताबिक न हों, तो ख़ुद को पनीश मत कीजिए। और जब सबकुछ ठीक चलने लगे, तो अहंकार में भी मत बह जाइए। किसान की भी भूमिका है, और बारिश की भी।

और क्या जीवन भी कुछ ऐसा ही नहीं है? हम सबकुछ सही करते हैं – मन लगाकर पढ़ते हैं, रोज़ काम पर पूरी निष्ठा से जाते हैं, रिश्तों में अपना सर्वश्रेष्ठ देते हैं। फिर भी, कई बार परिणाम वैसा नहीं होता जैसा हमने चाहा था। तब हम अपने आपसे पूछने लगते हैं – मुझमें ही क्या कमी है? लेकिन शायद हम में कुछ भी ग़लत नहीं होता। शायद बस बारिश नहीं हुई।

बेशक, ऐसे समय में दुखी होना या निराश होना नैचुरल है। आखिर हम इंसान हैं। लेकिन गीता का ज्ञान हमें याद दिलाता है: वहीं अटके मत रहो। पूरी ज़िंदगी बादलों को ताकते हुए मत बिता दो। इसके बजाय जुताई करते रहो, बीज बोते रहो और अपना सर्वश्रेष्ठ देते रहो। जब समय होगा, बारिश ज़रूर आएगी।

महाभारत के धृतराष्ट्र को याद कीजिए। वे जन्म से अंधे थे, और उन्होंने इसी को अपनी पूरी पहचान बना लिया। वे 'मेरे पास यह नहीं है' की भावना में पूरी ज़िंदगी जीते रहे, उस सिंहासन से चिपके रहे जो वास्तव में उनका था ही नहीं। जबकि शास्त्र यह भी कहते हैं कि उनके पास अपार शारीरिक बल था – एक ऐसा वरदान, जिसे वे असंख्य सार्थक कार्यों में लगा सकते थे। लेकिन उन्होंने ऐसा नहीं किया। जो उनके पास था उसे सँवारने के बजाय उन्होंने तुलना और शिकायत में अपनी पूरी ज़िंदगी गँवा दी।

और यही रहस्य है, मेरे मित्रों। जो नहीं है, उसके पीछे भागना बंद कीजिए। जो आपके हाथ में है, वहीं से शुरुआत कीजिए। उसी के साथ काम कीजिए। उसी पर निर्माण कीजिए। क्योंकि सच्चाई यह है कि हममें से कोई भी बारिश को नियंत्रित नहीं कर सकता – लेकिन हम सब मिट्टी तैयार कर सकते हैं, बीज बो सकते हैं और खेत की देखभाल कर सकते हैं।

तो कर्म या नियति को बहाना न बनाएँ। शायद हम कभी पूरी तरह न जान सकें कि हमारे साथ कुछ क्यों हुआ। लेकिन असली सवाल: 'मेरे साथ ही क्यों?' नहीं है, असली सवाल है: 'अब आगे क्या?'

एक सरल-सी कहावत है: अगर आपको साँप काट ले और ज़हर का इलाज करने के बजाय आप साँप को पकड़ने के पीछे भागते रहें, तो आपकी जान चली जाएगी। उसी तरह, अगर हम अपनी सारी ऊर्जा कारणों की खोज में लगा दें, तो हम उपचार से चूक जाते हैं।

मुझे स्कूल के दिनों का एक टंग-ट्विस्टर याद आता है, जिसे हम सब बड़ी मुश्किल से बोल पाते थे: *बेट्टी बॉट अ बिट ऑफ़ बटर, बट द बिट ऑफ़ बटर वाज़ टू बिटर। सो बेट्टी बॉट अ बिट ऑफ़ बेटर बटर टू मेक द बिटर बटर बेटर।*

इसे तेज़ी से बोलकर देखिए – मज़ा आएगा! लेकिन इस हँसी के पीछे जीवन का एक गहरा सबक छिपा है। जब हमें कड़वे मक्खन का एक टुकड़ा मिलता है – निराशा, धोखा, कमियां – तो या तो हम शिकायत करें, हार मान लें और कड़वे बने रहें। या फिर हम बेट्टी की तरह 'बेहतर मक्खन' ढूँढें: बेहतर दृष्टिकोण, बेहतर प्रयास और स्वयं का एक बेहतर रूप, जो उस कड़वाहट को विकास में बदल सके।

और उस बेहतर मक्खन का एक चम्मच हमारे जीवन की ज़िम्मेदारी को विज़डम के साथ लेने के समान है। कभी-कभी यह विज़डम दो दृष्टिकोणों से आती है –जैसा मेरे मित्रों ने कहा था: 'ज़िंदगी अनुचित है, इसे स्वीकार करो' और 'ज़िंदगी अनुचित है, उससे मोलभाव करना सीखो।' कभी-कभी यह प्रकृति से आती है –जैसे कीचड़ से ऊपर उठता कमल या वह

किसान जो मेहनत करता है, लेकिन फिर भी बारिश के सामने नतमस्तक रहता है।

जो हमारे नियंत्रण से बाहर है, उसे स्वीकार करने और जो हमारे नियंत्रण में है, उसे बदलने का संतुलन; जो हमारे पास है, उसके लिए कृतज्ञ होने और जो नहीं है, उसके लिए प्रयासरत रहने का संतुलन – यही वह दृष्टि है जो जीवन के कड़वे मक्खन को थोड़ा सहने योग्य बना देती है, और कभी-कभी सचमुच बेहतर भी।

~

गौरव ने चुप्पी तोड़ी। 'स्वामीजी, आपने मुझे बहुत कुछ सोचने पर मजबूर कर दिया है। शायद... शायद अब समय आ गया है कि मैं पानी को घूरना बंद करूँ... और अपनी नाव खेना शुरू करूँ।'

मैंने सिर हिलाया। 'यह एक बहुत समझदारी भरा विचार है। और याद रखो, गौरव – तुम्हें यह नाव अकेले नहीं खेनी है।'

'आपका क्या मतलब है?'

मैं मुस्कराया। 'एक बार की बात है, एक प्रवचन के दौरान मैंने एक सिगरेट लाइटर निकाला था।'

गौरव की भौंहें उठ गईं। 'एक मॉन्क... और लाइटर?'

मैं हँस पड़ा। 'ऑडियंस का भी यही रिएक्शन था: आधे चौंके हुए थे, आधे एम्यूज़्ड। खैर, मैंने लाइटर जलाया ताकि सब आग देख सकें। फिर मैंने उसे एक काँच के गिलास में डाल दिया और उस पर धीरे-धीरे पानी डालने लगा – इतना कि लाइटर पूरी तरह पानी में डूब गया। फिर मैंने उसे बाहर निकाला और दोबारा जलाने की कोशिश की। कुछ नहीं हुआ। वह जला ही नहीं।

'और मैंने सभा से कहा – ज़िंदगी अक्सर हमारे साथ यही करती है। वह हमारी चिंगारी को डुबो देती है। निराशाएँ, असफलताएँ, विश्वासघात, तनाव।

एक लहर के बाद दूसरी, जब तक कि बढ़ने, प्रेम करने और जीने की इच्छा बुझी-सी ना लगने लगे।'

गौरव चुपचाप सिर हिलाता रहा।

मैंने आगे कहा। 'फिर मैंने एक दूसरा लाइटर निकाला।'

गौरव मुस्कराया। 'दो लाइटर? आप तो पूरी तरह सरप्राईज़ेस से भरे हुए हैं, स्वामीजी।'

मैंने हँसते हुए कहा। 'हाँ, ऑडियंस भी यही सोच रही थी। मैंने कहा – यह लाइटर ख़ुद को फिर से जला नहीं सकता। लेकिन यह दूसरा वाला कर सकता है। और फिर मैंने दूसरे की लौ से पहले वाले को दोबारा जला दिया। यही समर्थन की शक्ति है। हम हर लड़ाई अकेले नहीं लड़ सकते। कभी-कभी हमें किसी और की ज़रूरत होती है, जो उस समय हमारी चिंगारी को फिर से जला दे, जब हम ख़ुद उसे ढूँढ नहीं पाते।'

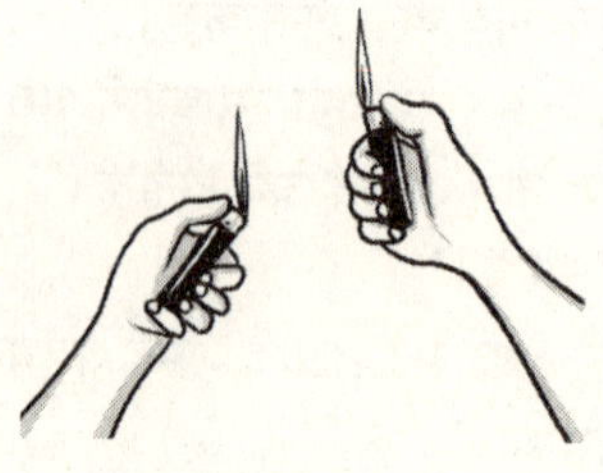

मैंने थोड़ा रुककर कोमल स्वर में कहा, 'क्या ये वही काम नहीं है जो तुम और संजना एक-दूसरे के लिए करते आए हो? जब वह छोटी थी, नाज़ुक थी, तब तुम उसका सहारा बने। और अपने तरीके से, उसने भी तुम्हें सँभाला। शायद इसी वजह से, इतना कुछ झेलने के बाद भी, तुम दोनों ने कड़वाहट को पूरी तरह अपने ऊपर हावी नहीं होने दिया। तुमने एक-दूसरे की लौ बुझने नहीं दी।'

गौरव ने गहरी साँस ली। 'आप जानते हैं, स्वामीजी... मैंने कभी इस तरह से सोचा ही नहीं। लेकिन हाँ... शायद हम सच में एक-दूसरे के लाइटर रहे हैं।'

मैंने सिर हिलाया। 'सहारा, गौरव –यही हमें आगे बढ़ाता है। कभी यह परिवार से मिलता है, कभी मित्रों से, और कभी उन इनविज़िबल शुभचिंतकों से, जिन्हें हम शायद पूरी तरह जान भी न पाएं। और बहुत-से लोगों के लिए, यह उस गहरे स्पिरिचुअल कनेक्शन से भी आता है –ब्रह्मांड से, ईश्वर से –जो हमें इस भौतिक संसार से परे एक शक्ति से जोड़ देता है।

'इसीलिए किसी को भी यह महसूस नहीं करना चाहिए कि उसे अकेले लड़ना है। हम जितना सोचते हैं, उससे कहीं ज़्यादा सहारा होता है हमारे पास –प्रेम, मित्रता और कृपा के रूप में। और यही सहारा कड़वाहट को साहस में बदल देता है ताकि हम लगातार आगे बढ़ते रहें।'

गौरव कुछ देर चुप रहा। फिर बहुत धीमे स्वर में बोला, जैसे कोई कन्फेशन कर रहा हो, 'शायद... मैं संजना का ऋणी ज़्यादा हूँ –और साथ में उन सभी लोगों का, जो मेरे साथ खड़े रहे –उतना, जितना आज तक मैंने खुद भी नहीं माना। मैं उसके लिए लाइटर थामे रहने में इतना व्यस्त रहा कि यह भूल गया कि शायद मुझे भी किसी की ज़रूरत है।'

मैंने हल्के से उसका कंधा थपथपाया। 'इसे स्वीकार करना ही पहला कदम है। ग्रैटीट्यूड ही उस स्पार्क को ज़िंदा रखती है। और अब जब संजना अपने जीवन के नए फेज़ में प्रवेश कर रही है, तो शायद अब समय है कि तुम भी कम्पैनियनशिप के बारे में सोचो। किसी ऐसे के बारे में, जो तब तुम्हारे लिए लाइटर थाम सके, जब तुम्हारे हाथ थक जाएँ।'

गौरव के चेहरे पर हल्की-सी मुस्कान आई, जिसमें उदासी भी थी और हल्की शरारत भी। 'कम्पैनियनशिप, हाँ? आप तो मुझे किसी पुराने लालटेन जैसा बना रहे हैं, जिसे देखभाल की ज़रूरत हो।'

मैं हँस पड़ा। 'देखभाल करने वाला नहीं, गौरव –साथी। कोई ऐसा, जिसके साथ तुम जर्नी शेयर कर सको, जो यह याद दिलाए कि मज़बूत पुरुषों को भी कभी-कभी शांतिपूर्ण स्थानों की ज़रूरत होती है।'

गौरव ने एक पल के लिए नज़रें फेर लीं, उसकी आँखों की चंचलता अब किसी गहरे, शांत भाव में बदल गई थी। 'शायद आप सही कह रहे हैं,

स्वामीजी... शायद अब समय है कि मैं खुद को केवल संजना का आश्रय मानना छोड़ दूँ, और अपने लिए भी किसी आश्रय को स्वीकार करूँ।'

हमारी बातचीत ने मुझे कुछ पंक्तियाँ याद दिला दीं, जो वर्षों से मेरे साथ हैं:

छोटे से दिल में ग़म बहुत हैं,
ज़िंदगी ने दिए ज़ख़्म बहुत हैं,
कब की मार डालती ये ज़ालिम दुनिया हमें,
कमबख़्त इन दोस्तों की दुआओं में दम बहुत है।

और क्या यही सच नहीं है? जीवन हमें वह पीड़ा, वह बोझ, वह बिट्रेयल दे सकता है जिसकी हमने कभी कामना नहीं की –लेकिन जो लोग हमारे लिए दुआ करते हैं, जो हमारे पीछे चुपचाप खड़े रहते हैं, उनकी मौजूदगी उस पीड़ा की बनावट ही बदल देती है।

इसलिए हाँ, कड़वी ज़िंदगी ऐसे लोगों, ऐसी दुआओं और ऐसे कंधों के साथ बेहतर ज़िंदगी बन जाती है। ज़िम्मेदारी हमें दिशा देती है, सहारा हमें शक्ति देता है। दोनों में से कोई एक अकेला हो तो रास्ता सूना हो जाता है। साथ-साथ हों, तो यात्रा न सिर्फ़ सहने योग्य, बल्कि अर्थपूर्ण भी बन जाती है।

~

जब हम महल के भीतर पहुँचे, तो लॉन की शांति एक अलग ही लय में बदल चुकी थी। डाइनिंग हॉल अब चहल-पहल से भर गया था। मेहमान धीरे-धीरे आ रहे थे, वेटर परांठों की ट्रे और चाय की केतलियाँ बैलेंस करते हुए इधर-उधर घूम रहे थे। प्लेटों की खनक के साथ घुलती हुई बातचीत की आवाज़ें आ रही थीं। और वहीं, खिड़की के पास एक मेज़ से आती एक महिला की हँसी सब पर भारी पड़ रही थी –सबसे ज़्यादा तेज़ और खिलखिलाती हुई।

'गौरव बेटा! स्वामीजी!' कंगनों की खनक के साथ उन्होंने नाटकीय ढंग से हाथ हिलाया। 'इधर, इधर! कहीं और मत बैठना। मेरे बेचारे नाश्ते को अकेले-अकेले बोरियत हो रही थी!'

वह थीं रुक्मिणी दादी, राकेश की माँ। उनके बारे में मैंने सुना था, लेकिन यह हमारी पहली मुलाक़ात थी। वो बिल्कुल वैसी ही थीं, जैसा लोगों ने बताया था। उनकी आँखों में एक कमाल की शरारती-सी चमक थी। वह उन लोगों में से थीं, जो जीवन की सारी मार झेलकर भी बारिश में हँसना चुनते हैं।

हम बैठे तो वे झुककर साज़िशी अंदाज़ में बोलीं, 'कल लंबी यात्रा के बाद मैं आराम कर रही थी। ये मेरे घुटने हैं न, ट्रेड यूनियन की तरह हड़ताल पर बैठ जाते हैं। लेकिन आज? पूरी एनर्जी! अब स्वामीजी, एक बात सच्ची-सच्ची बताइए –मॉन्क लोग नाश्ते में क्या खाते हैं? या आप लोग बस हवा और आशीर्वाद पर ही ज़िंदा रहते हैं?'

गौरव मुस्कराया। 'दादी, स्वामीजी भी हमारी तरह ही खाते हैं –बस गॉसिप वाला हिस्सा छोड़ देते हैं।'

उन्होंने शरारत से गौरव की बाँह पर हल्की-सी थपकी दी। 'अरे, गॉसिप तो न्यूट्रिशन है, बेटा! उसे कम मत आँको। दिमाग़ को तेज़ रखती है, और ज़ुबान को उससे भी तेज़।'

हम सब हँस पड़े, तभी वेटर घी से चमकते आलू के परांठों की टोकरी ले आया। दादी ने परांठे को इस अंदाज़ से खाना शुरू किया जैसे वो अपनी उम्र से कुछ बीस साल छोटी हों। 'डॉक्टर कहते हैं, घी नहीं। लेकिन मैं कहती हूँ, अगर अच्छे से जीना ही नहीं है, तो लंबा जीने का फ़ायदा क्या? खड़ूस होकर लंबी ज़िंदगी से बेहतर है, खुश होकर थोड़ी-सी ज़िंदगी जी जाये!'

मैं मुस्कराया। 'यह तो बड़ी समझदारी की बात है, दादी। हालाँकि मुझे शक है कि आप बस डॉक्टरों को ग़लत साबित करने के लिए एक लंबी और ख़ुशहाल ज़िन्दगी जीने वाली हैं।'

उनकी आँखें चमक उठीं। 'बिल्कुल, स्वामीजी! और एक बात बताऊँ –जो कहते हैं न कि पंजाबी डाइट नहीं कर सकते, उन पर कभी भरोसा मत करना। हम कर सकते हैं। बस हमारी डाइट परांठों के बाद शुरू होती है।'

गौरव हँसते हुए सिर हिलाने लगा। 'दादी, आप ज़रा भी नहीं बदलीं।'

वह मुस्कराईं। 'पता है, ज़िंदगी ने मुझे बहुत जल्दी परख लिया। राकेश तब छोटा-सा था, जब मैंने अपने पति को खो दिया। लोग फुसफुसाते थे, "अब यह कैसे सँभालेगी?" लेकिन मैंने खुद से कहा था: अगर दुनिया मुझ पर शक करती है, तो मैं ज़ोर से हँसकर उन्हें ग़लत साबित करूँगी। और देखो, आज हम यहाँ हैं। मेरा बेटा अच्छा कर रहा है, पोते-पोतियाँ ऊँची उड़ान भर रहे हैं, और मैं अब भी अपने परांठे एंजॉय कर रही हूँ। जब सबको अपनी धुन पर नचा सकते हो तो रोना कैसा?'

उनकी बातों में सच्चाई का वज़न था, जो ह्युमर में लिपटा हुआ था। और उस क्षण मुझे एहसास हुआ –गौरव त्याग का प्रतीक था, प्रिया घावों की कहानी थी, लेकिन रुक्मिणी दादी बिल्कुल धूप-सी उजली थीं। तीनों मिलकर एक ऐसे परिवार की तस्वीर बना रहे थे, जो परफेक्ट नहीं, बल्कि मानवीय था। यह इस बात का प्रमाण था कि शक्ति कई रूपों में आती है: शांत, जख़्मी, या मुस्कराते हुए।

नाश्ते के बाद दादी ने गर्मजोशी से मेरा हाथ थपथपाया। 'स्वामीजी, अगले तीन दिन मेरे पास ही रहिए। इन सब गंभीर लोगों से ज़्यादा अच्छी कंपनी मैं दूँगी। गौरव स्वीट, पर बहुत समझदार है। प्रिया प्यारी, पर बहुत शांत है। वेद मज़ेदार है, पर फोन में घुसा रहता है। और मैं? मैं पूरा पैकेज हूँ –ज्ञान, मज़ाक और थोड़ा-सा मसाला। संतुलन ज़रूरी है, है न?'

मैंने हँसते हुए हाथ जोड़ दिए। 'तो दादी, मुझे लगता है आज से आप ही नाश्ते पर मेरी फेवरेट कम्पैनियन बन गयीं हैं।'

उस सुबह हम इतना हँसे कि वेटर बार-बार चाय भरने आते रहे, बस उस ख़ुशी के पास रुकने के लिए। और उन्हें देखते हुए मुझे अपनी दादी याद आ गई, जिन्हें मैं भी दादी ही कहता था।

वे सौ साल तक जीवित रहीं, और उस एक सदी में उन्होंने वह सब झेला, जिसे शायद ज़्यादातर दिल सह न पाते। उन्होंने अपने पति को खोया। अपने बेटे को खोया। दो बेटियाँ और तीन पोते भी। फिर भी, उन्होंने परिवार को जोड़े रखा –और हमेशा चेहरे पर एक मुस्कान के साथ।

पिता के देहांत के बाद, सभी कर्मकांड पूरे होने पर मुझे जाना पड़ा। मुझे माँ और दादी की चिंता थी, दो बुज़ुर्ग महिलाएँ, घर में अकेली। लेकिन दादी ने मुझे रोका नहीं। शांत स्वर में कहा कि वह सब सँभाल लेंगी, और कि मैं तो बस एक फोन कॉल दूर हूँ। उनके भीतर डर नहीं था –सिर्फ़ साहस था।

नाइनटी-टू की उम्र में, उन्हें कैंसर हुआ। कीमोथेरेपी चली। अस्पताल में गिर पड़ीं, रीढ़ की हड्डी टूट गई। सर्जरी, फिज़ियोथेरेपी, और फिर, अविश्वसनीय रूप से, वे फिर से चलने लगीं, बिना किसी पर निर्भर हुए। नाइनटी-सिक्स की उम्र में, फिर गिरीं, एक और फ्रैक्चर, एक और सर्जरी, फिर से रिकवरी –और फिर चलीं।

कोविड के दौरान फिर एक बार गिरीं। लॉकडाउन के कारण माँ और बहन को भारी मन से उन्हें केयर होम ले जाने का निर्णय लेना पड़ा। जब माँ रोते हुए उन्हें यह बात बता रही थीं, दादी ने दर्द के बीच भी मुस्कराकर बस इतना कहा, 'कोई बात नहीं। मैं सँभाल लूँगी।' और उन्होंने सच में सँभाल लिया।

निन्यानवे की उम्र में भी, एक बार और गिरने के बाद, वे वॉकर के सहारे चलने लगीं। महामारी की पहली लहर के बाद जब मैं उनसे मिलने गया, वे पूरी तरह शांत थीं –न कोई शिकायत, न कोई कड़वाहट। बस ग्रेस। दो हफ्ते बाद, सौ वर्ष की उम्र में, वो इस दुनिया से चली गईं... लेकिन हमारे दिलों से कभी नहीं गयीं।

उन्होंने मुझे बहुत गहन स्नेह से पाला। और जब मैंने उनका अंतिम संस्कार किया, तो उनका वह हिस्सा जो मेरे भीतर सबसे ज़्यादा रह गया, वह था उनका स्वभाव, जो कड़वा होने से इंकार करता था। मानो वे कह रही हों, 'ज़िंदगी मुझे रुलाएगी, लेकिन मैं फिर भी मुस्कुराना चुनूँगी।'

आज रुक्मिणी दादी के साथ बैठकर मुझे एहसास हुआ कि ऐसी महिलाओं में लोहे जैसा विल-पावर होता है। शायद यही कारण है कि 'फीमेल' शब्द के पहले दो अक्षर 'एफ़' और 'इ' हैं –लोहे का प्रतीक। मेरी माँ और बहन भी ऐसी ही हैं। बेशक, शक्ति का लिंग से कोई लेना-देना नहीं है –यह चुनाव का विषय है, लचीलेपन का, कठिन हवाओं में भी हार न मानने का। लेकिन जब मैं अपनी दादी को याद करता हूँ, तो यह सोचकर अचंभा होता है कि ज़िंदगी ने जब रोने के हज़ार कारण दिए हों, तब भी मुस्कराने का चुनाव करना कितना असाधारण है।

बचपन में, त्योहारों पर हमें सबसे ज़्यादा जिस चीज़ का इंतज़ार रहता था, वे थे पटाखे। और उनमें भी हमारी सबसे पसंदीदा थीं –फुलझड़ियाँ। जलते ही वे हज़ारों छोटी-छोटी चिंगारियों में फूट पड़ती थीं –हर एक बस कुछ सेकंड की, लेकिन साथ मिलकर एक अद्‌भुत चमक पैदा करती थीं।

जीवन की छोटी-छोटी खुशियाँ उन चिंगारियों जैसी होती हैं। नाश्ते पर कोई मज़ाक, गरम परांठे का स्वाद, किसी के बोले हुए दो स्नेहिल शब्द –ये सब फ़्लीटिंग मोमेंट्स जैसे लग सकते हैं, लेकिन ये सब मिलकर वही उजाला बनाते हैं जो हमें भीतर से मज़बूत करता है। और यही उजाला जब दिनों और वर्षों में इकट्ठा होता है तब हमें उन अँधेरी रातों और भारी दिनों से गुज़रने की शक्ति देता है, जो जीवन में अनिवार्य रूप से आते हैं।

तो फिर, इस अफ़रातफ़री के बीच मुस्कान कैसे बनाए रखें? जब जीवन की तेज़ हवाएँ हमारे दीपक को बुझाने पर आमादा हों, तब हम अपनी रोशनी को कैसे थामे रखें? इसके लिए दो सिम्पल, लेकिन पॉवरफुल प्रैक्टिसेज़ हैं, जिन्हें याद रखना चाहिए:

- **एक्सेप्टेन्स:** जो बदला नहीं जा सकता, उससे लड़ना छोड़ देने का साहस, और उस ठहराव में शांति ढूँढ लेना।
- **आस्था:** यह दृढ़ विश्वास कि पीड़ा हमें परख सकती है, लेकिन तोड़ नहीं सकती जब तक हम उसे इसकी अनुमति न दें।

यही वह शक्ति थी जिसने दादी को मुस्कुराते हुए मज़बूत बनाए रखा। और यही है "बेहतर मक्खन" का तीसरा चम्मच –छोटी-छोटी खुशियों की वह मद्धिम रोशनी, जो एक्सेप्टेन्स से फ्यूल्ड होती है और आस्था से सस्टेन करती है।

~

हम अभी दादी की आख़िरी बात पर हँस ही रहे थे कि तभी सर्विस काउंटर की ओर से अचानक कुछ गिरने की आवाज़ आई। एक युवा बटलर के हाथ से गिलासों की ट्रे छूट गई थी और उन्हें जल्दी-जल्दी उठाने की कोशिश में उसने अपनी हथेली काँच से काट ली।

वह लड़का घबरा गया, शर्मिंदा होकर खून छिपाने की कोशिश करते हुए उसने अपना हाथ पकड़ लिया। ज़्यादातर मेहमानों ने एक नज़र डाली और फिर अपने खाने में लौट गए। लेकिन इससे पहले कि मैं खड़ा होता, गौरव वहाँ पहुँच चुका था।

'ध्यान से, दोस्त,' उसने नरमी से कहा और लड़के को सँभालने के लिए उसके पास बैठ गया। 'सब ठीक हो जाएगा। हम यहीं हैं।' उसने लड़के के हाथ को उठाया, कट को देखा, और पूरी संवेदना के साथ किसी और से फ़र्स्ट-एड किट मँगवायी। एक साफ़ नैपकिन से ज़ख़्म को दबाते

हुए उसने इस अंदाज़ से अपनी बात कही जो किसी भी चोट पर दवा से कहीं ज़्यादा असर करती, 'चिंता मत करो, बस छोटा-सा कट है। तुम ठीक हो जाओगे।'

उसी समय प्रिया और वेद अंदर आए। प्रिया ठिठक गई, गौरव की संवेदनशीलता देखकर उसकी आँखों में कुछ पिघल-सा गया। और वेद, हमेशा की तरह, मज़ाक किए बिना रह नहीं सका।

'गौरव अंकल!' उसने नाटकीय स्वर में कहा, 'शादियाँ छोड़िए –आप तो अपना अस्पताल खोल सकते हैं!'

गौरव हँसा, पट्टी बाँधते हुए बोला, 'नहीं, बस वही कर रहा हूँ जो किसी को भी करना चाहिए जब कोई चोटिल हो तो।'

प्रिया अब भी उसे देखते हुए, बोली, 'लेकिन हर कोई नहीं करता।'

बटलर ने, अब थोड़ा सँभलकर, धीमी आवाज़ में 'धन्यवाद' कहा और अपने काम पर लौट गया। गौरव मुस्कुराते हुए वापस हमारे पास आ गया, जैसे कुछ हुआ ही न हो।

लेकिन कुछ हुआ था। एक छोटे-से सेवा-भाव ने एक बड़ी सच्चाई उजागर कर दी थी –कि सेवा हमेशा बड़े जेस्चर्स में नहीं होती। कई बार यह बस किसी के दर्द को तुरंत कम करने की सहज प्रतिक्रिया होती है, जब ज़रूरत सबसे ज़्यादा हो तो उस पल में मौजूद रहने की तत्परता। जब पीड़ा हमें कठोर बना देती है, सेवा हमें कोमल बनाती है।

कड़वाहट तब पनपती है जब हम अपने ही दुख के इर्द-गिर्द घूमते रहते हैं: *मेरा दर्द, मेरी असफलता, मेरा नुकसान।* लेकिन जैसे ही हम बाहर की ओर देखते हैं, यह चक्र टूटने लगता है। किसी और की मदद करना –चाहे कितनी ही छोटी क्यों न हो –हमें यह याद दिलाता है कि हमारी पहचान सिर्फ इस बात से नहीं होती कि हमारे पास किस चीज़ की कमी है, बल्कि इससे भी होती है कि हम दूसरों को क्या देते हैं।

सोचिए उन सभी पलों के बारे में, जब आपने किसी दोस्त को सांत्वना दी हो, किसी बच्चे को हँसाया हो, या किसी सहकर्मी की मदद

की हो –क्या उसके बाद मन में एक अजीब-सा हल्कापन नहीं आया? सेवा हमारे ज़ख़्मों को मिटाती नहीं –उन्हें अर्थ देती है। दर्द को उद्देश्य में बदल देती है।

मुझे बिहार के 'माउंटेन मैन' दशरथ मांझी की याद आ गई। उनकी प्रेरणादायक जीवन कहानी को कई भारतीय समाचार आउटलेट्स द्वारा और फिल्म *मांझी: द माउंटेन मैन* (2015) में दर्शाया गया है। उनकी पत्नी की मृत्यु इसलिए हो गई क्योंकि समय पर इलाज नहीं मिल पाया; अस्पताल तक पहुँचने के रास्ते में एक पहाड़ आड़े आता था। यह दु:ख उन्हें जीवनभर कड़वा बना सकता था। लेकिन उन्होंने हथौड़े और छेनी से उसी पहाड़ को काटना शुरू कर दिया। बाइस वर्षों तक उन्होंने अकेले मेहनत की। अंतत: 110 मीटर लंबा रास्ता बन गया, जिसने गाँव और अस्पताल की दूरी को 55 किलोमीटर से घटाकर 15 किलोमीटर कर दिया।

एक निजी त्रासदी, सबके लिए सेवा का मार्ग बन गई। एक ज़ख़्म, दूसरों के लिए रास्ता बन गया। उनकी कहानी हमें याद दिलाती है कि जब जीवन हमें गहरे घाव दे, तो या तो हम घाव को हमें कड़वा बनाने दे सकते हैं या हम इससे कुछ बेहतर गढ़ सकते हैं।

हममें से बहुत कम लोग दशरथ माँझी की तरह हथौड़े और छेनी की मदद से पहाड़ काट पाएँगे। लेकिन अपने-अपने जीवन में हम सभी अपने संघर्षों को अपनी ताकत बना सकते हैं। हम अपने दर्द को किसी और के जीवन में मूल्य जोड़ने का माध्यम बना सकते हैं। और जब हम ऐसा करते हैं, तो पाते हैं कि सेवा सिर्फ़ दूसरों को ही नहीं, बल्कि हमारे अंदर की कड़वाहट को भी ठीक करती है।

जब गौरव वापस आकर बैठा, प्रिया की नज़र उस पर ठहर गई। उसकी आँखों में कुछ बदल गया था। वह अब सिर्फ़ उस आदमी को नहीं देख रही थी जिसने एक बटलर की मदद की –वह एक दयालु, संवेदनशील और भीतर से मज़बूत इंसान को देख रही थी, कोई ऐसा जो सहज रूप से दूसरे के दर्द को कम करने के लिए आगे आता है। शांत शक्ति अक्सर शब्दों से

ज़्यादा बोलती है। और उस क्षण, गौरव के कर्म किसी भी भाषण से अधिक प्रभावशाली थे।

....

सोचने के लिए कुछ बातें...

मौन का दर्पण: मौन खाली नहीं होता –वह स्वयं तक पहुँचने का द्वार है। शांति में हमारे छिपे डर और इच्छाएँ उभरती हैं, और हमें सिखाती हैं कि उनसे लड़ें नहीं, उन्हें शांत भाव से देखें।

जीवन का अनफेयरनेस –दो दृष्टिकोण: 'आदत डाल लो' और 'नेगोशिएट करना सीखो' –दोनों सच हैं। विज़डम यह जानने में है कि कब एक्सेप्ट करना है और कब कार्य करना है।

रियलिटी के साथ पॉज़िटिविटी का बैलेंस: दर्द को स्वीकार करें, लेकिन उसे अपनी पहचान न बनने दें। उसे महसूस करें, पर उसमें डूब न जाएँ। आनंद और पीड़ा –दोनों को जीवन-यात्रा के सहयात्री मानें क्योंकि दोनों ही आपको वो देंगे जो दूसरा नहीं दे पायेगा।

कमल से सीख: हम कीचड़ या तालाब नहीं चुनते, लेकिन खिलना चुन सकते हैं –देर से या जल्दी, साफ़ पानी में या दलदल में।

गीता का फ्रेमवर्क: जो नहीं है, उसकी खोज छोड़िए। जो है, वहीं से शुरू कीजिए। उसी के साथ काम कीजिए और उसे बढ़ने दीजिए। हम बारिश को नियंत्रित नहीं कर सकते –लेकिन ज़मीन जोत सकते हैं, बीज बो सकते हैं और फसल की तैयारी कर सकते हैं। कर्म और भाग्य बहाने नहीं हैं –वे विवेक से कर्म करने की याद दिलाते हैं। प्रश्न 'मेरे साथ ऐसा क्यों हुआ?' नहीं, बल्कि 'अब मैं क्या कर सकता हूँ?' होना चाहिए।

कड़वाहट से ऊपर उठना:

- जब जीवन हमें कड़वाहट परोसता है, तो हमारे पास दो विकल्प होते हैं – या तो हम नाराज़ रहें, या बेहतर बनने का रास्ता खोजें।
- यह "बेहतर मक्खन" किन चार चीज़ों से बनता है?
  1. **ज़िम्मेदारी**: पीड़ित होने के भाव से ऊपर उठकर विवेक चुनना।
  2. **सहारा:** उन लोगों पर भरोसा करना जो हमारी लौ फिर से जला सकें।
  3. **छोटी खुशियाँ:** चिंगारियों जैसे पल जो अँधेरों को रोशन करते हैं।
  4. **सेवा:** किसी और के दर्द को कम करके अपने दर्द को नरम करना।

मुस्कान के साथ मज़बूती: जब जीवन की चुनौतियाँ हमारी रोशनी बुझाने पर उतारू हों, दो शांत अभ्यास उसे बचाए रखते हैं:

- **स्वीकार**: जो बदला नहीं जा सकता, उससे लड़ना छोड़ देना।
- **आस्था**: यह विश्वास कि दर्द हमें हिला सकता है, गिरा नहीं सकता, जब तक हम अनुमति न दें।

....

इस अध्याय में बताए गए कॉन्सेप्ट्स से जुड़े एक्सरसाइज़ेज़ पेज़ 277 पर मिलेंगे।

5

मेहंदी का मोज़ेक

अनकहे सपनों में रंग भरना

~

कर्तव्य हमें ज़िम्मेदार बनाता है, सपने हमें ज़िंदा रखते हैं। एक सार्थक जीवन तब बनता है जब हम दोनों को साथ लेकर चलना सीखते हैं।

हवा में एक अलग-सी एक्साइटमेंट थी। औरतें झुंड बनाकर बैठी थीं, हाथ और पाँव मेहंदी वालों की तरफ़ बढ़ाए। मेहंदी वाले पूरी एकाग्रता से नीचे झुककर अपने कोन से नाज़ुक पैज़ली और मोर की आकृतियाँ बना रहे थे। बच्चे खुशी से किलकारियाँ मार रहे थे, जब तक उनकी नन्हीं हथेलियों पर छोटे-छोटे डिज़ाइन बनते, वो मेहंदी सूखने से पहले ही उतावले होकर भाग जाते थे। चारों ओर हँसी, ढोलक की बीट्स और चूड़ियों की खनक गूँज रही थी।

बीच में अपनी सहेलियों के साथ बैठी संजना के लिए यह पल किसी सपने जैसा था। जटिल डिज़ाइनों से सजे उसके हाथ प्यार और परंपरा के कैनवस जैसे लग रहे थे। लक्ष्मी इधर-उधर फुर्ती से घूम रही थीं, यह देखती हुई कि सबको नाश्ता और ड्रिंक्स मिल जाए। उधर प्रिया की आँखें वेद को देखकर नरम हो गईं। वह भीड़ से थोड़ा हटकर बैठा था, स्केचबुक में तल्लीन होकर कुछ बना रहा था। उसे यह बात बहुत भाती थी कि वेद उन बारीकियों में भी सुंदरता देख लेता है, जिन्हें बाकी लोग नज़रअंदाज़ कर देते हैं।

उत्सव-भरे माहौल की हँसी के बीच किसी ने मेरी ओर झुककर आधी मुस्कान के साथ पूछा, 'स्वामीजी, ये मेहंदी वाली रस्म शादी में होती ही क्यों है? क्या ये बस और ज़्यादा डांस, खाना और मस्ती का बहाना नहीं है?'

मैं हँस पड़ा। 'उसमें भी आनंद है, और आनंद अपने आप में पवित्र होता है। लेकिन मेहंदी सिर्फ़ डेकोरेशन नहीं है। इसके पीछे गहरा सिम्बॉलिक अर्थ है। माना जाता है कि यह जोड़े के लिए सौभाग्य, प्रेम और समृद्धि लाता है। और कहते हैं मेहंदी का रंग जितना गहरा, दूल्हा-दुल्हन के बीच उतना ही गहरा प्यार... और कभी-कभी सास-बहू के बीच भी!'

सब मेरी बात पर ज़ोरदार ठहाके लगाकर हँस पड़े।

मैंने हँसी थमने का इंतज़ार किया और फिर बात आगे बढ़ाई, 'लेकिन लोककथाओं से आगे भी इसमें एक बहुत ही प्रैक्टिकल समझ छिपी है। मेहंदी

ठंडी तासीर की होती है –वह त्वचा को सुकून देती है, शरीर को शांत करती है और आने वाले बड़े दिन से पहले की घबराहट कम करती है। सोचकर देखिये –ऊपर से यह सुंदरता है, लेकिन भीतर से दवा। क्या प्यार भी कुछ ऐसा ही काम नहीं करता? वह ज़िंदगी को सुंदर तो बनाता ही है, साथ ही हमें सँभालता और शांत करता है।'

मैं थोड़ा रुका, सब ध्यान से सुन रहे थे। 'एक सीख और भी है। मेहंदी अपना रंग तुरंत नहीं दिखाती। शुरू में वह हल्की-सी, फीकी-सी लगती है। लेकिन समय, गर्माहट और स्थिरता के साथ उसका रंग गहराता जाता है। प्यार भी ऐसा ही है। उसकी गहराई सिर्फ़ शुरुआती उत्साह में नहीं दिखती, बल्कि उस धैर्य में छिपी होती है, जो उसे जमने, गहराने और समय के साथ बढ़ने देता है।'

सब चुप हो गए। मुस्कानें अब और कोमल हो चुकी थीं। एक छोटी-सी कज़िन ने धीरे से कहा, 'तो मेहंदी सिर्फ़ आज के लिए नहीं है, आने वाले दिनों के लिए भी है?'

मैंने सिर हिलाया। 'बिल्कुल। हर रस्म, जब समझ के साथ निभाई जाए, तो वह सिर्फ़ रिवाज़ नहीं रहती – ज़िंदगी का आईना बन जाती है।'

एक और मेहमान ने उत्सुकता से पूछा, 'लेकिन स्वामीजी, इतने सारे रिचुअल्स क्यों? धर्म तो रिचुअल्स से भरा हुआ लगता है।'

मैं मुस्कुराया। 'ऐसा लगता है, है ना! लेकिन ज़रा यह बताइए, क्या आपने कभी किसी के लिए बर्थडे सॉन्ग गाया है?'

कई सिर हिले।

'कभी किसी खास मौके पर गिफ़्ट दिया है? किसी अपने को फूल दिए हैं? या अपनी फ़ेवरेट फुटबॉल टीम के जीतने पर जीत का गीत गाया है?'

सब हँसते हुए ज़ोर से सिर हिलाने लगे।

'तो हम ये सब क्यों करते हैं?' मैंने आगे पूछा। 'क्या बर्थडे केक वाक़ई ज़रूरी है? क्या हम बिना गिफ़्ट, बिना फूल, बिना गाने के सेलिब्रेट नहीं कर सकते? कर सकते हैं। लेकिन फिर सामने वाले को हमारी फ़ीलिंग्स कैसे समझ आएँगी? रिचुअल्स सिर्फ़ धर्म तक सीमित नहीं हैं। ज़िंदगी खुद रिचुअल्स से भरी है। ये वो कविताएं हैं, जिनके ज़रिये दिल बोलते हैं। ये प्यार, खुशी और अपनेपन की ग्रामर हैं।'

मैंने बात को उन सबके मन में उतरने दिया। 'अब "स्पिरिचुअल" शब्द को देखिए। इसके पारंपरिक अर्थ तो हैं ही। लेकिन इसे देखने का एक आसान तरीका भी है। इसके पहले तीन अक्षर हैं –"एस,पी,आई", यानी स्पिरिट। और बाकी है "रिचुअल" – रस्म। रस्म के पीछे की स्पिरिट ही हमारी सच्ची भावनाओं को दर्शाती है। अगर स्पिरिट ज़िंदा है, तो रस्म पवित्र बन जाती है। अगर स्पिरिट नहीं है, तो क्या बचता है? बस रिचुअल–एक खाली, मैकेनिकल रुटीन।

'सोचिए बिना फ़ीलिंग्स के गाया गया बर्थडे सॉन्ग कैसे सिर्फ़ शोर बन जाता है। बिना दिल से कहा गया "थैंक यू" बस फॉर्मैलिटी बनकर रह जाती है। बिना पछतावे के बोला गया "सॉरी" मैनीपुलेशन बन जाता है। फर्क स्पिरिट से पड़ता है।'

मैंने चारों ओर इशारा किया। 'दुनिया की हर संस्कृति ने अपनी ज़मीन, भाषा और इतिहास के हिसाब से रिचुअल्स बनाये हैं। कहीं दीया जलता है, कहीं घंटी बजती है, कहीं लोग झुकते हैं, कहीं गाते हैं। लेकिन मक़सद एक ही है – ईश्वर के प्रति प्रेम, श्रद्धा और कृतज्ञता व्यक्त करना। जब स्पिरिट

ज़िंदा थी, धर्म स्पिरिचुअल था। जब स्पिरिट बुझ गई, तो बस ढाँचा रह गया – रिचुअल में बसा धर्म। और तब बहुत से लोगों ने जुड़ना बंद कर दिया, क्योंकि अर्थ और भावना खो गई थी। लेकिन जब स्पिरिट को ज़िंदा रखा जाए, तो धर्म और रस्में फिर से, ईश्वर से जुड़ने का सुंदर माध्यम बन सकती हैं।'

सब चुप हो गए, सोच में डूबे हुए। ढोलक की थाप फिर तेज़ हो गई। बच्चे तालियाँ बजाने लगे। मेहंदी वाले अपना काम करते रहे – डिज़ाइन अभी हल्के थे, लेकिन सुबह तक उनका रंग गहरा और समृद्ध होने वाला था।

हँसी-मज़ाक जारी था और ऐसे में महिलायें भला पुरुषों को कैसे छोड़ देतीं। अचानक कज़न्स का एक झुंड रोहन के चारों ओर जमा हो गया, जो आँगन के किनारे खड़ा होकर ऐसे दिखा रहा था जैसे ढोलक की बीट्स में ही पूरी तरह खोया हो।

'अरे दूल्हे राजा,' एक कज़न ने छेड़ा, 'सोच रहे हो बच निकलोगे? मेहंदी तुम्हारे लिए भी है!'

रोहन ने दोनों हाथ उठा दिए। 'नहीं-नहीं... मेहंदी के लिए पेशेंस और बहुत स्थिर हाथ चाहिए। मैं तो आज सुबह साफ़ा बाँधकर ही किसी तरह बचा हूँ। ताली बजा लूँगा, डांस कर लूँगा – लेकिन मेहंदी, नो चांस!'

लक्ष्मी मुस्कुराते हुए बीच में आ गईं। 'बहस मत करो, बेटा। थोड़ी-सी मेहंदी दूल्हे के लिए भी शुभ होती है।'

एक और कज़न ने शरारत से कहा, 'कम से कम संजना का नाम तो लिखवाने दो, बहुत छोटे फ़ॉन्ट में, कहीं छुपा हुआ। देखते हैं शादी की रात ढूँढ पाते हो या नहीं!'

चारों ओर से तालियाँ और सीटियाँ गूँज उठीं। मैं रोहन के लाल होते कानों को देखकर हँसी रोक नहीं पाया। बेचारा पूरी तरह घिर चुका था। फाइनली, एक शर्मीली मुस्कान लिए उसने हथेली आगे बढ़ा दी। हाथ पर एक छोटा-सा, सलीकेदार डिज़ाइन बना – और एक घुमाव के भीतर छिपाये गए, उसकी दुल्हन के इनिशियल्स।

मैं मुस्कुराकर बोला, 'कभी-कभी सरेंडर कर देने में ही सबसे बड़ी जीत होती है, रोहन। विरोध करने से बेहतर है, अभी रंग जमने देना।'

वह सिर हिलाता रहा, लेकिन उसकी आँखों में होने वाले दूल्हे का शांत गर्व साफ़ झलक रहा था।

मेहंदी की कोन चलती रहीं, हँसी से शाम गूँजती रही, और तभी वेटर बड़े-बड़े चाँदी के ट्रे में गरमा-गरम पकौड़े और मसाला चाय की केतलियाँ लेकर आ गए। ऐसी खुशबू जो पल भर में पूरे आँगन में फैल गई – मिट्टी-सी, मसालेदार, इनवाइटिंग। पकौड़े सुनहरे-भूरे थे, किनारों से कुरकुरे, और अंदर आलू, प्याज़ और पालक के नरम टुकड़े छिपाए हुए। हरी चटनी के साथ परोसे गए, ठंडी शाम में ये छोटे-छोटे स्वादिष्ट सुकून से भरे पैकेट जैसे लग रहे थे।

मेहमानों ने उत्साह से पकौड़ों की ओर हाथ बढ़ाए – और तभी एहसास हुआ कि हथेलियाँ तो ताज़ी मेहंदी से भरी थीं। चारों ओर से झुँझलाहट और हँसी की आवाज़ आई।

'अब खाएँ कैसे?' एक महिला ने हँसते हुए दोनों सजे हाथ उठा दिए।

बीच में संजना बैठी थी – खूबसूरती से रंगे हाथ, मेहंदी अभी गीली। पकौड़ों को ललचाई नज़रों से देख रही थी, लेकिन हिलने की हिम्मत नहीं कर पा रही थी।

रोहन ने यह देखा और बनावटी गंभीरता से सिर हिलाया। 'अगर मैं अपनी दुल्हन को भूखा रहने दूँ, तो मैं कैसा दूल्हा हुआ?'

फिर पूरे नाटकीय अंदाज़ में उसने एक पकौड़ा उठाया, चटनी में डुबोया और संजना को खिलाया। दोस्तों की सीटियों और तालियों के बीच संजना के गाल सुर्ख हो गए।

'संभलकर, रोहन,' किसी ने छेड़ा, 'अगर ऐसे ही चलता रहा, तो शादी के बाद रोज़ रूम सर्विस की उम्मीद करेगी!'

दादी भी पीछे नहीं रहीं। मेहंदी लगे हाथ हिलाते हुए बोलीं, 'बेटा, फ़िक्र मत करो। शादी के बाद तुम सिर्फ़ पकौड़े खिलाओगे नहीं – बनाओगे भी!'

आँगन ठहाकों से गूँज उठा। रोहन सिर हिलाते हुए अपनी झेंप छुपाने की कोशिश करता रहा।

इतनी छेड़छाड़ और बातचीत के बीच एक शख़्स चुपचाप बैठा था, मुस्कुराता हुआ, लेकिन खुद पर ध्यान खींचे बिना – लक्ष्मी। सब लोग पकौड़ों

और चाय के लिए महल के शेफ्स की तारीफ़ कर रहे थे। 'रिसॉर्ट का किचन तो कमाल का है,' एक मेहमान ने उँगली चाटते हुए कहा।

तभी एक बटलर ने गर्व से बता दिया, 'असल में, ये पकौड़े लक्ष्मीजी की रेसिपी हैं। आज दोपहर उन्होंने किचन टीम के साथ मिलकर बनाए थे।'

पूरा आँगन आश्चर्य से भर गया। लोग पलटे, तालियाँ बजीं, आवाज़ें उठीं।

'अरे वाह, लक्ष्मीजी! आपने बताया क्यों नहीं?'

'ये तो फ़ाइव-स्टार होटल से भी बेहतर हैं!'

'आपको तो सच में कुछ अपना शुरू करना चाहिए!'

अचानक ध्यान का केंद्र बनी लक्ष्मी बुरी तरह से शरमा गईं। हाथ जोड़कर बोलीं, 'अरे, बस ऐसे ही बना लिए। मैंने तो कभी सोचा भी नहीं।'

कोने से चाय पी रहे राकेश ने चमकती आँखों के साथ कहा, 'अगर ये बिज़नेस शुरू कर देंगी, तो दुनिया मज़े करेगी... और हम भूखे रह जाएँगे!'

एक बार फिर ज़ोरदार ठहाका गूँज उठा। लक्ष्मी ने हल्के से उसकी बाँह पर मारा और सिर हिलाया, 'देखा! इसी वजह से मैं सोचती भी नहीं हूँ!'

~

लक्ष्मी को देखते हुए मेरे मन में एक ख़याल आया। उसके जैसे लोग नमक की तरह होते हैं। नमक किसी भी पकवान में जान डाल देता है, लेकिन उसे कोई देखता नहीं। कोई नमक की तारीफ़ नहीं करता, तारीफ़ तो डिश की होती है। और नमक की क़ीमत हमें तब समझ आती है, जब वह न हो।

इससे मुझे हमारे मंदिर समुदाय की एक ऐसी ही शख़्सियत याद आ गयीं: पद्मावती देवी दासी। पेशे से नर्स थीं। दिनभर मरीज़ों की सेवा करतीं और हर शाम – चाहे कितनी ही थकी हों, बारिश हो या धूप – अपने पैसों से ताज़े चमेली के फूल लेकर मंदिर आतीं। अपने नाज़ुक हाथों से घंटों बैठकर श्री श्री राधा गोपीनाथ के लिए कंगन, पायल और हार बनाती थीं।

यह सब वे किसी पहचान या तालियों के लिए नहीं करती थीं। यह उनका भक्ति-भाव था – प्यार से की गई एक ख़ामोश सेवा, जो तीन दशकों से भी ज़्यादा समय तक चलती रही।

और सच कहूँ तो हममें से ज़्यादातर लोगों ने इसे फ़ॉर ग्रांटेड ही ले लिया था। चमेली के कंगन हमेशा होते थे, परफ़ेक्ट, सुगंधित, सुंदर। बिल्कुल नमक की तरह। उनकी सेवा इतनी सहजता से भोग में घुली हुई थी कि हम ये देखना भूल ही गए कि इसके पीछे कौन था।

कुछ साल पहले, भगवान के लिए किये जाने वाले ग्रैंड सेलिब्रेशन – ब्रह्मोत्सव – के दौरान हमने तय किया कि उन 'नमक जैसे' भक्तों को सम्मानित किया जाए, जिनकी सेवा दिखती नहीं, लेकिन जिनके बिना सब अधूरा है। नैचुरली, हमारे मन में पद्मावती देवी दासी का नाम आया। हमने सोचा कि उनका इंटरव्यू करेंगे, हालाँकि हमें पता था कि वे संकोची थीं और लाइमलाइट से दूर रहना पसंद करती थीं।

लेकिन जब हम उनके पास पहुँचे, तो एक दिल तोड़ देने वाली सच्चाई सामने आई। वे गंभीर डिमेंशिया और दूसरी हेल्थ प्रॉब्लम्स से जूझ रही थीं। और क्योंकि उनका अपना कोई परिवार नहीं था इसलिए वो बहुत समय से चुपचाप स्ट्रगल कर रही थीं।

हम नया इंटरव्यू रिकॉर्ड नहीं कर पाए। उसकी जगह हमने पुराने वीडियो इस्तेमाल किए, जहाँ वे उन्हीं भक्ति-भरे, स्थिर हाथों से चमेली के आभूषण बना रही थीं। जब वह वीडियो हज़ारों भक्तों को दिखायी गयी, तो कई लोगों की आँखें भर आईं। उन ख़ामोश काम करने वालों को पहली बार सम्मान मिलता देखना, हम सबके दिल को छू गया। और उसी पल,

हमारा समुदाय भी जाग उठा। कुछ लोग आगे आए और उनकी देखभाल की ज़िम्मेदारी ली।

लेकिन इस पूरे अनुभव के अंत में एक चुभता हुआ सवाल रह गया: हमने इतना इंतज़ार क्यों किया? क्यों हमें किसी को 'धन्यवाद' कहने के लिए दशकों, बीमारी या उसकी अनुपस्थिति का इंतज़ार करना पड़ता है? कभी-कभी सराहना में देर करने का मतलब होता है, वह मौक़ा हमेशा के लिए खो देना।

आज कहा गया एक शब्द, अभी दी गई एक पहचान, उन लोगों की ज़िंदगी बदल सकती है, जो चुपचाप अपना सबकुछ दे देते हैं।

ज़रा एक मिनट के लिए सोचिए, मेरे मित्रों – आपकी ज़िंदगी में नमक कौन है? शायद आपके दादा-दादी, माता-पिता, जीवनसाथी, या वह शांत-सा सहकर्मी जो बिना कुछ कहे सब सँभाल लेता है। घर और दफ़्तर ऐसे 'नमक जैसे' लोगों से भरे होते हैं – शांत, स्थिर लोग जो लगातार वैल्यू ऐड करते हैं, और बिना किसी हो-हंगामे के चीजों को बेहतर बनाते हैं, लेकिन जिनकी क़द्र शायद ही कभी होती है। और दुख की बात यह है कि जब वो नहीं होते, तब जाकर सबको समझ आता है कि उन्होंने कैसे हमारी मदद की थी।

हमें नमक की मौजूदगी में ही उसको एप्रीशिएट करना सीखना होगा – साइलेंट कंट्रीब्यूशन देने वालों को पहचानना, उनकी कंसिस्टेंसी का सम्मान करना, और उन्हें वो डिग्निटी देना कि वो 'देखे जा सकें'। वक़्त पर कहा गया एक साधारण-सा 'थैंक यू' कभी-कभी देर से दी गई सौ तारीफ़ों से ज़्यादा क़ीमती होता है।

विनम्र होना सुंदर है, लेकिन विनम्रता का मतलब अदृश्य होना नहीं है। नमक को डिश पर हावी नहीं होना चाहिए, लेकिन उसे बिना निशान छोड़े घुल भी नहीं जाना चाहिए। जैसे इंट्रोवर्ट लोग थोड़ा-सा अपनी बात रखना सीखें, और एक्स्ट्रोवर्ट लोग थोड़ा-सा ज़्यादा सुनना, वैसे ही नमक जैसे लोग भी कभी-कभी आगे आ सकते हैं। अपनी ज़रूरतें बता सकते हैं, अपने विचार साझा कर सकते हैं, दूसरों को याद दिला सकते हैं कि वे भी मौजूद हैं।

मुझे आश्रम के अपने एक प्रिय मित्र की याद आती है, वह भी एक मॉन्क थे। वह नमक की परिभाषा थे – स्थिर, डिपेंडेबल, हमेशा सेवा के लिए तैयार। जो भी ज़रूरत हो, जिस भी समय हो, उनका जवाब बस 'हाँ' होता था। और आप जानते हैं न, *'जो करे, वो और करे, और करता रहे, और ज़िन्दगी भर करते-करते मरे।'* वह वही इंसान थे, जिन पर आप बिना सोचे भरोसा कर सकते थे, ये जानते हुए कि वो आपको कभी निराश नहीं करेंगे।

वह सेवा करने में बेहद ज़िम्मेदार थे और उन्हीं दिनों मंदिर के प्रबंधन का हिस्सा भी थे, जब मैं भी उसका हिस्सा हुआ करता था। उनके पास शानदार विचार थे, गहरी समझ थी, और सोच में साफ़-साफ़ स्पष्टता थी जो सबके काम आ सकती थी। लेकिन नमक जैसा स्वभाव होने के कारण, मीटिंग्स में वह चुप ही रहते। थोड़ा शर्मीला, थोड़ा सीनियर लोगों के जज करने के डर से वह अपने विचार निगल जाते और दूसरों को बोलने देते। मैंने कई बार देखा कि लोग उनका फ़ायदा उठा लेते थे। बुरी नीयत से नहीं, बस इसलिए क्योंकि सब जानते थे कि वह कभी 'ना' नहीं कहेंगे।

एक दिन मैंने उन्हें बिठाकर बात की। मैंने कहा, 'कभी-कभी ना कहना सेवा से इंकार नहीं होता, यह सिर्फ़ अपनी सेल्फ़-रेस्पेक्ट की सही सीमाएँ तय करना होता है।'

और फिर मैंने उन्हें एक बात याद दिलाई, जो दिल के क़रीब रखने लायक़ है:

दो। लेकिन खुद को इस्तेमाल मत होने दो।
प्यार करो। लेकिन दिल को कुचले जाने मत दो।
भरोसा रखो। लेकिन भोले मत बनो।
सुनो। लेकिन अपनी आवाज़ मत खो दो।

सेवा पवित्र है, हाँ। लेकिन चुप्पी हर बार सोना नहीं होती। अगर उनके विचार वाक़ई शानदार थे – जो की थे – तो उसे, उन्हें साझा करना सीखना होगा।

और अगर लोग उन्हें स्वीकार न भी करें, तो भी ठीक है। कम से कम उनकी आवाज़ तो सुनी जाएगी।

उन्होंने चुपचाप सुना। उनके लिए यह आसान नहीं था। लेकिन ग्रेजुअली, थोड़े एनकरेजमेंट और थोड़ा पुश करते रहने पर, वह बदलने लगे। मीटिंग्स में बोलने लगे। जब अपने कामों में घिरे होते, तो बिना गिल्टी फ़ील किये 'ना' कहने लगे। और हैरानी की बात, लोग उनकी और ज़्यादा इज़्ज़त करने लगे।

आज वह वही स्थिर, भरोसेमंद मॉन्क हैं – अब भी नमक – लेकिन अब उन्हें अपनी क़ीमत पता है। उनके विचार अब डीसाइडिंग फैक्टर होते हैं, उनकी आवाज़ ताक़त बनती है, और उनकी मौजूदगी महसूस भी की जाती है, और सम्मानित भी।

यही मेरा मतलब है, जब मैं कहता हूँ कि नमक को हीरो इंग्रीडिएंट होना चाहिए। और कभी-कभी उसे आगे आकर चमकना भी चाहिए। अच्छाई का मतलब यह नहीं कि आपको नज़रअंदाज़ किया जाए, इस्तेमाल किया जाए या पायदान बना दिया जाए। अच्छाई सम्मान की हक़दार है।

संतुलन तब होता है, जब योगदान को पहचाना जाए और अभिव्यक्ति को प्रोत्साहन मिले। क्योंकि जब नमक अपनी क़ीमत जानता है, और दूसरे भी उसे सम्मान देते हैं – तो हर डिश, और हर रिश्ता – और ज़्यादा समृद्ध हो जाता है।

लक्ष्मी को लाइमलाइट से पीछे हटते देख मुझे एहसास हुआ, कितने ही लोग ऐसे ही जीते हैं।

कुछ लोग अपनों के लिए सपनों से दूर रहते हैं, और कुछ लोग सपनों के लिए अपनों से दूर रहते हैं।

कौन सही है? कौन ग़लत? सच यह है कि कोई नहीं। हर किसी की ज़िंदगी की यात्रा अलग होती है, और उसके चुनाव भी। अक्सर हम अपनों के लिए

अपने सपने छोड़ देने को प्रेम मानते हैं। लेकिन कभी-कभी अपने सपनों की ओर बढ़ना भी प्रेम का ही एक रूप होता है।

असली कला यह जानने में है कि कब रुकना है और कब आगे बढ़ना है। लक्ष्मी जैसे लोगों के लिए, जो अपनी ज़िंदगी दूसरों के लिए जीते रहे हैं, शायद अब ज़िंदगी धीरे से कह रही है: अब अपने सपनों को भी थोड़ी जगह दो। क्योंकि सिर्फ़ त्याग में बीती ज़िंदगी, आधी जी हुई ज़िंदगी होती है। कभी-कभी नमक को भी चमकने का हक़ होता है।

मैंने यह अपने ही परिवार में देखा है। मेरे पिता के जाने के बाद, परिवार के एक क़रीबी मित्र मेरी माँ से मिलने आए। उन्होंने उन्हें एक सलाह दी, और उस सलाह ने उनकी ज़िंदगी बदल दी। उन्होंने बहुत प्यार से कहा, 'आपने अपना जीवन हमेशा दूसरों के लिए जिया है – पहले अपने माता-पिता के लिए, फिर पति के लिए, फिर बच्चों के लिए। आपका बेटा संन्यासी है – अपनी यात्राओं और शिक्षाओं में व्यस्त। आपकी बेटी शादीशुदा है, अपने परिवार और ज़िम्मेदारियों में लगी हुई। आपने बरसों अपने बीमार पति की सेवा की। दूसरों को देते-देते, आप खुद के लिए जीना भूल गईं। बच्चों की परवाह करना मत छोड़िए, स्वार्थी मत बनिए – लेकिन अब थोड़ा अपने लिए भी जीने का वक़्त है। जो आपको अच्छा लगे, वो करने का वक़्त है।'

फाइनेंसियल कंसलटेंट होने के नाते, हमारे उस वेल-विशर ने अपनी सलाह में थोड़ा-सा प्रैक्टिकल तड़का भी लगाया। उन्होंने कहा, 'हर महीने जो भी आमदनी आए – पेंशन हो या कोई और स्त्रोत – उसमें से पहले इमरजेंसी और फुटकर खर्च के लिए समझदारी से बचा लेना। लेकिन जो बच जाए? उसे पूरा का पूरा अपने ऊपर ख़र्च करना। अगले महीने के लिए एक पैसा भी मत बचाना। जो आपको खुशी दे, उसी में लगाना।'

मेरी माँ ने यह बात दिल से मान ली। आज भी वे अपने परिवार और समाज की उतनी ही फ़िक्र करती हैं, लेकिन अब वे अपने लिए भी पूरी तरह जीती हैं। उन्होंने फिर से पूरे जोश के साथ खाना बनाना शुरू किया – सिर्फ़ हमारे लिए नहीं, दूसरों के लिए भी। हर दिन वे अपने मंदिर समुदाय के बीस

से ज़्यादा संन्यासियों के लिए भोजन बनाती हैं, और हर थाली में प्यार परोसना नहीं भूलतीं। वे लगातार पकाती रहती हैं, बाँटती हैं, नए प्रयोग करती हैं, और अपने खाने के ज़रिए खुशी फैलाती हैं।

और उन्होंने अपनी एक पुरानी मोहब्बत भी दोबारा खोज ली। जब हम बच्चे थे, वे रोज़ एक उपन्यास पढ़ लिया करती थीं। वो एक जिज्ञासु, बेचैन, कभी न तृप्त होने वाली पाठक थीं। फिर ज़िंदगी उन्हें वहाँ से खींच ले गई। पहले घर की ज़िम्मेदारियाँ आईं, फिर पिता के साथ कंधे से कंधा मिलाकर कमाने की मजबूरी, और फिर उनकी बीमारी में उनकी देखभाल। उनके जाने के बाद माँ ने फिर पढ़ना शुरू किया – लेकिन इस बार स्पिरिचुअल लिटरेचर में डूब गईं। आज वो दिन-भर में आठ से दस घंटे तक पढ़ लेती हैं। रोज़ एक किताब, उसी भूख के साथ पढ़ती हैं जो कभी बचपन में थी, बस फर्क इतना है कि अब वह पढ़ाई दिमाग़ के साथ-साथ आत्मा को भी पोषण देती है।

मेरे दोस्तों, यही है एक संतुष्ट जीवन का सीक्रेट। सैक्रिफाइस करना ज़रूरी है – वही तो फैमिलीज़, फ्रेंडशिप्स और कम्युनिटी को जोड़े रखता है। लेकिन सिर्फ़ सैक्रिफाइस करना काफ़ी नहीं। उसके साथ सेल्फ़-केयर और खुशी का बैलेंस भी होना चाहिए, कुछ ऐसा करना चाहिए जो हमारी आत्मा को भी रोशन करे। सिर्फ़ अपने लिए जीना हमें सेल्फ़िश बना देता है, और सिर्फ़ दूसरों के लिए जीना हमें अंदर से खाली कर देता है। दोनों के बीच का बैलेंस भी ज़रूरी है।

त्याग प्यार को ज़िंदा रखता है। जुनून *हमें* ज़िंदा रखता है।

मैंने लक्ष्मी की ओर नरमी से देखा और कहा, 'लक्ष्मीजी, आपने बरसों से सबकी ज़िंदगी में स्वाद घोला है। शायद अब वक़्त आ गया है कि आप अपनी रेसिपी भी दुनिया को चखाएँ।'

एक कज़न मुस्कराते हुए बोला, 'और हम आपके पहले ग्राहक होंगे – पकोड़ों की लाइफ़टाइम सब्सक्रिप्शन के साथ!'

हँसी फिर गूँज उठी। प्रिया भी हँसते हुए बोली, 'सँभल के माँ, एक बार आपने शुरू कर दिया तो हो सकता है पैलेस के शेफ़ भी आपके साथ काम

करने के लिए अप्लाई कर दें! लेकिन सच में... पूरी ज़िंदगी आपने हमें खिलाया है। शायद अब ज़िंदगी आपको इशारा दे रही है कि अपने खाना बनाने के जुनून को और खुलकर जीएँ।'

आँगन उत्साह, छेड़छाड़ भरी बातों और तालियों से गूँज उठा। लक्ष्मी थोड़ी घबरा गईं, फिर शरमाकर मुस्कराईं। आँखों में चमक थी। धीमे से बोलीं, 'ठीक है... शायद।'

और उसी पल कुछ बदल गया। जो त्याग की चमक वे सारी ज़िंदगी ओढ़े रहीं, उसमें अब एक और रोशनी जुड़ गई – सपनों की, जो आख़िरकार साँस लेने की हिम्मत कर रहे थे।

तालियाँ धीरे-धीरे थम गईं, लेकिन वेद अब भी एक कोने में चुपचाप बैठा स्केच बना रहा था। वह उन बारीकियों में खोया था जिन्हें और कोई नहीं देख रहा था – मेहंदी से प्रेरित डिज़ाइन, हँसते-खाते मेहमानों के कार्टून, पकोड़े खाते चेहरे – छोटे-छोटे स्ट्रोक जो पन्नों में जान डाल रहे थे।

किसी ने शरारत से उसका स्केचबुक छीन लिया और सब में घुमाने लगा। आँगन में एकदम से आवाज़ें गूँज उठीं।

'वेद, ये तो कमाल हैं!'

'अरे देखो, इसने तो दादी की मेहंदी भी पकड़ ली है!'

'बेटा, तुम में तो ग़ज़ब की प्रतिभा है!'

सब तारीफ़ कर रहे थे। सब – सिवाय प्रिया के। उनके चेहरे पर मुस्कान थी, लेकिन वह बोझिल लग रही थी। तारीफ़ों की गूँज के बीच उनकी ख़ामोशी सबसे भारी थी।

वेद ने सीधे उनकी ओर देखा। 'माँ, आप ज़्यादा खुश नहीं लग रही हो।'

प्रिया ने नज़रें झुका लीं। 'मुझे तुम पर गर्व है, वेद। सच में। लेकिन...' वह रुकीं, शब्द ढूँढती हुईं। 'तुम्हारे पापा कहा करते थे, "तू और मैं डिज़ाइन करेंगे, और जब वेद बड़ा होगा, अगर वह बिज़नेस पढ़े और फ़र्म सँभाले, तो हमारा ब्रांड रॉक करेगा।" वो उनका सपना था। कभी-कभी सोचती हूँ... क्या मुझे वो सपना निभाना नहीं चाहिए, उनके लिए? तुम्हारे लिए भी?'

वेद के जबड़े कस गए। उसने नज़रें फेर लीं। 'लेकिन अगर वो सपना मेरा नहीं हुआ तो?'

उन शब्दों का असर गहरा था। आँगन में सन्नाटा छा गया।

अब तक चुप बैठे राकेश बोले, 'वेद, मेरा भी सपना है कि एक दिन तुम मेरे साथ बिज़नेस सँभालो। जो हमने खड़ा किया है, उसे आगे बढ़ाओ। हर नानू यही तो चाहते हैं, है ना?'

वेद ने अपने जबड़े भींच लिए। वह अपने मन और परिवार की उम्मीदों के बीच पिस गया था। मेरी ओर मुड़ते हुए उसकी आवाज़ काँप गई। 'तो मैं क्या करूँ, गौरजी? सबको खुश करूँ... या खुद को? सबके सपने पूरे करूँ... अपने सिवाय?'

उसके शब्दों में न जाने कितने नौजवान दिलों का बोझ था।

मैं आगे बढ़ा और उसके कंधे पर हाथ रखा। 'वेद, तुम उम्मीदों को पिंजरा समझ रहे हो। लेकिन एक बार फिर देखो – उनमें एक अपनापन भी तो है। तुम्हारी नानी प्यार से परिवार के लिए जीती रहीं। तुम्हारी माँ प्यार से तुम्हारे पिता के सपने को थामे हुए हैं। तुम्हारे नाना प्यार से तुम्हें अपना बिज़नेस सौंपना चाहते हैं। कोई तुम्हें बाँधना नहीं चाहता। वे बस तुम्हें सुरक्षित देखना चाहते हैं।'

वेद की आँखें भरी हुई थीं। वह प्रिया की ओर देखने लगा।

'लेकिन स्वामीजी... अगर उसने ग़लत फैसला कर लिया? अगर उसे तकलीफ़ हुई?' प्रिया बोलीं।

मैं मुस्कराया। 'तो वह सीखेगा। जैसे तुमने सीखा था, प्रिया, जब तुमने मुश्किलों के बावजूद फैशन चुना। जैसे आपने सीखा था, राकेशजी, जब आपने शून्य से अपना बिज़नेस खड़ा किया। अनुभव, सुरक्षा से बेहतर शिक्षक होता है।'

राकेश आधे मज़ाक, आधे प्यार से बुदबुदाए, 'हूँ... कहना आसान है। पैशन बिल नहीं भरता।'

सब हँस पड़े। माहौल थोड़ा हल्का हो गया।

मैं मुस्कराकर बोला, 'सच है, राकेशजी। लेकिन अधूरी ज़िंदगी भी बिल नहीं भरती। स्टेबिलिटी शरीर को पोषण देती है, सही है, लेकिन पैशन आत्मा का पोषण है। वेद को दोनों चाहिए। और आपकी समझदारी साथ हो, तो वह दोनों का संतुलन सीख सकता है।'

फिर वेद की ओर देखकर कहा, 'कभी-कभी हमें वही पढ़ने या करने का मौक़ा मिल जाता है, जो हमारे पैशन से जुड़ा होता है। लेकिन अगर हम पहले से किसी और रास्ते पर हैं, तो इसका मतलब यह नहीं कि पैशन मर जाए। जो शुरू किया है, उसे पूरा करो – और साथ-साथ अपने पैशन को ज़िंदा रखो। जैसा तुम्हारे नाना ने ठीक कहा, शुरुआत में पैशन पैसे नहीं देता। अभी, जब तक तुम्हारा पैशन खुद तुम्हें सँभालने लायक़ न हो जाए तुम्हारे पास परिवार का सहारा है। रिस्क लेना ज़रूरी है, वही ज़िंदगी को मायने देते हैं। लेकिन सबसे समझदार रिस्क्स वही होते हैं, जो तैयारी के साथ लिए जाएँ, इम्पल्स में नहीं।'

मैं थोड़ी देर रुका, फिर नरमी से बोला, 'और जिनके पास यह सुविधा नहीं है, उनके लिए भी रास्ता होता है। ऐसा काम जो घर चलाए, स्थिरता देता है। और उसके साथ-साथ अपने पैशन को जीया जा सकता है – शुरुआत में पैसे के लिए नहीं, बल्कि उसे निखारने, मज़बूत करने और ज़िंदा रखने के लिए। अगर ज़िंदगी ने साथ दिया और कोशिशें लगातार रहीं, तो एक दिन वही पैशन पेशा भी बन सकता है। यही है संतुलन, वेद – सबकुछ छोड़कर सपने के पीछे भागना नहीं, बल्कि ज़िम्मेदारी और इच्छा को एक ही कपड़े में बुन देना।'

वेद ने ऊपर देखा। उसकी आँखें चमक रही थीं। 'तो आप कह रहे हैं... मुझे न उन्हें रिजेक्ट करने की ज़रूरत है, न खुद को। मैं उनका प्यार भी साथ रख सकता हूँ, और अपना आर्ट भी फॉलो कर सकता हूँ?'

मैंने सिर हिलाया। 'बिल्कुल। उनके सपने तुम्हें दिशा दे सकते हैं, लेकिन तुम्हारी पहचान तय करें, ये ज़रूरी नहीं। तुम उन्हें उनके तरीके से नहीं, अपने तरीके से सफल होकर भी सम्मान दे सकते हो।'

राकेश ने हार मानते हुए सिर हिलाया। 'ठीक है, मगर एक शर्त पर – अगर तू बड़ा कलाकार बन गया, तो तेरी पहली एग्ज़िबिशन मेरी कंपनी स्पॉन्सर करेगी!'

आँगन फिर ठहाकों से भर गया। प्रिया की आँखें नम थीं, लेकिन मुस्कान सच्ची थी। और लक्ष्मी की अपने नाती पर जो गर्व भरी नज़र पड़ी, वह सबकुछ कह गई, जो शब्द नहीं कह पाते।

~

वेद को इस संघर्ष से जूझते देख मुझे एहसास हुआ, यह दुविधा कितने ही घरों की कहानी है।

हर माता-पिता अपने बच्चे के लिए बड़े सपने देखते हैं। उन्होंने ज़्यादा जिया है, ज़्यादा देखा है, ज़्यादा सहा है। उनकी उम्मीदें देखभाल और चिंता के धागों से बुनी होती हैं। उन्हें एक झटके में खारिज कर देना न सिर्फ़ नासमझी है, बल्कि ऐरोगेन्स भी। आखिर, माता-पिता का सपना शायद ही कभी सेल्फिशनेस से पैदा होता है – वह तो प्यार से जन्म लेता है।

लेकिन हर बच्चे की अपनी एक लय होती है। एक चिंगारी, जो सिर्फ़ उसी की होती है। किसी और के सपने के लिए उस चिंगारी को पूरी तरह दबा देना, इंसान की आत्मा को घोंटने जैसा है। ऐसी ज़िंदगी का क्या मतलब, जहाँ आपकी धड़कन किसी और के इशारे पर चले?

तो जब माता-पिता के सपने और बच्चों की इच्छाएँ टकराएँ, तब क्या किया जाए? मेरा मानना है – जवाब सहानुभूति में है। दोनों तरफ़ से।

बच्चों को यह सीखना ज़रूरी है कि वे अपने पेरेंट्स के इंटेंशन का सम्मान करें, यह समझें कि हर एक्सपेक्टेशन के पीछे कंट्रोल नहीं, बल्कि प्यार छुपा होता है। माता-पिता चाहते हैं कि उनके बच्चे 'सुरक्षित' रहें, क्योंकि उन्होंने दुनिया की मुश्किलें देखी हैं, उसका कठोर सच झेला है।

माता-पिता को भी अपने बच्चों की इंडिविजुअलिटी का सम्मान करना सीखना होगा। प्यार का मतलब यह नहीं कि बच्चे को अपनी ही कॉपी बना लिया जाए। सच्चा प्यार आज़ादी देता है – अपनी दिशा चुनने की आज़ादी, ग़लतियाँ करने की आज़ादी, और अपनी सच्चाई को खुद खोजने की आज़ादी।

बैलेंस साइलेंस में नहीं, कन्वर्सेशन में मिलता है। कभी-कभी कोई बच्चा माता-पिता के सपने को आगे बढ़ा सकता है, लेकिन अपने तरीके से। कभी-कभी उसे बिल्कुल अलग रास्ते पर चलना पड़ सकता है। फिर भी, वह अपने परिवार के मूल्यों को साथ लेकर चल सकता है, एक कंपास की तरह, जो उसे सही दिशा दिखाता रहेगा।

यह बिल्कुल एक सिम्फ़नी जैसा है, जो अलग-अलग पीढ़ियाँ साथ मिलकर बजाती हैं। बुज़ुर्ग लय, समझ और स्थिरता लाते हैं; वहीं युवा एनर्जी, जिज्ञासा और चमक। जब दोनों में तालमेल बैठता है, तो संगीत और भी समृद्ध, और भी गहरा हो जाता है – ऐसा, जो कोई भी सोलो परफॉरमेंस कभी नहीं रच सकती।

माता-पिता के सपने केयर, समझ और सुरक्षा के धागों से सिले होते हैं। उन्होंने ज़िंदगी के हर मौसम को झेला है, और बस चाहते हैं कि उनके बच्चे हाथ में छाता लेकर चलें। बच्चों के सपने पैशन, इंडिविजुअलिटी और उम्मीद से बुने होते हैं। वे बारिश में नाचना चाहते हैं, दुनिया को खुद महसूस करना चाहते हैं – चाहे उसके लिए भीगना ही क्यों न पड़े।

तो क्या होता है जब बच्चा छाता लेकर चलना ही न चाहे? हाँ, कॉन्फ्लिक्ट होता है। लेकिन उसी कॉन्फ्लिक्ट के भीतर एक मौका भी छुपा होता है, एक-दूसरे को और गहराई से समझने का, सिक्योरिटी को पैशन और विज़डम से जोड़ने का, इंडिविजुअलिटी के साथ।

सबसे अमीर विरासत जो किसी को मिल सकती है, वह सिर्फ़ सपने या सेंस ऑफ़ ड्यूटी नहीं, बल्कि दोनों के बीच संतुलन की समझ है। पैशन के बिना स्टेबिलिटी हमें सुरक्षित तो रखती है, लेकिन भीतर से खोखला कर

देती है। स्टेबिलिटी के बिना पैशन हमें उत्साहित तो करता है, लेकिन भटका देता है। दोनों साथ हों, तभी ज़िंदगी सिक्योर भी बनती है और सोलफुल भी।

~

आँगन में संगीत, हँसी और गरम समोसों की खुशबू गूँज रही थी, तभी संजना की एक क़रीबी दोस्त दौड़ती हुई आई, उसका चेहरा उत्साह से दमक रहा था। 'संजू, रोहन! तुम्हें यक़ीन नहीं होगा – मेरा बहुत अच्छा दोस्त करण, जिसके साथ मैं काम करती थी? वो यहाँ जैसलमेर में एक प्रोजेक्ट के लिए आया है और इसी रिसॉर्ट में ठहरा है! अगर मुझे ठीक याद है, तो तुम दोनों एक ही कॉलेज में थे न, संजू?'

संजना ने हल्का-सा सिर हिलाया। मुस्कान शालीन थी, लेकिन कुछ कसी हुई।

'मैंने सोचा, क्यों न उसे भी बुला लें? तुम्हें परेशान नहीं करना चाहती थी, इसलिए पहले गौरव भैया से पूछा, उन्होंने राकेश अंकल और लक्ष्मी आंटी से बात की, उन्हें कोई ऐतराज नहीं था, तो मैंने उसे भी इनवाइट कर लिया!'

उसी के पीछे करण आ गया। लंबा, चौड़े कंधों वाला, करीने से सजा हुआ, उस आत्मविश्वास के साथ, जो बिना कोशिश किए ही कमरे में मौजूदगी दर्ज करा देता है। उसकी हैंडशेक मज़बूत थी, मुस्कान सहज, ऐसी, जो किसी को भी मुड़कर देखने के लिए मजबूर कर दे।

रोहन खड़ा हुआ और गर्मजोशी से बोला, 'वेलकम! खुशी हुई कि जश्न में और दोस्त जुड़े।'

लेकिन संजना... जैसे जम-सी गई। चेहरे का रंग उड़ चुका था। होंठ खुले, मानो कुछ कहना चाहती हो, पर शब्द नहीं निकले। उसने जल्दी से नज़रें झुका लीं और दुपट्टा ठीक करने लगी, जैसे वही उसे ढाल दे देगा।

एक पल के लिए करण की आँखों में कुछ चमका – एक तीखी, साफ़ पहचान – लेकिन अगले ही पल उसने उसे अपने चार्म में छुपा लिया। 'आप दोनों को बहुत-बहुत बधाई! बहुत सुंदर समारोह है।'

उसकी आवाज़ हल्की थी, लगभग बेपरवाह। संजना की सभी सहेलियाँ, अनजान, तालियाँ बजाने लगीं और करण को सबसे मिलवाने लगीं। आँगन फिर से हँसी और संगीत से भर गया, जैसे कुछ भी बदला ही न हो।

बस संजना का हाथ थोड़ा काँप गया, जिससे मेहंदी लगाने वाली हँस पड़ी। 'ज़्यादा हिलोगी तो डिज़ाइन बिगड़ जाएगा।'

वह पल शोर में कहीं खो गया। लेकिन ठीक वैसे ही जैसे मेहंदी की हल्की-सी छाया वक़्त के साथ गहरी होती जाती है – कुछ अनकहा वहीं ठहर गया, अपनी असली रंगत दिखाने का इंतज़ार करता हुआ।

उस शाम जब मैंने चारों ओर देखा, आँगन रोशनी और हँसी से धड़क रहा था – पीतल के दीप रेगिस्तानी हवा में झिलमिला रहे थे, बच्चे कुर्सियों के बीच भाग रहे थे, और हवा में चमेली की ख़ुशबू घुली थी। रोहन पास ही बैठा शरमा रहा था, जब दोस्त उसकी दुल्हन के नाम के अक्षरों पर छुपी मेहंदी को लेकर उसे छेड़ रहे थे। गौरव और दादी हँसते-हँसते बहस कर रहे थे कि किसका फूल वाला डिज़ाइन ज़्यादा सुंदर था।

और फिर थी संजना – संयमित, शांत... कुछ ज़्यादा ही शांत। हाथ गोद में टिके थे, मेहंदी गहरी भूरी होती जा रही थी, लेकिन उसकी नज़र उस पर नहीं थी। बार-बार उसकी आँखें आँगन के कोने की ओर चली जातीं – जैसे कुछ ढूँढ नहीं रही हों, लेकिन किसी ख़्याल से खिंच रही हों जिससे वो अलग नहीं हो पा रही।

करण थोड़ी दूरी पर खड़ा था, बातचीत के बीच होते हुए भी उसमें शामिल नहीं। उसकी हँसी आधे सेकंड देर से आ रही थी, उसका ढंग कुछ ज़्यादा ही सहज था, मानो अभ्यास किया हुआ हो। और एक बार – सिर्फ़ एक बार – भीड़ के पार उनकी नज़रें मिलीं। पल भर को। लेकिन उसमें ऐसी चिंगारी थी, जो इस ख़ुशियों भरी रात की नहीं थी।

उसी क्षण मुझे हवा में एक हल्की-सी बेसुरी तान महसूस हुई – जैसे एकदम सही धुन में कोई सुर थोड़ा-सा फिसल गया हो। बाकी सब जश्न की लय पर झूम रहे थे; बस ये दो लोग किसी और ताल पर थिरक रहे थे।

मैं तब नहीं कह सकता था कि वह क्या था – कोई याद, कोई पछतावा, कोई अधूरी कहानी – लेकिन इतना ज़रूर जान गया कि आँगन में एक नया गीत गूँज चुका था, जिसे संगीत भी दबा नहीं पा रहा था। रात अब भी हँस रही थी, लेकिन उस हँसी के नीचे... कुछ बदलना शुरू हो गया था।

....

सोचने के लिए कुछ बातें...

अंदर का नमक: कुछ लोग नमक की तरह होते हैं – दिखाई नहीं देते, लेकिन बेहद ज़रूरी होते हैं। बिना पहचान चाहे, ज़िंदगी में स्वाद घोलते रहते हैं। सच्चा विज़डम टू-फ़ोल्ड है – ऐसे 'नमक जैसे' लोगों की क़द्र करना, जब वे हमारे साथ हों, और उन लोगों का अपनी क़ीमत पहचानना, ताकि वे भी अपनी मौजूदगी को चमकने दें।

कर्तव्य और इच्छा का संतुलन: ज़िंदगी अक्सर हमें ज़िम्मेदारियों और सपनों के बीच खींचती है। कुछ लोग परिवार के लिए अपने सपने छोड़ देते हैं, कुछ सपनों के लिए परिवार से दूर हो जाते हैं। न कोई सही है, न ग़लत। हर किसी की राह अलग है। ज़िंदगी का एक ही सही जवाब नहीं होता – कभी प्यार का मतलब सपने छोड़ना होता है, और कभी पूरे दिल से उन्हें जीना। कर्तव्य हमें स्टेबिलिटी देता है, सपने हमें ऊर्जा। दोनों मिलकर ही जीवन को हॉर्मोनियस बनाते हैं।

रिस्की पैशन बनाम स्टेबल करियर: अगर हम फाइनेंशियली सक्षम हैं, तो सोच-समझकर, आवेग में नहीं, जोखिम लेकर अपने पैशन से जुड़ा रास्ता चुन सकते हैं। अगर हालात ऐसे नहीं हैं, तो स्टेबल करियर सिक्योरिटी देता है, और पैशन को साथ-साथ नर्चर किया जा सकता है। और जब मेहनत को अवसर मिले, तो वही पैशन धीरे-धीरे आपका लाइवलीहुड बन सकता है।

टकराते सपने: माता-पिता सुरक्षा की भाषा में सपने देखते हैं, ऐसे रास्ते गढ़ते हैं जो सुरक्षित लगें। बच्चे संभावनाओं की भाषा में सपने देखते हैं, ऐसी राहें तलाशना चाहते हैं जो उम्मीद से थोड़ा और देने का वादा करें। जब ये दोनों भाषाएँ टकराती हैं, तो गलतफ़हमियाँ जन्म लेती हैं – लेकिन वहीं प्यार को समझ में बदलने, और केयर को फ्रीडम में ढालने का मौक़ा भी छुपा होता है।

....

इस अध्याय से जुड़े अभ्यास पेज नंबर 280 पर देखे जा सकते हैं।

6

तूफ़ान में स्थिर खड़े रहना

अंदरूनी मज़बूती की नींव बनाना

~

प्यार परछाइयों में खोता नहीं है, जब हम परछाइयों को रोशनी में लाने का साहस करते हैं, तो प्यार और गहरा हो जाता है।

मेहंदी की रस्म के थोड़ी ही देर बाद, शाम के संगीत की तैयारियाँ पूरे जोश में शुरू हो गईं। कोर्टयार्ड में बॉलीवुड गानों की धुन गूँज रही थीं। कज़न्स अपने डांस स्टेप्स की प्रैक्टिस कर रहे थे, उनकी हँसी ढोल की बीट से भी ज़्यादा ऊँची थी। कोई पैरों के दर्द की शिकायत कर रहा था, कोई कोरियोग्राफी को लेकर बहस कर रहा था, और कुछ सेल्फ़ अपोइंटेड 'डायरेक्टर्स' हर हाथ की मूवमेंट ऐसे ठीक कर रहे थे, जैसे कोई ब्रॉडवे शो रिहर्स हो रहा हो। पूरा महल मानो एक बड़ा-सा रिहर्सल हॉल बन गया था, म्यूज़िक, मस्ती और हल्की-सी घबराहट से भरा हुआ।

मैं चुपचाप महल के एक सुनसान से गार्डन की तरफ निकल गया। बीच में एक फव्वारा हल्के-हल्के कलकल करता बह रहा था। चारों तरफ गुलाब की झाड़ियाँ थीं, फूलों से लदी हुई, और पुराने ज़माने की पत्थर की बेंचें, जिन्होंने सदियों के राज़ देखे होंगे। दीवारों के पार से लोगों की बातें और हँसी की हल्की-सी आवाज़ आ रही थी –उस शोरगुल की याद दिलाती हुई, जिससे मैं कुछ देर के लिए दूर आया था। यहाँ शांति थी।

लेकिन मैं ज़्यादा देर अकेला नहीं रहा।

संजना अंदर आई। हवा में उसका दुपट्टा ऐसे लहरा रहा था, जैसे कोई अनमना पतंग। पहले उसकी नज़रों ने पूरे बग़ीचे को स्कैन किया, फिर मुझ पर आकर ठहर गईं। वह एक पल रुकी, फिर होंठों पर एक सोच-समझकर ओढ़ी गई मुस्कान लिए वो आगे बढ़ी। वैसी मुस्कान, जो तब ओढ़ ली जाती है जब दिल कहीं और उलझा हो।

'स्वामीजी,' उसने धीरे से कहा, 'मैं बस यह पूछने आई थी कि आप यहाँ रिज़ॉर्ट में कंफ़र्टेबल तो हैं ना? सब लोग इतने बिज़ी हैं कि शायद किसी ने आपसे ठीक से पूछा ही नहीं होगा।'

मैंने मुस्कराकर कहा, 'बहुत कंफ़र्टेबल हूँ, संजना –शायद कुछ ज़्यादा ही। क्योंकि, एक मॉन्क के लिए सबसे बड़ी चुनौती डिस्कम्फर्ट नहीं, बल्कि कम्फर्ट की आदत पड़ जाना होती है।'

इस पर वह हँस पड़ी।

मैंने मुस्कुराकर आगे जोड़ा, 'और हाँ, राकेशजी, लक्ष्मीजी, वेद, प्रिया और तुम्हारे भाई गौरव –सब बराबर मेरा ख़याल रख रहे हैं। सिर्फ़ यह देखने के लिए नहीं कि मुझे कुछ चाहिए या नहीं, बल्कि मुझे ख़ूब एंटरटेन करने के लिए भी। उनकी बातों और संगति की वजह से एक पल भी बोरियत नहीं हुई।'

वह मुस्कराई। 'मुझे डर था कि कहीं लोग आपको ज़्यादा परेशान तो नहीं कर रहे, अपनी-अपनी परेशानियाँ लेकर, सलाह माँगते हुए।'

'बिलकुल नहीं,' मैंने कहा। 'यह तो मॉन्क्स का ऑक्युपेशनल हैज़र्ड है। जैसे पायलट टरबुलेन्स की शिकायत नहीं कर सकते, वैसे ही हम लोगों के दिल खोलकर बात करने की शिकायत नहीं कर सकते। सच कहूँ तो, किसी के काम आ पाना हमेशा खुशी देता है।'

संजना सामने वाली बेंच पर बैठ गई। उसकी नज़रें अपनी हथेलियों पर टिकी मेहंदी पर ठहर गईं। नाज़ुक डिज़ाइन धीरे-धीरे और गहरे होते जा रहे थे। जब वह बोली, तो उसकी आवाज़ हल्की और टूटी-सी थी, जैसे टूटी साँस पर बजाई गई बांसुरी।

'स्वामीजी, मैं आपको कुछ बताना चाहती हूँ,' उसने सीधे मेरी तरफ़ देखते हुए कहा। किसी अप्रूवल के लिए नहीं –बस कहने को तैयार। 'मैं जूनियर कॉलेज में थी, जब मेरी पहली बार करण से मुलाक़ात हुई थी। आपको याद होगा, वह मेहंदी के दिन अचानक आ गया था। उसमें... उसमें एक अलग-सी एनर्जी थी। कमरे में ऐसे दाख़िल होता था कि लगता था, बस वही मौजूद है। और वह हैंडसम भी था। सब उसे नोटिस करते थे –लेकिन उसने मुझे नोटिस किया। और जिस तरह उसने मेरी ओर ध्यान दिया, ऐसा लगा जैसे बादलों के बीच से धूप निकल आई हो।'

संजना के होंठों पर एक हल्की-सी, बिटर-स्वीट सी स्माइल आई, जो पल भर में चमकी और फिर बुझ गई।

'शुरुआत में सब जादू जैसा था। लंबी ड्राइव्स, लेक्चर्स के बीच चोरी-छिपे कॉफ़ी, रात देर तक बातें, जो मुझे यक़ीन दिलाती थीं कि प्यार सबकुछ जीत

सकता है। वो एम्बिशियस था, बेबाक था, सपनों से भरा हुआ। और मैं... मुझे लगा मैं भी उन सपनों का हिस्सा बनूँगी।'

उसकी आँखें कहीं दूर चली गईं, चेहरा एक पल के लिए सख़्त हो गया। 'दूर से देखने पर सबकुछ परफ़ेक्ट लगता है। लेकिन जब आप उसके अंदर होते हो ना... तो तूफ़ान इतने रोमांटिक नहीं लगते। करण का चार्म –अपने साथ अहंकार भी लिए था। उसका जुनून पूरा कमरा भर देता था, लेकिन कई बार मेरी आवाज़ के लिए उसमें कोई जगह नहीं बचती थी।'

वह नीचे देखने लगी। उसकी आँखें भीग चुकी थीं। आँसू रोकने की कोशिश साफ़ दिख रही थी।

नज़रें फेरते हुए उसने कहा, 'मुझे लगा था मैं आगे बढ़ चुकी हूँ। मैंने ख़ुद से कहा था कि मैं उसके बिना ज़्यादा मज़बूत हूँ, कि कुछ प्यार ज़िंदगी भर साथ रहने के लिए नहीं, सबक बनने के लिए होते हैं। लेकिन आज सुबह... उसे आँगन में आते देखना, वैसे ही मुस्कराते हुए जैसे वक़्त रुका ही न हो... ऐसा लगा जैसे किसी भूत को देख लिया हो।'

उसने गहरी साँस छोड़ी, जैसे अपनी बात बस कह देने भर से ही दिल का बोझ कुछ हल्का हो गया हो। बग़ीचे की हवा भी मानो थम-सी गई। मैं चुप रहा, थोड़ा आगे झुककर, हाथ जोड़े हुए। बीच में बोलने के लिए नहीं, बल्कि उस ख़ामोशी को थामे रखने के लिए, जिसकी उसे ज़रूरत थी।

कुछ देर बाद संजना फिर बोली, 'और फिर रोहन आया... वह इतना अलग है। उससे मेरी पहली मुलाक़ात लंदन के किंग्स कॉलेज में हुई थी। क्लास के बाद मैं सीढ़ियों पर किताबों का ढेर सँभाले चल रही थी –मेरी आदत है, हमेशा किसी चीज़ के लिए लेट हो जाना। और वहीं पर वो मिला। न किसी लाइन से मुझे इम्प्रेस किया, न कोई चार्म दिखाया। बस चुपचाप मेरी दो किताबें ले लीं और बोला, "सँभालकर, ऊपर वाली गिरने ही वाली है।" बस इतना ही।

'उसने मुझे आतिशबाज़ी से चकाचौंध नहीं किया, उसने मुझे वॉर्म्थ देकर गहराई से जोड़ा। उसने मेरी बात काटी नहीं, सुनी। उसने मुझे सितारों का

वादा नहीं किया –उसने मुझे याद दिलाया कि रोज़मर्रा के पल भी ख़ास हो सकते हैं।'

उसके चेहरे पर नर्मी आ गई, यादों की रोशनी उसे उजला कर गई। 'फिर हम दोस्त बन गए –स्टडी ग्रुप्स, क्लास के बीच की बातें, और जब शहर बहुत भारी लगने लगता था तो थेम्स के किनारे लंबी सैर। करण के साथ मैं हमेशा भागती रहती थी, हाँफती हुई, उसके साथ कदम मिलाने की कोशिश में। रोहन के साथ मैं ठहर गई। स्थिर। सुरक्षित। अपनायी हुई।'

उसकी आवाज़ धीमी हो गई, काँपती हुई, लेकिन साफ़। 'इसीलिए मुझे उससे प्यार हो गया। और इसी वजह से मैंने हाँ कहा, जब उसने प्रपोज़ किया। क्योंकि पहली बार मैं सिर्फ़ प्यार में नहीं थी –मैं सुकून में थी। रोहन मेरे लिए सिर्फ़ पार्टनर नहीं बना... वह मेरा सहारा बन गया। मेरा सोलमेट।'

उसने अपनी हथेलियाँ आपस में जोड़ लीं, मेहंदी उसकी त्वचा पर गहरी हो चुकी थी। 'और फिर भी... करण की अचानक मौजूदगी ने मुझे हिला दिया है। इसलिए नहीं कि मैं अब भी उससे प्यार करती हूँ –नहीं करती। बल्कि इसलिए कि दिल हमेशा दिमाग़ की नहीं सुनता। यादें बिना बुलाए चली आती हैं। और मुझे डर है कि रोहन ने मेरे चेहरे पर क्या देखा होगा। वह अब क्या सोच रहा होगा।'

उसकी आँखें फाइनली मेरी आँखों से मिलीं, मानो वो साइलेंटली मुझसे एश्योरेन्स, क्लैरिटी और लिबरेशन की याचना कर रही हो। मैंने कुछ कहा नहीं, बस हल्का-सा सिर हिलाया –इतना बताने के लिए कि उसकी बात सुनी गई है। कभी-कभी बेचैन दिल के लिए ख़ामोशी ही सबसे सही जवाब होती है।

संगीत की रिहर्सल से ढोल की थाप और दोस्तों-कज़न्स की हँसी की आवाज़ आती रही, बेहद ख़ुश, मानो उसके सीने के अंदर चल रहे तूफ़ान का मज़ाक उड़ा रही हो। संजना ने अपनी हथेलियाँ आगे कर दीं, जिन पर मेहंदी अब भी गीली-सी थी, और धीरे से बोली, 'मेहंदी को तो वक़्त के साथ गहरा होना चाहिए ना? प्यार के और गहराने की निशानी। लेकिन अगर करण के आने से मेरी मेहंदी जमने से पहले ही फैल गई हो तो?'

बाग़ीचा एकदम शांत हो गया। चिड़ियाँ फव्वारे में उतरीं और फिर उड़ गईं। गुलाबों की ख़ुशबू हवा में ठहरी रही। संजना आँखें झुकाए बैठी रही –शब्दों का इंतज़ार करती हुई, सांत्वना का, किसी ऐसे सहारे का जो उसके काँपते दिल को थाम सके।

मैंने उसकी तरफ़ देखा और बहुत नरमी से कहा, 'संजना, मैं यह तो नहीं जानता कि तुम कितना भारी बोझ उठाए हुए हो, लेकिन तुम्हारे दिल की थकान को महसूस कर सकता हूँ। और मैं चाहता हूँ कि तुम यह जान लो कि ऐसा महसूस करना ठीक है। जब पास्ट अचानक सामने आ खड़ा हो जाए तो लड़खड़ा जाना स्वाभाविक है। इससे ये साबित नहीं होता कि तुम कमज़ोर हो। और इसका मतलब यह भी नहीं कि तुम्हारा प्रेज़ेंट कम सच्चा है। इसका मतलब बस इतना है कि तुम इंसान हो।'

उसकी आँखें चमकीं, और जिस आँसू को वह रोके हुए थी, वह आख़िरकार बह निकला।

'इंसानी दिल –चाहे शादी में हो, दोस्ती में हो या भक्ति में –हर जगह एक-सा नाज़ुक होता है। जो तुम महसूस कर रही हो, वो बहुत स्वाभाविक है। अतीत अक्सर तब दरवाज़ा खटखटाता है, जब हमें उसकी उम्मीद सबसे कम होती है। लेकिन याद रखो, जब अतीत का कोई इंसान लौटता है, तो वह हमेशा प्यार साथ नहीं लाता। वह यादें लाता है। और यादें बड़ी चालाक होती हैं –प्यार खत्म हो जाने के बाद भी ज़िंदा लग सकती हैं।'

मैं थोड़ा आगे झुका। मेरे शब्द, अब और धीमे, और सोच-समझकर निकले। 'करण तुम्हारा तूफ़ान था। वो तुम्हें ऐसे पलों में बहा ले गया, जो ज़िंदगी से बड़े लगते थे। उसने तुम्हें सबक दिए, मेमोरीज़ दीं और आज तुम जो हो, उसका एक हिस्सा गढ़ा। लेकिन रोहन तुम्हारा एंकर है। उसके साथ तुम्हें स्थिरता मिली, शांति मिली और तुम्हारे अस्तित्व को पहचान दिए जाने का रेयर गिफ़्ट भी। तूफ़ान दूर से देखने में ख़ूबसूरत लगते हैं, लेकिन पास से थका देने वाले और ख़तरनाक होते हैं। आतिशबाज़ी पल भर के लिए आसमान रोशन करती है, लेकिन आख़िरकार बुझ जाती है।'

संजना ने दुपट्टे के कोने से अपनी आँखें पोंछीं। वह ध्यान से सुन रही थी, उसकी साँसें अब पहले से शांत थीं।

'और तुम्हारे डर की बात...' मैंने धीरे से जोड़ा। 'अगर रोहन ने कुछ महसूस किया भी हो, तो उससे डरना मत। बल्कि, उसे ईमानदार होने का मौक़ा बनाओ। ख़ामोशी में साए बड़े हो जाते हैं। लेकिन जब उन्हें रोशनी में लाया जाता है, तो वे छोटे पड़ जाते हैं। उससे बात करो, उस पर बोझ डालने के लिए नहीं, बल्कि उस रिश्ते को मज़बूत करने के लिए जो तुम पहले से साझा करते हो। सच्चा प्यार सच से नहीं डरता। वह ईमानदारी से टूटता नहीं, और गहरा होता है।'

मैंने उसकी मेहंदी लगी हथेलियों की तरफ़ देखा। 'और जिसके फैलने से तुम डर रही हो –याद रखो, सबसे जटिल मेहंदी में भी, कहीं-न-कहीं, हल्का-सा दाग़ लग ही जाता है। उससे डिज़ाइन ख़राब नहीं होती। वह उसे ख़ास बनाता है। मेन पॉइंट यह नहीं कि मेहंदी बेदाग़ है या नहीं, मेन पॉइंट यह है कि ये रंग गहरा हो रहा है या नहीं। और मुझे तो लगता है, रोहन के साथ तुम्हारा रंग अब भी गहरा होता जा रहा है।'

कुछ देर तक संजना चुप रही। फिर उसने साँस छोड़ी और कहा, 'स्वामीजी... आप सही कह रहे हैं। करण यादें लेकर आया है, प्यार नहीं। मेरा वर्तमान और भविष्य रोहन के साथ है। जैसे मैंने पहले कहा था, वह मेरा सहारा है। मैं बीते हुए कल की परछाईं को आने वाले कल की रोशनी चुराने नहीं दूँगी।' उसके होंठों पर एक हल्की मुस्कान आई। 'मैं उससे बात करूँगी –पूरी ईमानदारी से। अगर इस रिश्ते को टिकना है, तो उसे रोशनी में खड़ा होना होगा, राज़ के साए में नहीं। सच पर टिकना होगा, ख़ामोशी पर नहीं। धन्यवाद... मेरी बात सुनने के लिए, और मुझे ख़ुद को सुनने में मदद करने के लिए।'

वह बेंच से उठी, दुपट्टा ठीक किया, पहले से थोड़ा हल्का महसूस कर रही थी।

जब वो महल की तरफ़ लौटी, तो ढलती धूप उसकी सजी हुई हथेलियों पर पड़ी। पैटर्न और गहरे हो चुके थे, रंग और समृद्ध। एक ख़ामोश याद

दिलाता हुआ कि प्यार भी तब गहराता है, जब उसे खुले दिल से जिया जाए, बिना कन्सीलमेंट के।

~

मैं अक्सर एक छोटा-सा मज़ाक साझा करता हूँ। एक बार एक शादीशुदा आदमी किसी मशहूर साधु के पास गया और बोला, 'महाराज, मेरी शादीशुदा ज़िंदगी में बहुत समस्याएँ हैं। कृपया कोई समाधान बताइए।' साधुजी ने उसे बड़े स्नेह से देखा और बोले, 'अरे भाई! अगर इस ख़ास समस्या का समाधान मेरे पास होता, तो तुम्हें क्या लगता है, मैं साधु बनता?'

ये बात सुनकर लोग हँस पड़ते हैं। लेकिन इस हँसी के पीछे एक बहुत असली सवाल छुपा होता है, जो लोग मुझसे अक्सर पूछते हैं: 'स्वामीजी, आप तो मॉन्क हैं। आप कभी किसी रोमांटिक रिलेशनशिप में नहीं रहे, कभी शादी नहीं की। फिर आप हमें शादी और रिश्तों पर सलाह कैसे दे सकते हैं?'

यह एक जायज़ सवाल है। मैं इसका जवाब पाट्‌र्स में देता हूँ।

कई सालों तक मैं आश्रम में अस्सी से ज़्यादा साधुओं के साथ रहा। अब आप सोच रहे होंगे कि मठ में तो सब शांत, संत-स्वभाव वाले लोग रहते होंगे, जो हर बात पर सहमत रहते हैं और दिनभर शांति में इधर-उधर घूमते रहते होंगे। और सच्चाई? अस्सी इंसानों को एक साथ रख दीजिए –अगर वे संन्यासी भी हों –तो वहाँ भी आपको अहंकार मिल जाएगा, अलग-अलग स्वभाव मिल जाएँगे, टकराती हुई राय मिलेंगी, और कभी-कभी तो इस बात पर कोल्ड-वॉर भी कि मंदिर हॉल साफ़ करने की बारी किसकी है। आख़िरकार, वह भी कम्युनिटी लाइफ़ ही है। और कम्युनिटी लाइफ़ का मतलब होता है, अलग-अलग पर्सनैलिटीज़ के साथ जीना। एडजस्ट करना सीखना, बातचीत करना, माफ़ करना, मतभेदों का सम्मान करना –ये सारे प्रिंसिपल्स हर रिश्ते में लागू होते हैं। चाहे वह पति-पत्नी का रिश्ता हो, दोस्ती हो या फिर प्रोफेशनल रिलेशनशिप। फ़्लेवर अलग हो सकते हैं, लेकिन इंग्रीडिएंट्स वही रहते हैं।

दूसरी बात, सालों तक अनगिनत लोगों ने मुझे अपने दिल की बातें बताई हैं। मैंने टूटे दिलों की कहानियाँ सुनी हैं, तलाक़ के दर्द सुने हैं, पति-पत्नी के झगड़े सुने हैं, माता-पिता और बच्चों के बीच की गलतफ़हमियाँ सुनी हैं, भाई-बहनों की जलन सुनी है, और यहाँ तक कि क़रीबी दोस्तों के बीच हुए धोखे भी। हर कहानी ने मुझे सिर्फ़ सहानुभूति ही नहीं दी, बल्कि समझ भी दी –इंसानी व्यवहार की, पीढ़ियों से दोहराए जाने वाले पैटर्न्स की और उनसे मिली सीख की जिन्हें जीवन के हर मोड़ पर इस्तेमाल और एक्सेप्ट किया जाता है।

इसके साथ-साथ मेरा शास्त्रों और प्राचीन साहित्य का अध्ययन भी है। हमारे ट्रेडिशन्स में कैसे जिया जाए, कैसे प्यार किया जाए, कैसे माफ़ किया जाए और कैसे आगे बढ़ा जाए, इन सब बातों की भरमार है। ये ग्रंथ भले ही सैकड़ों साल पुराने हों, लेकिन इंसानी दिल ज़्यादा बदले नहीं हैं। हमारी टेक्नोलॉजी आधुनिक हो गई है, लाइफ़स्टाइल तेज़ हो गई है, लेकिन हमारी ज़रूरतें –देखे जाने की, क़ीमत पाए जाने की, सम्मान और प्रेम की –आज भी वही हैं।

और फिर जब मुझसे पूछा जाता है कि मैं दिल के मामलों पर आप सबको सलाह कैसे दे सकता हूँ, तो मैं मुस्कराकर कह देता हूँ, 'शायद यह अनुभव मेरे पिछले जन्मों से आया हो, जो सबकॉन्शस में स्टोर्ड था और सही वक़्त पर, जब किसी को सुनने की ज़रूरत होती है, तब बाहर आ जाता है।'

तो भले ही मैं ख़ुद शादी के रास्ते पर न चला होऊं, लेकिन मैं ऐसे हज़ारों लोगों के साथ बराबर चला हूँ जो उस रास्ते पर थे। और ध्यान से सुनते हुए, ईमानदारी से रिफ्लेक्ट करते हुए और गहराई से अध्ययन करते हुए मैंने यह जाना है कि रिश्तों के सिद्धांत यूनिवर्सल होते हैं। डिटेल्स बदल सकती हैं, लेकिन सच वही रहता है।

रिश्ते इमारतों जैसे होते हैं। हम आमतौर पर बाहर की बनावट को देखते हैं –डिज़ाइन, आर्किटेक्चर, ऊँचाई जो आसमान को छूती है। लेकिन जो चीज़ ये तय करती है कि वह इमारत टिकेगी या नहीं, वो होती है –उसकी नींव। और वो दिखाई नहीं देती।

बाहर से इमारत कितनी भी शानदार क्यों न लगे, अगर उसकी नींव कमज़ोर है, तो पहली तेज़ हवा, पहला झटका, पहली भारी बारिश उसे गिरा सकती है। लेकिन अगर नींव मज़बूत है तो भले ही दीवारों में दरारें पड़ जाएँ, रंग उखड़ जाए, फिर भी इमारत को सुधारा जा सकता है, दोबारा खड़ा किया जा सकता है।

यही बात रिश्तों पर भी लागू होती है।

रिश्ते का बाहरी रूप हमें आसानी से बहा ले जाता है, अट्रैक्शन, केमिस्ट्री, 'परफ़ेक्ट कपल' की सोशल इमेज। ये सब किसी ऊँची इमारत की चमकदार दीवारों और पॉलिश्ड खिड़कियों जैसे हैं। ज़रूरी हैं, बिल्कुल, लेकिन जब ज़िंदगी झकझोरती है, तब यही चीज़ें आपको थामकर नहीं रखतीं।

रिश्ते की असली नींव थोड़ी अलग होती है और कुछ कम ग्लैमरस लेकिन बेहद ज़रूरी चीज़ों से बनती है:

- **ट्रस्ट:** वह ख़ामोश यक़ीन कि जब पूरी दुनिया साथ न दे, तब भी आपका पार्टनर आपके साथ खड़ा रहेगा।
- **रेस्पेक्ट:** सिर्फ़ स्ट्रेंथ की तारीफ़ नहीं, बल्कि डिफरेंस का सम्मान भी, ये समझना कि अलग-अलग होना, साथ होने के ख़िलाफ़ नहीं है।
- **कम्युनिकेशन:** ईमानदारी से बोल पाने और एमपैथेटिक होकर सुन पाने की क्षमता, ख़ासकर तब, जब वो अनकम्फर्टेबल हो।
- **शेयर्ड वैल्यूज़:** ज़िंदगी के वो कॉमन प्रिंसिपल्स, जो तब कम्पास का काम करते हैं जब भावनाएँ बेकाबू हो जाती हैं।
- **कमिटमेंट:** रिश्ते को बार-बार चुनने की ताकत, सिर्फ आसान परिस्थितियों में ही नहीं, बल्कि तब भी जब समय कठिन हो।

ज़रा शहरों के डिज़ाइन के बारे में सोचिए।

अगर हम शुरुआत ही उन अदृश्य ग्राउंडवर्क से न करें –सीवेज, ड्रेनेज, वायरिंग, सेफ़्टी सिस्टम –तो एक छोटा-सा इलेक्ट्रिक फ़ॉल्ट या नाली-जाम आग या बाढ़ में बदल सकती है। शहर को एक चिंगारी या एक बारिश नहीं तोड़ती, उसे तोड़ती हैं उसके सिस्टम में छुपी अदृश्य कमियाँ।

रिश्ते भी वैसे ही काम करते हैं। वो अनदेखा इंफ्रास्ट्रक्चर –भरोसा, वैल्यूज़, कम्युनिकेशन –तय करता है कि वे ज़िंदगी के प्रेशर को झेल पाएँगे या नहीं। उथल-पुथल होंगी चीज़ें –गलतफ़हमियाँ, नाकामियाँ, पैसों की तंगी, बीमारी, यहाँ तक कि विश्वासघात भी होंगे। दीवारों में दरारें आएँगी। खिड़कियाँ टूटेंगी। बाहरी ढांचा ख़राब हो सकता है। लेकिन अगर नींव मज़बूत है, तो मरम्मत हो सकती है, पुनर्निर्माण हो सकता है। ठीक एक मज़बूत शहर की तरह, जो मॉनसून झेलकर भी हर रात रोशन रहता है, प्यार भी कठिन मौसमों से गुज़र सकता है –बदलते हुए, समृद्ध होते हुए, और कई बार पहले से भी ज़्यादा मज़बूत बनते हुए।

आज की दुनिया की समस्या ये है कि बहुत से लोग सिर्फ़ बाहरी ढाँचे में ही खो जाते हैं। शारीरिक आकर्षण और पलभर के सुख के बीच कहीं प्यार गुम हो जाता है। कई रिश्ते ताश के पत्तों के घर जैसे होते हैं –दिखने में ख़ूबसूरत, लेकिन छूते ही बिखर जाने वाले। जब बाहरी चमक फीकी पड़ती है या हक़ीक़त सामने आती है, तो सब ढह जाता है, क्योंकि नीचे कोई नींव थी ही नहीं।

सच्चा प्यार सिर्फ़ कैंडल-लाइट डिनर से नहीं बनता। वह इस बात से बनता है कि आप डिसएग्रीमेंट्स को कैसे सँभालते हैं। वह सिर्फ़ पब्लिक में हाथ पकड़ने से साबित नहीं होता, बल्कि निजी तकलीफ में एक-दूसरे का हाथ थामने से साबित होता है। वह इस बात से नहीं मापा जाता कि दो दिल कितनी तेज़ साथ धड़कते हैं, बल्कि इस बात से मापा जाता है कि दो आत्माएँ कितने धैर्य से साथ आगे बढ़ती हैं।

और ये सच सिर्फ़ शादी पर लागू नहीं होता। ये हर रिश्ते पर लागू होता है –दोस्ती, परिवार, कामकाज, और यहाँ तक कि हमारे अपने आप से रिश्ते पर भी।

तो अगर आप किसी रिश्ते में हैं, तो ख़ुद से पूछिए –क्या आप दीवारें सजा रहे हैं, या आप फॉउंडेशन को मज़बूत कर रहे हैं? क्योंकि सुंदरता क्षणिक होती है, लेकिन स्थिरता ही सुंदरता को बार-बार लौटने देती है, चाहे ज़िंदगी कितनी ही चुनौतियाँ क्यों न भेज दे।

लेकिन अब ज़रा संजना की स्थिति पर लौटते हैं। प्रिय पाठकों, किसी भी रिश्ते को सबसे ज़्यादा परेशान करने वाली चीज़ों में से एक है, अधूरा, टूटा हुआ अतीत। यह पिता और बेटी के बीच हो सकता है, जैसे प्रिया और राकेश। या पार्टनर्स के बीच, जैसे संजना और करण। यह भाई-बहनों, दोस्तों, सहकर्मियों, यहाँ तक कि समुदायों के भीतर भी हो सकता है। जब तक इंसान पूरा हील नहीं होता जिससे कि वो आगे बढ़ पाये, अतीत लौटकर आता रहता है। हर बार तूफ़ान बनकर नहीं। कभी ट्रिगर्स बनकर, कभी दर्दनाक यादों के रूप में, कभी मुश्किल परिस्थितियों के ज़रिये –जो चुपचाप हमारी शांति, खुशी और प्रेज़ेंट को नुकसान पहुँचा देती हैं।

मैंने एक मॉन्क से एक बहुत गहरी बात सुनी थी। उन्होंने कहा कि हम अक्सर ऐसा *सोचते* हैं कि हम ठीक हो चुके हैं, आगे बढ़ चुके हैं। लेकिन अंदर ही अंदर हम अपने घावों को पालते रहते हैं। हम उनके बारे में बात नहीं करते, लेकिन मन के भीतर पुरानी टेप्स चलती रहती हैं –पछतावा, कुंठा, छुपा हुआ गुस्सा। हर बार जब हम ऐसा करते हैं, हम उसी दर्द की फ्रीक्वेंसी पर वाइब्रेट कर रहे होते हैं, जिसे हम बाहर से छोड़ चुके हैं। और विडंबना यह है कि वही फ्रीक्वेंसी फिर वैसा ही व्यवहार, वैसे ही पैटर्न्स और कई बार वैसे ही लोग हमारी ज़िंदगी में खींच लाती है।

इसी से जुड़ी एक दिलचस्प कहानी है, एक लड़की की, जो बार-बार उसी तरह के इंसानों से मिलती रही।

वह लड़की बहुत परेशान होकर मेरे पास आई थी। उसके दो रिलेशनशिप्स टूट चुके थे, और दोनों बार लड़कों के स्वभाव हैरान करने वाले रूप से एक जैसे ही थे –इमोशनली अनअवेलेबल, उसकी ज़रूरतों को नज़रअंदाज़ करने वाले और थोड़ा-सा मैनिपुलेटिव। जब वह तीसरे रिश्ते में गई, तो वह चौंक गई। लड़के का सिर्फ़ नेगेटिव पैटर्न ही नहीं, उसका पहला नाम भी उसके पिछले पार्टनर जैसा ही था।

उसने मुझसे पूछा, 'यह मेरे साथ बार-बार क्यों हो रहा है? जिससे भी मिलती हूँ, सब एक जैसे क्यों निकलते हैं?'

सच यह था कि वह संयोग से ऐसे लोगों से नहीं मिल रही थी। वह अनजाने में उन्हें आकर्षित कर रही थी। अपने पुराने रिश्तों के अधूरे घाव वह अब भी भीतर लिए घूम रही थी। हर नए रिश्ते में वही घाव उसके कान में डर और शक की कहानियाँ फुसफुसाते थे। वही अंदरूनी ऊर्जा उसके चुनाव तय करती थी, रेड फ़्लैग्स से उसकी आँखें बंद कर देती थी, और लगभग चुंबकीय रूप से ऐसे ही पुरुषों की ओर हर बार उसे आकर्षित करती थी जो उसके साथ उसी तरह का बुरा व्यवहार करते थे। जब तक वह उन घावों को सचेत रूप से भर नहीं लेती, यह चक्र चलता रहेगा।

और फिर एक और कहानी है, एक युवक की, जो ऐसे पिता के साथ बड़ा हुआ, जो हर बात पर उसकी आलोचना करते थे। जो भी वह करता, कभी काफ़ी नहीं होता। समय के साथ ये उसके आत्म-विश्वास को तोड़ता चला गया। बड़े होते-होते उसके भीतर ये गहरी मान्यता बैठ गई: मैं काबिल नहीं हूँ। मैं योग्य नहीं हूँ।

यही अंदरूनी स्क्रिप्ट उसकी ज़िंदगी में दिखने लगी। उसकी गर्लफ्रेंड उसे हल्के में लेने लगी। उसका बॉस उसके योगदान को नज़रअंदाज़ करने लगा। उसके सहकर्मी उसे कमज़ोर करने लगे। ऐसा नहीं था कि दुनिया ने उसे चुनकर निशाना बनाया था। उसकी अपनी ऊर्जा और कंडीशनिंग ही दूसरों के व्यवहार को आकार दे रही थी।

जब तक वह उस पुरानी ऊर्जा को तूल देना बंद नहीं करता और ख़ुद को नए ढंग से रीवायर नहीं करता, तब तक यही व्यवहार दोहराया जाता रहेगा। पहला क़दम था यह समझना कि उसके पिता की आलोचना उसकी सच्चाई नहीं थी। उसकी सही हीलिंग की शुरुआत तब हुई, जब उसने अपनी क़ीमत को स्वीकार किया, अपने मन को बेहतर किया और ऐसे रिश्ते चुने जो पुराने घावों को दोहराने वाले नहीं बल्कि सम्मान दर्शाते थे।

इन दोनों कहानियों से यह साफ़ दिखता है कि आगे बढ़ने के लिए बाहरी प्रयास हमेशा ज़रूरी होते हैं। कम्युनिकेशन पर काम करना, मीडिएशन, कॉन्फ़्लिक्ट रिज़ॉल्यूशन और रिलेशनशिप्स के बाकी सभी प्रैक्टिकल पहलू।

ये सब मदद करते हैं। कभी-कभी तो नए पार्टनर, नई नौकरी या ज़्यादा हेल्दी माहौल की भी ज़रूरत पड़ती है। लेकिन जब तक हमारी अंदरूनी ऊर्जा नहीं बदलती, तब तक बाहरी कोशिशों का असर टिकाऊ नहीं होता।

दर्दनाक पैटर्न्स से ऊपर उठने के लिए सिर्फ़ बाहरी बदलाव काफ़ी नहीं है –हमें भीतर बदलाव चाहिए। इसी के लिए A-R-I-S-E नाम का एक कम्पास है, जो क़दम-दर-क़दम रास्ता दिखाता है:

A – अवेयरनेस

पहला क़दम बस पैटर्न को देख पाना है। आपकी ज़िंदगी में क्या बार-बार दोहराया जा रहा है? क्या आप अक्सर ऐसे रिश्तों में होते हैं जहाँ आप ज़्यादा देते हैं, लेकिन बदले में कम पाते हैं? या ऐसी नौकरियों में जहाँ आपकी मेहनत अनदेखी रह जाती है और आपकी आवाज़ सुनी ही नहीं जाती? क्या जैसे ही आप सीमाएँ तय करना शुरू करते हैं, दोस्तियाँ फीकी पड़ने लगती हैं? क्या आपको बार-बार नज़रअंदाज़ किया जाता है, आपकी क़द्र नहीं होती, आपको चुना नहीं जाता? जागरूकता उस अँधेरे में रोशनी डालती है, जहाँ हम अक्सर बिना समझे उन्हीं चक्रों में बार-बार ठोकर खाते रहते हैं।

वह युवती, जिसके रिश्ते बार-बार एक जैसे पुरुषों के साथ टूटते रहे, उसे एक पल रुककर खुद से यह पूछना पड़ा: 'ये कहानी हर बार फिर क्यों शुरू हो जाती है?' यही जागरूकता उसके ठीक होने की शुरुआत बनी।

R – रिलीज़ और हील होना

अवेयरनेस ताक़तवर है, लेकिन अगर पुराने जज़्बातों को छोड़ा न जाए, तो वे हमारे भीतर घूमते ही रहते हैं। हीलिंग का मतलब है: अफ़सोस, ग़ुस्से या दुख को महसूस करने की इजाज़त देना, और फिर उन्हें धीरे-धीरे छोड़ देना। यह अतीत को भूल जाने की बात नहीं है, बल्कि उसे हमारी ज़िंदगी पर राज न करने देने की बात है।

जिस युवक की उसके पिता ने हमेशा आलोचना ही की थी, वह उस डिसएप्रूवल को ज़ख़्म की तरह ढोता रहा। उसकी गर्लफ्रेंड, उसका बॉस, उसके सहकर्मी, सब उसी दर्द की गूँज जैसे लगते थे। उसके लिए हीलिंग का मतलब था, दर्द को मान लेना और हर दिन उसे दोहराने के बजाय सचेत रूप से उसे छोड़ना।

I – इंस्टॉल न्यू स्क्रिप्ट्स

पुराने अंदरूनी भाव जैसे 'मैं काफ़ी नहीं हूँ' या 'मुझे इतना ही मिलना चाहिए' इन सबको जानबूझकर नई बातों से बदलना ज़रूरी है: 'मैं प्यार और सम्मान के लायक हूँ, मैं सक्षम हूँ।' हर बार जब पुरानी कहानी लौटे, तो उस पर नई कहानी चढ़ा दी जाए।

उस युवक के लिए, 'मैं कभी अच्छा नहीं बन पाऊँगा' को हटाकर 'मेरी अपनी क़ीमत है' में बदलना ही री-वायरिंग थी। धीरे-धीरे वह अलग तरह से प्रतिक्रिया देने लगा, और लोग भी उसके साथ अलग तरह से पेश आने लगे।

S – सेट बॉउंड्रीज़

ठीक होना यह नहीं सिखाता कि जो चोट देता है, उसे सहते ही रहो। सीमाएँ आत्म-सम्मान का रूप होती हैं। वो लोगों को बाहर करने वाली दीवारें नहीं होतीं, बल्कि वो ऐसे दरवाज़े होते हैं जो सिर्फ़ हमें पोषित करने वाली चीज़ों को अंदर आने देते हैं।

उस युवती के लिए, जब उसकी ज़रूरतों को नज़रअंदाज़ किया गया, तो 'यह मेरे लिए ठीक नहीं है' कहना बहुत साहस का काम था। अगर वह ऐसा न करती, तो वही चक्र बार-बार चलता रहता।

E – एनर्जी शिफ़्ट

आख़िर में, हमें अपनी ऊर्जा को स्पष्टता, शांति और आत्म-सम्मान की ओर मोड़ना होता है। हीलिंग हमारे खुद को देखने का नज़रिया बदलती है, और

वही बदलाव तय करता है कि हम क्या अट्रैक्ट करते हैं। जब हम अपने चारों ओर स्वस्थ लोगों और माहौल को जगह देते हैं, तो दुनिया भी हमें अलग तरह से जवाब देती है।

संजना के केस में जब करण अचानक उसकी ज़िंदगी में फिर से आया, तो उसका डगमगाना बिल्कुल स्वाभाविक था। पुराने ज़ख़्म टटोले गए थे। लेकिन अपने भीतर की हीलिंग, सही समय पर मिली सलाह और अपने चारों ओर मौजूद समझदार लोगों की वजह से उसने स्थिति को ग्रेसफुली सँभाला। बदलाव करण में नहीं था, बदलाव संजना की ऊर्जा में था। वह पुराने लूप से बाहर आ चुकी थी।

लूप तोड़ने का मतलब अतीत मिटाना नहीं है, बल्कि उसके ऊपर उठकर A-R-I-S-E को चुनना है:

ARISE

लूप को तोड़ना

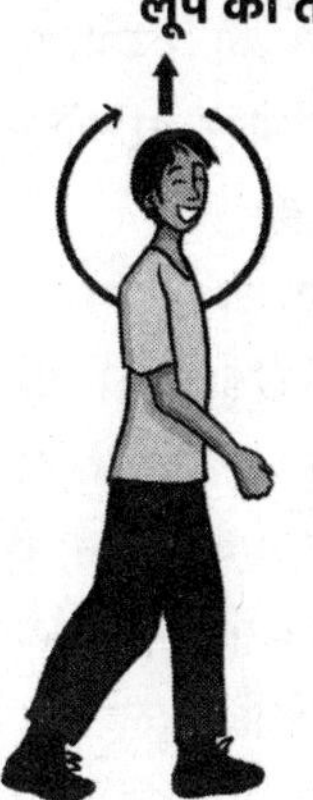

A अवेयरनेस

R रिलीज एंड हील

I इंस्टाल न्यू स्क्रिप्ट

S सेट बाउंड्रीज

E एनर्जी शिफ्ट

और हमेशा याद रखिए: हम कभी भी आगे किसी चीज़ को भूलकर नहीं बढ़ते, बल्कि बिना दर्द को बार-बार दोहराए अलग ढंग से उसे याद करके बढ़ते हैं।

~

शाम ढलते-ढलते महल रंगों और सुनहले उजाले से सज चुका था। गुंबदों पर लाइट्स की लड़ियाँ झूल रही थीं, आँगन किसी नगीने की तरह चमक रहा था और हवा में ढोल की थाप, हँसी और शरारत घुली हुई थी। मेहमान इकट्ठा हो रहे थे, जोश में बातें करते हुए, और हर पल को कैमरे में क़ैद करने को तैयार।

डांस फ़्लोर भरा हुआ था। बीट्स इतनी लुभावनी थीं कि सबसे शर्मीले मेहमान भी तालियाँ बजा रहे थे। मैं थोड़ी देर अलग खड़ा होकर रंगों की घूमती लहरें और महल में गूँजती हँसी देखता रहा।

तभी अचानक मुझे समझ आया कि –शादियों में संगीत क्यों होता है? क्या विवाह के पवित्र मंत्र और गंभीर रस्में काफ़ी नहीं होतीं? बिल्कुल होती हैं, लेकिन ज़िंदगी सिर्फ़ रस्मों की बात नहीं है। ज़िंदगी में संगीत भी है, खेल भी।

'संगीत' का मतलब ही है –साथ मिलकर गाना। और यही इसका एसेंस भी है। शादी सिर्फ़ दो लोगों का मिलन नहीं, दो परिवारों का साथ हँसना, साथ गीत गुनगुनाना भी है इससे पहले कि वो रिचुअल्स में भी साथ खड़े हो जायें। जहाँ एक ओर शादी की अग्नि गंभीर और बाँधने वाली, वहीं संगीत की अग्नि प्लेफुल और लिबरेटिंग होती है।

मैंने देखा कि सुबह तक जो अंकल लोग आपस में बात भी नहीं कर रहे थे, वही अब गानों में एक-दूसरे को छेड़ रहे थे। और जो दूर के कज़न कल ही मिले थे, आज ऐसे कोरिओग्राफ्ड डांस साथ कर रहे थे जैसे महीनों से रिहर्सल कर रहे हों। मुझे समझ आया, एक संगीत, कैसे दीवारें तोड़ देता है। फॉर्मेलिटी की सख़्ती को कैसे साझी हँसी की गर्माहट में बदल देता है।

पहले के लोकगीतों में गहराई होती थी –दूल्हे को छेड़ना, दुल्हन को आशीर्वाद देना, बिछड़ने का दर्द और नई शुरुआत की खुशी। आज भले ही बॉलीवुड ने उनकी जगह ले ली हो, लेकिन भाव वही है –कहानी सुनाना, प्रेम सेलिब्रेट करना, बदलाव के बोझ को डांस के हल्केपन में बदल देना।

शायद इसीलिए संगीत आत्मा की थेरेपी है। शादियों में इमोशंस बहुत हाई होते हैं, ज़िम्मेदारियाँ भारी लगती हैं, बदलाव बेचैनी लाता है। संगीत और

नृत्य उस बेचैनी को बाहर निकाल देते हैं। वो याद दिलाते हैं कि शादी भले ही कर्तव्य हो, लेकिन वह उत्सव भी है। वह बाँधती भी है और मुक्त भी करती है।

मैंने मुस्कुराते हुए डांस फ़्लोर की ओर देखा। यह संतुलन कितना भारतीय है –एक ओर पवित्र वचन, दूसरी ओर खुला खेल। कर्तव्य और आनंद। कर्म और लीला। संगीत वह पुल है जहाँ परिवार यह सीखते हैं कि ज़िंदगी भर की ज़िम्मेदारी निभाने से पहले साथ हँसना और नाचना भी ज़रूरी है।

पहली परफ़ॉर्मेंस थी रुक्मिणी दादी की। शॉकिंग पिंक सिल्क की साड़ी पहने, एक हाथ में दुपट्टा और दूसरे में अपनी छड़ी थामे, वह ऐसे शाही ठाठ से कोरियोग्राफ़र की तरफ़ बढ़ीं जैसे पूरा मंच उन्हीं का इंतज़ार कर रहा हो।

कोरियोग्राफ़र घबराकर बोला, 'दादी... ये तो ग्रुप डांस है...'

दादी ने तुरंत टोक दिया, 'ग्रुप-व्रुप कुछ नहीं! इस परिवार की शो-स्टॉपर मैं हूँ। मुझे अपना अलग स्लॉट चाहिए!'

पूरा हॉल तालियों और सीटियों से गूँज उठा। और फिर, जब दादी का नंबर आया, तो वह मंच पर एक हाथ में दुपट्टा और दूसरे में छड़ी लिए ऐसे पहुँचीं मानो दोनों ही उनके परफ़ॉर्मेंस का हिस्सा हों। उनके एक्सप्रेशन्स इतने ओवर-द-टॉप थे कि ब्लैक-एंड-व्हाइट सिनेमा भी शरमा जाए। परफ़ॉर्मेंस के अंत में उन्होंने आँख मारी और ऐसा ज़ोरदार ठुमका लगाया कि पूरा हॉल हँसी से लोटपोट हो गया। रोहन ने धीमे से मुस्कुराते हुए कहा, 'बस अब, वरना स्टेज गिर जाएगा,' और सामने की कतार फिर से ठहाकों से भर गई।

इसके बाद बारी आई वेद और गौरव की –मच-हाईप्ड 'जेन ज़ी बनाम रेट्रो' मुकाबले की। वेद, पूरे स्वैग में डूबा हुआ, एक हिप-हॉप ट्रैक पर उतरा, तेज़ घूमते स्टेप्स और सटीक हाथों की मूवमेंट्स के साथ। गौरव ने जवाब दिया पुराने ज़माने के बॉलीवुड स्टाइल में –हाथ पूरे जोश से लहराते हुए, भौंहें नाचती हुईं, कमर बेझिझक लचकती हुई, पूरा दिल खोलकर। बड़ों ने गौरव के लिए ज़्यादा ज़ोर से तालियाँ बजाईं, जिस पर वेद ने नकली हार मानते हुए हाथ हवा में उठा दिए।

'सब बायस्ड हैं!' वह बनावटी नाराज़गी से चिल्लाया।

समां बंध चुका था। संगीत ने अब अपनी पूरी लय पकड़ ली थी।

इसी शोर और चमकती रोशनियों के बीच मेरी नज़र संजना पर पड़ी, वह चुपचाप हॉल से बाहर निकल रही थी, जैसे उस शाम कई मेहमान गर्मी और तेज़ संगीत से थोड़ी राहत लेने के लिए कर रहे थे।

वह ज़्यादा देर बाहर नहीं रही, लेकिन जब लौटी, तो उसमें कुछ हल्का-सा बदलाव दिख रहा था। भीड़ के लिए उसके चेहरे पर मुस्कान तैयार थी, लेकिन आँखों में हल्की-सी बेचैनी झलक रही थी –मानो शोर पीछे छोड़ आई हो, पर साथ में कोई और चिंता ले आई हो।

लगभग उसी पल, अगला परफ़ॉर्मेंस शुरू हो गया। एक ग्रुप ने मंच सँभाल लिया, पूरी बॉलीवुड एनर्जी लेकर, बोल्ड मूव्स, नाटकीय अंदाज़, और दर्शकों से ज़ोरदार तालियाँ। उसी ग्रुप में करण भी था। बाक़ी सबके लिए वह बस एक और मेहमान था, शाम में घुला-मिला हुआ, कोई खास अलग नहीं। लेकिन संजना के लिए मामला अलग था। उसने न तो उससे अपनी शादी में आने की उम्मीद की थी, और न ही संगीत में परफ़ॉर्म करते हुए देखने की।

शुरू में करण पूरे जोश में था, ग्रुप के साथ कदम-से-कदम मिलाते हुए, उसका करिश्मा सीटियाँ और तालियाँ बटोर रहा था। अचानक बीच में ही पूरा ग्रुप मंच से उतर आया और खेल-खेल में रोहन और संजना को घेरकर उन्हें बीचों-बीच स्पॉटलाइट में ले आया।

हॉल तालियों और हँसी से भर गया। रोशनी और संगीत के बीच जोड़ा साथ-साथ झूम रहा था। दूर से देखने पर यह एक परफ़ेक्ट संगीत का दृश्य था –चमकता हुआ जोड़ा, जश्न में डूबे परिवार। लेकिन पास से देखने पर कहानी कुछ और थी। रोहन की आँखों में एक ठहराव था –ऐसा ठहराव जो शोर में आसानी से अनदेखा हो जाए।

संजना की मुस्कान चमकदार थी, लेकिन किनारों पर थोड़ी काँप रही थी। उसकी उँगलियाँ दुपट्टे को कुछ ज़्यादा ही कसकर पकड़े हुए थीं, घबराहट को छिपाने की कोशिश, जो पूरी तरह छिप नहीं पाई।

रात संगीत और रंगों के बवंडर में आगे बढ़ती रही।

संगीत की परफ़ॉर्मेंसेज़ ज़ोरदार तालियों के साथ ख़त्म हुईं, हवा में अब भी गानों की गूँज थी। लेकिन अक्सर संगीत के बाद जो सबसे ज़्यादा ठहरता है, वह आवाज़ नहीं होती –वह ख़ामोशी होती है। वह ख़ामोशी, जहाँ अनकही कहानियाँ अपनी बारी का इंतज़ार करती हैं।

यही रिश्तों का पैराडॉक्स है। संगीत की प्रस्तुति की तरह, वे देखने वालों को सहज लग सकते हैं –संतुलित कदम, समय पर मुस्कान, रिहर्स की हुई तालमेल। लेकिन भीतर, हर कदम का अपना वज़न होता है। कुछ कदम मज़बूत होते हैं, कुछ डगमगाते हैं। कुछ लय में बहते हैं, कुछ लड़खड़ाते हैं। और फिर भी, सब मिलकर वही रचते हैं जिसे दुनिया खूबसूरत कहती है।

....

सोचने के लिए कुछ बातें ...

प्यार में तूफ़ान बनाम बंदरगाह: कुछ रिश्ते तूफ़ान की तरह चमकते हैं, रोमांच से भर देते हैं, लेकिन अंत में हमें हाँफता हुआ छोड़ देते हैं। कुछ रिश्ते बंदरगाह जैसे होते हैं, हमें ज़मीन से जोड़े रखते हैं, सुकून देते हैं। सच्चा प्यार उन आतिशबाज़ियों में नहीं होता जो पल भर में बुझ जाएँ, बल्कि उस स्थिरता में होता है जो हर मौसम के बाद भी बनी रहती है।

रोशनी में सिमटती परछाइयाँ: कन्सीलमेंट डर को और बड़ा करता है। ईमानदारी और खुलकर बात करना कभी-कभी असहज लगता है, लेकिन यही चीज़ रिश्तों को मज़बूत बनाती है। सच्चा प्यार सच से डरता नहीं –वह उसी के ज़रिये और गहरा होता है।

अतीत की यादें वर्तमान को हिला सकती हैं: पुराने रिश्ते, पुराने ज़ख़्म, या अधूरी पीड़ाएँ कभी भी अचानक हमारी ज़िंदगी में लौट सकती हैं। वे प्यार वापस नहीं लातीं, लेकिन यादें ज़रूर ले आती हैं। और अगर उन्हें ईमानदारी से न सँभाला जाए, तो वे हमारे आज पर काला साया डाल सकती हैं।

फॉउंडेशन ओवर फसाड: इमारत की तरह, रिश्ते बाहर से कितने ही शानदार क्यों न दिखें, अगर उनकी नींव कमज़ोर है, तो वे गिर ही जाएँगे। लेकिन अगर नींव मज़बूत हो, तो दरारें भी सुधारी जा सकती हैं, और ज़िंदगी के झटकों के बाद भी प्यार और मज़बूत होकर उभर सकता है।

रिश्तों को सिर्फ़ केमिस्ट्री से कुछ ज़्यादा चाहिए: बाहर से दिखने वाली आकर्षण की चमक और तालमेल काफी नहीं होता। लंबे समय तक चलने वाले रिश्तों की असली नींव भरोसे, सम्मान, संवाद, शेयर्ड वैल्यूज़ और कमिटमेंट से बनती है।

अतीत के भूत: कभी-कभी हमें लगता है कि हम आगे बढ़ चुके हैं, लेकिन जब हम पुराने ज़ख़्मों के दर्द को बार-बार मन में दोहराते रहते हैं, तो हम उसी दर्द की फ्रीक्वेंसी पर जीने लगते हैं –और अनजाने में उसी तरह के पैटर्न्स को फिर से अपनी ज़िंदगी में खींच लाते हैं।

घाव भरने के लिए भीतर का काम ज़रूरी है (A-R-I-S-E मॉडल): बार-बार दोहराए जाने वाले रिश्तों के संघर्ष से ऊपर उठने के लिए, हमें यह करना होगा:

- A – **अवेयरनेस**: बार-बार दोहराए जा रहे पैटर्न्स को पहचानना।
- R – **रिलीज़ एंड हील**: पुराने दर्द को पकड़े रहने के बजाय उसे जाने देना।
- I – **इंस्टॉल न्यू स्क्रिप्ट्स**: सीमित सोच को हटाकर आत्म-सम्मान और आदर से भरे विश्वास को अपनाना।
- S – **सेट बॉउंड्रीज**: वही स्वीकार करना जो हमें पोषण देता है।
- E – **एनर्जी शिफ़्ट**: भीतर बदलाव लाना, ताकि हम स्वस्थ और संतुलित रिश्तों को आकर्षित कर सकें और निभा सकें।

रिश्तों का नृत्य: संगीत की प्रस्तुति की तरह, रिश्तों में भी लय, तालमेल और लगातार एडजस्टमेंट चाहिए। कुछ कदम लड़खड़ाते हैं, कुछ सहज बहते हैं। सबसे ज़रूरी यह है कि अगर बीच में ठोकर लग भी जाए तो भी हम सँभले, और साथ चलते रहें।

....

इस अध्याय में बताए गए विचारों से जुड़े अभ्यास पेज नंबर 283 पर दिए गए हैं।

7

पांचवां आम

रियल कम्युनिकेशन का लाइफ़ चेंजिंग मैजिक

~

*सच खामोशी में नहीं छिपता, वो तो बातचीत के इंतज़ार में रहता है।
अंधेरे शक से नहीं, बल्कि सच्ची बातों की रोशनी से कम होते हैं।*

मैं करीब साढ़े दस बजे हॉल से चुपचाप निकल आया था, जबकि जश्न आधी रात के बाद तक चलता रहा। महल का मेरी तरफ़ का कॉर्नर शांत हो चुका था, बस छत के पंखे की हल्की-सी गूँज थी और कभी-कभी बगीचों की ओर से किसी मोर की आवाज़ आ जाती थी। मुझे सोने में ज़्यादा वक़्त नहीं लगा –मॉन्क लाइफ की ये गिनी-चुनी सुविधाओं में से एक है: जब शरीर कहता है आराम चाहिए, तो मन आमतौर पर बहस नहीं करता।

और तभी दरवाज़े पर दस्तक हुई। पहले हल्की, झिझकती हुई, जैसे सोच रही हो कि मुझे परेशान किया जाए या नहीं। फिर थोड़ी तेज़, जिसमें बेचैनी साफ़ झलक रही थी। आधी नींद में, उस पुराने विशाल महल में, एक पल को तो मुझे लगा कहीं कोई भूत किसी संन्यासी को डराने तो नहीं आ गया। मैंने घड़ी की ओर देखा –ढाई बज रहे थे। मेरे लिए शायद सुबह, लेकिन ज़्यादातर लोगों के लिए अब भी रात।

मैंने दरवाज़ा खोला। बाहर रोहन खड़ा था। उसकी शर्ट सिकुड़ी हुई थी, बाल बिखरे थे और आँखें लाल, भारी और थकी हुई। उसे देखकर समझ आ रहा था कि वो बिल्कुल भी सोया नहीं था।

'क्या मैं... अंदर आ सकता हूँ?' उसने धीमे से पूछा? 'माफ़ कीजिए अगर आपको डिस्टर्ब कर रहा हूँ, लेकिन मुझे समझ नहीं आ रहा था कि और क्या करूँ।'

मैंने उसे अंदर आने का इशारा किया। इससे पहले कि मैं कुछ कह पाता, वो कमरे में घुसा, और पिंजरे में बंद किसी जानवर की तरह टहलने लगा। कभी बालों में उँगलियाँ फेरता, कभी चेहरा मलता, कभी गर्दन के पीछे हाथ रख लेता –मानो किसी तरह के फिज़िकल टच ने उसे हक़ीक़त से जोड़कर रखा हो।

'सबकुछ गड़बड़ हो गया है,' वो एकदम से बोल पड़ा, आवाज़ भारी और रूँधी हुई। 'मुझे लगा था कल का दिन... परफ़ेक्ट होना चाहिए था।

और इसकी जगह –' वो रुक गया, उसका गला सूख गया था। 'इसकी जगह मुझे लग रहा है कि मेरे साथ खेल खेला गया है।'

वो सोफ़े पर धम्म से बैठ गया, कोहनियाँ घुटनों पर टिकी हुईं, और मार्बल के फ़्लोर को ऐसे घूरने लगा जैसे वहीं से कोई जवाब निकल आएगा।

'मुझे समझ ही नहीं आ रहा कि शुरुआत कहाँ से करूँ,' वो बुदबुदाया।

मैंने कोई दबाव नहीं डाला।

काफ़ी देर बाद उसने सिर उठाया, जबड़ा सख़्त हो चुका था। 'मैंने उन्हें कल रात देखा। नहीं... सुना था, असल में। संजना और करण। साइड गार्डन में, जब संगीत चल रहा था।'

उसने दोनों हाथ चेहरे पर फेर लिए, वाक्यों के बीच आवाज़ अटक रही थी। 'मैं जानबूझकर नहीं देख रहा था –सच में। मुझे वो जासूसी-वाली हरकतें पसंद नहीं हैं। मैं तो एक ज़रूरी वर्क कॉल लेने बाहर गया था। और तभी... मैंने उनकी आवाज़ें सुनीं। हर शब्द साफ़ नहीं सुन पाया, लेकिन जो सुना... वो शब्द खंजर से भी ज़्यादा गहरे धँस गए।'

उसकी बातें लहरों की तरह आ रही थीं –टकराती हुईं, पीछे हटती हुईं, फिर और ज़ोर से लौटती हुईं।

'उसे पता नहीं था कि मैं वहाँ हूँ। उन्हें नहीं मालूम था कि मैं सुन रहा था। लेकिन मुझे पता है मैंने क्या देखा। मुझे पता है मैंने क्या महसूस किया। वहाँ एक अपनापन था... और वो दोस्ती से ज़्यादा था।'

उसकी आवाज़ टूट गई। 'मुझे ठगा हुआ महसूस हो रहा है। मुझे... छोटा महसूस हो रहा है। जैसे मैं किसी ख़ूबसूरत सपने में जी रहा था और नीचे ज़मीन अंदर से खोखली थी। क्या आप जानते हैं किसी से प्यार करना और अचानक ये शक होने लगना कि शायद आप बस एक स्टैंड-इन हों, कैसा होता है? एक सब्स्टिट्यूट?'

वो आँखों में दर्द और तड़प लिए मेरी ओर मुड़ा, और फिर उनमें जमा होते आँसुओं से शर्मिंदा होकर उसने जल्दी से नज़रें फेर लीं।

'मैंने उस पर पूरा भरोसा किया था। अपने दिल, अपनी ज़िंदगी, अपने... अपने घर होने के एहसास को लेकर। और अब मैं ये सोचने से खुद को रोक नहीं पा रहा कि –क्या वो हमेशा से उसी से प्यार करती थी? क्या मैं बस वही हूँ जिस पर उसने समझौता कर लिया?'

उसके शब्द इक़रार भी थे और गुहार भी –क्लैरिटी की तलाश, दर्द से राहत की इच्छा, शक और इस उम्मीद के बीच फँसा हुआ कि शायद वो ग़लत हो।

'जब आप किसी को अपनी रूह सौंप देते हैं,' वो अब धीमी आवाज़ में बोला, 'और फिर आपको पता चलता है कि वो शख़्स, वो नहीं है जो आप समझते थे... तो इंसान टूट जाता है।'

उसके दर्द की वजह से कमरे में एक हेवीनेस सा महसूस हो रहा था। मैं शांत खड़ा रहा, और इससे पहले कि मैं अपनी कोई भी राय दूँ उसे अपनी सारी भड़ास निकाल लेने दी।

आख़िरकार उसने सूनी नज़रों से मेरी ओर देखा। 'बताइए, मैं इसका क्या करूँ? जो भी मैंने देखा, जो महसूस किया? क्या मैं उसे कन्फ्रंट करूँ? क्या मैं दूर चला जाऊँ? या ये दिखावा करूँ कि कुछ हुआ ही नहीं?'

उसकी आवाज़ काँप गई। 'मुझे बताइए इस दर्द से कैसे निपटूँ। ये मुझे अंदर से खाए जा रहा है। उन दोनों के बीच की बातचीत बहुत लम्बी नहीं थी,' उसने जैसे खुद से कहा। 'लेकिन कभी-कभी कुछ शब्द ही इंसान को बिखेरने के लिए काफ़ी होते हैं।'

वो फिर उठ खड़ा हुआ और कमरे में टहलने लगा। उसकी परछाईं किसी बेचैन भूत की तरह दीवारों पर हिल रही थी।

'अब मुझे कुछ समझ नहीं आ रहा कि किस पर यक़ीन करूँ,' वो बुदबुदाया। 'क्या वो बस बेगुनाह-सा नोस्टाल्जिया था? या फिर... कुछ और? और अगर कुछ और था, तो मैं क्या हूँ? एक बेवकूफ़? एक प्लेस-होल्डर? बस वो आदमी जिसे तब उसने चुना, जब वो उसे ना पा सकी जिसे वो चाहती थी?'

आख़िरकार चेहरा दोनों हाथों में छुपाए वो फिर से सोफ़े पर ढह गया। इस बार आँसू रुक नहीं पाए –झड़झड़, अनियंत्रित। कंधे हिल रहे थे, साँसें टूटी-फूटी सिसकियों में बदल गई थीं। काफ़ी देर तक कमरे में बस उसके रोने का दबा हुआ शोर था, धोखे का बोझ ख़ामोशी पर भारी पड़ रहा था।

मैं चुपचाप बैठा रहा, उसके जज़्बातों को थमने दिया। फिर बिना कुछ कहे, साइड टेबल पर रखे पानी के जग से एक गिलास भरा। उसे धीरे से उसके पास रख दिया, साथ में टिशू का डिब्बा भी। छोटी-सी बात थी, लेकिन कभी-कभी यही छोटी-छोटी बातें सहारे की भाषा बन जाती हैं।

जब उसने आख़िरकार सिर उठाया, उसका चेहरा आँसुओं से भीगा हुआ था और दर्द और थकान से आँखें बोझिल हो रही थीं।

'मुझे लग रहा है जैसे मेरी पूरी दुनिया तीन मिनट की एक बातचीत ने मिटाकर रख दी है,' वो फुसफुसाया। 'और मुझे नहीं पता इसे वापस ठीक कैसे करूँ।'

मैंने उसे थोड़ी देर और रो लेने दिया। दर्द में एक पवित्रता होती है जब वो बाहर आता है –आप उसे जल्दी से शांत नहीं करते; उसे फैलने की जगह देते हैं, ताकि वो धीरे-धीरे समाप्त हो सके।

'रोहन,' मैंने नरमी से कहा, 'तुम जो महसूस कर रहे हो, वो ग़लत नहीं है। धोखा चाहे असली हो या कल्पना में सिर्फ़ दिल को ज़ख़्मी नहीं करता, पैरों तले की ज़मीन भी हिला देता है। और जब ज़मीन हिलने लगे, तो हर क़दम असुरक्षित लगता है।'

वो मेरी ओर देखता रहा, साँसें अभी भी बेचैन थीं।

मैंने आगे कहा, 'लेकिन एक बात मैंने सीखी है –दर्द अपने वर्तमान क्षणों में हमेशा स्थायी ही लगता है। ऐसा लगता है जैसे पूरी दुनिया ख़त्म हो गई हो। लेकिन दर्द दुनिया नहीं है। वो मौसम की तरह है। आता है, बरसता है, भिगो देता है... और फिर, अगर तुम उसे जाने दो, तो गुज़र भी जाता है। सवाल ये नहीं है कि इससे कैसे भागें, सवाल ये है कि इसके बीच कैसे खड़े रहें, जब तक आसमान साफ़ न हो जाए।'

अपने गले के भारीपन को ठीक करते हुए और काँपते हुए उसने मेरी ओर देखा, सुनने को पूरा तैयार।

'तुमने संजना और करण को सुना,' मैंने कहा। 'और हाँ, उन शब्दों ने तुम्हें ऐसे ज़ख़्म दिए जिनकी तुमने कभी कल्पना भी नहीं की थी। लेकिन याद रखो –इस वक़्त तुम्हारे पास पूरी सच्चाई नहीं है। सिर्फ़ एक टुकड़ा है। कहानी का एक हिस्सा, बिना उसके कॉन्टेक्स्ट के। और टुकड़े तेज़ होते हैं, काटते हैं, लेकिन कभी भी पूरी तस्वीर नहीं होते। अगर तुम अपने फ़ैसले सिर्फ़ टुकड़ों पर टिकाओगे, तो वो टूटी हुई काँच पर इमारत बनाने जैसा होगा –दर्दनाक, नाज़ुक और गिरने को तैयार।'

मैं थोड़ी देर रुका, शब्दों को अपनी जगह बनाने दी। 'तो इससे पहले कि तुम तय करो कि तुम्हारे साथ धोखा हुआ है या तुम बस एक विकल्प थे, खुद से ये पूछो: क्या मैं टुकड़ों में जीना चाहता हूँ... या मैं पूरी कहानी सुनना चाहता हूँ?'

रोहन की साँसें तेज़ी से ऊपर-नीचे हो रही थी, साँसों की लय असंतुलित।

मैं थोड़ा आगे झुका। 'अब तुम्हें क्या करना चाहिए? तीन बातें,' मैंने कहा। 'पहली, इसे अपने अंदर दबाकर मत रखो। संजना से बात करो। इल्ज़ाम लगाने के अंदाज़ में नहीं, बल्कि ईमानदारी से। अपने दर्द को छुपाने से परछाइयाँ और बड़ी होती जाती हैं। दूसरी, उसकी बात पूरी सुनो। बिना बीच में टोके, बिना डर को किसी भी तरह की दखलअंदाज़ी करने का हक़ दिए। उसे ये सम्मान दो कि वो बताए कि उसके लिए वो तीन मिनट क्या मायने रखते थे। और तीसरी, जब सच सामने आ जाए, तब फ़ैसला करो–डर या ग़ुस्से से नहीं, साफ़ समझ के साथ। प्यार शक़ पर ज़िंदा नहीं रह सकता, और शक़ सच की रोशनी में टिक नहीं पाता।'

मैं रुका, फिर थोड़े नरमी से बोला, 'जब उसके दोस्त ने करण को तुम सबसे मिलवाया था, उसके बाद संजना मेरे पास आई थी और उसने दिल खोलकर बात की थी। जानते हो उसने मुझसे क्या कहा? उसने कहा, करण जैसे लोग पटाख़े की तरह होते हैं। तेज़ जलते हैं, कुछ देर के लिए सबकुछ

रोशन कर देते हैं, और फिर बुझ जाते हैं। उसने *तुम्हें* चुना –इसलिए नहीं कि तुम वहाँ मौजूद थे, बल्कि इसलिए कि तुमने उसे सुकून दिया। आतिशबाज़ी पल भर के लिए आसमान चमका देती है, लेकिन घर को गर्माहट हमेशा स्थिर लौ ही देती है। और जो मैंने उससे तब कहा था, आज वही तुमसे कह रहा हूँ –किसी गुज़रती हुई चिंगारी को एक ख़ूबसूरत घर की नींव हिलाने का मौक़ा मत दो, ख़ासकर तब, जब वो घर भरोसे की मज़बूत बुनियाद पर खड़ा हो।'

मैंने शब्दों को थोड़ा विराम लेने दिया और फिर हल्के-से बोला, 'और भरोसा, रोहन, तब बनता है जब हम गलतफ़हमी के बजाय समझ को चुनते हैं... जब हम अंदाज़ों के बजाय बातचीत को चुनते हैं।'

काफ़ी देर तक रोहन बस वहीं बैठा रहा। उसका शरीर ढीला पड़ गया था, जैसे उसके अंदर बँधी कोई गाँठ आख़िरकार खुलने लगी हो। उसके होंठ खुले और वो बुदबुदाया, 'सुकून... हाँ। वही तो मुझे उसके साथ महसूस हुआ था।'

ये शब्द शायद उसे ख़ुद भी चौंका गए। उसने आँखें ज़ोर से मलीं, काँपती हुई एक साँस छोड़ी, और इस बार जब आँसू आए, तो उनमें कुछ नरमी थी, जैसे अपने साथ एक नई रिलीज़ की शुरुआत लिए हों।

मैंने उसके लिए एक और गिलास पानी डाला और बिना कुछ कहे उसकी तरफ़ सरका दिया। उसने गिलास थाम लिया, हल्का-सा सिर हिलाया, जैसे जेस्चर भी एकनॉलेज कर रहा हो और उस सच्चाई को भी, जो अभी-अभी उसने अपने भीतर खोजी थी।

उस रात पहली बार, रोहन का चेहरा नरम पड़ा। आँखें अब भी नम थीं, लेकिन उनमें सिर्फ़ दर्द नहीं था, हल्की-सी शांति की झलक भी थी।

~

कहते हैं भरोसा चॉकलेट जैसा होता है। एक बार जम जाए और टूट जाए, तो उसे पिघलाकर फिर से नए रूप में लाने की कोशिश तो कर सकते हैं –लेकिन वो दोबारा कभी बिल्कुल उसी साँचे में वापस नहीं आता। क्या ये सच है?

शायद। लेकिन शायद इससे भी गहरी सच्चाई ये है कि: भरोसा, चॉकलेट की तरह कुरकुरा होने के लिए बना ही नहीं है। वो तो आटे की तरह होना चाहिए। अगर सूख जाए, तो फटता है। लेकिन अगर उसे गूँथा जाए, उसके साथ काम किया जाए, देखभाल की नमी दी जाए, तो वो लचीला रहता है, नरम रहता है, और फिर से काम में लाया जा सकता है।

गलतफहमियां हर वक़्त होती हैं। अंदाज़े लगाए जाते हैं। और हम इंसान, अपनी असीम बुद्धिमानी में, निष्कर्षों तक उतनी जल्दी पहुँच जाते हैं जितना उसैन बोल्ट अपने बेस्ट दिन पर दौड़ लगाकर भी ना पहुँच पाये। सवाल है: क्या हमें बिना बातचीत के नतीजों पर पहुँच जाना चाहिए? बिना पूरी कहानी सुने? बिना किसी को बेनिफ़िट ऑफ़ डाउट दिए? क्या जो हमने देखा –या आधा-अधूरा सुना –उसे ही सच का ताज पहना देना चाहिए?

एक कहानी है, जो मैंने कभी साझा की थी, और वो इंटरनेट पर काफ़ी वायरल हो गई। (अब ये मत पूछिए कि एक मॉन्क कैसे वायरल हो जाता है –शायद विज़डम की मार्केटिंग मुझसे बेहतर हो जाती है।) कहानियाँ अक्सर दिल के बहुत क़रीब, किसी जग़ह को छू लेती हैं।

कहानी ये है:

अरनव नाम का एक छोटा सा लड़का जिससे स्कूल में, उसकी मैथ्स टीचर ने पूछा, 'अगर मैं तुम्हें दो आम दूँ, और फिर दो आम और दूँ, तो तुम्हारे पास कितने आम होंगे?'

'पाँच,' अरनव ने जवाब दिया।

टीचर ने भौंहें सिकोड़ लीं और सवाल दोहराया, इस बार एक हाथ की दो उँगलियाँ और दूसरे हाथ की दो उँगलियाँ दिखाते हुए। 'अब बताओ। दो आम प्लस दो आम?'

अरनव ने फिर पूरे भरोसे से कहा, 'पाँच।'

टीचर को लगा शायद उदाहरण ही ग़लत है। उसने फल बदल दिए। 'ठीक है। अगर मैं तुम्हें दो स्ट्रॉबेरी दूँ और फिर दो और स्ट्रॉबेरी दूँ, तो कुल कितनी होंगी?'

'चार,' अरनव बोला।

'और दो सेब प्लस दो सेब?'

'चार।'

अब टीचर को तसल्ली हो गई कि उसकी तरकीब काम कर गई है। वो फिर आमों पर लौटी। 'तो बताओ, दो आम और दो आम मिलाकर?'

'पाँच,' अरनव ने पूरे यक़ीन से कहा।

टीचर झल्लाकर बोली, 'जब दो स्ट्रॉबेरी और दो स्ट्रॉबेरी चार होती हैं, और दो सेब और दो सेब चार होते हैं, तो दो आम और दो आम पाँच कैसे हो सकते हैं?'

अरनव ने शांति से अपना स्कूल बैग खोला, उसमें से वो आम निकाला जो उसकी माँ ने लंच के लिए रखा था, उसे ऊपर उठाया और बोला, 'क्योंकि एक तो मेरे पास पहले से ही है।'

तो क्या टीचर ग़लत थीं? बिल्कुल नहीं। दो आम और दो आम –चार ही होते हैं। क्या अरनव ग़लत था? बिल्कुल नहीं। दो और दो और एक –पाँच ही होते हैं। दोनों सही थे, बस नज़रिया अलग था।

और दोस्तों, ठीक इसी तरह से अंदाजा या अनुमान काम करते हैं। हम पूछते नहीं हैं। हम जाँचते नहीं हैं। हम पूरी तस्वीर जानना ही नहीं चाहते। और दूसरी तरफ़ वाला भी तब तक बातें क्लियर नहीं करता, कुछ कहता नहीं, समझाता नहीं –जब तक उससे पूछा न जाए। नतीजा क्या होता है? दो सच आपस में टकरा जाते हैं, कोई भी ग़लत नहीं होता, लेकिन दोनों अधूरे होते हैं।

चाहे रिश्ते हों या काम की जगह, प्रिंसिपल वही है। कन्क्लूज़न पर पहुँचने से पहले सवाल पूछिए। और जब ज़रूरत पड़े तो अपनी बात रखिए। क्लैरिफ़ाइ कीजिये। कम्यूनिकेट कीजिए। जब सामने वाला दो और दो जोड़ने में लगा हो तब अपने बैग के अंदर उस आम को छुपाकर मत रखिये।

हमारी कहानी में संजना रोहन के साथ अपना छुपा हुआ आम साझा करने ही वाली थी। लेकिन उससे पहले ही रोहन ने दो और दो जोड़ लिए –और हम सब जानते हैं कि वो किस नंबर पर पहुँचा।

ट्रस्ट तब बनता है जब आप ख़ुलकर बातचीत करते हैं। ये समस्याओं की गैर-मौजूदगी से नहीं, बल्कि उन्हें मिलकर सुलझाने की इच्छा से बनता है। किसी भी मज़बूत रिश्ते के बारे में सोचिए –शादी, दोस्ती, यहाँ तक कि प्रोफ़ेशनल पार्टनरशिप भी। उन्हें कोई तीसरा इंसान नहीं तोड़ता। वो तब टूटते हैं जब आप अपने बीच किसी तीसरे इंसान को एंटरटेन करने लगते हैं, या आप दोनों के ओपन और ऑनेस्ट कन्वर्सेशन के ऐब्सेंस में उस तीसरे इंसान का शक़, अंदर ही अंदर आपको सड़ाने लगता है।

हाँ, ऑनेस्ट कम्युनिकेशन कभी-कभी अनकम्फर्टेबल होती है। अजीब लग सकती है, डरावनी भी। लेकिन वही भरोसे की बुनियाद होती है। वही कुरकुरे चॉकलेट को नरम आटे में बदलती है। वही ये सुनिश्चित करती है कि जब ज़िंदगी दीवारों की मजबूती परखती है –और वो परखेगी –तो घर गिरता नहीं, क्योंकि उसकी नींव बार-बार मज़बूत की गई होती है।

तो अगली बार जब आप ख़ुद को नतीजों पर कूदते हुए पाएँ, ज़रा रुकिए। पूछिए। साझा कीजिए। और याद रखिए: हर रिश्ते में कहीं न कहीं एक छुपा हुआ आम होता है, जो सामने आने का इंतज़ार कर रहा होता है।

मेरे गुरु, राधानाथ स्वामी, पिछले तीस से भी ज़्यादा सालों से हमें तीर्थ यात्राओं पर ले जा रहे हैं। जो शुरुआत में मुश्किल से दस उत्साही यात्रियों का छोटा-सा समूह था, आज वो दस हज़ार से भी ज़्यादा लोगों की संगत बन चुका है। ज़रा लॉजिस्टिक्स की सोचिए: धूल भरी सड़कों पर चलती बसें, ऐसी रसोइयाँ, जो किसी भी भौगोलिक क्षेत्र को प्रभावित कर जाएं, फॉर्मेशन में खड़े सिपाही जैसे सब्ज़ियाँ काटते सेवक, दिनभर पवित्र स्थलों के दर्शन, और शामें कीर्तन और प्रवचनों से भरी हुई। जिस तरह के प्रबंधन की आवश्यकता इसमें होती है, उसकी सिर्फ़ कल्पना ही की जा सकती है, कभी-कभी तो लगता है जैसे हम दुनिया की सबसे बड़ी डेस्टिनेशन वेडिंग ऑर्गनाइज़ कर रहे हों।

ऐसी ही एक यात्रा में, मेरा एक संन्यासी मित्र, जो हाल ही में आश्रम से जुड़ा था, एक बस में सफ़र कर रहा था। वो एक ऐसे व्यक्ति के पास बैठा था, जिसे वो जानता नहीं था। वो बुज़ुर्ग आदमी शॉल ओढ़े हुए, शांति से जप कर रहा था –भगवान के नामों का ध्यानपूर्वक दोहराव, माला से, जो एक छोटे से कपड़े के थैले में रखी जाती है, जिसे बीड बैग कहते हैं। परंपरागत रूप से जप दाएँ हाथ से किया जाता है, बायाँ हाथ खाली रहता है। लेकिन मेरे संन्यासी मित्र ने देखा कि वो आदमी बाएँ हाथ से जप कर रहा था।

अब एक नये संन्यासी का जुनून कभी-कभी ख़तरनाक भी हो जाता है। मेरे दोस्त के मन में तुरंत आया कि इतने वरिष्ठ भक्त को इतनी बुनियादी बात कैसे नहीं पता? लेकिन इतनी समझदारी उसमें थी कि उसने कुछ कहा नहीं। उसने सोचा, इस माला का चक्र पूरा होने दूँ, फिर बात करूँगा। तो वो देखता रहा। इंतज़ार करता रहा।

कुछ मिनट बीते। बस उबड़-खाबड़ सड़क पर हिचकोले खा रही थी। जप लगातार चलता रहा। बस की लय में झूलते-झूलते मेरे दोस्त को झपकी लग गयी। अचानक एक झटके से उसकी नींद खुली –बस गड्ढे से उछल गई थी। उसने उनींदी आँखों से अपने पड़ोसी की ओर देखा। वो अब भी शांति से जप कर रहा था, उसकी आँखें बंद थीं। लेकिन उसके कंधे से शॉल खिसक गई थी।

मेरे दोस्त का दिल बैठ गया। उस आदमी का दायाँ हाथ ही नहीं था।

उस एक पल में, उस युवा संन्यासी ने तीन चीज़ें एक साथ महसूस कीं: शॉक, क्योंकि उसका अंदाज़ा पूरी तरह ग़लत था; शेम, क्योंकि उसने पूरी कहानी जाने बिना फ़ैसला कर लिया था; और ग्रैटीट्यूड, क्योंकि नींद ने उसे किसी को शर्मिंदा करने और एक ऐसे इंसान का दिल दुखाने से बचा लिया था, जो अपने नुकसान और भक्ति दोनों की गरिमा को अपने साथ लिये चल रहा था।

अब ज़रा 'अस्यूम' शब्द की बात करें। इसे तोड़िए, तो क्या बनता है? ऐस–यू–मी। हाँ, ये जोक आपने पहले भी सुना होगा। क्योंकि जब हम बिना स्पष्टता के अंदाज़े लगाते हैं, तो हम, तुम और मैं –दोनों का 'ऐस' बना देते हैं।

हममें से कोई भी 'ऐस' नहीं है –रोहन भी नहीं। वो एक सज्जन इंसान है। उसका अंदाज़ा अहंकार से नहीं आया था, जुड़ाव से आया था, प्यार से आया था, और संजना को खो देने के डर से आया था। हममें से ज़्यादातर लोग जब अंदाज़ा लगाते हैं, तो नीयत अच्छी होती है। बस तरीका हमेशा सही नहीं होता। और रिश्तों में सही तरीका बस एक ही है: खुली, साफ़ और ईमानदार बातचीत।

तो ऐसे मौकों पर कम्यूनिकेट कैसे करें?

- **झपटने से पहले ठहरिए**

  रिश्तों में हमारा पहला रिएक्शन अक्सर सामना करना, इल्ज़ाम लगाना या टूट जाना होता है। लेकिन समझदारी ठहरने से शुरू होती है। ठहराव भावनाओं को शांत होने और तथ्यों को सामने आने की जगह देता है।

- **'तुमने ऐसा क्यों किया?' की जगह पूछिए, 'क्या तुम मुझे समझने में मदद करोगे?'**

  'तुमने ऐसा क्यों किया?' अदालत की जिरह जैसा लगता है। जबकि 'क्या तुम मुझे समझने में मदद करोगे कि क्या हुआ?' ईमानदारी का इनविटेशन होता है। पहला बचाव की भावना पैदा करता है, दूसरा संवाद।

- **पहले फैक्ट्स, बाद में भावनाएँ**

  जो देखा या सुना, उससे शुरुआत करें, अपने इंटरप्रीटेशन से नहीं। 'मैंने तुम्हें बाग़ में उससे बात करते देखा', ये फैक्ट है। 'तुम अब भी उससे प्यार करती हो', ये अंदाज़ा है। दोनों में कंफ्यूज़ होने से सिर्फ़ आतिशबाज़ी होती है, और फॉउंडेशन मज़बूत नहीं बनती।

- **अच्छी नीयत मानकर चलिए, जब तक ग़लत साबित न हो**

  ज़्यादातर लोग सुबह उठकर ये नहीं सोचते कि आज पार्टनर की ज़िंदगी कैसे ख़राब करूँ? हमारे अपने लोग कोशिश कर रहे होते हैं, भले ही पूरी तरह सही न कर पा रहे हों। उन्हें बेनिफ़िट ऑफ़ डाउट देना भोलेपन की नहीं, साहस की निशानी है।

- **सड़ने से पहले ज़ाहिर कर दीजिए**

  छुपे हुए आम (अरनव की कहानी से) इसलिए नहीं सड़ते कि वे मौजूद हैं, बल्कि इसलिए सड़ते हैं क्योंकि वे सामने नहीं लाए जाते। संवाद वो प्रक्रिया है, जिसमें आम को टेबल पर रख दिया जाता है, इससे पहले कि कोई दो और दो जोड़कर ग़लत हिसाब लगा ले।

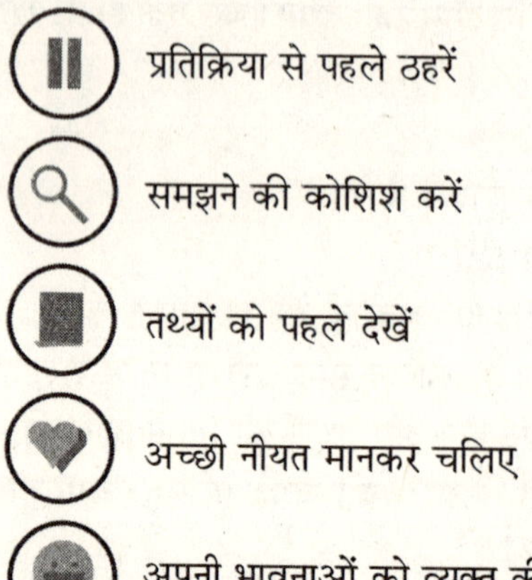

मैंने पीछे मुड़कर रोहन की तरफ़ देखा। वो अब शांत हो चुका था।

'रोहन,' मैंने धीरे से कहा, 'हममें से कोई भी ऐज़म्प्शन से पूरी तरह बचा हुआ नहीं है। गलतफ़हमियाँ होंगी ही, लेकिन बात हैं वहाँ पर न रुक जाने की। हमें टुकड़ों में मिली जानकारी से आगे बढ़ने की कोशिश करनी चाहिए और इमैजिनेशन की जगह क्लैरिटी को चुनना चाहिए।'

उसने धीरे-से सिर हिलाया, जैसे उसके भीतर कहीं राहत की एक हल्की लहर दौड़ गई हो। उसकी साँसें अब स्थिर थीं, हालाँकि उसकी आँखों में अब भी उथल-पुथल की परछाईं बाकी थी।

'तुम संजना से प्यार करते हो,' मैंने आगे कहा, 'और इसी वजह से ये दर्द इतना गहरा है। लेकिन उस प्यार को खामोशी या शक में डूबने मत दो। बात करो। शेयर करो। पूछो। जिन बातों को ज़ोर से कहने से तुम डरते हो, वही बातें जब सामने आ जाती हैं, तो तुम्हारे मन को हल्का कर देती हैं।'

रोहन ने हथेलियाँ आपस में जोड़ लीं, प्रार्थना में नहीं, थकान में। उसके होंठ हल्के से खुले और वो धीमी आवाज़ में बोला, 'मैं कोशिश करूँगा।'

ये कोई घोषणा नहीं थी, लेकिन एक शुरुआत ज़रूर थी।

बाहर, रात के आसमान को छूती हुई सुबह की हल्की-सी आहट दिखने लगी थी। रोहन उठा, धीरे से मुझे धन्यवाद कहा और दिन की शुरुआत से पहले थोड़ी देर आराम करने चला गया।

~

उस दोपहर, महल के डाइनिंग हॉल ने अपने रोज़मर्रा के देसी कम्फ़र्ट फ़ूड को छोड़कर कुछ बिल्कुल अलग परोसने का तय किया –इटैलियन खाना। लंबी मेज़ों पर भाप उड़ाती पास्ता की कटोरियाँ सजी थीं, सुनहरे पनीर से ढकी गरमागरम लज़ान्या, और टोकरी भर के गरम फोकाचिया ब्रेड, जिनकी ऑलिव जड़ी हुई परतें सम्मोहित कर रही थीं। हवा में बेसिल, ओरिगैनो और भुने टमाटरों की खुशबू तैर रही थी –जो पिछली रात के दाल बाटी चूरमा

की हल्की-सी महक से, जो कि अब भी गलियारों में कहीं-कहीं अटकी हुई थी, बिल्कुल अलग थीं।

वेद और गौरव ने बीच वाली मेज़ पर कब्ज़ा कर लिया था और लंच को पहले ही एक परफॉर्मेंस में बदल दिया था। ऊपर-ऊपर से उनकी बातचीत हल्की और मज़ाकिया लग रही थी, लेकिन उसके नीचे कुछ अनकहा सा बन रहा था –एक रिश्ते की शुरुआती, नाज़ुक डोर, जिसे अभी किसी ने नाम नहीं दिया था। वक़्त के साथ, वो कुछ और गहरा बनने वाला था।

वेद, पूरे जेन ज़ी कॉन्फ़िडेंस के साथ, अपनी फ़ॉर्क घुमाता हुआ एक ही स्मूद मूवमेंट में स्पेगेटी लपेट लेता –मानो वो मुंबई का लड़का नहीं, किसी छोटे से इटैलियन शहर का रहने वाला हो।

दूसरी तरफ़, गौरव अपनी प्लेट से जूझ रहा था। स्पेगेटी उसकी फ़ॉर्क से ऐसे फिसल रही थी जैसे कोई ज़िद्दी बच्चा गोद में आने से मना कर रहा हो। कुछ नाकाम कोशिशों के बाद, उसने आखिरकार पास्ता को सीधा भेद दिया, उसे ऊपर उठाया और बोला, 'अरे भाई, ये तो नामुमकिन है! पकड़ो तो आधी भाग जाती है। इंडियन खाना सीधा-सादा होता है –एक रोटी, एक निवाला। सिंपल।'

वेद ने फ़ॉर्क को स्टाइल से ऊपर उठाया, स्पेगेटी की एक परफेक्ट कुंडली लटक रही थी। 'देखा? टेक्नीक। इसी वजह से जेन ज़ी कहीं भी सर्वाइव कर लेती है –इटली हो, इंडिया हो या इंस्टाग्राम।'

आस-पास सब हँस पड़े। गौरव ने हार मानने से इंकार करते हुए प्लेट में और पास्ता डाल लिया और नकली गंभीरता से बोला, 'चिंता मत कीजिये। रोम से राजस्थान तक, सब मेरे लिए ताली बजाएँगे। इसे कहते हैं कल्चरल एक्सचेंज।'

हँसी जारी ही थी कि स्पेगेटी की एक लकीर फिसलकर, टमाटर की लाल छाप छोड़ते हुए गौरव के कुर्ते पर गिर पड़ी। वेद तुरंत मौके पर कूद पड़ा। 'बस! इसी वजह से मैं कहता हूँ कि शादियों में टमाटर सॉस बैन होनी चाहिए। आज शाम हल्दी में वैसे ही काफ़ी दाग लगेंगे –क्या हमें उसमें टमाटर सॉस भी मिलानी है?'

मेज़ एक बार फिर ठहाकों से गूँज उठी। सबकी फ़ोर्क्स हवा में ही रुक गईं, क्योंकि दोनों की नोकझोंक उस दोपहर का असली एंटरटेनमेंट बन चुकी थी।

उसी वक़्त, प्रिया अपनी प्लेट लेकर अंदर आई। वो रुकी, उसकी नज़र उस दृश्य पर टिक गई–गौरव का शांत ह्युमर वेद के मेलोड्रामा को बैलेंस करते हुए। वो मुस्कुराए बिना नहीं रह सकी।

पास ही बैठते हुए उसने छेड़ा, 'गौरवजी, उम्मीद है आज रात ये कुर्ता दोबारा पहनने का इरादा नहीं है। जिस तरह से इसने दाग जमा कर लिए हैं, धोबी पर इसे साफ़ करने के लिए दैवीय कृपा चाहिए होगी।'

गौरव ने नैपकिन से कुर्ता पोंछते हुए कहा, 'चिंता मत कीजिए, प्रियाजी। मैंने तय कर लिया है, शादी के बाद इस कुर्ते की नीलामी करूँगा। ऑब्जेक्ट: *टमाटर सॉस में एब्सट्रैक्ट आर्ट।*'

सब हँस पड़े। गौरव हल्के से झेंप गया, वेद ने नकली जोश में तालियाँ बजाईं। प्रिया ने गौर किया, गौरव के जवाब में एक स्थिरता थी। वो बिना डिफेंसिव हुए, ख़ुद पर हँस सकता था। ये छोटी-सी बात थी, जो अक्सर लोग मिस कर देते हैं।

पिछले कुछ दिनों में वो उसके बारे में और भी चीज़ें नोटिस करने लगी थी –कि गौरव स्वभाव से दयालु, चुपचाप मदद करने वाला, बिना दिखावे के साथ देने वाला, और अपने साथ एक हल्की-सी ऊर्जा लेकर चलने वाला था, जो पूरे कमरे को उत्साह से भर देती थी। वेद के साथ उसे देखते हुए, उसे साफ़ दिख रहा था कि कितनी सहजता से एक-दूसरे के लिए उनकी ट्यूनिंग बैठने लगी थी –ह्युमर में भी, वॉर्म्थ में थी।

तभी राकेश की नज़र उस पर पड़ी। 'प्रिया! तुम वहाँ इतनी दूर क्यों बैठी हो?' उसने आवाज़ लगाई। 'अपनी कंपनी सिर्फ़ इन्हीं के साथ क्यों बाँट रही हो? इधर आओ ना, यहाँ भी थोड़ा मज़ा चाहिए!'

वो एक पल के लिए हिचकी, फिर हमारी मेज़ की ओर बढ़ आई। राकेश, लक्ष्मी और मैं लंच के दौरान कहानियाँ शेयर कर रहे थे –खाने की भी, और शादियों में परिवार सँभालने के उथल-पुथल की भी।

प्रिया के बैठते ही राकेश खिल उठा। 'ये अच्छा है, अब सीन पूरा हुआ। हॉल के एक तरफ़ शोर है, दूसरी तरफ़ समझदारी। बैलेंस वापस आ गया।'

हम सब हँस पड़े। कुछ देर के लिए माहौल हल्का हो गया, बातचीत उतनी ही स्मूद बहने लगी, जितनी उस दोपहर परोसी गई तिरामिसू।

राकेश आगे झुका और प्रिया के रोकने से पहले ही उसके लिए एक चम्मच लज़ान्या परोस दिया। 'ये ट्राय करो, बेटा। न ज़्यादा भारी, न ज़्यादा ऑयली –इटैलियन खाना... सोफ़िस्टिकेटेड होता है।' उसके चेहरे पर एक गर्मजोशी भरी, थोड़ी-सी झिझकी हुई मुस्कान थी, जैसे कोई आदमी याद करने की कोशिश कर रहा हो कि नरमी कैसे बरती जाती है।

प्रिया शालीनता से मुस्कुरा दी, लेकिन वो मुस्कान टिक नहीं पाई। उसकी फ़ॉर्क हवा में ही रुक गई। उसकी आँखों पर धुंध-सी छा गई और फिर, लगभग अनजाने में, वो मेरी तरफ़ मुड़ी। 'स्वामीजी,' उसने धीमे से कहा, 'एक बात ईमानदारी से बताइए। क्या सालों की अनदेखी को, कुछ मुस्कानों से पूरा किया जा सकता है? एक चम्मच लज़ान्या से?'

उसके शब्द उसके और राकेश के बीच ऐसे गिरे, जैसे तालाब में पत्थर। लक्ष्मी असहज होकर थोड़ा हिलीं, और मुझे भी उसके अनकहे दर्द का बोझ महसूस हुआ।

'प्रिया...' राकेश ने कहना शुरू किया, उनकी आवाज़ लड़खड़ा गई। 'ऐसा नहीं है।'

उसके होंठ काँपती हुई मुस्कान में मुड़ गए, जो आँखों तक नहीं पहुँची। 'तो फिर कैसा है, पापा?' उसने पूछा। 'लोगों ने आपकी रोशनी देखी – आपकी दरियादिली, आपका सलीक़ा, आपकी ताक़त। लेकिन मैंने वो देखा जो उन्होंने नहीं देखा... दूरी, ख़ामोशी। क्यों? क्योंकि मैं ठीक नहीं थी? काफ़ी सुंदर नहीं थी? काफ़ी होशियार नहीं थी? या बस... काबिल ही नहीं थी?'

उसकी आवाज़ टूट गई, लेकिन वो रुकी नहीं। 'मैं ये सोचते हुए बड़ी हुई कि मैं आपके प्यार के लायक़ नहीं हूँ। और अब अचानक आप मुझे लज़ान्या पकड़ा देते हैं और चाहते हैं कि मैं कुछ और मान लूँ?'

मेज़ पर सन्नाटा छा गया। राकेश की उँगलियाँ नैपकिन पर कस गईं। वो नीचे देखता, फिर प्रिया की तरफ़, फिर नज़रें फेर लेता –जैसे अपने ही बनाए पिंजरे में फँसा हो।

'बेटा...' वो फुसफुसाया। 'ऐसा मत सोचो, प्लीज़।'

'तो फिर बताइए,' प्रिया ने दबाव डालते हुए कहा, अब उसकी आवाज़ तेज़ थी। 'बताइए कि मुझे क्या सोचना चाहिए। क्योंकि मैंने पूरी ज़िंदगी ये मानकर गुज़ारी है कि मैं आपके लिए इनविज़िबल थी। और जब तक आप कुछ और नहीं कहते, मेरे पास वही सच है।'

राकेश ने एक गहरी साँस छोड़ी। उसकी आँखें नम थीं, जबड़ा भींचा हुआ। उसने एक पल के लिए मेरी तरफ़ देखा, जैसे चुपचाप पूछ रहा हो कि बोझ उठाए रखूँ या आख़िरकार नीचे रख दूँ। मैंने हल्का-सा सिर हिलाया।

वो प्रिया की ओर मुड़ा। 'तुम्हें लगता है मैंने तुमसे प्यार नहीं किया?' उसकी आवाज़ काँप रही थी। 'प्रिया, तुम मेरी धड़कन हो। मेरी ज़िंदगी से भी ज़्यादा क़ीमती। एक पिता का दिल... अक्सर उसकी बेटी के पास ही होता है। लेकिन मैं –' वो रुक गया, जैसे शब्द मुँह से निकलने के लिए बहुत भारी हों।

प्रिया की आँखें चमक उठीं। 'तो फिर क्यों, पापा? इतने सालों में आपने मुझे प्यार क्यों नहीं दिया?'

राकेश ने मेज़ का किनारा थाम लिया। उनके कंधे हिले, जब उन्होंने फुसफुसाकर कहा, 'क्योंकि मुझे लगा, अगर मैंने तुम्हें अपना प्यार दिखाया, तो शायद मैं तुम्हें खो दूँगा।'

प्रिया ठिठक गई। 'खो दूँगा?'

राकेश ने आँखें बंद कीं, हिम्मत समेटते हुए। 'जब तुम बहुत छोटी थी, एक क़रीबी दोस्त मुझे ज़बरदस्ती एक मशहूर ज्योतिषी के पास ले गया। मुझे इन बातों पर यक़ीन नहीं था, फिर भी चला गया। उस आदमी ने... उसने कहा कि तुम्हारी कुंडली में ऐसा लिखा है कि अगर चालीस की उम्र से पहले तुम्हें मुझसे ज़्यादा ध्यान मिला, तो तुम्हारी जान को ख़तरा हो सकता है।

उसकी बातें मुझे डराने लगीं। मुझे उनसे नफ़रत थी। लेकिन मैं उन्हें अनदेखा भी नहीं कर पाया।'

प्रिया हाँफ पड़ी। उसकी फ़ॉर्क प्लेट से टकराकर खनक उठी।

'तो मैंने अपनी ज़िंदगी का सबसे मुश्किल फ़ैसला लिया,' राकेश ने कहा। 'मैंने तुम्हें हर वो चीज़ दी, जिसकी तुम्हें ज़रूरत थी –पढ़ाई, कला, आज़ादी। लेकिन अपना स्नेह रोक लिया। क्योंकि मुझे पता था कि दुनिया तुम्हें वो दे देगी। तुम दयालु हो, प्रिया –लोग अपने आप तुम्हारी ओर खिंचते हैं। सब तुमसे प्यार करते थे। लेकिन मुझे लगा, अगर मैं पीछे हट जाऊँ, तो मैं तुम्हें बचा पाऊँगा। मुझे लगा, दूरी बनाकर मैं तुम्हें सुरक्षित रख रहा हूँ।'

प्रिया आगे झुकी। उसकी कुर्सी ज़मीन पर हल्के से घिसी। उसकी आँखों में ग़ुस्सा और दुख दोनों थे। 'सुरक्षित?' उसकी आवाज़ ऊँची हो गई। 'किसी ने कुछ कह दिया, और आपने मान लिया? बस। लेकिन मेरा बचपन, पापा? वो सारे साल जब मैं ये सोचते हुए रोती रही कि मैं अनवॉन्टेड थी –क्या वो सही था?'

ये शब्द गहरे धँसे। राकेश के होंठ खुले, लेकिन आवाज़ नहीं निकली। उनका हाथ टेबल-क्लॉथ पर हल्का-सा काँपा।

मैंने धीरे से मेज़ पर हथेली रखी। 'प्रिया,' मैंने नरमी से कहा, 'क्या मैं कुछ साझा कर सकता हूँ?' उसने अनिच्छा से सिर हिलाया, उसका जबड़ा अब भी कसा हुआ था।

'मैं समझता हूँ कि तुम क्या महसूस कर रही हो,' मैंने कहा। 'पिता की मौजूदगी के साथ बड़ा होना, लेकिन उनकी वॉर्म्थ के बिना –ये ऐसा ज़ख़्म है, जिसे किसी बच्चे को नहीं ढोना चाहिए। लेकिन मैं ये भी समझ पा रहा हूँ कि राकेशजी क्या कह रहे हैं। कभी-कभी ज़िंदगी हमें ऐसे फ़ैसले लेने पर मजबूर कर देती है, जो नामुमकिन लगते हैं। एक होता है दुनिया का "राइट", ऑब्जेक्टिव राइट। और एक होता है वो "राइट", जो हमारे छोटे-से संसार में होता है, जहाँ प्यार और डर आपस में टकराते हैं। तुम्हारे पिता के लिए तुम ही उनकी दुनिया थीं। वो ज्योतिषी सही था या ग़लत, ये मुद्दा नहीं था। मुद्दा

बस इतना था कि अगर तुम्हें खोने का ज़रा सा भी चांस था, तो वो उसे सह नहीं सकते थे। इसलिए उन्होंने दूरी चुनी, ये सोचकर कि यही सुरक्षा थी।'

प्रिया की आँखों से आँसू बह निकले। उसकी आवाज़ काँप गई। 'लेकिन स्वामीजी, क्या ज्योतिष का कोई मतलब भी है? क्या किसी की ज़िंदगी उससे तय होनी चाहिए? मैंने इसकी वज़ह से अपने कितने साल खो दिए!'

मैंने सिर हिलाया। 'तुम्हारा सवाल बिल्कुल सही है। ज्योतिष को विज्ञान कहा गया है, लेकिन ऐसा विज्ञान नहीं जो किस्मत को पत्थर की लकीर बना दे। ये ऐनालिटिकल ज़्यादा है –झुकाव, ताक़त, कमज़ोरी, मौक़े और ख़तरों को देखने का एक तरीक़ा। ज़िंदगी का एक तरह का प्राचीन स्वॉट एनालिसिस। लेकिन फिर भी, ये गूगल मैप्स जैसा है –ये तुम्हें रास्ते दिखा सकता है, लेकिन गाड़ी चला नहीं सकता। कुछ एक्सपर्ट्स हैरतअंगेज़ सटीकता से भविष्यवाणी कर पाते हैं, कुछ नहीं भी। ये परफेक्ट नहीं है।'

प्रिया ने सिर हिलाया, वो अब भी संतुष्ट नहीं थी। 'तो मतलब क्या?' उसने कहा। 'क्या हम अपनी ज़िंदगी को दाँव पर लगा दें, सिर्फ़ इस वजह से?'

मैंने उत्तर दिया, 'नहीं। हमें ये समझना *चाहिए* कि हर सिचुएशन अलग होती है। कुछ माता-पिता ऐसी भविष्यवाणी सुनकर उसे नज़रअंदाज़ कर देते हैं। कुछ, तुम्हारे पिता की तरह, डर और प्यार के कारण उस को फॉलो कर बैठते हैं। क्या ये सही था या ग़लत? ब्लैक एंड वाइट में देखें तो शायद ग़लत था। लेकिन अगर इसे प्यार की नज़र से देखें, तो ये वही एक रास्ता था, जो उन्हें उस समय दिखाई दिया। और यही इसे इतना कॉम्प्लिकेटेड बना देता है। सही और ग़लत हमेशा साफ़-साफ़ डिफाइंड नहीं होते। कई बार ये बस दो मुश्किल रास्ते होते हैं, और हम उस रास्ते को चुनते हैं, जो हमें लगता है कि कम दर्द देगा।'

प्रिया के कंधे झुक गए। अब उसके आँसू खुलकर बह रहे थे।

मैंने उसकी ओर नरमी से देखा। 'तुम्हारे पिता की ख़ामोशी प्यार की कमी नहीं थी। वो प्यार का एक असहज, दर्दनाक रूप था। ऐसा प्यार, जो

इतना गहरा था कि उन्होंने कठोर दिखना स्वीकार किया, अगर उससे तुम्हारी सुरक्षा हो सकती थी। इससे तुम्हारा दर्द कम नहीं हो जाता, प्रिया। लेकिन ये ज़रूर दिखाता है कि उस चोट के पीछे भी तुम हमेशा प्यार की गई थीं।'

राकेश की आँखें भर आईं। उसने उसकी ओर देखते हुए कहा, 'मैंने ये प्यार में किया, बेटा। मैं ये सह लेता कि तुम मुझसे नफ़रत करो, लेकिन तुम्हें खोने का जोखिम नहीं उठा सकता था। और फिर भी... ऐसा करते हुए मैंने तुम्हारा दिल तोड़ दिया। और अपना भी।'

प्रिया जड़-सी बैठी रही। 'पापा...' उसकी आवाज़ फुसफुसाहट में टूट गई। 'इन सब सालों में... इन सब सालों में मैं यही सोचती रही कि मुझमें कोई कमी थी। और आपने मुझे यही मानने दिया।'

राकेश का चेहरा सिकुड़ गया। 'क्योंकि मुझे लगा कि सच से ज़्यादा सुरक्षित ख़ामोशी है। मुझे माफ़ कर दो, प्रिया। प्लीज़ मुझे माफ़ कर दो।'

उनके सिसकते हुए रोने ने उनके बीच की आख़िरी दूरी भी तोड़ दी। वो आगे बढ़ी और उसका हाथ थाम लिया। राकेश ने उसे अपनी बाहों में भर लिया, उसकी मज़बूत काया काँप रही थी, जैसे दशकों से दबा हुआ अनकहा प्यार आख़िरकार बह निकला हो। लक्ष्मी ये दृश्य देखते हुए रो रही थीं।

मैंने ख़ामोशी को कुछ देर रहने दिया, फिर धीरे से बोला, 'कई बार सबसे गहरे ज़ख़्म प्यार की कमी से नहीं, बल्कि छुपे हुए प्यार से मिलते हैं। ज्योतिष सही हो या ग़लत –लेकिन एक पिता का दिल सच्चा होता है। और प्रिया, तुम्हारे पिता का प्यार कभी ग़ायब नहीं था। बस छुपा हुआ था। दिखाई नहीं देता था, लेकिन हमेशा मौजूद था।'

प्रिया अपने पिता के कंधे पर सर रखकर रोती रही। राकेश उसके बाल सहलाते हुए फुसफुसाया, 'मेरी बेटी... मेरी रोशनी... मुझे माफ़ कर दो।'

हमारे आस-पास लंच चलता रहा। हँसी, बातचीत, प्लेटों की खनक। लेकिन हमारी मेज़ पर एक अलग ही रस्म हो चुकी थी –हल्दी या फूलों से नहीं, बल्कि सच, आँसुओं और एक पिता के आज़ाद हुए प्यार से।

~

ये एक और कहानी थी –मिसअंडरस्टैंडिंग्स, ऐज़म्प्शन और बहुत लंबे समय तक चली साइलेंस की। अक्सर हम कम्युनिकेशन की कमी को लापरवाही या कमज़ोरी मान लेते हैं। लेकिन राकेश के मामले में ख़ामोशी लापरवाही से नहीं आई थी। वो मजबूरी थी। वो नेग्लीजेन्स नहीं, बेबसी थी। और यहीं ये कहानी और कॉम्प्लेक्स, और ज़्यादा ह्यूमन हो जाती है।

हमारे शास्त्रों में कुंती और कर्ण की कथा है। कुंती बहुत छोटी थीं, जब एक दिव्य वरदान से उन्हें कर्ण प्राप्त हुए। वो मुश्किल से सात साल की थीं। इतनी बड़ी कृपा, या बोझ, का क्या करें, उन्हें समझ नहीं आया। डर और असहायता में उन्होंने कर्ण को टोकरी में रखकर बहा दिया, ये प्रार्थना करते हुए कि भाग्य उनसे ज़्यादा दयालु होगा। सालों बाद, जब कर्ण एक महान योद्धा बने, तब भी कुंती ने ये सच अपने भीतर रखा कि वो उनका पुत्र थे। ये उनकी ग़लती नहीं थी; उनके पास कोई ऑप्शन नहीं था। क्या वो सही थीं? क्या वो ग़लत थीं? जब उन्होंने आख़िरकार सच बताया, तब महायुद्ध की पूर्व संध्या थी –जब कर्ण पहले ही दुर्योधन के प्रति निष्ठा का वचन दे चुके थे। तब बहुत देर हो चुकी थी। प्यार और कर्तव्य युद्धभूमि के दो अलग-अलग पक्षों में खड़े थे।

मित्रों, यही बात है। हाँ, कुछ मामलों में सही और ग़लत बिल्कुल स्पष्ट होते हैं। अपराध, चोरी, हिंसा, दुर्व्यवहार –इन पर कोई बहस नहीं होनी चाहिए। लेकिन ज़िंदगी में एक और जगह भी होती है –एक ग्रे स्पेस जो सही–ग़लत से परे होती है, जहाँ ज़िन्दगी में जजमेंट से ज़्यादा एम्पैथी अहम हो जाती है। एक ऐसी जगह, जहाँ लोग सेल्फिश या केयरलेस होकर नहीं, बल्कि मजबूरी में फैसले लेते हैं।

अक्सर उन फैसलों की क़ीमत भी चुकानी पड़ती है। ज़ख़्म गहरे हो सकते हैं, कभी-कभी इतने कि उन्हें भरना असंभव हो। प्रिया का दर्द सच्चा था। उसके पिता की ख़ामोशी ने उसके बचपन को ऐसे टुकड़ों में बाँट दिया, जैसा उन्होंने कभी चाहा नहीं था। और फिर भी, राकेश के लिए वो ख़ामोशी उनकी अनुपस्थिति नहीं थी, वो उनका तरीक़ा था–भले ही दोषपूर्ण –उसे बचाने का।

क्या मैं ये कह रहा हूँ कि ऐसा होना चाहिए? कि माता-पिता को सुरक्षा के नाम पर प्यार रोक लेना चाहिए? नहीं। क्या मैं उस दर्द को जायज़ ठहरा रहा हूँ? नहीं। मैं सिर्फ़ ये कह रहा हूँ कि ज़िंदगी ब्लैक एंड वाइट नहीं होती। वो कॉम्प्लिकेटेड होती है, लेयर्ड होती है, सूक्ष्म होती है।

और आपकी ज़िंदगी में भी, डियर रीडर्स, ऐसा होगा। लोग आपको चोट पहुँचाएँगे। आप भी कभी किसी को चोट पहुँचा देंगे। निर्णय पर पहुँचने से पहले, जजमेंट को हावी होने देने से पहले, रुकिए। छुपे हुए आम को ढूँढिए। ख़ुद से पूछिए, क्या कोई ऐसा सच है, जिसे मैंने अभी नहीं देखा? क्या इस ख़ामोशी के पीछे कोई दर्द छुपा है?

इसका मतलब ये नहीं कि हर काम सही है। इसका मतलब ये भी नहीं कि हर चॉइस समझदारी भरी थी। लेकिन सहानुभूति के साथ जीने का मतलब है, साफ़ दिखने वाली बात से आगे देख पाना। ज़रूरत पड़े तो माफ़ी माँगना, और ज़रूरत पड़े तो माफ़ कर पाना। ये सब आसान नहीं है। लेकिन इस दिशा में उठाया गया एक छोटा-सा क़दम भी ज़िंदगी को थोड़ा नरम, थोड़ा हल्का, और थोड़ा ज़्यादा जीने लायक़ बना देता है।

क्या प्रिया अपने पिता को माफ़ कर पाएगी? क्या राकेश ख़ुद को माफ़ कर पाएँगे? क्या वे दोनों अपने ज़ख़्मों को भर पाएँगे? मुझे नहीं पता। लेकिन इतना तय है –कि उनकी यात्रा शुरू हो चुकी थी। एक अनकहे प्यार की यात्रा, जिसे अब आवाज़ मिलना शुरू हो गया था।

....

सोचने के लिए कुछ बातें...

दर्द से भागना या उसे गुज़रने देना: दर्द अपने प्रेज़ेंट पलों में हमेशा परमानेंट लगता है। ऐसा लगता है जैसे पूरी दुनिया ख़त्म हो गई हो। दर्द हमें यक़ीन दिला देता है कि ये कभी नहीं जाएगा। वो हमारी दुनिया के हर कोने में तब तक भरता जाता है जब तक कि हम रोशनी को

भूल ही न जायें। लेकिन दर्द पूरी दुनिया नहीं होता –वो एक मौसम होता है। वो तूफ़ान की तरह आता है, फिर ठंडा पड़ता है, और चुपचाप फीका पड़ने लगता है।

टुकड़े बनाम पूरी कहानी: अधूरी जानकारी के आधार पर फ़ैसले लेना टूटे काँच पर इमारत खड़ी करने जैसा है –नाज़ुक और दर्दनाक। जो हम देखते या सुनते हैं, वो पार्टली सच हो सकता है, लेकिन पूरी तस्वीर शायद ही कभी होती है।

ऐज़म्पशन का ख़तरा: आधी-अधूरी बातें, अधूरी कहानियाँ और ख़ामोशी, कभी-कभी झूठ से भी ज़्यादा चुभती हैं। ऐज़म्पशन अक्सर सच से ज़्यादा चोट पहुँचाते हैं, क्योंकि वे क्यूरिऑसिटी की जगह जजमेंट ले आते हैं।

छुपे हुए आम का सिद्धांत: उस लड़के की तरह, जिसके बैग में एक अतिरिक्त आम था, रिश्तों में दोनों पक्षों के पास ऐसे सच हो सकते हैं, जो दिखाई नहीं देते। गलतफ़हमियाँ तब पैदा होती हैं, जब एक पक्ष बताता नहीं और दूसरा पूछता नहीं। भरोसे के लिए दोनों चाहिए – अभिव्यक्ति भी, और सवाल भी।

संवाद की कला:

- रिएक्ट करने से पहले रुकिए –भावनाओं को शांत होने दीजिए।
- ऐक्युज़ेशन की जगह क्यूरिऑसिटी रखें –'तुमने ऐसा क्यों किया?' की जगह 'मुझे समझने में मदद करोगे?'
- पहले फैक्ट्स रखें, फिर इंटरप्रेटेशन।
- जब तक ग़लत साबित न हो, अच्छे इरादे मानकर चलें।
- दर्द को दबने से पहले व्यक्त करें।

सही और ग़लत से परे: हर ख़ामोशी नेग्लीजेन्स नहीं होती। कभी वो बेबसी, डर, या प्यार का असहज रूप होती है। एम्पैथी हमें फैसलों के पीछे की कहानी देखने देती है, भले ही वे हमें चोट पहुँचाएँ। कुछ पल

ऐसे होते हैं, जब सही और ग़लत में फ़र्क़ करना आसान नहीं होता, और तब हम बस वही रास्ता चुनते हैं, जिसमें साँस लेना थोड़ा आसान लगे।

....

इस अध्याय से जुड़े अभ्यास पेज नंबर 285 पर दिए गए हैं।

8

पवित्र हल्दी

कमजोरियों की ताक़त

~

ज़िंदगी का मतलब ये नहीं कि हर बोझ हम अपने कंधों पर ही उठाएं। बल्कि, इसका मतलब ये जानना है कि कब हमें अपने कंधे झुकाने हैं, कब मदद माँगनी है, और कब बहुत लंबे समय से दिल में छुपाये रखी बात को बोल देना है।

उस आनंददायक इटैलियन लंच के बाद महल ने जैसे एक गहरी साँस ली और थोड़ा सुस्त पड़ गया। लंबा डाइनिंग हॉल धीरे-धीरे खाली होने लगा, सभी परिवार अपने-अपने कोनों की ओर लौट गए। दोपहर की धूप मेहराबदार खिड़कियों से छनकर अंदर आ रही थी, संगमरमर की फ़र्श पर सुनहरी धब्बे बिखेरती हुई, जैसे सबको रुकने, थमने और आराम करने का न्यौता दे रही हो।

आँगन में, डेकोरेटर्स ने हल्दी की तैयारियाँ पहले ही शुरू कर दी थीं। नीचे रखी लकड़ी की चौकियों पर रखे पीतल के बड़े-बड़े कटोरों में हल्दी का लेप सजा दिया गया था, जो चारों ओर से गेंदे के फूलों की मालाएँ और केले के पत्तों से ढके थे। सेवक तकियों की जगह जाँच रहे थे, फूलों की रंगोली को सँवार रहे थे और इस बात पर बहस कर रहे थे कि पीले पर्दों को मेहराबों से ढीले-ढाले गिरने दिया जाए या करीने से बाँध दिया जाए। कहीं दूर से ढोलक की हल्की थाप सुनाई दे रही थी –शरारती-सी, छेड़खानी करती हुई –जैसे आने वाली मस्ती का वादा कर रही हो। पूरा महल मानो दो भावनाओं के बीच अटका हुआ था –दोपहर की सुस्ती और उत्सव की प्रतीक्षा।

हल्दी की रस्म भारतीय शादी की सबसे मस्ती भरी, लेकिन साथ ही सबसे गहरी रस्मों में से एक है। ऊपर से देखें तो ये बड़ी साधारण सी लगती है –परिवार और दोस्त दूल्हा-दुल्हन पर हल्दी लगाते हैं, हँसी-ठिठोली चलती है, हर कोई शामिल हो जाता है। लेकिन इस हँसी के पीछे सदियों पुराने संदेश होते है।

भारतीय संस्कृति में हल्दी सिर्फ़ एक मसाला नहीं है। वो पवित्र है। उसका सुनहरा रंग पुण्य, सुरक्षा और शुभ प्रारम्भ का प्रतीक है। माना जाता है कि वो शरीर को टॉक्सिन्स से साफ़ करती है, नेगेटिविटी से बचाती है और कपल को तेज और सहनशक्ति, दोनों का आशीर्वाद देती है। हल्दी से जो चमक

आती है, वो सिर्फ़ बाहरी नहीं होती, वो एक स्पिरिचुअल रिमाइंडर वाली चमक होती है कि विवाह सिर्फ़ दो लोगों का मिलन नहीं, बल्कि मन, हृदय और आत्मा को उन वचनों के लिए तैयार करना है, जिनका सम्मान उन्हें पूरी ज़िंदगी करना होता है।

ये रस्म बाहर से जितनी खेल से भरी लगती है –गाने, छेड़छाड़, हँसी और चारों तरफ़ उड़ती हल्दी –उसके भीतर उतना ही गहरा संदेश छुपा होता है: किसी पवित्र बंधन में प्रवेश करने से पहले, वो सब साफ़ कर दो जिसे आगे साथ नहीं ले जाना है। जैसे हल्दी दाग-धब्बे मिटाती है, वैसे ही माफ़ी दिल के दाग़ धो देती है। जैसे हल्दी त्वचा की रक्षा करती है, वैसे ही अच्छा बर्ताव प्यार को कड़वाहट से बचाता है।

असल में, क्या ज़िंदगी और रिश्ते हमसे बार-बार यही नहीं माँगते? रुकने को, गलतफहमियों की धूल साफ़ करने को, ख़ामोशी से बने ज़ख़्मों को भरने को, और हर बार नए सिरे से शुरुआत के लिए ख़ुद को तैयार करने को।

कपल के लिए हल्दी का मतलब है शादी में अंदर से भी और बाहर से भी, दोनों तरफ़ से दमकते हुए प्रवेश करना। और हमारे लिए? ये एक प्यारा सा रिमाइंडर है कि रिश्तों को भी अपने-अपने हल्दी के पल चाहिएं –साफ़ करने के, भरने के और शुभकामनाएँ पाने के पल।

~

उस दोपहर मैं महल के एक हॉल की ठंडी पत्थर की सीढ़ियों पर बैठा था –एक ऐसा कोना, जहाँ से हलचल दिखती तो थी, लेकिन मैं उसमें फँसा नहीं था। हाथ में एक किताब थी, लेकिन मैं शब्दों से ज़्यादा उस ख़ामोशी को पढ़ रहा था।

वहीं वेद मुझे ढूँढता हुआ आ पहुँचा। उसके स्नीकर्स संगमरमर पर हल्की-सी आवाज़ कर रहे थे, हाथ में फ़ोन था, और धूप अब नरम पड़ चुकी थी, फिर भी उसके सनग्लासेस बेवजह उसके सिर पर टिके हुए थे।

'गौरजी!' वेद मुस्कराया। 'ये तो पूरा पोस्टकार्ड मोमेंट है। आप, प्राचीन महल, प्राचीन विज़डम... और फिर मैं, वाई-फ़ाई पासवर्ड हंटर। पूरा कॉन्ट्रास्ट।'

मैंने किताब से नज़र उठाई। 'और तुम ख़ुद को किस कैटेगरी में रखते हो –प्राचीन महल की आर्ट एग्ज़िबिट या पैलेस न्यूइसेंस?'

वेद सीढ़ी पर मेरे पास आकर ऐसे फैलकर बैठ गया, जैसे जगह उसी की हो। 'पूछने वाले पर डिपेंड करता है,' उसने कहा। 'नानी को लगता है मैं पिकासो का पुनर्जन्म हूँ। मम्मी को लगता है मैं फुल-टाइम डेबिट-कार्ड नोटिफ़िकेशन हूँ। और आप...' उसने सिर तिरछा किया, चश्मे के पीछे से भौंह उठाई, 'आप तो अभी डिसाइड ही नहीं कर पाए।'

मैं किताब बंद करते हुए मुस्कुराया। 'मुझे लगता है... पिकासो ऑन ई.एम.आई की तरफ़।'

वो इतनी ज़ोर से हँसा कि पास से गुज़रते कपल मुड़कर देखने लगे। फिर उसने आवाज़ धीमी की। 'सीरियसली, आप हमेशा ऐसे कूल कोने ढूँढ लेते हैं। लोग हल्दी की तैयारी में भाग-दौड़ कर रहे हैं और आप यहाँ ऐसे चिल कर रहे हैं, जैसे कोई ज़ेन इन्फ़्लुएंसर।'

'किताब पढ़ना छुपना नहीं होता,' मैंने कहा। 'ये तो बस दुनिया को सबटाइटल्स के साथ देखना है।'

वेद हँसा, लेकिन मैंने देखा कि उसने तुरंत फ़ोन नहीं निकाला। वो वहीं बैठा रहा, थोड़ी-थोड़ी देर में दूर चल रही हलचल को देखता हुआ। डेकोरेटर्स गेंदा कहाँ लगाना है, इस पर बहस कर रहे थे; कुछ मेहमान आख़िरी बार डांस स्टेप रिहर्स कर रहे थे और फिर हँसते हुए छोड़ दे रहे थे; स्टाफ़ हल्दी के कटोरे आँगन की ओर ले जा रहे थे।

वो पीछे की ओर कोहनियों के सहारे टिक गया। 'आज रात तो युद्ध होगा, मैं बता रहा हूँ आपको। हल्दी कभी सिर्फ़ सेरेमनी नहीं होती –ये पूरा कॉम्बैट स्पोर्ट है। लोग पीले कपड़े सिर्फ़ इसलिए पहनते हैं क्योंकि उन्हें पता है कि आख़िर में वे हल्दी के पकौड़े लगेंगे।'

'सच है,' मैंने कहा। 'हल्दी ही एकलौती ऐसी शादी की रस्म है, जहाँ परिवार का मिशन आशीर्वाद नहीं, ज़्यादा से ज़्यादा गड़बड़ फैलाना होता है।'

वो फिर हँसा। उसकी हँसी गलियारे में हल्के से गूँज गई। 'आप मॉन्क्स की तो लाइफ़ आसान है। न कोई कज़न हल्दी लेकर हमला करता है, न कोई अंकल ढोलक लेकर पीछा करते हैं।'

'सही कहा,' मैंने मुस्कराते हुए जवाब दिया। 'हमारे हमले शांत होते हैं। हम पर सवालों से अटैक किया जाता है।'

वेद मुस्कराया, और तभी मैंने उसकी आँखों में एक पल के लिए कुछ बदलता हुआ देखा, जैसे उसकी मुस्कान के किनारे हल्की-सी सिलवट आ गई हो। बस एक झलक थी, लेकिन थी ज़रूर, मज़ाक के बीच से झाँकती हुई।

वो कुछ पल चुप रहा, उँगली से संगमरमर की सीढ़ी पर गोल-गोल रेखाएँ बनाता हुआ। फिर बोला, 'आप जानते हैं, गौरजी... मैं आपको थैंक-यू कहना चाहता था। मम्मी और नानू को मुझे थोड़ा बेहतर समझाने के लिए।'

मैंने सिर हल्का-सा झुकाया। 'क्या समझाने के लिए?'

'मैं ज़िंदगी में क्या करना चाहता हूँ। मेरा आर्ट,' उसने कहा, मेरी ओर तिरछी नज़र डालते हुए। 'उनके लिए ये हमेशा... एक हॉबी रही है। दीवार पर अच्छी लगने वाली चीज़, लेकिन सीरियस नहीं। मम्मी चाहती थीं कि मैं बिज़नेस में जाऊँ, या कम से कम कुछ प्रैक्टिकल करूँ। नानू भी वही सोचते थे। लेकिन जब आपने उनसे बात की, तो आपने समझाया कि आर्ट सिर्फ़ डेकोरेशन नहीं होती –वो एक्सप्रेशन होती है। और... वो मेरे लिए बहुत मायने रखता है।'

वेद ने अपने टोट बैग से एक छोटा-सा स्केचबुक निकाला। उसके कोने घिसे हुए थे, कवर पर ग्रेफाइट और चारकोल की उँगलियों के निशान लगे थे। उसने उसे खोला, एक पल झिझका, जैसे सोच रहा हो दिखाऊँ या नहीं, फिर मेरी ओर घुमा दिया।

'ये,' उसने धीरे से कहा, 'मेरे कुछ लेटेस्ट स्केचेस।'

पन्नों में चारकोल और स्याही से की गई कलाकारी थी। आधी रोशनी में चेहरे, जैसे चलते-चलते पकड़े गए शरीर, पिंजरे की सलाखों से छूटने की कोशिश करता एक पक्षी, बारिश में खड़ा एक लड़का, बहुत छोटी छतरी के नीचे। ये स्केच गैलरी में लगे हुए जैसे पॉलिश्ड नहीं थे। वे कच्चे थे, बेचैन थे, ज़िंदा थे। हर रेखा में कुछ अनकहा था –बिल्कुल उसकी हँसी की तरह।

मैंने कुछ देर उन्हें देखा, फिर उसकी ओर देखा। 'बहुत ख़ूबसूरत,' मैंने कहा। 'तुम सही हो –आर्ट सिर्फ़ वही नहीं होती जो हम देखते हैं। वो उसमें भी होती है, जो कलाकार शब्दों में नहीं कह पाता।'

उसने धीरे-से कंधा उचकाया, जैसे कोई खास बात ही न हो, लेकिन मुझे साफ़ दिख रहा था कि उसे अपने काम पर गर्व था।

कभी-कभी सबसे गहरे सच डरी हुई बिल्ली जैसे होते हैं। अगर आप उन्हें पकड़ने दौड़ें, तो वे और अपने शेल में सिमट जाते हैं। लेकिन अगर आप वॉर्म्थ के साथ इंतज़ार करें, तो वे ख़ुद आकर आपके पास बैठ जाते हैं। इसलिए मैंने उससे कुछ नहीं पूछा। बस वहीं बैठा रहा, उसका स्केचबुक पलटता हुआ, उस ख़ामोशी में कुछ पलों के लिए उसे अकेला छोड़े।

कुछ देर बाद वेद ने धीरे से कहा, 'आप जानते हैं... कुछ समय पहले मैं दादी के स्वीट के पास से गुज़र रहा था। दरवाज़ा थोड़ा-सा खुला था...'

और इन्हीं शब्दों के साथ ही, मैं लगभग देख पा रहा था कि उसने क्या देखा होगा।

कॉरिडोर में एक अजीब-सी ख़ामोशी थी, दोपहर की जमी हुई शांति। तभी वेद के कानों में दादी के कमरे से आती धीमी सिसकियाँ पड़ीं। उसका पहला मन हुआ आगे बढ़ जाने का –लेकिन आवाज़ की पहचान ने उसे वहीं जकड़ लिया। वो दरवाज़े के पास लगे हुए परदे के पीछे सरक गया। उसका दिल ज़ोर-ज़ोर से धड़क रहा था, पकड़े जाने का डर भी था, और वहाँ से हट पाने की हिम्मत भी नहीं हो रही थी। परदे की ओट से उसने देखा –प्रिया, काँपते कंधों के साथ अपना सिर रुक्मिणी दादी की गोद में छुपाए, रो रही थी। और दादी का झुर्रियों भरा हाथ, उसकी बालों पर धीरे-धीरे, स्थिर घेरों में फिर रहा था।

'दादी...' प्रिया की आवाज़ टूट गई। 'विनय को गए हुए इतना वक़्त हो गया है। वेद तब सिर्फ़ दो साल का था। उसे कभी पता ही नहीं चला कि पिता की गोद क्या होती है। और मैं... ' उसकी आवाज़ भर आई, 'मैंने उसके लिए सब बनने की कोशिश की: माँ भी, पिता भी, सुरक्षा भी, सहारा भी। आप सब हैं मेरे साथ, हाँ... और वेद, वो मेरी ख़ुशी है। मेरा काम, मेरा बिज़नेस, सब मुझे व्यस्त रखते हैं। लेकिन दादी... ' वो हाँफ पड़ी, आँसू और तेज़ बहने लगे, 'मैं बहुत अकेली रह गयी हूँ।'

परदे के पीछे वेद की मुट्ठियाँ भींच गईं। उसने अपनी माँ को पहले कभी इतना ख़ाली, इतना रॉ नहीं सुना था।

प्रिया ने और ज़ोर से अपना चेहरा दादी की गोद में दबा दिया। 'और अब... गौरव से मिलने के बाद... मुझे कुछ ऐसा महसूस हो रहा है, जो मैंने सोचा था कि शायद विनय के जाने के साथ ही दफ़न हो गया होगा। गौरव काइंड है, जेंटल है, फनी है, केयरिंग है... उसके साथ मुझे फिर से सुरक्षित महसूस होता है। मुझे वो अच्छा लगने लगा है, दादी। और यही बात मुझे डरा रही है। क्योंकि मेरा दिल तो हमेशा विनय का था। क्या किसी और के लिए कुछ महसूस करना धोखा है?'

उसके शब्दों ने उसके दुख को पूरी तरह खोल दिया और वो फिर से फूट-फूटकर रोने लगी।

दादी ने एक हाथ से प्रिया के गालों पर बहते आँसू पोंछते हुए उसे और पास खींच लिया। उनकी आवाज़ में कोमलता थी, लेकिन साथ ही उस इंसान का भरोसा भी, जिसने ज़िंदगी काफ़ी देखी होती है। 'पगली... ' दादी ने कहा। 'तू गिल्ट को किसी तमगे की तरह क्यों ढो रही है? क्या तुझे लगता है कि तेरा विनय यही चाहता था? उसे तेरी हँसी, तेरी ऊर्जा, तेरा जज़्बा कितना प्यारा था। क्या तू सोचती है कि वो कहीं बैठा तेरे आँसू गिन रहा है और तेरी तन्हाई के बावजूद वफ़ादारी माँग रहा है? नहीं, प्रिया। वो चाहता कि तू फिर से खिले। ज़िंदगी जिए।'

प्रिया ने ज़ोर से सिर हिलाया। 'लेकिन मेरी आत्मा ने तो बस उसी से प्यार किया था। किसी और आदमी के लिए कुछ भी महसूस करना... दादी, ऐसा लगता है जैसे मैं ख़ुद को दो हिस्सों में चीर रही हूँ।'

ये सुनकर दादी कुछ पल के लिए चुप हो गईं। उनकी आँखें पहली बार कहीं बहुत दूर चली गईं –जैसे अपने ही अतीत में कुछ ढूँढ रही हों। प्रिया के बालों पर फिरता हाथ धीमा पड़ गया। जब उन्होंने फिर बोलना शुरू किया, तो आवाज़ स्थिर थी, लेकिन यादों की दरारें साफ़ झलक रही थीं।

'मैं, जितना तू समझती है, उससे कहीं ज़्यादा समझती हूँ। जब तेरे दादा चले गए थे, तब तेरे पापा बहुत छोटे थे। और एक समय ऐसा भी आया, बेटा, जब मुझे भी किसी के साथ का एहसास, फिर से छू गया था। कोई मिला था, जो मुझे कम अकेला महसूस कराता था। कम विधवा। मैं दो राहों के बीच खड़ी थी –एक तरफ़ बेटे के प्रति मेरा फ़र्ज़, दूसरी तरफ़ दिल की तड़प। और फिर, मैंने फ़र्ज़ को चुना। लेकिन ग़लत मत समझना –ये आसान नहीं था। दिल, प्रिया... दिल की अपनी ज़िद्दी भूख होती हैं।'

प्रिया ने धीरे-धीरे सिर उठाया, सूजी हुई आँखों से दादी के चेहरे को देखते हुए। 'और क्या आप सही थीं, दादी?' उसने फुसफुसाकर पूछा।

दादी के होंठ काँपे। हल्की-सी मुस्कान आई और उसी पल ग़ायब भी हो गई। 'सही? ग़लत? ज़िंदगी इतनी साफ़-सुथरी नहीं होती, बच्ची। कई रातें ऐसी बीतीं, जब तेरे पापा छोटे थे और मैं थकी हुई होती थी, सोचती थी

कि –अगर मैंने अलग रास्ता चुना होता तो कैसा होता। लेकिन फिर मैं उसे देखती –मेरी ज़िम्मेदारी, मेरा बच्चा –और समझ जाती कि मैं क्यों रुकी। हम सब अपने चुने हुए जीवन के साथ-साथ उन ज़िंदगियों का बोझ भी उठाते हैं, जिन्हें हमने नहीं चुना।'

उन्होंने प्रिया का चेहरा दोनों हाथों में थाम लिया। 'अब तेरी बारी है। मैंने फ़र्ज़ चुना। तू क्या चुनेगी?'

प्रिया फिर से दादी की गोद में ढह गई, काँपती हुई, बस एक ही शब्द दोहराते हुए: 'दादी... दादी...'

परदे के पीछे खड़ा वेद गला भर आने से जूझ रहा था। उसने हमेशा अपनी माँ को मज़बूत देखा था, मुश्किलों के सामने अडिग, उसकी पूरी दुनिया का केंद्र। उसे टूटते देखना, प्यार की चाह में तड़पते सुनना, गिल्ट स्वीकार करते और किसी बच्चे की तरह सहलाए जाते देखना –उसके भीतर कुछ तोड़ गया। बेटे का वो स्वाभाविक भाव, बचाने का, ठीक कर देने का, उसके भीतर उठा, लेकिन वो बेबस था, परछाइयों में जड़ हो चुका था। उसका सीना भारी हो गया, और जब वो चुपचाप वहाँ से निकल भी आया, तो भी, उसकी माँ की सिसकियों की आवाज़ उससे चिपकी रही, ठीक हल्दी के दाग़ की तरह, जो आसानी से नहीं छूटते।

और बस यूँ ही, वेद सीढ़ियों पर मेरे पास आकर बिल्कुल ख़ामोश हो गया, उसकी निगाहें अपने स्नीकर्स पर जमी हुई थीं।

जब प्रिया दादी की गोद में टूट गई, तब कुछ असाधारण घटना हुई। ये सिर्फ़ एक विधवा का दुख बाँटना नहीं था, न ही सिर्फ़ एक पोती का अपनी दादी से मन हल्का करना था। ये वो पल था, जब एक सख़्ती से पहरा दिया हुआ दिल ख़ुद को खोलने का साहस कर पाया। सालों तक प्रिया ने अपने चारों ओर एक क़िला खड़ा कर रखा था –स्ट्रॉन्ग माँ, इंडिपेंडेंट वुमन, थकान न मानने वाली कर्मठ इंसान। लेकिन यहाँ, उसकी दीवारों में फाइनली दरार पड़ गई थी।

और यही ज़िंदगी की सच्चाई है, दोस्तों –मज़बूती हमेशा मुखौटा लगाए रखने में नहीं होती। कभी-कभी असली ताक़त मुखौटा उतार देने में होती

है। उन शब्दों के फुसफुसाने में होती है, जिन्हें हम कभी ज़ोर से कहने की हिम्मत नहीं जुटा पाते: मैं अकेली हूँ। मैं डरी हुई हूँ। मेरे भीतर अभी भी चाहतें हैं।

इसे ऐसे समझिए जैसे आपने हाथ में पानी से भरा एक गिलास पकड़ा हो। शुरू में उसका वज़न हल्का लगता है –पंख जैसा। एक मिनट तक पकड़ो, कोई दिक्कत नहीं। तीस मिनट तक पकड़ो, तो हाथ में खिंचाव महसूस होने लगता है। एक घंटे में हाथ काँपने लगता है। और उससे ज़्यादा... तो अनबियरेबल लगने लगता है। गिलास का वज़न नहीं बदला, आपका एंड्यूरेंस बदल गया है। जितनी देर पकड़े रहते हैं, उतना भारी लगता है। इमोशनल बर्डन भी कुछ ऐसा ही करता है। एक याद, एक गिल्ट, एक अधूरी चाह –उस पल में भारी नहीं लगती। लेकिन अगर उन्हें हर दिन, लगातार ढोते रहें, तो वे हमें भीतर से कुतरने लगती हैं, हमें दबाने लगती हैं। हमारी शांति छीन लेती हैं, खुशी चुरा लेती हैं और वर्स्ट केसेस में एंग्ज़ायटी, डिप्रेशन या क्रोनिक लोनलिनेस का रूप ले लेती हैं।

अब ज़रा वही स्थिति सोचिए, लेकिन दो छोटे बदलावों के साथ:

- आपको हर थोड़ी देर में गिलास नीचे रखने की इजाज़त हो। भले ही बाद में फिर उठाना पड़े, वो छोटा-सा आराम हाथ को राहत दे देता है।
- या कोई और आकर कुछ देर आपके साथ मिलकर गिलास पकड़ ले। तुरंत वज़न हल्का लगने लगता है –इसलिए नहीं कि गिलास हल्का हो गया, बल्कि इसलिए कि आप उसे अकेले नहीं उठा रहे।

यही कमजोरी की ताक़त है। अपनी सच्चाई बोल देना –किसी भरोसेमंद इंसान से, या जब बात बहुत नाज़ुक हो तो एक डायरी में, या प्रार्थना में –गिलास को नीचे रखने जैसा है। और जब कोई सुनता है, साथ देता है, या अपनी जद्दोजहद भी साझा करता है, तो बोझ बँट जाता है।

असली चुनौती यही है कि हम 'कमज़ोर' दिखना नहीं चाहते। इसलिए हम छुपाते हैं –मुस्कानों के पीछे, व्यस्तता के पीछे, चमकदार जवाबों के पीछे

जैसे, 'मैं ठीक हूँ।' लेकिन वल्नेरेबिलिटी ईमानदारी और विनम्रता माँगती है। अपनी परतें उतारने का साहस, ताकि कोई हमारे उस कच्चे, बिना फ़िल्टर वाले रूप की झलक देख सके।

लेकिन –और ये बहुत ज़रूरी है –हम *किसके* सामने खुलते हैं, ये मायने रखता है। हर कान आपकी कहानी के क़ाबिल नहीं होता। समझदारी से चुनिए –ऐसे लोग, जो भरोसेमंद हों, जो आपका भला चाहते हों। जो समझ और संवेदनशीलता से पेश आएँ, न कि जजमेंट या गॉसिप से।

अब सोचिए, अस्पताल में दो मरीज़ अपनी कहानियाँ साझा कर रहे हैं। एक को घुटने की चोट है, दूसरे को हाई ब्लड प्रेशर। वे एक-दूसरे को हौसला देते हैं, अपनी परेशानियों पर हँस लेते हैं और हल्का महसूस करते हैं। लेकिन सच तो यही है कि उन्हें डॉक्टर की ज़रूरत फिर भी होती है!

ये भी वल्नेरेबिलिटी ही है –अपने जैसे लोगों के साथ बात करने से हमें ये महसूस होता है कि हमें देखा जा रहा है, समझा जा रहा है। लेकिन कभी-कभी ठीक होने के लिए हमें एक मार्गदर्शक, एक मेंटर या फिर प्रोफेशनल मदद की भी ज़रूरत पड़ती है।

और ये रहा पैराडॉक्स। हमें लगता है कि वल्नरेबल होना हमें कमज़ोर बना देगा। जबकि सच ये है कि ये हमें लाइटर, स्ट्रॉन्गर और ज़्यादा फ्री बनाता है। क्योंकि जिस पल आप अपने बोझ को शब्दों में बोल देते हैं, वो सन्नाटे की आड़ में आप पर हावी होना बंद कर देता है। और जब आप उसे साझा करते हैं, तो ये एहसास होता है कि आप अकेले नहीं हैं।

प्रिया, अपने काँपते हुए कन्फेशन में, विनय से कोई विश्वासघात नहीं कर रही थी। वो बस एक पल के लिए अपना पानी से भरा गिलास नीचे रख रही थी, किसी और को उसका वज़न थामने दे रही थी। और उस पल में वो टूट नहीं रही थी –वो ठीक होना शुरू हो रही थी।

और हाँ, ज़िंदगी हमेशा हमारे सामने साफ़-सुथरे, आसान विकल्प नहीं रखती। अक्सर सबसे कठिन फैसले अच्छे और बुरे के बीच नहीं होते, सही और ग़लत के बीच नहीं होते, पुण्य और पाप के बीच नहीं होते। वे तो आसान

होते हैं। असली संघर्ष तब शुरू होता है, जब ज़िंदगी हमारे सामने दो 'सही' रख देती है, जो कि एक साथ निभाए नहीं जा सकते।

एक तरफ़ खड़ी होती है ज़िम्मेदारी –हमारी रेस्पॉन्सिबिलिटीज़ परिवार के प्रति, बच्चों के प्रति, माता-पिता के प्रति, और समाज के प्रति। और दूसरी तरफ़ खड़ी होती है दिल की चाह –प्यार की, साथ की, अपनेपन और पूर्णता की वो ख़ामोश तड़प। एक तरफ़ उम्मीदें और भूमिकाएँ हैं, जो जीवन को स्टेबल करती हैं। दूसरी तरफ़ रंग, जुड़ाव और अर्थ की तलाश है, जिस पर अक्सर गिल्ट या डाउट की परछाईं भी होती है।

और तब एक सवाल चुपचाप, लेकिन निर्दयता से उठता है: मैं किसे चुनूँ?

सच ये है, डियर रीडर कि कोई भी चुनाव परफ़ेक्ट नहीं होता। हर चुनाव की अपनी एक क़ीमत होती है।

रुक्मिणी दादी ने फ़र्ज़ चुना और उस तन्हाई के साथ जीती रहीं, जो किसी दूसरी त्वचा की तरह उनके साथ चिपकी रही। प्रिया को साथ चाहिए, लेकिन गिल्ट उसके दिल के इर्द-गिर्द बिन बुलाए मेहमान की तरह मँडराता रहता है। एक ने त्याग के साथ जीवन जिया, दूसरी चाहत से जूझ रही है। न कोई पूरी तरह ग़लत, न कोई पूरी तरह सही। दोनों बस इंसान हैं।

यही ज़िंदगी हमें सिखाती है: हम हमेशा ग़लत और सही के बीच चुनाव नहीं करते। कभी-कभी हम ये चुनते हैं कि किस ज़ख़्म के साथ हम जी सकते हैं।

जब ज़िंदगी हमें ऐसे चौराहे पर ला खड़ा करती है, तो सबसे समझदारी भरा क़दम ये नहीं होता कि हम कोई ऐसा रास्ता ढूँढ लें जिसमें सबकी ख़ुशी हो –क्योंकि ऐसा रास्ता शायद ही कभी होता है। बेहतर सवाल ये है: कौन-सा चुनाव मुझे भीतर से शांति देगा? किस चुनाव के साथ मेरी अंतरात्मा मुझे जीने देगी?

और कभी-कभी साहस इस बात में नहीं होता कि हमने क्या चुना –ज़िम्मेदारी या प्यार –बल्कि इस बात में होता है कि हमने उसे कितनी

ईमानदारी से अपनाया। क्योंकि ईमानदारी, चाहे असहज ही क्यों न हो, गरिमा देती है। वो रिग्रेट को रेस्पोंसिबिलिटी में बदल देती है। वो कहती है: मैं अपनी सच्चाई से भागी नहीं। मैंने उसका सामना किया। और यही वो ज़िंदगी है, जिसे मैंने चुना है।

अब अपनी ज़िंदगी के बारे में सोचिए। क्या आप कभी किसी ऐसे काम में टिके रहे हैं, जिसमें आपका दम घुटता था, लेकिन आपने वो किया सिर्फ़ इसलिए कि आपका परिवार आराम से रह सके? या शायद आपने किसी ऐसे इंसान से दूरी बना ली, जिसे आप प्यार करते थे, लेकिन हालात या परिवार की ज़िम्मेदारियाँ इसकी इजाज़त नहीं देती थीं? या फिर आप किसी रिश्ते में ज़रूरत से ज़्यादा देर तक बने रहे, सिर्फ़ इसलिए कि आप किसी का दिल तोड़ने से डरते थे? क्या आप ग़लत थे? या फिर बस वही कर रहे थे, जो उस समय आपकी समझ और हालात ने आपको करने दिया?

डियर रीडर, मैं आपसे ये कहना चाहता हूँ कि: आप ये ना सोचें कि आप टूटे हुए हैं बस इसलिए कि आप कोई फैसला नहीं ले पाए। आप कमज़ोर नहीं हैं क्योंकि आपने हिचकिचाहट महसूस की। ह्यूमैनिटी मेसी है, लेयर्ड है, कॉम्प्लिकेटेड है –लेकिन साथ ही बेहद ख़ूबसूरत भी है।

इसलिए अगर आज आप किसी चौराहे पर खड़े हैं, तो वो चुनाव मत कीजिए जो आपको किसी और की कहानी का हीरो बना दे। वो चुनाव कीजिए, जिसके साथ आप आईने में ख़ुद को देख सकें और सम्मान महसूस कर सकें। और अगर आप पहले से ही किसी पुराने फैसले का बोझ ढो रहे हैं –तो ख़ुद को माफ़ कर दीजिए। आप फ़ेल नहीं हुए हैं। आपने बस एक 'सही' को दूसरे 'सही' के ऊपर चुना।

ज़िंदगी हर बार आपको क्लैरिटी नहीं देगी। लेकिन अगर आप करुणा के साथ चलें –अपने लिए भी और दूसरों के लिए भी –तो सबसे कठिन फैसले भी आपको आगे बढ़ा सकते हैं।

और याद रखिए, बात हमेशा बेहतर रास्ता चुनने की नहीं होती। बात ये होती है कि आप जिस भी रास्ते पर चलें, दिल में सच्चाई लेकर चलें। वही सच्चाई, वही ईमानदारी, इस पूरी यात्रा में डिग्निटी लाती है।

~

वेद चुपचाप बैठा रहा। अब वो अपने स्केचबुक के पन्ने के कोनों को बार-बार मोड़ और सीधा कर रहा था। उसकी उँगलियाँ बेचैन थीं। उसकी नज़र उन लकीरों पर टिकी थी, जो उसने अनजाने में बना ली थीं। जब उसने आख़िरकार बोला, तो उसकी आवाज़ धीमी थी, थोड़ी अनिश्चित।

'गौरजी... अगर...' वो हिचकिचाया। 'अगर मम्मी सच में गौरव अंकल को चुन लें तो?'

मैंने कोमलता से उसे देखा, उसे आगे बोलने दिया।

'मुझे समझ नहीं आता कि मुझे इसके बारे में क्या महसूस करना चाहिए,' उसने कहा। 'मेरे अंदर का एक हिस्सा...' उसने गला ठीक करते हुए कहा, 'अजीब-सा महसूस करता है। क्योंकि मैंने उन्हें हमेशा बस... आप जानते हैं, एक फ़ैमिली फ्रेंड की तरह ही देखा है। हमेशा मुस्कुराते हुए, हमेशा आस-पास। लेकिन अगर मम्मी... अगर उन्हें सच में पसंद करती हैं... और वो...' वेद रुका। 'अगर वो मेरे पापा बन गए तो?'

उसने उस शब्द को हवा में थोड़ी देर बहने दिया, जैसे पहली बार उसे परख रहा हो।

'मतलब, मेरे लिए इसका क्या मतलब होगा? हमारे लिए?' वो अचानक हँसा, लेकिन हँसी धुँधली-सी थी। 'मैं उन्नीस साल का हूँ। कोई छोटा बच्चा नहीं हूँ, जिसे गोद लिया जाना हो। और फिर भी...' उसने साँस ली। 'मेरे अंदर कहीं न कहीं ये सवाल उठता है –अगर मुझे फाइनली पता चल जाए कि पापा का होना कैसा होता है? न नानू, न मामा-चाचा, न रिश्तेदार जो कमी पूरी करने की कोशिश करते हैं। बल्कि कोई, जो बस... मेरा हो।'

उसने जल्दी से नज़र फेर ली। 'कभी-कभी सोचता हूँ, कैसा होता अगर... अगर पापा होते। क्रिकेट मैच ले जाते, देर से घर आने पर डाँटते, और बिना मेरी आधी ठुड्डी कटे, शेव करना सिखाते।' उसके होंठों पर हल्की-सी टेढ़ी मुस्कान आई। 'नानू ने अपनी तरफ़ से पूरी कोशिश की, लेकिन... वो अलग होता है।'

उसने लंबी साँस ली। 'मुझे नहीं पता कि गौरव अंकल ये सब चाहते भी हैं या नहीं... या मुझे ये चाहने का हक़ भी है या नहीं। लेकिन जब मैं देखता हूँ कि वो मम्मी से कैसे बात करते हैं, उन्हें कितने ध्यान से सुनते हैं, और मेरे साथ बिना मुझे कभी छोटा महसूस कराए जैसे पेश आते हैं... तो लगता है... शायद... शायद मैं उन्हें अपने दिल में जगह दे सकता हूँ।'

फिर उसकी आवाज़ डगमगा गई। 'लेकिन अगर सब कुछ ग़लत हो गया तो? अगर मैंने उन्हें अपने दिल में जगह दी और ये रिश्ता टिक नहीं पाया? मुझे नहीं लगता कि मैं... एक और पापा को खोने का दर्द झेल पाऊँगा।'

उसके शब्द वहीं टूट गए। उसने स्केचबुक नीचे रखी और कोहनियाँ घुटनों पर टिकाए हुए आगे झुक गया।

'वेद,' मैंने कहा, 'एक पिता की चाह होना, ये जानने की जिज्ञासा होना कि वो रिश्ता कैसा होता है, ये बिल्कुल स्वाभाविक है।'

उसकी आँखें मेरी तरफ़ उठीं, सतर्क, किसी खोज में।

'तुमने उस खाली जगह को अपनी कल्पनाओं से भरा है,' मैंने आगे कहा। 'कभी सवालों से, कभी दोस्तों को उनके पिताओं के साथ देखकर चुपचाप जलन से। वो चाह सिर्फ़ इसलिए ख़त्म नहीं हो जाती कि तुम बड़े हो गए हो। बल्कि जब ये प्यार तुम्हारे आस-पास दिखता है –जैसे तुम अपनी माँ को गौरव के साथ मुस्कुराते देखते हो –तो ये चाह और गहरी हो सकती है।'

वो फिर से स्केचबुक के कोने को मोड़ते हुए थोड़ा हिला।

मैंने कहा, 'लेकिन सुनो, वेद। पिता बनना कोई एक रात में मिल जाने वाली चीज़ नहीं है। ये एक रिश्ता है, जो धीरे-धीरे बनता है। अगर ज़िंदगी उस दिशा में जाती है, तो गौरव एक दिन सिर्फ़ "अंकल" से ज़्यादा हो

सकते हैं। लेकिन वो तुम्हारे पिता बनें या नहीं –ये सिर्फ़ शादी से तय नहीं होता। ये इस पर निर्भर करेगा कि तुम दोनों एक-दूसरे की तरफ़ कैसे और कितना बढ़ते हो।'

वेद के चेहरे से हँसी गायब थी, माथे पर शिकन आ गई।

'जल्दबाज़ी मत करो,' मैंने नरमी से कहा। 'और उन पर भी नहीं। अगर ये रिश्ता बढ़ने के लिए बना है, तो बढ़ेगा। और अगर ये वैसा नहीं भी बना जैसा तुम सोचते हो, तो ये याद रखना: तुम अधूरे नहीं हो। एक पिता का होना तुम्हारी ज़िंदगी में कुछ जोड़ सकता हैं, हाँ। लेकिन वो तुम्हारी क़ीमत तय नहीं करते। तुम पहले से ही पूरे हो।'

मैं थोड़ा रुका, फिर हल्की मुस्कान के साथ जोड़ा, 'शायद यही बात आर्ट तुम्हें बिना एहसास कराए सिखा रही है –खाली जगहों के साथ जीना, उन्हें ईमानदारी से भरना, और उन्हें बोलने देना। पिता की तुम्हारी चाह उन स्ट्रोक्स जैसी है, जो तुम काग़ज़ पर बनाते हो। ये कमज़ोरी नहीं है, वेद। ये सच्चाई है। और सच्चाई, जब धैर्य के साथ थामी जाए, तो एक दिन रिश्ता बन सकती है।'

उसने थोड़ा हल्का महसूस करते हुए धीरे से साँस छोड़ी।

~

हम सबके भीतर कुछ खाली जगहें होती हैं। वेद के लिए वो जगह एक पिता की कमी थी। आपके लिए शायद कुछ और –माँ-बाप का वो प्यार जो कभी पूरी तरह मिला ही नहीं, कोई दोस्ती जो बीच रास्ते छूट गई, कोई सपना जिसे पंख न मिले हों, या कोई रिश्ता जिसे ज़िंदगी ने पास आने नहीं दिया।

हमारा पहला रिफ़्लेक्स यही होता है कि इन खाली जगहों को जल्दी-जल्दी भर दें –लोगों से, कामयाबियों से, व्यस्तताओं से। लेकिन सच ये है कि हर खालीपन न तो तुरंत भरा जा सकता है, न ही भरा जाना चाहिए। कुछ खाली

जगहें ऐसी होती हैं जिन्हें स्वीकार करना पड़ता है, सम्मान देना पड़ता है, और उनके साथ जीना सीखना पड़ता है।

खाली जगहें इस बात का सबूत नहीं हैं कि आप अधूरे हैं। यही वो जगहें हैं जहाँ तड़प रहती है, जहाँ वल्नेरेबिलिटी साँस लेती है, और जहाँ सच्चाई जन्म लेती है।

असल समझदारी इस बात में नहीं है कि हम इन जगहों के होने से इंकार कर दें, या किसी को ज़बरदस्ती वहाँ समय से पहले बस जाने दें। समझदारी इस बात में है कि हम उन्हें समय दें –ताकि वो हमारे ख़ाली मन को उसका सही आकार दे सकें, हमें और कोमल बना सकें और हमें धैर्य सीखा सकें।

क्योंकि जब प्यार आता है, या जब हम हील होते हैं, तो वो किसी सूने गड्ढे को भरने जैसा नहीं होता। वो उस दिल में आता है जिसने पहले ही ख़ामोशी को सम्मान देना सीख लिया हो, इंतज़ार करना सीख लिया हो, और स्वागत करना सीख लिया हो।

तो, डियर रीडर, अगर आपकी ज़िंदगी में भी किसी खाली जगह का दर्द है, तो उसे कमज़ोरी मत समझिए। उसे गहराई की तरफ़ बढ़ने का, थोड़ा और कोमल बनने का, और ग्रेस के लिए और जगह बनाने का एक इनविटेशन समझिए।

एक दिन हो सकता है वो जगह ऐसे भर जाए, जैसा आप आज सोच भी नहीं सकते। और हो सकता है वो जगह बनी रहे –लेकिन घाव बनकर नहीं, बल्कि ऐसी मुलायम ज़मीन बनकर जहाँ चुपचाप नई ज़िंदगी जड़ पकड़ लेगी।

~

वेद फिर से अपनी स्केचबुक के कोने से खेलने लगा, काग़ज़ को मोड़ते-सीधे करते हुए, जैसे वो भी थक गया हो। उसका पैर संगमरमर की सीढ़ी से टकरा रहा था, किसी ताल में नहीं, बल्कि घबराहट में। काफ़ी देर तक वो चुप रहा।

जब उसने आखिरकार बोलना शुरू किया, तो उसकी आवाज़ इतनी धीमी थी जितनी मैंने पहले कभी नहीं सुनी थी। 'गौरजी...' वो रुका। 'एक बात है जो मैंने आज तक किसी को नहीं बताई। न मम्मी को, न अपने सबसे क़रीबी दोस्तों को।'

उसकी नज़रें इधर-उधर भागीं, जैसे डर हो कि महल की पत्थर की दीवारें भी सुन न लें।

'अजीब है,' उसने घबराई हुई हँसी के साथ कहा, 'आज मम्मी को दादी के साथ रोते देखा... उन्हें इतना... खुलते हुए देखा... तो लगा, शायद मैं भी... कुछ कह सकता हूँ जो मैं बहुत समय से अंदर दबाए बैठा हूँ।' उसकी हँसी वहीं टूट गई। 'लेकिन डर लग रहा है।'

मैंने कुछ नहीं कहा।

वेद ने अपनी स्केचबुक और कसकर पकड़ ली। 'डर इसलिए लग रहा है क्योंकि ये बात एक बार कह दी तो वापस नहीं ली जा सकती। और सच कहूँ तो मैं खुद भी इसे पूरी तरह समझ नहीं पाया हूँ। लेकिन आप पर भरोसा है, गौरजी। आप... न्यूट्रल हैं। आप परिवार के ड्रामे का हिस्सा नहीं हैं। मुझसे कुछ उम्मीदें भी नहीं रखते। और किसी तरह आपकी बातें समझ में भी आती हैं। आप बातों को टालते नहीं।'

उसने काँपती साँस ली। 'तो... ये रहा... पहली बार ज़ोर से कह रहा हूँ।' उसने अपने जूतों की तरफ़ देखते हुए, लगभग फुसफुसाकर कहा, 'मुझे लगता है... मैं गे हूँ।'

उसके शब्दों ने कुछ इस तरह से हमारे चारों ओर इफ़ेक्ट डाला, जैसे तेज़ हवा में फड़फड़ाती लौ।

वो जल्दी-जल्दी बोलने लगा, बिल्कुल लड़खड़ाते शब्दों की तेज़ी लिए। 'मैंने मम्मी को नहीं बताया। मुझे नहीं पता वो कैसे रिएक्ट करेंगी। कोई और कैसे रिएक्ट करेगा। क्या होगा अगर उन्हें लगे मैं टूटा हुआ हूँ? अगर सब मुझे अलग नज़रों से देखने लगें? अगर उन्हें शर्म आए?' उसकी उँगलियाँ स्केचबुक की रीढ़ में गड़ गईं। 'कभी-कभी तो मैं खुद से भी पूछता हूँ, क्या

ये सच में मैं हूँ, या बस एक फेज़? और फिर मुझे खुद पर ही गिल्ट होने लगता है... सिर्फ़ मैं होने के लिए।'

उसकी साँसें तेज़ हो गईं। 'इतने सालों से ये बात अंदर रखी है कि अब पता ही नहीं आज़ादी कैसी लगती होगी। बहुत बार सोचा है बाहर आने के बारे में... लेकिन फिर जम जाता हूँ। मम्मी का चेहरा आँखों के सामने आ जाता है। नानू, नानी, मामा... सब। और लगता है... शायद चुप रहना ही सुरक्षित है।'

उसने मेरी तरफ़ देखा।

वेद की बात सुनते हुए मुझे अपनी ज़िंदगी का एक किस्सा याद आ गया –जो बरसों से मेरे साथ है, और जिसे मैं काश बदल पाता।

सालों पहले, जब मैं नया-नया आश्रम आया था, मैं युवाओं के लिए एक छोटी-सी वीकली क्लास लेता था। एक शाम, सबके जाने के बाद, एक लड़का रुक गया। घबराया हुआ, हिचकिचाता हुआ, लगभग काँपता हुआ। फाइनली उसने हिम्मत जुटाई और वो बात बताई जो उसने कभी किसी से नहीं कही थी। बहुत धीमे से बोला, 'मुझे लगता है... मैं गे हूँ।'

वो उसकी पहली सच्ची वल्नेरेबिलिटी थी। और मैंने क्या किया? सहानुभूति से सुनने की जगह, मैंने उसे टाल दिया। मैंने कहा, ज़्यादा जप करो, शास्त्र पढ़ो, सेवा करो, सब ठीक हो जाएगा। कि ये 'गे होना' बस एक फेज़ है, अपने-आप निकल जाएगा। मेरा इरादा उसे चोट पहुँचाने का नहीं था, लेकिन चोट लगी।

वो पल उसके साथ रह गया। कई साल बाद, जब वो अपनी ज़िंदगी में काफ़ी आगे बढ़ चुका था, एक म्यूचुअल दोस्त से पता चला कि आज भी मेरे रिएक्शन से मिला दर्द उसे कचोटता है। जब उस दोस्त ने मुझसे दोबारा मिलने का सुझाव दिया, तो उसने कहा, 'मिलना तो दूर, मैं कभी उससे फोन पर भी बात नहीं करना चाहता।'

ये बात मुझे अंदर तक चुभ गयी। क्योंकि मेरी गलती यही थी कि मैंने उसे वो नहीं दिया, जिसका हक़ हर इंसान को होता है जब वो अपना दिल खोलकर कोई बात बोलता है –बिना जजमेंट सुने जाने का हक़।

तब मैंने वही किया जो मुझे सही लगा। आज मुझे ज़्यादा समझ है –और इसलिए मैं बेहतर करने की कोशिश करता हूँ। जैसा माया एंजेलो ने कहा है: 'जब तक बेहतर न जानो, तब तक अपनी पूरी कोशिश करो। और जब बेहतर जान जाओ, तो बेहतर करो।'

और क्या यही हम सबकी ज़िंदगी की सच्चाई नहीं है? हम सब सीख रहे हैं। हम सब अधूरे काम ही हैं –वर्क इन प्रोग्रेस।

और अगर हम सब अभी सीख ही रहे हैं, कुछ बन ही रहे हैं, तो कम से कम इतना तो कर ही सकते हैं कि एक-दूसरे को बिना डर के ईमानदार होने की जगह दें। ऐसी सुरक्षित जगहें बनाएँ, जहाँ लोग अपनी सच्चाई छुपाने पर मजबूर न हों, जहाँ वो जैसे हैं वैसे आ सकें –वल्नरेबल, इम्परफेक्ट, लेकिन सच्चे।

इसीलिए दूसरों के चुनावों पर जजमेंट करना कभी ठीक नहीं होता। आख़िर कहते भी तो हैं: 'जब तक तुम्हें ये नहीं पता कि किसी के पास क्या-क्या ऑप्शंस थे, तब तक उसके चुनाव को मत जज करो।'

ज़्यादातर लोग ऐसे बोझ या सच्चाइयाँ ढो रहे होते हैं, जो दुनिया को कभी दिखती ही नहीं। किसी के लिए वो प्यार का सवाल होता है, किसी के लिए करियर का, किसी के लिए बीता हुआ दर्द, पहचान, या कोई पुरानी गलती। और अक्सर ये बातें शर्म की वजह से नहीं छुपाई जातीं –डर की वजह से छुपाई जातीं हैं। डर कि लोग क्या कहेंगे, क्या लेबल देंगे, कैसे समझेंगे।

ख़ामोशी सुरक्षित लगती है, लेकिन उसका भार बहुत होता है। वो सीने पर दबाव डालती है, मुस्कान में घुल जाती है, और हमारे फैसलों को चुपचाप प्रभावित करती है। एक बार सच बोल देना, बस एक बार, ऐसा लगता है जैसे बहुत देर तक पानी के नीचे साँस रोके रखने के बाद फाइनली साँस बाहर छोड़ी हो।

ईमानदारी हिम्मत माँगती है। और हिम्मत का मतलब डर का न होना नहीं है –बल्कि डर के बावजूद सच बोल देने में है।

इसीलिए 'सेफ स्पेसेस' ज़रूरी हैं। परिवार में, दोस्ती में, काम की जगहों पर। लोगों को हर वक़्त मुखौटा पहनकर नहीं जीना चाहिए। और ऐसी जगह बनाने के लिए बड़े-बड़े भाषणों की ज़रूरत नहीं होती। ये छोटे-छोटे कामों से शुरू होती है –बिना बीच में टोके सुनना, जज करने से पहले समझना, और किसी से चुपचाप कह देना, 'मेरे सामने तुम्हें नाटक करने की ज़रूरत नहीं है।'

और जैसा मैंने पहले कहा था, अगर किसी वजह से हम अपनी सच्चाई किसी और से नहीं कह पा रहे, तो कम से कम खुद से तो ईमानदार रहें। और अगर आस्था हमें सहारा देती है, तो अपनी बात भगवान के सामने रख दें। खुद से स्वीकार कर लेना, या ईश्वर के सामने अपनी बात को रख देना भी बोझ हल्का कर देता है, ख़ामोशी को ठहराव देता है, और घावों के भरने की शुरुआत करता है।

तो खुद से पूछिए: क्या मैं ऐसी जगह बना रहा हूँ जहाँ सच्चाई जी सके? और उतना ही ज़रूरी सवाल: क्या मैं ख़ुद को, कम से कम ख़ुद के सामने, ईमानदार होने की इजाज़त दे रहा हूँ?

क्योंकि जिस दिन हमारे अंदर की सच्चाइयाँ बोलकर कह दी जाती हैं, उस दिन हमें एक बात समझ आती है कि –हमारे सच बोल देने से ये दुनिया टूट नहीं जाती। बल्कि दिल हल्का होता है, और रिश्ते और गहरे हो जाते हैं।

~

मैंने उसकी बातों को थोड़ी देर उसी ख़ामोशी में रहने दिया। ख़ामोशी को भरने की जल्दी नहीं की। फिर बहुत नरमी से कहा, 'वेद... तुम्हें अंदाज़ा है, जो तुमने अभी किया है, उसके लिए कितनी हिम्मत चाहिए? इतने समय से दिल के अंदर जो बात दबाए बैठे थे, उसे आवाज़ देना, वो अपने आपमें ताक़त की निशानी है।'

वो पलकें झपकाने लगा, जैसे किसी फ़ैसले का इंतज़ार कर रहा हो।

'मैं यहाँ तुम्हें कोई लेबल देने या तुम्हें डिफाइन करने नहीं बैठा हूँ,' मैंने आगे कहा। 'लेकिन इतना ज़रूर जान लो: जो भी कुछ तुमने कहा है, उसमें ऐसा कुछ भी नहीं है जो तुम्हें टूटा हुआ बनाता हो। बल्कि ये तुम्हें इंसान बनाता है। बिल्कुल हम सबकी तरह –हमारी चाहतों, हमारी सच्चाइयों और हमारे डर के साथ। और अपनी सच्चाई के बारे में ईमानदार होना शर्म की बात नहीं है। वो तो पवित्रता है।'

वेद की आँखें भर आईं, लेकिन उसकी नज़र मुझ पर टिकी रही।

'मैं समझ सकता हूँ कि तुम डरे हुए हो,' मैंने कहा। 'तुम सोच रहे हो कि मम्मी इस बात को कैसे लेंगी, परिवार या दोस्त कैसे रिएक्ट करेंगे। ये डर असली हैं। और इतनी क़ीमती बात को कब, कैसे और किससे शेयर करना है, इस पर सोच-समझकर चलना ही समझदारी है। लेकिन याद रखो –ये सच्चाई कोई बोझ नहीं है। न ही इसके लिए माफ़ी माँगने की ज़रूरत है। ये तुम्हारे होने का एक हिस्सा है।'

उसने नीचे देखा, स्केचबुक अब भी उसकी मुट्ठियों में भींची हुई थी।

'वेद, पता है तुम्हारी कला में मुझे क्या दिखता है?' मैंने धीरे से पूछा। 'खुले आसमान के नीचे खड़ा एक लड़का, बहुत छोटी सी छतरी के साथ... एक पिंजरे से निकलने की कोशिश करता पक्षी... ये सिर्फ़ ड्रॉइंग्स नहीं हैं। ये वो तरीके हैं जिनसे तुम्हारा दिल खुद को एक्सप्रेस करता है, तब जब होंठ भी नहीं कर पाते। तुम पहले से ही ईमानदार रहे हो। और आज, तुमने अगला कदम उठा लिया है।'

मैं थोड़ा आगे झुका। 'अपने अंदर से कुछ बाहर निकालना –दूसरों के लिए किया हुआ कोई परफॉर्मेंस नहीं है। ये दबाव में आकर कुछ उछाल देने की बात नहीं है। ये उस पल को चुनने की बात है, उस जगह को चुनने की बात है, जहाँ तुम्हारा दिल सुरक्षित महसूस करे। ये तब की बात है, जब तुम तैयार हो। और तैयार होने का मतलब ये नहीं कि डर खत्म हो गया –इसका मतलब है कि अब खुद से छुपते-छुपते तुम थक गए हो।'

वेद की साँस काँपी, जैसे उसके भीतर कुछ खिसककर अपनी जगह बदल रहा हो।

'तो मेरी बात सुनो,' मैंने शांत आवाज़ में कहा। 'खुद को इस आधार पर मत तौलो कि लोग कैसे रिएक्ट करेंगे। उनके रिएक्शंस उनके हैं, तुम्हारे नहीं। तुम्हारी सच्चाई तुम्हारी है। तुम उसे कल बताओ, अगले साल बताओ, या सिर्फ़ उन्हीं को बताओ जिन पर पूरा भरोसा हो, ये तुम्हारा फ़ैसला है। ज़रूरी ये है कि दुनिया तुम्हें कैसे देखेगी, इस डर से तुम खुद को न खो दो।'

मैं रुका, फिर हल्की मुस्कान के साथ कहा, 'और वेद... अगर तुम्हारी मम्मी ने तुम्हें कुछ सिखाया है, तो वो ये कि प्यार कभी-कभी लड़खड़ाता ज़रूर है, लेकिन कमज़ोर नहीं होता। उन्हें वक़्त लग सकता है, वो अपनी उम्मीदों से जूझ सकती हैं, लेकिन एक माँ का दिल, बच्चे की सच्चाई से प्यार करना बंद नहीं करता। उन्हें भी, और खुद को भी, थोड़ा सा ग्रेस देना।'

उसके भीतर कुछ ढीला पड़ा। और फिर उसने वो साँस छोड़ दी, जिसे शायद वो काफ़ी देर से रोके हुए था।

~

दोपहर की आख़िरी रोशनी महल की दीवारों पर फैल गई थी। वेद ने अपनी स्केचबुक टोट बैग में रखी, खड़े होते हुए कुर्ते से धूल झाड़ी। एक पल के लिए हम सीढ़ियों पर ही खड़े रहे –इतनी ख़ामोशी थी, जैसे पत्थरों ने भी उस बातचीत का वज़न सोख लिया हो। उसने गहरी साँस ली, चेहरे पर थोड़ी राहत लौटी, और हल्की सी मुस्कान उभर आई।

'चलिए, गौरजी,' वो आधी मुस्कान के साथ बोला, 'अगर यहाँ और बैठे रहे तो दादी खुद हमें हल्दी में घसीट लेंगी और हमें अपना कैनवास बना लेंगी।'

हम हँसे और साथ-साथ उस आँगन की तरफ़ चल पड़े, जो हल्दी में डुबोया जैसा लग रहा था। पीले परदे मेहराबों से झर रहे थे, गेंदे की मालाएँ ऊपर क्रॉस बनाकर टँगी थीं, और पीतल की थालियों में सुनहरी हल्दी चमक रही थी। एक कोने में पानी की बाल्टियाँ रखी थीं –ऑन पेपर वो 'इमरजेंसी' के लिए यूज़ होनी थीं, लेकिन सब जानते थे कि वो दरअसल एम्युनिशन है।

रुक्मिणी दादी, चमकीली सरसों रंग की साड़ी में, मैदान का जायज़ा ऐसे ले रही थीं जैसे कोई जनरल जंग से पहले। 'अरे सुनो सब!' उन्होंने कुशन ठीक कर रहे डेकोरेटर्स पर चिल्लाकर कहा। 'कोई सिमेट्री-विमेट्री की ज़रूरत नहीं। जब तक ये बंदर निपटेंगे, ये जगह होली ही बन जाएगी!'

सब हँस पड़े, और शायद डेकोरेटर्स थोड़ा सा बुरा मान गए।

राकेश लक्ष्मी के साथ अंदर आए, दोनों करीने से प्रेस किए कुर्तों में बड़े सधे हुए दिखने की कोशिश कर रहे थे। ये गरिमा ठीक दो मिनट चली। तभी एक कज़न हल्दी की मुट्ठी लेकर दौड़ता हुआ आया और राकेश के चेहरे पर लगाने ही वाला था। वो तो समय रहते झुक गया, लेकिन लक्ष्मी नहीं बच पाईं। उनकी गाल पर पीली लकीर चमक उठी।

'अरे!' लक्ष्मी चिल्लाईं, राकेश को घूरते हुए। 'ये तुम्हारे घर की शरारत है!'

राकेश ने हाथ उठा दिए, हँसते हुए। 'मुझे मत दोष दो –हल्दी की परंपराओं को दोष दो!'

थोड़ी ही देर में गौरव आ गए, आस्तीन चढ़ाते हुए। 'अगर इसमें घसीटा ही जाना है, तो कुश्ती के लिए तैयार दिखना बेहतर है,' उन्होंने मज़ाक किया। पास खड़ी प्रिया, हल्के पीले सलवार सूट में, खुद को सँभालने की कोशिश कर ही रही थीं कि दादी ने आँख मारकर ऊँची आवाज़ में ऐलान कर दिया, 'प्रिया बेटा, इसके पास ही खड़ी रहना। लोग निशाना तुम पर साधेंगे, लेकिन जानबूझकर चूकेंगे और इसे लगा देंगे!'

पूरा आँगन ठहाकों से गूँज उठा। प्रिया लाल हो गईं, गौरव हँस पड़े, और वेद ड्रामेटिक अंदाज़ में बुदबुदाया, 'दादी को फ़िल्टर चाहिए।' और, हँसी और तेज़ हो गई।

उधर रोहन और संजना लकड़ी की नीची चौकियों पर ऐसे बैठे थे जैसे राजा-रानी हों। चारों ओर दोस्त और कज़न गाने गा रहे थे। संजना ने शालीनता बनाए रखने की कोशिश की, लेकिन कुछ ही पलों में दुपट्टा कंधे से खिसक

गया, और रोहन के कुर्ते पर तो पहली पीली हथेली तभी लग चुकी थी जब वो ठीक से बैठ भी नहीं पाया था।

'देखा!' रोहन ने हार मानते हुए हाथ उठाए। 'ये हल्दी नहीं है। ये ऑर्गेनाइज़्ड बुलींग है!'

एक दोस्त चिल्लाया, 'बिल्कुल! यही तो पॉइंट है!'

कुछ ही पलों में रस्म पूरी तरह उधम में बदल गई। दोस्त कटोरियाँ लेकर टूट पड़े, मौसियाँ एक-दूसरे को देख-देखकर हमला करने लगीं, और छोटे बच्चे गोल-गोल दौड़ते हुए हर उस इंसान को पकड़ रहे थे जो थोड़ा धीमा पड़ जाए।

चुपके से निकलने की कोशिश कर रही प्रिया को गौरव ने पकड़ लिया और हल्दी की एक हल्की सी बिंदी उसके माथे पर लगा दी। वो चौंककर उसे देखने लगी। हँसी और अफ़रा-तफ़री के बीच, एक पल के लिए उनकी नज़रें मिलीं –नरम, ठहरी हुई।

आख़िर में, आँगन वैसा ही दिख रहा था जैसा दादी ने कहा था: पीली लकीरों का मैदान, दीवारों से टकराती हँसी, और सब लोग जैसे सूरजमुखी की तरह दमक रहे हों। पवित्र और शरारती, रस्म और हुड़दंग –सब एक-दूसरे में घुल गए थे। और उस हल्दी के बिखराव में, ख़ुशी ने अपनी छाप छोड़ दी थी।

क्या सच में छोड़ दी थी? या वो बस ऊपर-ऊपर की सुनहरी परत थी, जो नीचे उठते सवालों को ढँक रही थी?

क्या हल्दी –जो शुद्ध करने, आशीर्वाद देने, तैयार करने के लिए होती है –उन ज़ख़्मों को भी भर पाएगी, जिन्हें शब्द अभी छू नहीं पाए हैं? क्या वो रोहन और संजना को और पास लाएगी, या बस दरारों पर ऐसा रंग चढ़ा देगी जो ज़्यादा देर टिक न पाएं?

शाम ढलते-ढलते, जब हल्दी के दृश्य मेरे मन में घूम रहे थे, मुझे फिर याद आया, ज़िंदगी, रिश्तों की तरह, परफेक्शन से नहीं, ईमानदारी से जुड़ी रहती है।

उस दोपहर वेद ने जब मुझसे बात की, धीमी, डरी हुई आवाज़ में, तो मेरे भीतर कुछ हिला। उसकी बातों में एक काँपती हुई सच्चाई थी –वो सच्चाई जो तब आती है जब दिल छुपना छोड़ देता है। उसका कन्फेशन सही-गलत का सवाल नहीं था, वो बस दिखे जाने की चाह थी।

मैंने खुद को उसे सुनते पाया –ना ही कोई गुरु और ना ही कोई मॉन्क बनकर, बल्कि एक इंसान बनकर। पहले शायद मैं उस ख़ामोशी को उपदेशों से भर देता। लेकिन इस बार, मैं बस उसके साथ बैठा रहा, उसकी सच्चाई को साँस लेने देता हुआ। उस चुप्पी में मुझे समझ आया –कि प्यार किसी का रास्ता ठीक करने के बारे में नहीं है। प्यार उसके साथ चलने के बारे में है, जब वो अपना रास्ता खुद ढूँढ रहा हो।

वेद के कन्फेशन में मुझे एक कसक महसूस हुई –ममता और विनम्रता का मिला-जुला एहसास। उसने अपनी सच्चाई मुझे सौंपी थी। और उस भरोसे में मुझे एक शांत सा प्रायश्चित दिखा –जैसे ज़िंदगी ने मुझे सही तरीक़े से मदद करने का एक और मौक़ा दे दिया हो।

....

सोचने की बातें...

हल्दी एक मेटाफर के रूप में: हल्दी त्वचा के लिए जो करती है, माफ़ी दिल के लिए वही करती है –हमारे ज़ख्मों को भरती है, हमें नर्म करती है, ठीक करती है। और दयालुता, एक हल्के मरहम की तरह, प्यार को दर्द में बदलने से रोकती है।

सच्चाई के लिए सुरक्षित जगहें: वल्नरेबिलिटी तब खिलती है जब कोई बिना जल्दबाजी के सुने, बिना जजमेंट मौजूद रहे, और दिल के चुने हुए समय का सम्मान करे। सच तब कहा जाना चाहिए, जब इंसान खुद को सुरक्षित और तैयार महसूस करे।

मुश्किल फैसले: कभी-कभी बात सही और ग़लत की नहीं होती। बात ये होती है कि कौन-सा दर्द थोड़ा कम चुभे।

सही और सही के बीच का चौराहा: कभी-कभी ज़िंदगी हमें दो 'सही' के बीच खड़ा कर देती है। बेहतर सवाल ये है: कौन-सा चुनाव मुझे भीतर से शांति देगा? ईमानदारी से उस चुनाव को अपनाओ, डिग्निटी अपने आप आ जाएगी।

खालीपन के साथ जीना: हर चाहत को तुरंत पूरा करना ज़रूरी नहीं। कुछ खाली जगहों को सम्मान देना पड़ता है –छुपाना नहीं –जब तक प्यार या हीलिंग खुद रास्ता न ढूँढ ले। सच्चापन पूर्णता है, बेदाग़ होना नहीं।

ईमानदारी एक उपचार है: दबी हुई सच्चाई को स्वीकार करना कमज़ोरी नहीं –क्लींजिंग है। जब सच को संवेदनशीलता के साथ रोशनी में लाया जाता है, तो शर्म ढीली पड़ती है, डिग्निटी लौटती है, और हम साफ़ नज़र से आगे बढ़ पाते हैं।

....

इस अध्याय से जुड़े अभ्यास पेज नंबर 291 पर दिए गए हैं।

9

अधूरी कहानियाँ

क्लोज़र के बिना, क्लैरिटी की खोज

~

ज़िंदगी का हर चैप्टर हमेशा ख़त्म हो ही जाए, ऐसा नहीं है, कुछ चैप्टर्स अधूरे रहकर भी सीख दे जाते हैं।

हमारा मक़सद परफ़ेक्ट क्लोज़र नहीं बल्कि क्लियर विज़न होना चाहिए —क्योंकि जब मन शांत हो और दिल ईमानदार हो, तब अधूरे लम्हें भी हमें आगे का रास्ता दिखा सकते हैं।

हम 'क्लोज़र' की बात ऐसे करते हैं, मानो हर दर्द को बड़े अच्छे तरीक़े से पैक करके किसी फ़ाइल में बंद किया जा सकता हो, जैसे कोई केस सेटल हो गया हो या बिज़नेस डील साइन हो गई हो। लेकिन असली ज़िंदगी ऐसे ढंग से ख़त्म नहीं होती। ज़्यादातर वो हमें रीमाइंडर्स देकर जाती है। कोई दिन, कोई जगह, कोई इंसान, या कभी-कभी बस एक ख़ुशबू, अचानक उस इमोशन को ट्रिगर कर देती है, जो हमारे हिसाब से हमने बहुत पहले ताले में बंद करके रख दिया था। और जो हमें लगता था कि ख़त्म हो चुका था, वो फिर से ज़िंदा हो उठता है –कभी बेचैन कर देता है, कभी उलझा देता है और कभी बेबस सा महसूस कराता है।

हर बार जब मैं लंदन के हीथ्रो एयरपोर्ट पर उतरता हूँ, तो यही सच्चाई सामने आ खड़ी होती है। हर शहर की एक अपनी एक फैमिलियर स्मेल होती है –जो हमें पुराने दिनों की याद दिला सकती है। अच्छी यादों में, बुरी यादों में, या दोनों के मिले-जुले एहसास में। कुछ यादें मद्धिम सी आती हैं, कुछ एकदम आँधी जैसी तेज़ –वह इस बात पर निर्भर करता है कि वहाँ हमारे अनुभव कैसे थे। हीथ्रो का अपना एक अलग ही माहौल है –जहाज़ से उतरते ही लगने वाली हल्की सी ठंड, कियोस्क से आती भुनी हुई कॉफ़ी की खुशबू, लंबे चमचमाते कॉरिडोरों की एक साफ़-सुथरी लेकिन बेरंग सी गंध, टर्मिनल्स में गूँजती दबे स्वर की घोषणाएँ और, हाँ, इमिग्रेशन की वो साँप जैसी लंबी कतारें। ज़्यादातर यात्रियों के लिए हीथ्रो बस एक एयरपोर्ट है। मेरे लिए, वो हमेशा एक पोर्टल रहा है –एक दरवाज़ा, जो मुझे सेवा, दोस्ती और सीख के उन सालों में ले जाता है, जो मैंने भक्तिवेदांत मैनर में बिताए।

वो मैनर अपने-आप में हीथ्रो से बिल्कुल अलग दुनिया है। कभी बीटल्स के जॉर्ज हैरिसन की मिल्कियत रही ये जगह, बाद में इंटरनेशनल सोसाइटी फ़ॉर कृष्ण कॉन्शसनेस को भेंट की गई। हर्टफ़ोर्डशायर की ये विशाल एस्टेट, जहाँ अंग्रेज़ कंट्रीसाइड की सादगी और भारतीय भक्ति की शाश्वत धारा एक

साथ मिलती हैं। दूर तक फैले हरे मैदान, तालाब जिनमें हंस तैरते रहते हैं, एक घुमावदार ड्राइववे जो लाल ईंटों वाले मैनर हाउस तक ले जाता है, और उसके आगे वो मंदिर हॉल, जिसने अनगिनत प्रार्थनाएँ, कीर्तन, प्रवचन और सत्य की तलाश में बहते आँसू देखे हैं। वहाँ की हवा खुद एक परफ़्यूम जैसी है –अगरबत्ती की खुशबू ताज़ी घास में सिमटी हुई। घंटियों की आवाज़ मैदानों में गूँजती है, और जप की धीमी गुनगुनाहट वातावरण को भर देती है।

2006 से 2019 तक, हर साल कई हफ्तों के लिए मैं वहीं ठहरा करता था। मेरे प्रिय मित्र, श्रुतिधर्मा दास और प्रणबंधु दास, मुझे हीथ्रो से लेने आते, उनकी मुस्कान लंबी उड़ान की सारी थकान घोल देती थी। मुझे आज भी कार में होने वाली हमारी बातें याद हैं –हँसी, रिफ्लेक्शंस और आने वाले दिनों की योजनाएँ बनाना। आश्रम के भक्त मुझे परिवार जैसी सादगी से अपनाते, और कोंग्रेगेशन परिवार इतना प्रेम देते कि बस कृतज्ञता से दिल भर जाता। वो यात्राएँ सिर्फ़ घरों में, यूनिवर्सिटीज़ में, कम्युनिटी हॉल्स में और मंदिरों में लेक्चर्स और सेमिनार्स देने तक सीमित नहीं थीं। वो मेरे लिए भी गहरे समृद्धि के पल थे –जब मैं दूसरों की खोज में मदद करते-करते, अपनी ही ज़िंदगी और आध्यात्मिक समझ को और गहरा कर रहा था।

वो साल मेरी ज़िंदगी के सबसे कीमती समय में से हैं –जहाँ गहरे रिश्ते बने, सेवा साझा हुई, दयालुता खुले दिल से दिखी और प्रेम भरपूर मिला। आज भी, जब मैं हीथ्रो से गुज़रता हूँ, तो एक नॉस्टैल्जिया उठता है –लेकिन वो सिर्फ़ कोई सतही भावना नहीं, बल्कि ग्रैटीट्यूड, आनंद और एक शांत सैटिस्फैक्शन की लहर होती है कि कभी ये सब मेरी यात्रा का हिस्सा रहा।

लेकिन यादों के रंग हमेशा सुनहरे नहीं होते। मैनर जाना एक ऐसी याद भी जगा देता है, जो अब भी चुभती है। मुझे एक वरिष्ठ महिला याद आती हैं, मुझसे उम्र में काफ़ी बड़ी, जिन्होंने एक सुबह के प्रवचन में कही मेरी बात पर मुझे कड़ी डाँट लगाई थी। शुक्र है, वो निजी तौर पर था, लेकिन अपमानजनक था। उन्होंने मुझसे कहा कि मैं शाम के सत्र में 150–200 लोगों के सामने सार्वजनिक रूप से माफ़ी माँगूँ। मैं उन्हें जानता तक नहीं था; ये हमारी पहली

ही मुलाक़ात थी। शायद उनके नज़रिए से वो सही थीं, शायद मेरे नज़रिए से मैं। लेकिन यहाँ सही-ग़लत मुद्दा नहीं है। जो मेरे साथ रह गया, वो सुधार की बात नहीं, बल्कि उसका तरीका था। तीखा। कठोर। चोट पहुँचाने वाला।

क्या मैं उस याद को मिटा सकता हूँ? नहीं। क्या मैं कह सकता हूँ कि वो ख़त्म हो गई है? नहीं। अगर मैं उन्हें फिर देखूँ, तो क्या वो याद जगेगी? हाँ। यही ज़िंदगी है।

और फिर भी, मैं उस याद को ऐरोगेन्स या कड़वाहट के साथ थामे नहीं रहता। क्योंकि मैंने डिफेंसिव होने के बजाय ह्युमिलिटी को चुना। मैंने माफ़ी माँगी, हार मानने के लिए नहीं, बल्कि अपना पॉइंट प्रूव करने से ज़्यादा शांति को प्राथमिकता देने के लिए। मैंने उस पल को खुद पर काम करने का मौक़ा बनाया –अपने शब्दों को और ज़्यादा संवेदनशील बनाने के लिए, अपने लहजे में और सावधान होने के लिए। हर बार जब वो याद लौटती है, तो अपने साथ चुभन लेकर आती है, लेकिन सीख भी।

बेशक, ज़िंदगी में ऐसे मौके भी आते हैं जब ह्युमिलिटी को एक अलग रूप लेना पड़ता है –चुपचाप एक्सेप्ट ना करना, बल्कि बोलने का साहस, अपनी बात पर अडिग खड़े रहने की ताक़त, और कभी-कभी अपनी बात साबित करना भी ज़रूरी होता है। अपने आपको या अपने मूल्यों को क्लैरिटी के साथ बचाना अहंकार नहीं है, और ना ही ईगो। विज़डम इसी में है कि हम पहचान सकें –कब शांति एक क़दम पीछे हटने से मिलेगी, और कब आगे बढ़ने से।

और इसी तरह, जब बाहर आँगन में शादी की तैयारियाँ चल रही थीं, फूलों और पवित्र अग्नि के साथ, मुझे याद आया कि हर रस्म–हर याद की तरह–आगे आने वाले पलों में अपनी छाप छोड़ जाती है। सवाल ये नहीं है कि अतीत लौटेगा या नहीं। सवाल ये है कि जब वो लौटे, तो क्या प्यार इतना मज़बूत और इतना सच्चा होगा कि उसका सामना कर सके।

~

महल मधुमक्खी के छत्ते की तरह गूँज रहा था, हर कोना या तो अफ़रा-तफ़री से भरा था या हँसी से। बच्चे, अपनी मुट्ठियों में फूलों की पंखुड़ियों से भरे काग़ज़ी कोन लेकर, दूल्हे की बारात पर हमला करने की रणनीति बनाते हुए बालकनियों से लदे हुए थे। गेट के पास कज़न्स का एक झुंड इस बात पर बहस कर रहा था कि सबसे अच्छे डांस मूव्स किसके थे।

'ब्रो, मैं हफ्तों से प्रैक्टिस कर रहा हूँ,' एक बोला।

दूसरा हँसा, 'प्रैक्टिस? ये बारात है, रियलिटी शो नहीं!'

अंदर बैंड वाले ढोल और ट्रम्पेट्स ज़ोर-ज़ोर से बजा रहे थे, आवाज़ इतनी तेज़ थी कि छत पर बैठे कबूतर उड़ गए। एक अंकल बुदबुदाए, 'अरे भाई, ये शादी है या पॉलिटिकल रैली?' लेकिन उनकी मुस्कान सबकुछ कह रही थी।

फिर झाँझ की ज़ोरदार झंकार और ढोल की पहली गहरी चोट के साथ गेट खुला। हॉर्न बजे, म्यूज़िक फूटा, और सुबह की सधी हुई उत्सुकता अचानक शोरगुल भरे जश्न में बदल गई।

कज़न्स सबसे पहले कूद पड़े, हाथ हवा में, पैर ज़मीन पर, हर कोई खुद को शो का स्टार समझ रहा था। अंकल्स तालियाँ बजा रहे थे, कुछ कंधे उचकाकर या साइड में हिलकर डांस करने की बहादुरी दिखा रहे थे, तो कुछ घुटनों को ज़्यादा न परखते हुए वहीं खड़े-खड़े झूम रहे थे। आंटियाँ एक साथ खड़ी थीं, शादी के गीत गाती हुई, हँसती हुई, और हर मूव पर लाइव कमेंट्री देती हुई।

सबके बीचों-बीच सफ़ेद घोड़ी खड़ी थी, मख़मल की साज-सज्जा और सुनहरे फुंदनों से सजी हुई। रोहन, अपनी आइवरी शेरवानी और केसरिया पगड़ी में, कज़न्स के साथ आगे बढ़ा; सब मिलकर ऐसे आ रहे थे जैसे कि कोई क्रिकेट टीम मैदान में उतर रही हो। घोड़ी ने हल्की सी हिनहिनाहट भरी, मानो वो भी अपनी भूमिका की अहमियत समझती हो।

'इसे कसकर पकड़ो!' एक दोस्त नाटकीय अंदाज़ में चिल्लाया। 'अगर ये फिसल गया तो लंच से पहले नया दूल्हा ढूँढना पड़ेगा!'

ज़ोरदार ठहाकों के बीच रोहन घोड़ी पर चढ़ा –एक पल के लिए अटपटा, फिर सँभलता हुआ, उसी शान में, जिसकी रिहर्सल तो नहीं की थी उसने, लेकिन इस पल को अपने मन में शायद सौ बार जी चुका था।

बारात शोर और रंगों की लहर बनकर आगे बढ़ी।

ढोल और नाच के कोलाहल से थोड़ा हटकर, रुक्मिणी दादी बालकनी में आ गई थीं। रेलिंग पर झुककर, हवा में लहराते दुपट्टे के साथ, उन्होंने हाथ मुँह पर रखकर आवाज़ लगाई, 'अरे दुल्हे राजा, थोड़ा मुस्कुराओ! बैंडवालों को डराओगे क्या!'

उनके शब्द ऊपर से बरसती पंखुड़ियों जैसे बारात पर गिरे। बैंड वाले भी एक पल के लिए ताल भूल गए, ट्रम्पेट बजाने वाले हँस पड़े।

सफ़ेद घोड़ी पर ऊँचा बैठा रोहन खुलकर मुस्कुराया –ऐसी मुस्कान, जिसने सब तरफ़ से नए जयकारे बटोर लिए और दादी की शरारती आज्ञा पूरी कर दी। दादी ने ऊपर से विजयी अंदाज़ में सिर हिलाया, जैसे उन्होंने खुद जश्न की चमक लौटा दी हो।

प्रिया आँगन के एक कोने से सब देख रही थी, उसकी नज़र दूल्हे से ज़्यादा भीड़ पर थी। गौरव उसके पास आया और धीमे से बोला, 'लगता है असली मुकाबला मेहमानों और बैंड के बीच है –कौन ज़्यादा शोर मचा सकता है?' वो हल्के से हँसीं, और उसकी आँखों में एक पल को गर्माहट उतर आई।

लक्ष्मी और राकेश गेट के पास खड़े थे, तत्पर मेज़बान। लक्ष्मी ने साड़ी का पल्लू सँभाला, मन ही मन प्रार्थना की, और राकेश, अपने नर्वसनेस को ह्यूमर में छुपाते हुए अंकल्स के एक समूह के साथ ताली बजा रहे थे। 'मुझे तो घोड़ा दूल्हे से ज़्यादा शांत लग रहा है,' उसने चुटकी ली, और ज़ोरदार हँसी गूँज उठी।

बारात खुशियों की अव्यवस्थित लय में धीरे-धीरे आगे बढ़ रही थी –ढोल गूँज रहे थे, बालकनियों से फूलों की बारिश हो रही थी, दोस्त ऐसे नाच रहे थे जैसे कल होगा ही नहीं। तालमेल से दूर, शोरगुल से भरी, उफनती हुई, और

यही तो बात थी। बारात कभी सीधी चलने के लिए बनी ही नहीं होती–वो तो ख़ुशी का ऐलान होती है, बिखराव को अपनाने का बहाना, ज़िंदगी को उसकी सारी बेपरवाह भरमार के साथ मनाने का तरीक़ा।

तभी ढोल और ज़ोर से गरजे, घोड़ी ने ज़मीन पर टाप मारी और बारात महल के फाटक के और क़रीब आ गई।

चमकीली साड़ियों में सजी महिलाएँ प्रवेश द्वार पर कतार में खड़ी थीं, सजी-धजी थालियाँ हाथ में लिए, ठंडी रेगिस्तानी हवा में दीयों की लौ बहादुरी से टिमटिमा रही थी। अगरबत्ती की खुशबू गेंदों के फूलों से मिल गई, और आशीर्वाद और गीतों के साथ दूल्हे के चारों ओर घुमते हुए उन्होंने आरती शुरू की। बच्चे अपनी उत्सुकता रोक ही नहीं पाए। वो तय समय से पहले ही जीत की किलकारियों के साथ हवा में पंखुड़ियाँ उछालते हुए दौड़ पड़े। रोहन और उसकी घोड़ी पर लाल और पीले फूलों की बारिश हुई। घोड़ी ने अपने कानों को ऐसे झटका, मानो पूरे ठाठ के साथ अपनी असहमति जता रही हो।

उधर पंडित जी संस्कृत मंत्रों का उच्चारण शुरू कर ही रहे थे कि एक शरारती लड़का, कुछ और कज़न्स के सहारे उछलकर आगे आया और रोहन की नाक खींच ली –ये इस बात का रिमाइंडर था कि चाहे दूल्हा घोड़े पर कितने ही राजसी ठाठ से क्यों न बैठे, दुल्हन के घर में उसे विनम्रता के साथ ही प्रवेश करना होता है।

'आउ!' रोहन ने नाक मलते हुए नाटकीय दर्द के साथ कहा। भीड़ ठहाकों से गूँज उठी। 'शुभ शगुन है!' कोई चिल्लाया। 'दूल्हे की नाक पहले ही टेढ़ी हो गई!'

लेकिन असली जंग तो इस सबसे कुछ क़दम पीछे चल रही थी। छोटे कज़न्स का एक गुट, फुसफुसाहट, इशारों और ज़रूरत से ज़्यादा गंभीर चेहरों के साथ, अपने मिशन की प्लानिंग कर रहा था: दूल्हे के जूते चुराने की।

'ठीक है, तुम अंकल्स को डिस्ट्रैक्ट करो। मैं घोड़े के नीचे से निकल जाऊँगा,' एक फुसफुसाया।

'घोड़े के नीचे?!' दूसरा सिसकारा। 'शादी की शुरुआत हॉस्पिटल विज़िट से करनी है क्या?'

और वेद, ज़ाहिर है, मोबाइल हाथ में लिए, लाइव कमेंट्री दे रहा था। 'ऑपरेशन जूता छुपाई शुरू हो चुका है,' वो ऐसे फुसफुसाया जैसे किसी जंग की फ्रंटलाइन से रिपोर्टिंग कर रहा हो। 'डिकॉय टीम आगे बढ़ रही है... डाइवर्ज़न टीम जलेबी काउंटर के पास पोज़िशन संभाले हुए है... सक्सेस प्रॉबेबिलिटी: पचास प्रतिशत, जब तक दादी बीच में न कूद पड़ें।'

महल के फाटक –जो अब दरवाज़े से ज़्यादा एक रंगमंच लग रहे थे –पूरी तरह खुल गए, मानो शोर, रस्मों, खुशियों के साथ न जाने और क्या-क्या निगलने को तैयार हों। मेहमान सजे-धजे अंदर आने लगे, हँसी और अभिवादन हवा में एक-दूसरे से टकराने लगे।

ऐसा लगा जैसे कोई पर्दा उठ रहा हो। बारात अंदर चली गई –ढोल गूँजते हुए, कज़न्स घूमते हुए, हँसी-मज़ाक उड़ता हुआ –आँगन के बीचों-बीच बने मंडप की ओर, जो चमेली और गुलाबों से सजा था। ऊपर रेशमी छतरी जो कि हाथी-दाँत और गहरे लाल रंगों में झिलमिला रही थी, देखकर ऐसा लग रहा था जैसे कपड़े में बुना हुआ आशीर्वाद। उसके केंद्र में हवन कुंड था –लकड़ियों का चौकोर ढाँचा, सलीके से सजा, अग्नि के प्रज्ज्वलन की प्रतीक्षा में –वो पवित्र आग, जो साक्षी भी बनेगी और शुद्ध भी करेगी।

पुजारी इधर-उधर व्यस्त थे, उनकी आवाज़ हवा में संस्कृत श्लोकों का उच्चारण बुनती जा रही थीं। चावल, घी, कपूर और चंदन की थालियाँ सजा दी गईं। हर चीज़ का एक अर्थ था: चावल समृद्धि के लिए, घी पोषण के लिए, कपूर शुद्धि के लिए, और अग्नि सत्य के लिए। ये सब सिर्फ़ रस्म नहीं थे –ये रिमाइंडर थे कि प्रेम को भी पोषण, त्याग और स्पष्टता चाहिए।

मेहमान कतारों में बैठने लगे, रंग-बिरंगी साड़ियाँ और कुर्ते रंगों का समंदर बन गए। बच्चे अपनी सीटों पर मचल रहे थे, कुछ तो पहले ही प्रसाद की थालियों से लड्डू चुराने की कोशिश में थे। अंकल्स साज-सज्जा पर फुसफुसा रहे थे, आंटियाँ हल्के सुर में शादी के गीत गुनगुना रही थीं और कोनों में बैठे बुज़ुर्ग आँखें बंद किए प्रार्थना में डूबे थे।

दूल्हा सबसे पहले मंडप में आया, स्थिर क़दमों के साथ, उसकी मुस्कान का स्वागत तालियों से हुआ। दोस्त उसे छेड़ने लगे, कज़न्स ने गंभीरता से

उसका साफ़ा सीधा किया और किसी ने कान में ऐसा जोक कहा कि वो ज़ोर से हँस पड़ा।

और फिर दुल्हन आई।

संजना आँगन के दूसरे सिरे पर दिखाई दी, लाल और सुनहरे रंग में सजी, उसका घूँघट सुबह की रोशनी में ऐसे चमक रहा था जैसे आगे बढ़ती हुई लौ। उसका हर क़दम ग्रेस से भरा था, लेकिन उस पल का पूरा वज़न लिए भी था। आस-पास दोस्त उसका दुपट्टा ठीक कर रहे थे, बच्चे उसके पैरों के आगे फूल बिखेर रहे थे।

गौरव उसके साथ चल रहा था, उसका हाथ मज़बूती से थामे हुए, उस घबराहट को सँभालता हुआ जिसे सबसे दमकती दुल्हन भी पूरी तरह छुपा नहीं पाती।

उसके मन में अपने माता-पिता की याद आई –जो बहुत जल्दी चले गए थे। उसे याद आया कैसे इक्कीस साल की उम्र में ही उसे अचानक पिता, माँ, कमाने वाला और रक्षक, सब बनना पड़ा था। वो रातें याद आईं जब संजना की बीमारी में वो उसके पास जागता रहा, वो नौकरियाँ याद आईं जो उसने स्टूडेंट रहते हुए सिर्फ़ उसके सपनों को पूरा करने के लिए कीं, वो हँसी याद आई जो उसने तब ज़बरदस्ती ओढ़ी थी, जब अंदर से वो टूटना चाहता था। हर त्याग, हर समझौता, हर खामोश दुआ, सब इसी पल के लिए थे। ताकि संजना आज यहाँ खड़ी हो सके –एक अनाथ लड़की की तरह नहीं, बल्कि एक प्यारी, दुलारी दुल्हन की तरह।

जैसे-जैसे वो मंडप के क़रीब पहुँचे, आँगन थम सा गया। ढोल की थाप धीमी हो गई, बातें मंद पड़ गईं, और एक पल के लिए लगा मानो पूरा जमावड़ा भाई-बहन के इस रिश्ते के लिए जगह बना रहा हो। गौरव ने संजना का घूँघट हल्का सा उठाया, उसके कान के पीछे बालों की एक लट सँवार दी, उसकी मुस्कान काँप रही थी, लेकिन कोमल थी।

मंडप पर पहुँचकर वो रुका। एक पल के लिए उसने आँखें बंद कीं, मानो अपने माता-पिता से चुपचाप कह रहा हो: मैंने कर दिखाया। वो सुरक्षित है,

खुश है, अपने नए घर के लिए तैयार है। फिर गर्व और हेज़िटेशन के साथ, उसने संजना का हाथ पंडित जी के हाथ में सौंपा और बहुत प्यार से उसे दूल्हे के पास बैठा दिया।

संजना ने उसकी ओर देखा, उसकी आँखें नम थीं। उसने इतने धीमे-से कहा कि सिर्फ़ वही सुन सका: 'थैंक यू... मेरे लिए सबकुछ बनने के लिए।' गौरव ने एक बार फिर उसका हाथ दबाया, सारी यादें मन में भरकर, फिर पीछे हट गया।

और उस पल, आँगन ने किसी भी रस्म से बड़ी चीज़ देखी –उस प्रेम की खामोश ताक़त, जो न माँगता है, न दिखावा करता है, बस देता है।

जैसे ही गौरव पीछे हटा, आँखें अब भी भीगी हुई थीं, सामने वाली कतार से रुक्मिणी दादी की आवाज़ गूँजी, 'बस, बस! गौरव बेटा, अब रोना-धोना बंद करो। ये तो दुल्हन है, ससुराल जा रही है –तुम्हारी विदाई थोड़ी ना हो रही है!'

भीड़ ठहाकों से फूट पड़ी। गौरव ने झेंपते हुए आँखें पोंछीं, शर्म और स्नेह के बीच फँसा हुआ।

आँगन में आँसू और हँसी के इस झूले को देखते हुए, मुझे फ़िल्म *आनंद* (1971) का वो अमर गीत याद आ गया:

ज़िंदगी कैसी है पहेली हाय,
कभी तो हँसाए, कभी ये रुलाए...

और फिर भी, यहीं इसी लय में –खुशी और ग़म के बीच, मुस्कान और सिसकियों के बीच –ज़िंदगी ख़ुद को एक पूर्ण रूप में पाती है।

हँसी एक गिफ़्ट है। वो माहौल हल्का कर देती है, दीवारें तोड़ देती है, और पल भर के लिए ही सही, पर हम जो अपने अंदर बोझ लिए फिरते हैं, उसे भूलने में हमारी मदद करती है। वो हमें ऐसे ऊपर उठाती है जैसे हीलियम गुब्बारे को आसमान की ओर ले जाता है। एक हॉल में गूँजती साझा हँसी को

सुनना, या वो पल जब एक जोक सारी झिझक को बर्फ़ जैसा पिघला देता है, किसे अच्छा नहीं लगता?

लेकिन हँसी के इतना ख़ूबसूरत होने के बावजूद भी, वो आँसू ही हैं जो हमारे मन में गहरे उतर जाते हैं। सिर्फ़ किसी प्रॉब्लम का या किसी के चले जाने पर गिरते आँसू नहीं –हालाँकि वो भी ज़रूरी हैं –बल्कि वो आँसू, जो दिल को छू जाने पर निकलते हैं। जब प्रेम उमड़ पड़ता है, जब कृतज्ञता छलक जाती है, जब त्याग को पहचान मिलती है, जब किसी और की सच्चाई हमें हमारी अपनी सच्चाई जैसी लगती है। वो आँसू हमें पवित्र बनाते हैं। वो हमारी आत्मा को झकझोरते हैं। हमें याद दिलाते हैं कि हमारी सभी व्यस्तताओं के बाद भी, हम इंसान हैं –नाज़ुक, संवेदनशील, जीवित।

और क्या ये संतुलन ज़रूरी नहीं है? ज़्यादा मिठास ज़िंदगी को चिपचिपा, बल्कि ख़तरनाक बना देगी –जैसे ज़्यादा शक्कर बीमारी ले आती है। और बहुत ज़्यादा दुख हमें तोड़ देगा। लेकिन मिलावट –थोड़ी मिठास, थोड़ी कड़वाहट –ही भोजन को पोषण देता है। हँसी हमारी रसगुल्ला है, और आँसू हमारा करेला –दोनों मिलकर थाली पूरी करते हैं।

ज़िंदगी, जैसा गीत कहता है, कोई पहेली नहीं जिसे सुलझाया जाए, बल्कि एक स्वाद है जिसे चखा जाना चाहिए। गौरव के संतोष के आँसू और दादी का गूँजता हुआ ह्युमर, एक ही साँस में –ये कॉण्ट्राडिक्शन नहीं था, ये हारमनी थी। क्योंकि पूरी तरह इंसान होना, दोनों को जगह देने में ही है।

तो चलिए, किसी का विरोध नहीं करते। ज़िंदगी जब हँसने का मौका दे तो हँसते हैं। कोई बात दिल को छू जाए तो रो लेते हैं। और जान लेते हैं कि दोनों में –मिठास और कड़वाहट में, रसगुल्ले और करेले में –ज़िंदगी की वही अजीब, मैग्निफिसिएंट होलनेस छिपी है।

~

जैसे ही आँगन थोड़ा शांत हुआ और पंडितों ने अपने मंत्र शुरू किए, उनमें से एक ने अचानक रुककर पंचांग देखा, गला साफ़ किया और बोला:

'अरे, दूल्हा-दुल्हन की बारात तो टाइम से पहले ही आ गई है,' उसने आधा मुस्कुराते, आधा हैरान होते हुए ऐलान किया। 'इतिहास में पहली बार सबकुछ शेड्यूल से आगे चल रहा है। लेकिन फेरों का मुहूर्त... वो तो अभी कुछ देर बाद है।'

भीड़ में हँसी फैल गई। एक अंकल ने ताली बजाई और बोले, 'वाह! चमत्कार भी होते हैं। इस परिवार ने तो पंक्चुअलिटी का रिकॉर्ड ही तोड़ दिया।'

पंडित जी ने माहौल सँभालते हुए मुस्कुराकर जोड़ा, 'तो जब तक थोड़ा समय है, दूल्हा-दुल्हन थोड़ा ब्रेक ले सकते हैं। पानी पी लें, फ्रेश हो लें और मुहूर्त के पास वापस आ जाएँ।'

दोनों परिवार सहमति में सिर हिलाने लगे और बातचीत का शोर फिर से उठ खड़ा हुआ। मेहमानों ने पैर फैलाए, आंटियाँ गॉसिप में लग गईं, अंकल्स स्टॉक मार्केट पर चर्चा करने लगे और बच्चे फिर से लड्डुओं की तलाश में भाग खड़े हुए। बाक़ी सबके लिए ये बस एक नैचुरल पॉज़ था, कुछ भी असामान्य नहीं।

तभी रोहन ने मेरी ओर देखा। उसकी आवाज़ स्थिर थी, लेकिन उसकी आँखें वो सब कह रही थीं जो शब्द नहीं कह पा रहे थे। 'स्वामीजी... रस्में शुरू होने से पहले, क्या मैं और संजना आपसे कुछ मिनट अकेले में मिल सकते हैं? बस आपके आशीर्वाद के लिए।'

लोग मुस्कुराते हुए हमें जाते देख रहे थे, लेकिन उस मुस्कान के पीछे की वजह सिर्फ़ मैं जानता था कि बात सिर्फ़ माला और मंत्रों की नहीं थी। कुछ सवाल थे, जिनके जवाब वचनों से पहले ज़रूरी थे।

हम बोगनवेलिया से सजे एक साइड कॉरिडोर की तरफ़ मुड़ गए। हर क़दम के साथ ढोल और बातचीत की आवाज़ धीमी होती गईं। एक पल के लिए ऐसा लगा जैसे पूरा महल साँस रोके खड़ा हो –ये सुनने की कोशिश में कि अब क्या कहा जाएगा।

रोहन ने संजना का हाथ छोड़ा और मेरे सामने हाथ जोड़ लिए। आवाज़ शांत और आदर से भरी थी, लेकिन आँखों में एक बेचैनी साफ़ झलक रही

थी। उसकी साँसें शब्दों से तेज़ चल रही थीं, और उसका जबड़ा कसा हुआ था –मानो वो बहुत कुछ भीतर ही रोके बैठा हो।

'स्वामीजी,' उसने कहना शुरू किया, उसकी आवाज़ हल्की-सी अटक रही थी, 'सबको लगता है हम आपके आशीर्वाद के लिए आए हैं। और वो सही भी है। लेकिन... एक और बात है जो हमें साझा करनी है।'

संजना ने नज़रें झुका लीं। उसका घूँघट उसकी साँस के साथ हल्का-सा काँपा। उँगलियाँ घबराहट में चूड़ियों से खेलने लगीं। उसने रोहन की ओर देखा, फिर मेरी ओर, मानो तय कर रही हो कि उसकी आवाज़ साथ देगी या नहीं। फिर उसने बोलना शुरू किया, हर शब्द सँभल-सँभलकर, नाज़ुक लेकिन साफ़।

'हमने बात की है, स्वामीजी। कल रात... पूरी ईमानदारी से। करण के बारे में। भरोसे के बारे में। डर के बारे में।'

रोहन की मुट्ठियाँ एक पल के लिए कस गईं, फिर ढीली पड़ गईं, जैसे वो खुद को संयम में रख रहा हो। उसने मेरी ओर देखने के बजाय कंधे के पार कहीं देखा।

'मुझे लगा था मैं तैयार हूँ,' उसने एडमिट किया, अब आवाज़ और धीमी थी। 'मैं होना चाहता था। लेकिन जब मैंने देखा कि एक साया कितनी आसानी से बीच में आ सकता है, भरोसा कितनी जल्दी डगमगा सकता है, तब समझ आया कि शादी कोई ऐसी चीज़ नहीं है जिसमें हम सिर्फ़ इसलिए कदम रख लें क्योंकि मंडप सजा है और पंडित जी कह रहे हैं कि समय हो गया है।'

वो रुका। मेरी आँखों से अपनी आँखें मिलाने की कोशिश करता हुआ। हमारे बीच की ख़ामोशी गहरी हो गई। हवा में जैस्मिन की खुशबू तैर रही थी, जो उसके शब्दों के बोझ से बिल्कुल उलट लग रही थी।

'हम पहले आपके पास नहीं आए,' उसने आगे कहा, अब आवाज़ में थोड़ी दृढ़ता थी, 'क्योंकि सच कहें तो हमें खुद भी कल रात तक यक़ीन नहीं था। हम सोचते रहे कि हल्दी, मेहंदी, संगीत –इन सबकी रौनक हमें

सँभाल लेगी। कि जब दिन आएगा, तो सब ठीक लगने लगेगा। लेकिन जब हम अकेले बैठे और बात की, तो सच्चाई सामने आ गई –हमारा प्यार सच्चा है, लेकिन हमारी फॉउंडेशन को मज़बूत करने के लिए हमें अभी और वक़्त चाहिए।'

संजना की आँखें भर आईं। उसने पलकों पर अटके आँसुओं को रोका। जब वो बोली, तो आवाज़ धीमी थी, लेकिन फ़ैसले में कोई कमज़ोरी नहीं थी।

'हम एक-दूसरे से प्यार करते हैं,' उसने फुसफुसाकर कहा। 'इसमें कोई शक नहीं। लेकिन हम ये भी जानते हैं कि अगर प्यार इतनी जल्दी हिल सकता है, तो सिर्फ़ प्यार काफ़ी नहीं है। हम ऐसे वादे नहीं करना चाहते जिन्हें हम निभा न सकें। हम आज फेरे लेकर कल ये न समझें कि हम तैयार ही नहीं थे।'

उसके शब्द हमारे बीच काँच की तरह लटक रहे थे –नाज़ुक भी, भारी भी।

दूर कहीं ढोल, हँसी और बच्चों की आवाज़ें सुनाई दे रही थीं, लेकिन इस कॉरिडोर में वो सब किसी और दुनिया का हिस्सा लग रहा था। समय जैसे थम गया था।

आख़िरकार रोहन ने मेरी ओर देखा। उसके शरीर की सख़्ती थोड़ी ढीली पड़ी।

'तो स्वामीजी...' उसने कहा, आवाज़ शांत लेकिन स्थिर, 'हमने तय किया है कि हमें वक़्त चाहिए। भागने के लिए नहीं। अलग होने के लिए नहीं। बल्कि खुद को और एक-दूसरे को और मज़बूती से बनाने के लिए। ताकि जो रिश्ता हमारे पास है, उसे पवित्र वचनों से बाँधने से पहले और गहराई से समझ सकें।'

संजना ने अपनी आँखों में उमड़ते आँसुओं को बहने से रोकने की कोशिश करते हुए, बस हल्के से सिर हिला दिया।

'हम एक-दूसरे के लिए कमिटेड हैं,' उसने कहा। 'बस हम शुरुआत दिखावे से नहीं करना चाहते। हम शुरुआत सच से करना चाहते हैं।'

मैंने उनके शब्दों को कुछ देर जज़्ब करने दिया।

फिर मैं बोला। आवाज़ कोमल थी, लेकिन हर शब्द उस भरोसे का वज़न लिए हुए था जो उन्होंने मुझ पर रखा था।

'रोहन, संजना, अभी जो तुमने किया है, वो सैकड़ों लोगों के सामने वचन लेने से कहीं ज़्यादा साहसी है। संगीत बज रहा हो, सब ताली बजा रहे हों, अग्नि प्रज्वलित हो –तब सात फेरे लेना आसान होता है। कैमरों के लिए मुस्कुराना आसान होता है। पंडित जी के निर्देशों के साथ बह जाना आसान होता है, भले ही दिल हिचक रहा हो। लेकिन पॉज़ लेना? उम्मीदों की इस बाढ़ के बीच रुककर कहना कि हम तैयार नहीं हैं –इसके लिए अलग तरह की ताक़त चाहिए। वो साहस, जो ज़्यादातर लोग कभी अपने भीतर खोज ही नहीं पाते।'

रोहन के कंधे थोड़े ढीले पड़े, लेकिन आँखों में अब भी सवाल थे। 'लेकिन स्वामीजी... क्या लोग ये नहीं कहेंगे कि हम फेल हो गए?'

मैंने धीरे-से सिर हिलाया, होंठों पर हल्की मुस्कान थी। 'नहीं, रोहन। ईमानदारी चुनने में कोई असफलता नहीं होती। असफलता तो दिखावे में है, ऐसे वचन निभाने में जो दिल अभी सँभाल ही नहीं सकता। कोई रस्म सिर्फ़ इसलिए पवित्र नहीं होती कि वो निभा ली गई –वो तब पवित्र होती है जब जिन दिलों के लिए वो रस्में की जा रही हैं वो तैयार हों। वचन धागे नहीं होते जो दो लोगों को बाँध दें। वो जीवंत वादे हैं, जिन्हें धैर्य, कोमलता और सच्चाई के साथ निभाना होता है। अगर तुम आज पूरी तैयारी के बिना ये वचन ले लेते, तो वो धोखा होता। समाज या परिवार से नहीं, खुद से।'

संजना ने दुपट्टे के कोने से आँखें पोंछीं। उसकी आवाज़ काँप रही थी। 'हम अपने परिवारों को दुख नहीं देना चाहते। उन्होंने इस दिन के इतने सपने देखे हैं।'

मैं थोड़ा आगे झुका। मेरी नज़र में स्नेह था, लेकिन बातों में दृढ़ता। 'और इसी वजह से तुम्हें अपना फ़ैसला उन्हें सम्मान के साथ बताना होगा। विद्रोह से नहीं, आदर से। परिवार सिर्फ़ रस्मों में ही नहीं, सपनों में भी इन्वेस्ट करते

हैं। हाँ, उन्हें शॉक लगेगा। हाँ, कुछ लोग नाराज़ भी हो सकते हैं। लेकिन समय के साथ वो भी वही देखेंगे जो मैं देख रहा हूँ –कि तुम एक-दूसरे से दूर नहीं जा रहे, बल्कि और सँभलकर एक-दूसरे की ओर बढ़ रहे हो। ये प्यार से इंकार नहीं है, बल्कि उसकी सबसे सच्ची अभिव्यक्ति है –रुकना, जब तक तुम उन वचनों को निभाने के लिए सच में तैयार न हो जाओ।'

कुछ पल के लिए उनकी साँसें बराबर हुईं–हेवीनेस पूरी तरह खत्म तो नहीं हुआ था, पर अब उसका भार उतना महसूस नहीं हो रहा था। बोझ अभी भी था, लेकिन अब वो उन्हें कुचल नहीं रहा था। बादल अभी भी थे, मगर गरज थोड़ी थम गई थी।

'आओ,' मैंने धीरे से कहा, 'अब उन्हें बुलाते हैं जिन्हें ये जानना ज़रूरी है। पूरा आँगन नहीं –अभी नहीं। सिर्फ़ वो जो तुम्हारे सबसे क़रीब हैं। गौरव, लक्ष्मी, राकेश, प्रिया और... दादी। उनके कंधे इतने मज़बूत हैं कि इस सच का बोझ तुम्हारे साथ उठा सकें। और उनका प्यार उनकी उम्मीदों से कहीं गहरा है।'

दोनों ने धीरे-धीरे सिर हिलाया। रोहन ने हाथ जोड़ लिए। आवाज़ धीमी थी, लेकिन स्थिर। 'धन्यवाद, स्वामीजी। हम आशीर्वाद लेने आए थे... और ये भी किसी आशीर्वाद से कम नहीं लग रहा।'

~

दूसरों से बोले गए झूठ से भी ज़्यादा ख़तरनाक होते हैं वो झूठ, जो हम खुद से कहते हैं। क्योंकि जब हम दूसरों से झूठ बोलते हैं, तो दिल के किसी कोने में हमें सच्चाई फिर भी पता होती है। लेकिन जब हम खुद से झूठ बोलते हैं, तो उस सच्चाई को इतना गहरा दबा देते हैं कि एक वक़्त के बाद हम खुद ही उसे पहचानना बंद कर देते हैं।

और क्या हम अक्सर यही नहीं करते, रिश्तों में, करियर में, रोज़मर्रा की ज़िंदगी में? जहाँ हमारा मन नहीं लगता, वहाँ टिके रहते हैं। और जहाँ अभी

तैयार नहीं होते, वहाँ जल्दबाज़ी में कूद पड़ते हैं –सिर्फ़ इसलिए क्योंकि खुद से सच कबूल करना बहुत भारी लगने लगता है। कई लोग भूतों से डरते हैं, जबकि हमें ये भी नहीं पता कि वो सच में होते भी हैं या नहीं। लेकिन अपने भीतर के राक्षसों से हमें डर नहीं लगता –इंकार के राक्षस, दिखावे के राक्षस, टालने के राक्षस। आगे बढ़ने का एक ही रास्ता है, इन अंदरूनी राक्षसों का सामना ईमानदारी से करना।

जब हम खुद से ईमानदार होते हैं, चाहे वो कितना ही असहज क्यों न हो, तब हमें साफ़ दिखने लगता है। कोहरा छँटने लगता है। लेकिन जब हम खुद को धोखा देते हैं –खुद से ये कहते हैं कि हम तैयार हैं जबकि नहीं हैं, कि हम खुश हैं जबकि टूटे हुए हैं, कि हम सह सकते हैं जबकि साफ़ है कि नहीं सह पायेंगे –तो हम खुद को उन्हीं साइकल्स में फँसा लेते हैं जो बार-बार हमें चोट पहुँचाते हैं।

खुद से ईमानदार होना ही विज़डम की शुरुआत है। इसके बिना हर डिसिजन एक चॉइस नहीं, बल्कि एक एस्केप प्लान बन जाता है।

इसीलिए ठहराव ज़रूरी है। ख़ामोशी ज़रूरी है। ऑनेस्ट कन्वर्सेशन मैटर करता है। अक्सर हम फ़ैसले सिर्फ़ इसलिए ले लेते हैं ताकि भीतर का शोर थोड़ी देर के लिए शांत हो जाए, बेचैनी से थोड़ी राहत मिल जाए। लेकिन घबराहट में लिए गए फ़ैसले शायद ही कभी हमारा भला करते हैं। ज़रा एक झील की कल्पना कीजिए –आँधी-तूफ़ान में घिरी हुई। जिसका पानी मटमैला है, लहरें बेक़ाबू हैं, सतह टूटी हुई है। अगर आप उसमें झाँकें, तो क्या दिखेगा? कुछ भी साफ़ नहीं, बस टूटी-फूटी परछाइयाँ। ठीक वैसे ही, जब हमारा मन अशांत होता है, तो हम जो भी रास्ता चुनते हैं –रुकने का, जाने का, हाँ कहने का, ना कहने का –अक्सर उसके ब्लंडर बन जाने के चान्सेस ज़्यादा होते हैं। लेकिन जब हवा थम जाती है, जब लहरें शांत हो जाती हैं, तब वही झील आईने जैसी बन जाती है। यही वो समय है जब क्लैरिटी मिलती है।

और यही चुना रोहन और संजना ने। उनकी कहानी का कोई परफ़ेक्ट अंत नहीं था। अतीत के साये फिर लौट आए थे, अब भी मौजूद थे, सवाल अब भी बचे थे। लेकिन दबाव में वचनों की ओर दौड़ने के बजाय, उन्होंने रुकना चुना। उन्होंने अपनी भीतर की झील को शांत होने दिया। और उसी स्पष्टता से, उन्होंने ईमानदारी को चुना। वो हालात से भागे नहीं, उन्होंने समझदारी से कदम रखा।

बेशक, ऐसे टाइम पर गाइडेंस मदद करता है। बड़े, मेंटर्स, दोस्त, वो रास्ते दिखा सकते हैं जो हमें नज़र नहीं आते। जब हम डगमगाते हैं, वो हमें थाम सकते हैं, हमारी ग़लतियों से हमें आगाह कर सकते हैं। लेकिन सच्चाई ये है: गाइडेंस का काम क्लैरिटी को आसान बनाना है, उसे रिप्लेस करना नहीं। दूसरे हमें सलाह दे सकते हैं, लेकिन उन्हें हमारी ज़िंदगी नहीं जीनी होती, वो हम जीते हैं। इसलिए सलाह दिशा दे सकती है, लेकिन फ़ैसला सिर्फ़ हमारी इनर वॉइस को ही लेना चाहिए, क्योंकि उसका रिजल्ट तो सिर्फ़ हमें ही भुगतना पड़ेगा।

तो नहीं, रोहन और संजना को वो "क्लोज़र" नहीं मिला जैसा लोग आमतौर पर चाहते हैं –साफ़-सुथरे अंत, हर सवाल का जवाब। जो उन्हें मिली थी, वो थी क्लैरिटी। और ठहराव और ऑनेस्टी से जन्मी ये क्लैरिटी,

कई बार क्लोज़र से भी ज़्यादा ताक़तवर होती है। ये हमारे अंदर के राक्षस को मिटाती नहीं, लेकिन उनके साथ बहादुरी से जीना सिखा देती है।

और जहाँ तक दूसरों की बात है –दुनिया, समाज, यहाँ तक कि परिवार –अप्प्लॉज़ हो या क्रिटिसिज़्म, सब टेम्पेररी होता है। दुनिया हमारे फ़ैसलों के बारे में क्या सोचती है, उससे कहीं ज़्यादा अहम है कि हम अपनी ज़िंदगी के बारे में क्या सोचते हैं। आख़िरकार, हमें खुद के साथ ही जीना है।

हाँ, जब वजह बताना ज़रूरी हो –ख़ासकर उन लोगों के लिए जो हमसे प्यार करते हैं और हममें इन्वेस्ट करते हैं –तो वो वजह सफ़ाई देने के लिए नहीं, उनके जज़्बातों का सम्मान करने के लिए होनी चाहिए। नरमी के साथ, डिफेंसिव हुए बिना। तभी सच तलवार से ट्रांसफ़ॉर्म होकर, ब्रिज बनता है।

....

सोचने की बातें...

ज़िंदगी में क्लोज़र शायद ही कभी साफ़-सुथरा या अंतिम होता है: यादें मिटती नहीं हैं, वो इंतज़ार करती हैं। और किसी दिन लौट आती हैं –अधूरी कहानियों की याद दिलाने। समझदारी इस बात में नहीं है कि हम उन्हें भूल जाएँ, बल्कि इस बात में है कि हम उन्हें अपनी ज़िंदगी में कैसे शामिल करें: कड़वाहट की जगह विनम्रता चुनें, जानें कि कब पीछे हटना है और कब डटे रहना है, और रिश्तों में बचे हुए सायों का सामना ईमानदारी और प्यार के साथ करें। सच्चा क्लोज़र यादों को मिटाना नहीं, बल्कि उन्हें बदलने देना है –ताकि पुराने दाग उसी कपड़े का हिस्सा बन जाएँ जो रिश्ते को और मजबूत करता है।

ज़िंदगी की ख़ूबसूरती उसके कॉन्ट्रास्ट में है –हँसी में भी और आँसुओं में भी: ख़ुशी हमें हल्का बनाती है, लेकिन दर्द हमें गहरा बनाता है। जैसे एक पूरा भोजन मीठे और कड़वे दोनों के बिना अधूरा है, वैसे ही दिल को ज़िंदा रहने के लिए हँसी और आँसू –दोनों चाहिए। पूरी तरह जीना

किसी एक को चुनना नहीं, बल्कि दोनों को अपनाना है –रसगुल्ला भी, करेला भी –ज़िंदगी के ज़रूरी स्वाद।

खुद से ईमानदारी: जैसे ही हम खुद से झूठ बोलना बंद करते हैं, क्लैरिटी आ जाती है। जब हम दिखावा छोड़ देते हैं –कि सब ठीक है, कि हम तैयार हैं, कि हम मज़बूत हैं –तब कोहरा छँटने लगता है। लेकिन जब हम इल्यूज़न्स के साथ जीते हैं, तो हम उन्हीं पुराने तूफ़ानों में ख़ुद को बार-बार पाते हैं। खुद से सच बोलना ही विज़डम का पहला कदम है। बाक़ी सब वहीं से ग्रो करता है।

समझदारी भरे फ़ैसले उथल-पुथल में नहीं, क्लैरिटी में लिए जाते हैं: जैसे झील तभी प्रतिबिंब दिखाती है जब उसका पानी शांत हो, वैसे ही हमारा मन भी ठहरने के बाद ही सही फ़ैसला कर पाता है। गाइडेंस रास्ता दिखा सकता है, लेकिन आख़िरी फ़ैसला भीतर से ही आना चाहिए –क्योंकि नतीजों का सामना हमें ही करना होता है। ईमानदारी और तैयारी से लिए गए फ़ैसले भले ही सबको खुश न करें, लेकिन वे आत्मसम्मान को बचाते हैं और भरोसे के पुल बनाते हैं।

....

इस अध्याय से जुड़े अभ्यास पेज नंबर 295 पर दिए गए हैं।

10

अच्छा बेक्ड केक

विचार और कर्म का तालमेल

~

बिना काम किए सिर्फ़ निरंतर सोचते रहना निष्क्रियता पैदा करता है। बिना सोचे-समझे किया गया काम तबाही की ओर ले जाता है। विज़डम वो कला है जो दोनों को साथ ले आती है।

गलियारे में क़दमों की आहट गूँजने लगी। एक-एक करके सब अंदर आए –सबसे पहले गौरव, माथे पर चिंता की लकीरें लिए। उसके ठीक पीछे लक्ष्मी आईं, अपनी साड़ी की सिलवटें सरसराती हुईं, जैसे उनकी घबराहट को महसूस कर सकती हों। राकेश आए तो हमेशा की तरह सीधे तनकर, एक ऐसे इंसान की चाल में, जो जवाबों का आदी है, सवालों का नहीं। प्रिया चुपचाप अंदर आ गयीं, उनकी आँखें हमेशा की तरह एलर्ट होकर पूरे कमरे को परख रही थीं। और अंत में दादी आईं, छड़ी के सहारे, लेकिन उनकी मौजूदगी किसी भी बाहर बजते ढोल से ज़्यादा भारी थी।

सबके चेहरों पर अभी भी शादी की रौनक की चमक थी। किसी को भी ये अंदाज़ा नहीं था कि उनकी दुनिया ही पलटने वाली थी। बाहर की दुनिया के लिए तो ये बस ऐसा होगा कि परिवार रस्मों से पहले आपस में कुछ निजी पल साथ बिता रहा था। लेकिन अंदर... मामला गंभीर हो चला था।

सबसे पहले गौरव ने बेचैनी महसूस की। उसकी नज़रें रोहन और संजना के बीच घूमीं, फिर वो मेरी तरफ़ मुड़ा। 'स्वामीजी... सब ठीक है न?'

मैंने हल्के से शांति का इशारा करते हुए हाथ उठाया। 'हाँ, गौरव। सब ठीक है। लेकिन दूल्हा-दुल्हन आगे बढ़ने से पहले सच बताना चाहते हैं। चिंता मत करो, ये एक-दूसरे से भाग नहीं रहे। बल्कि ये एक-दूसरे को ही चुन रहे हैं –बस जल्दबाज़ी में नहीं, ईमानदारी के साथ।'

लक्ष्मी सिहर गईं। उनका हाथ अपने-आप सीने पर चला गया। 'क्या मतलब, स्वामीजी?' आवाज़ में फुसफुसाहट थी, आँखें जवाब माँग रही थीं।

संजना ने नज़रें झुका लीं। रोहन की पकड़ उसके हाथ पर मज़बूत थी, हालाँकि उसकी उँगलियों में हल्की-सी कंपन थी। उसने गहरी साँस ली और बोला।

'माँ, पापा... संजना और मैं एक-दूसरे से प्यार करते हैं। इसमें कभी कोई शक नहीं रहा। लेकिन कल रात, पहली बार, हमने एक-दूसरे से पूरी

ईमानदारी से बात की –अपने डर, अपने शक, और उस भरोसे के बारे में जिसे अभी और मज़बूत करना बाकी है। और हमें एक बात समझ में आई, जिसे हम नज़रअंदाज़ नहीं कर सकते।

'शादी सिर्फ़ रस्मों और संगीत का नाम नहीं है। शादी उन वचनों का नाम है, जो पूरी ज़िंदगी निभाने होते हैं। और अगर आज, इसी पल, इन सवालों के साथ हम वो वचन ले लें, तो बोलने से पहले ही उन्हें तोड़ देंगे। ये सिर्फ़ एक-दूसरे से नहीं, आपसे, इस पवित्र अग्नि से, और भगवान से किया हुआ धोखा होगा।'

संजना की आवाज़, नर्म, लेकिन स्थिर, उसके बाद आई। 'हम पवित्र अग्नि के सामने दिल में हिचक के साथ खड़े नहीं होना चाहते। हम सच के साथ आगे बढ़ना चाहते हैं, दिखावे के साथ नहीं। ये इंकार नहीं है... ये सम्मान है। शादी का सम्मान, आपका सम्मान और उन वचनों का सम्मान।'

उसके शब्द शांत पानी में गिरे पत्थर जैसे थे, खामोशी की लहर पूरे कमरे में फैल गईं।

सबसे पहले लक्ष्मी टूट पड़ीं। 'ये तुम क्या कह रहे हो?' उनकी आवाज़ ऊँची हुई, फिर काँप गई। 'मंडप तैयार है, रिश्तेदार इंतज़ार कर रहे हैं... इतनी तैयारियों के बाद, इतने सपनों के बाद, अब कह रहे हो कि तैयार नहीं हो?' अविश्वास में सिर हिलाते हुए उनके आँसू बहने लगे।

राकेश का जबड़ा कस गया। वो और सीधे खड़े हो गए। उनके शब्द छोटे थे और गुस्सा सँभला हुआ। 'तुम समझते भी हो कि क्या कह रहे हो? आँगन मेहमानों से भरा है, पंडित तैयार हैं, सबकी निगाहें हम पर हैं। इस परिवार की इज़्ज़त दाँव पर है। क्या तुम्हें लगता है लोग शादी करते वक़्त पूरी तरह श्योर होते हैं? हर जोड़ा सवालों के साथ ही आगे बढ़ता है। कोई भी पूरी तरह तैयार नहीं होता। पहले कदम रखते हैं, फिर निभाना सीखते हैं। ज़िंदगी ऐसे ही चलती है।'

इसके बाद गौरव की आवाज़ आई, जो आमतौर पर शांत रहती थी, लेकिन इस बार शायद ज़्यादा तेज़ हो गई। 'रोहन। संजना। ये सब बहुत वेग

लग रहा है। डर? भरोसा? सबको डर होता है, सब भरोसे पर काम करते हैं। साफ़-साफ़ बताओ –असली वजह क्या है? मंडप पर शादी रोकने के लिए कुछ बड़ा होना चाहिए।' उसकी नज़र अपनी बहन और रोहन पर टिक गई।

प्रिया चुप बैठी रही। हाथ गोद में कसकर जोड़े हुए। उसकी आँखों में कम्पैशन था, लेकिन कन्फ्यूज़न भी। वो कभी संजना को, कभी मुझे देखती, मानो बिना बोले पूछ रही हों: क्या सच में ऐसा हो रहा है?

तभी दादी की छड़ी ज़मीन पर ज़ोर से पड़ी। उनकी आँखों में आग थी। 'पागल हो गए हो तुम दोनों! मंडप पर ये सब सूझ रहा है?' वो आगे झुकीं, आवाज़ ग़ुस्से से काँप रही थी। 'पता है इससे कितना हंगामा होगा? मेहमान बातें बनाएँगे, लोग सालों तक चर्चा करेंगे। इस परिवार का नाम कीचड़ में घसीटा जाएगा। तुम्हें लगता है ईमानदारी आसान होती है? ईमानदारी की एक कीमत होती है!'

कमरे में सन्नाटा छा गया। बाहर ढोल अब भी बज रहे थे, हँसी अब भी गूँज रही थी –लेकिन यहाँ जैसे वक़्त थम गया था।

संजना के आँसू आखिरकार छलक पड़े। उसने रोहन का हाथ और कसकर पकड़ लिया। होंठ काँपते हुए, उसने लगभग जैसे खुद से कहा, 'आज का हंगामा... कल के पछतावे से बेहतर है।'

मैंने हाथ उठाया, और बोलने से पहले ख़ामोशी को थोड़ी देर ठहरने दिया।

'राकेशजी, आप सही कह रहे हैं –हर शादी सवालों के साथ ही शुरू होती है। शक होना नैचुरल है। लेकिन उन सवालों में फर्क होता है जिन्हें साथ लेकर चला जा सकता है, और उन दरारों में फर्क होता है, जिन्हें पहले भरना ज़रूरी है। शादी कोई मरहम नहीं है जो ज़ख़्म को ढक दे। शादी एक बंधन है जो हर चीज़ को और मैग्निफाई करता है। अगर ये किसी हेज़िटेशन के साथ मंडप में आएँगे, तो मंडप में लिए वचन इनकी भावनाओं को क्लैरिफाइ नहीं करेंगे। बल्कि अग्नि दरारों को और गहरा कर देगी। ये शादी से इंकार नहीं कर रहे हैं। वो कह रहे हैं कि शादी तब करेंगे जब पूरी तरह से वादे को निभाने के लिए तैयार हो जाएं।'

मैंने गौरव की ओर देखा, जिसकी आँखें अब भी किसी गहरी वजह की तलाश में थीं। बहन के लिए उसका प्यार बहुत था, लेकिन शक भी उतना ही तेज़।

'गौरव, मैं तुम्हारा सवाल समझता हूँ: असल वजह क्या है? तुम्हें उसकी फ़िक्र है –संजना के भाई होने के नाते, उसके परिवार का हिस्सा होने के नाते, तुम जानना चाहते हो कि इन शब्दों के पीछे की वज़ह क्या है। लेकिन हर सच भीड़ भरे आँगन में चिल्लाने के लिए नहीं होता। कुछ ऐसे सच होते हैं जिनको लौ की तरह सँभालना पड़ता है, जब तक वो खुले में दिखने लायक़ मज़बूत न हो जाएँ। रोहन और संजना ने अपना सच मुझसे साझा किया है। और मैं तुम्हें भरोसा दिलाता हूँ, ये न धोखा है, न भागना। ये वचनों को निभाने की इच्छा है, न कि सिर्फ़ निभाने का नाटक। कभी-कभी ईमानदारी पूरी व्याख्या नहीं होती – बल्कि वो सिर्फ़ इतना साहस होती है कि कहा जा सके: हम अभी तैयार नहीं हैं।'

मैंने सबकी तरफ़ देखा, और शब्दों को ख़ामोशी में घुलने दिया।

'उन्हें पता है इस फ़ैसले की एक कीमत है –आप लोगों का शॉक लगना, मेहमानों की फुसफुसाहट, आज का बवाल। लेकिन क्या आज ये कीमत चुकाना बेहतर नहीं, बजाय इसके कि कल कहीं ज़्यादा भारी कीमत चुकानी पड़े? हंगामा समय के साथ नर्म पड़ जाता है, लेकिन टूटा हुआ रिश्ता उम्रभर के निशान छोड़ जाता है।'

~

रोहन और संजना ने एक क़दम पीछे लिया था। उन्होंने सोचा, शांति को अपना काम करने दिया। लेकिन वो ये भी जानते थे कि इस हालत में हमेशा नहीं रहा जा सकता। अब वक़्त था आगे बढ़ने का। ज़िंदगी हमसे यही संतुलन बार-बार माँगती है –गहराई से सोचना, और फिर साहस के साथ कदम उठाना।

कुछ लोग पूरी ज़िंदगी उस हालत में बिता देते हैं जिसे मनोवैज्ञानिक 'एनालिसिस पैरालिसिस' कहते हैं। हर पॉसिबिलिटी को तौलते रहते हैं, सारे रिस्क्स गिनते रहते हैं, हर किसी से कंसल्ट करते रहते हैं, लेकिन कभी चलते नहीं। सोच के दायरे में ही रह जाना सुरक्षित लगता है। लेकिन उस सुरक्षा की क़ीमत क्या है? खोए हुए मौक़े, ढलते रिश्ते, और वो सपने जो चुपचाप मर जाते हैं, जब हम अभी भी सोच ही रहे होते हैं।

कितनी बार हमने कहा है कि जब हम तैयार होंगे तब शुरू करेंगे? चाहे वो किताब लिखना हो, टॉक्सिक जॉब छोड़ना हो, या किसी से अपने दिल की बात कहना हो –और फिर पता चलता है कि परफ़ेक्ट वक़्त कभी आता ही नहीं। एक्सेसिव विचार समझदारी लग सकती है, लेकिन विज़डम का चोगा पहने कई बार वो बस डर होता है।

रामायण के किष्किंधा कांड में सुग्रीव का यही जाल है। सीता हरण के बाद जब श्रीराम और लक्ष्मण उनकी खोज में निकले, तो हनुमान उन्हें वानरराज सुग्रीव के पास ले गए। राम ने पूछा, 'क्या तुमने सीता को देखा?' सुग्रीव ने कहा हाँ–उसके पास सबूत भी था: वे आभूषण जो संघर्ष में सीता ने गिराए थे। लेकिन फिर सच्चाई सामने आई: सुग्रीव ने कुछ भी नहीं किया। उसने देखा, लेकिन कदम नहीं उठाया।

इसके उलट जटायु को देखिए। उसने सीता को उससे पहले कभी देखा भी नहीं था, सिर्फ़ उसकी पुकार सुनी। और उसी पल उसने रावण पर झपट्टा मारा। हर पंख, हर साँस, पूरी ताक़त लगा दी, यहाँ तक कि अपने प्राण भी दे दिए।

सुग्रीव सोचता रहा, लेकिन रुका रहा। जटायु ने कर्म किया, और अपना सबकुछ न्यौछावर कर दिया।

एक हेज़िटेशन का प्रतीक बना, दूसरा सैक्रिफाइस का। और यही हम सबकी असली परीक्षा है –सिर्फ़ ये जानना काफ़ी नहीं कि सही क्या है, ज़रूरी ये है कि जब वक़्त आए, तो हम उस पर अमल भी करें। हमें सोच और कर्म के बीच लटके रहने से बाहर आना होगा, और जब ज़िंदगी पुकारे, तो साहस के साथ आगे बढ़ना होगा।

हममें से कुछ लोग पहले कर डालते हैं, बाद में सोचते हैं। बिना रुके कमिटमेंट कर लेते हैं, ऐसी चीज़ें खरीद लेते हैं जिनकी ज़रूरत नहीं होती, ऐसे शब्द बोल देते हैं जिन्हें वापस नहीं लिया जा सकता, और ऐसे रिश्तों में कूद पड़ते हैं जिनके लिए हम तैयार नहीं होते –सिर्फ़ इसलिए क्योंकि रुकना अनकम्फ़र्टेबल लगता है। कुछ भी कर लेना, बस कुछ कर लेना, रिलीफ़ जैसा लगता है। लेकिन अक्सर वो राहत टेम्परेरी होती है, और उसका नुकसान लंबे समय तक रहता है।

यही अहंकार रावण का था –युद्ध कांड, या लंका कांड में। वो चारों तरफ़ से चापलूसों से घिरा हुआ था, जो उसे यक़ीन दिला रहे थे कि, 'बंदर और भालू तो हमारा खाना हैं, सोचने की ज़रूरत ही क्या है?' और उसने बिना सोचे-समझे युद्ध का फ़ैसला कर लिया।

उसके भाई विभीषण ने चेताया भी, 'हनुमान को याद करो। एक ही वानर ने पूरी लंका जला दी थी। किसी को कम मत आँको।' लेकिन रावण ने डर को झटक दिया। कोई रिफ्लेक्शन नहीं, सिर्फ़ प्राइड।

नतीजा? लंका नष्ट हो गई। बिना विवेक के जल्दबाज़ी विनाश की ओर ले जाती है।

और फिर आता है सुंदर कांड, रामायण का पाँचवाँ कांड। इसे 'सुंदर' क्यों कहा गया है? सिर्फ़ इसलिए कि ये सुंदर है? एक वजह ये भी है कि सुंदर कांड में हनुमान संतुलन हासिल करते हैं। वो सोचते हैं: मुझे अपना रूप छोटा करना होगा, ताकि बिना किसी को दिखे लंका में प्रवेश कर सकूँ। मुझे रात में चलना होगा। मुझे विनम्र होना होगा, अहंकारी नहीं। और फिर वो कर्म करते हैं –समुद्र लाँघते हैं, लंका में प्रवेश करते हैं, श्रद्धा और साहस के साथ खोज करते हैं। उनका विचार उनके कर्म का मार्गदर्शन करता है। और उनका कर्म उनके विचार को पूर्ण करता है।

यही है रहस्य:

- किष्किंधा कांड हमें सिखाता है–सिर्फ़ सोचते रहने का ख़तरा।
- लंका कांड हमें चेतावनी देता है–सिर्फ़ करते चले जाने का ख़तरा।

- सुंदर कांड हमें दिखाता है–सोच-समझकर किए गए कर्म की सुंदरता, जहाँ बुद्धि और साहस का मिलन होता है।

क्या यही संघर्ष हम रोज़ नहीं जीते?

काम की जगह देखिए, कितने शानदार प्रोजेक्ट्स व्हाइटबोर्ड से बाहर ही नहीं निकल पाते, क्योंकि टीमें अंतहीन बहस में फँसी रहती हैं, 'परफ़ेक्ट प्लान' का इंतज़ार करती हुई। ये किष्किंधा कांड है।

और कितने लापरवाह वेंचर्स सिर्फ़ इसलिए ढह जाते हैं क्योंकि लीडर्स ने बिना सुने, बिना सोचे, जल्दबाज़ी में लॉन्च कर दिया? ये लंका कांड है।

लेकिन जो प्रोजेक्ट्स फलते-फूलते हैं –जो ज़िंदगियाँ बदलते हैं –वो वही होते हैं जहाँ विचार को उचित सम्मान दिया जाता है और सही समय पर वो कर्म बनता है। और यही सुंदर कांड है।

अब रिश्तों को ही देख लीजिए। कुछ लोग सिर्फ़ सोचते रहते हैं –फोन करूँ या नहीं? सॉरी बोलूँ या नहीं? अगर उन्होंने मना कर दिया तो? और इसी चुप्पी में रिश्ता दम तोड़ देता है। कुछ लोग उल्टा करते हैं –ग़ुस्से में मैसेज भेज देते हैं, अहंकार में रिश्ते तोड़ देते हैं, जल्दबाज़ी में प्यार का इज़हार कर देते हैं –और सालों तक पछताते हैं। लेकिन जो रिश्ते टिकते हैं, वो वही होते हैं जहाँ हम पहले ठहरते हैं, सोचते हैं और फिर ईमानदारी और साहस के साथ कदम उठाते हैं।

और हाँ, कभी-कभी सारे सोच-विचार, सलाह, प्रार्थना और सोच-समझकर किए गए कर्म के बाद भी फ़ैसले ग़लत हो जाते हैं। और ऐसा बिल्कुल हो सकता है। यही ज़िंदगी है। हर ग़लत फ़ैसला, अगर ईमानदारी से लिया गया हो, तो अनुभव बन जाता है। हर गलती एक सीढ़ी बन सकती है –बस शर्त ये है कि हम लापरवाही को साहस न समझ लें, और अंतहीन सोच को बुद्धिमत्ता न समझ लें।

एक कहानी है जो इसे बहुत अच्छे से समझाती है।

किसी ने एक अरबपति से उसकी सफलता का राज़ पूछा।

उसने कहा, 'दो शब्द: सही फ़ैसले।'

'और सही फ़ैसले कैसे लेते हैं?'

'एक शब्द: अनुभव।'

'और अनुभव कैसे मिलता है?'

'दो शब्द: ग़लत फ़ैसले।'

सीधी-सी बात है: सफलता परिपूर्णता से नहीं, सीखने से जन्म लेती है। और कई बार हमारे सबसे अच्छे गुरु वही चुनाव होते हैं, जो योजना के मुताबिक़ नहीं चले।

ये बात सिर्फ़ अरबपतियों या बोर्डरूम्स के लिए नहीं है, ये हम सब पर लागू होती है। उस करियर के बारे में सोचिए जिसे आपने कभी चुना था और जो सही नहीं लगा। शायद बाद में आपने रास्ता बदला –लेकिन उस मोड़ ने आपको सहनशीलता सिखाई। उस दोस्ती के बारे में सोचिए जिसे आपने बहुत देर तक पकड़े रखा या बहुत जल्दी छोड़ दिया। दर्द हुआ, हाँ –लेकिन उसने ये सिखाया कि आपको असल में किस तरह का रिश्ता चाहिए। किसी नए शहर में जाना, या तब 'हाँ' कहना जब आप पूरी तरह श्योर नहीं थे –मुश्किल था, लेकिन उसकी वजह से आप वैसे आगे बढ़े जैसे उसके बिना नहीं बढ़ पाते।

अफ़कोर्स, ऑफिस प्रोजेक्ट्स के मुकाबले रिश्तों में दाँव ज़्यादा बड़े लगते हैं। ये दिलों को छूते हैं, परिवारों को, भविष्य को। फिर भी प्रिंसिपल वही है: जहाँ ज़रूरत हो, ठहरो। ईमानदारी से सोचो। और फिर साहस के साथ क़दम बढ़ाओ। न अंतहीन हेज़िटेशन, और न ही उतावलेपन में की गयी जल्दबाज़ी। बल्कि जब दिल तैयार हो तब सोच-समझकर लिया गया वो एक क़दम।

क्योंकि फाइनली ज़िंदगी का मतलब ये नहीं है कि हम कभी ग़लत फ़ैसले ही न लें। ज़िंदगी का मतलब है –उन ग़लत मोड़ों को भी इस बात की अनुमति देना कि वो हमारी उस समझ का हिस्सा बनें, जो हमें आगे रास्ता दिखाती है।

इसलिए ग़लत फ़ैसलों से उतना मत डरो, जितना की कोई फ़ैसला न कर पाने से डरते हो। अगर सोचते ही रहोगे और करोगे नहीं, तो ज़िंदगी पीछे छूट जायेगी। अगर करते ही रहोगे और सोचोगे नहीं, तो ज़िंदगी अधूरी लगेगी। लेकिन अगर ईमानदारी से सोचा जाए, साहस के साथ काम किया जाए और विनम्रता से सीखा जाए, तो ग़लत फ़ैसले भी आपको विज़डम की ओर ले जाते हैं।

इसीलिए रोहन और संजना का चुनाव इतना शक्तिशाली था। उन्होंने किष्किंधा कांड की तरह ठहराव चुना, लेकिन अटके नहीं। उन्होंने लंका कांड की जल्दबाज़ी से अपना बचाव किया, लेकिन डर में नहीं भागे। उन्होंने सुंदर कांड का मार्ग चुना, जहाँ रिफ़्लेक्शन कर्म में ढलता है। ना परफ़ेक्ट क्लोज़र। ना परफ़ेक्ट क्लैरिटी। लेकिन इतना विवेक ज़रूर कि वे एक ऐसा क़दम उठा सकें, जिसकी ज़िम्मेदारी वे खुद ले सकें।

~

मेरी बात खत्म होने के बाद भी ख़ामोशी गाढ़ी और भारी बनी रही।

लक्ष्मी ने अपने गाल पोंछे, उनकी उँगलियाँ काँप रही थीं। आवाज़ पहले जितनी तेज़ नहीं थी, लेकिन दर्द से भरी हुई थी। 'स्वामीजी... मैं आपकी बात समझती हूँ। लेकिन मैं अपने दिल को कैसे समझाऊँ? मैंने इस दिन का सालों से सपना देखा है –अपने बेटे को शादी करते देखने का, संजना को अपनी बेटी बनाकर घर लाने का। और अब? मंडप सजा है, दुनिया इंतज़ार कर रही है, और मेरा दिल टूट रहा है।'

राकेश ने नज़रें फेर लीं। जबड़ा कसा हुआ, मुट्ठियाँ घुटनों पर टिकी हुई। 'सपने इंतज़ार कर सकते हैं, लक्ष्मी,' उसने धीमे से कहा। 'लेकिन सम्मान? मुझे उसके खोने का डर है। लोग प्यार या ईमानदारी नहीं पूछेंगे। वे सिर्फ़ यही फुसफुसाएँगे कि ये परिवार एक शादी भी पूरी नहीं कर पाया। आज का संगीत भुला दिया जाएगा, ये बात याद रहेगी।'

गौरव की नज़रें ज़मीन पर जमी थीं। आवाज़ धीमी थी, लेकिन झुँझलाहट साफ़ थी। 'हो सकता है स्वामीजी सही हों। हो सकता है यही विज़डम हो। लेकिन फिर भी मन में सवाल उठता है –क्या कुछ और है जो हमें नहीं बताया जा रहा? डर, भरोसा... इतने बड़े फ़ैसले के लिए ये शब्द छोटे लगते हैं।' उसने रोहन और संजना की ओर देखा। 'मैं तुम दोनों पर भरोसा करना चाहता हूँ। लेकिन मुझे भी वक़्त चाहिए।'

प्रिया थोड़ा हिलीं, बिना नज़रें गौरव से हटाए। उसकी आवाज़ शांत थी, लेकिन उसमें कोमल दृढ़ता थी। 'गौरवजी, कभी-कभी सबसे कठिन सच कोई लंबी सफ़ाई नहीं होता, बल्कि दिखावा करने से इंकार करना होता है। हो सकता है उनका फ़ैसला हमें समझ न आए, लेकिन वे खुद से ईमानदार हैं। और कभी-कभी... वही काफ़ी होता है।'

और फिर, दादी ने हमेशा की तरह छड़ी की तेज़ ठक से माहौल तोड़ा। 'अरे बस! कब तक बैठकर रोएँगे और लोगों के ज़बान की चिंता करेंगे? मैंने बच्चों की सारी बातें ध्यान से सुनी हैं। मुझे लगता है तलाक़ की जल्दी करने से शादी टालना बेहतर उपाय है। अगर इन दोनों में रुकने की समझ है, तो हममें भी साथ देने की समझ होनी चाहिए।' उन्होंने दुपट्टा झटके से ठीक किया। 'और याद रखना –इसका मतलब सिर्फ़ एक ही है। एक और शादी की दावत! हाँ, प्रिया बेटा, अगली बार लड्डू थोड़े बड़े रखना।'

हँसी, हल्की, टूटी-फूटी, आँसुओं के बीच उभर आई। लक्ष्मी भी सिसकियों के बीच हल्की-सी मुस्कान रोक नहीं पाईं। राकेश ने सिर हिलाया, कुछ बुदबुदाए, लेकिन होंठों के कोने काँप गए। गौरव ने गहरी साँस ली, अब भी बेचैन, लेकिन थोड़ा शांत।

तनाव गया नहीं था, लेकिन हवा हल्की लगने लगी थी।

रोहन ने बोलने से पहले संजना का हाथ दबाया। 'माँ, पापा... आज का दिन आपको नुकसान जैसा लग रहा होगा। लेकिन भरोसा रखिए, ये हमारी यात्रा का अंत नहीं है–ये शुरुआत है, और हमने इसे सावधानी से शुरू किया है। हम आपसे अपने डर को सही ठहराने की अनुमति नहीं माँग रहे।

हम आपका आशीर्वाद माँग रहे हैं, अपने धैर्य के लिए। अगर हम रुक रहे हैं, तो सिर्फ़ इसलिए कि जब दोबारा इस मंडप में आएँ, तो दिल पूरी तरह अडिग हों।'

संजना ने घूँघट थोड़ा उठाया। उसकी आँखें नम थीं जब वो लक्ष्मी की ओर मुड़ी। 'माँ... मैं आज भी आपको यही बुलाना चाहती हूँ। और बुलाऊँगी। आज, इंकार नहीं है, ये वादा है कि जब मैं फिर दुल्हन बनकर आपके पास आऊँगी, तो दिल में कोई शक नहीं होगा, कोई हिचक नहीं होगी, सिर्फ़ प्यार होगा। कृपया ये मत समझिए कि मैं दूर जा रही हूँ। मैं बस सावधानी से कदम रख रही हूँ, ताकि मुझे कभी पीछे न हटना पड़े।'

उसके शब्दों ने सबके दिल के किसी कोमल कोने को छू लिया। लक्ष्मी ने मुँह पर हाथ रख लिया। फिर से आँसू बहे, लेकिन इस बार उनमें सिर्फ़ दर्द नहीं, नर्मी भी थी। उन्होंने हाथ बढ़ाकर संजना के गाल को छुआ और फुसफुसाईं, 'बेटा...'

यहाँ तक कि राकेश के कंधे भी ढीले पड़ गए। उन्होंने माथा मसलते हुए कहा, 'हूँह। अब तो तुम दोनों फ़िलॉसफ़र बन गए हो। बस याद रखना, फ़िलॉसफ़ी से आँगन भरे मेहमानों का पेट नहीं भरता।' लेकिन आवाज़ की धार खत्म हो चुकी थी।

मैंने सबकी ओर देखा और धीरे से कहा, 'परिवारों में सच ऐसा ही होता है –अनकम्फ़र्टेबल, अनएक्सपेक्टेड लेकिन रियल। आप सबने इस दिन का सपना देखा था। लेकिन शायद क़िस्मत ने कुछ और सोचा था। शादी इसलिए पवित्र नहीं होती कि वो रचाई जाती है, वो इसलिए पवित्र होती है क्योंकि उसके लिए तैयारी की जाती है। जो ये चुन रहे हैं, वो देरी नहीं, डिग्निटी है। और समय के साथ आप देखेंगे कि यही ज़्यादा समझदारी भरा चुनाव था।'

गौरव ने आँसू पोंछे और संजना का हाथ थाम लिया। उसकी आवाज़ काँप रही थी, लेकिन शब्द ठोस थे। 'ठीक है। शायद आज मैं सबकुछ नहीं समझ पा रहा। लेकिन इतना देख पा रहा हूँ कि तुम दोनों सीरियस हो। और

अगर तुम सच में इसे निभाने के लिए सीरियस हो, तो मैं तुम्हारे साथ खड़ा रहूँगा। भले ही फ़िलहाल मैं अंदर से बेचैन हूँ।'

लक्ष्मी ने सिसकी ली, आँसू अब धीमे थे। 'हाँ... अगर तुम दोनों साथ हो, और स्वामीजी का आशीर्वाद साथ है, तो फिर हमें और क्या चाहिए?'

माहौल बदल चुका था। प्रिया ने लंबी साँस ली। उसने कमरे में नज़र दौड़ाई –लक्ष्मी की नम आँखें, राकेश के थके हुए कंधे, दादी की तीखी लेकिन स्नेहिल दृष्टि –और फिर गौरव की ओर देखा।

'जब आज सब सच बोल ही रहे हैं,' उसने कहा। आवाज़ स्थिर थी, लेकिन गोद में बँधे उसके हाथ उसकी घबराहट बता रहे थे, 'तो शायद मुझे भी बोल देना चाहिए।'

गौरव का सिर तुरंत उसकी ओर घूम गया। आँखों में घबराहट चमक उठी। 'प्रिया –' उसने कहना चाहा, आवाज़ लगभग विनती जैसी थी। लेकिन प्रिया ने हल्के से हाथ उठाकर उसे रोक दिया।

'मैं ये बहुत समय से अपने दिल में दबाए हुए थी,' वो बोली। 'विनय के जाने के बाद मुझे लगा था कि अब मैं कभी प्यार जैसी कोई चीज़ महसूस नहीं कर पाऊँगी। मेरी पूरी ज़िंदगी वेद, मेरा काम और मेरी ज़िम्मेदारियों के इर्द-गिर्द सिमट गई थी। लेकिन गौरव से मिलने के बाद... अंदर कहीं कुछ महसूस हुआ। मैंने सबसे पहले दादी से बात की। उन्होंने कहा इंसान होने का गिल्ट मत पालो। फिर मैंने गौरव से बात की। उसने... उसने सुना। मुँह नहीं मोड़ा। उसने कहा कि अगर मैं तैयार हूँ, तो वो भी इस रिश्ते के लिए तैयार है। इसलिए हाँ, आज मुझे सबके सामने ये कहना ही होगा। मैं इसे एक मौका देना चाहती हूँ।'

कॉरिडोर पूरी तरह शांत हो गया। गौरव असहज-सा हिला, नज़रें इधर-उधर दौड़ती रहीं, जैसे समझ ही न पा रहा हो कि अब क्या बोले।

सबसे पहले लक्ष्मी ने प्रतिक्रिया दी। उन्होंने आगे बढ़कर प्रिया का हाथ अपने हाथों में ले लिया। उनकी आवाज़ काँप रही थी, लेकिन इस बार हैरानी से नहीं, अपनेपन से। 'प्रिया... तुमने बहुत कुछ सहा है, बहुत लंबे समय

तक। अगर इससे तुम्हें खुशी मिलती है, अगर गौरव तुम्हें फिर से सुरक्षित महसूस कराता है, तो मुझे सिर्फ़ खुशी है। तुम प्यार की उतनी ही हक़दार हो, बेटा –जितना कोई और।'

राकेश, अब भी हैरानी से आँखें झपकाते हुए, हल्की-सी हँसी दबा नहीं पाए। 'अरे... ये तो मैंने सोचा ही नहीं था,' वो बुदबुदाए। 'लेकिन अगर तुम्हारा दिल इसकी गवाही देता है, प्रिया, तो हमारी तरफ़ से भी आशीर्वाद है। गौरव,' उन्होंने उसकी ओर देखते हुए जोड़ा, 'इसका ख़्याल रखना। बस यही चाहता हूँ।'

इससे पहले कोई और कुछ कह पाता, दरवाज़े की ओर हलचल हुई। वेद लड़खड़ाता-सा अंदर आया, थोड़ा झेंपा हुआ। सबकी नज़रें उस पर पड़ीं तो उसके कान लाल हो गए, लेकिन उसकी आवाज़ उम्मीद से ज़्यादा साफ़ थी।

'मुझे बुलाया नहीं गया था,' उसने माना, 'लेकिन सुने बिना रहा नहीं गया। और सच कहूँ तो मुझे भी कुछ कहना है।' उसने पहले रोहन और संजना की ओर देखा। उसके होठों पर हल्की-सी मुस्कान आ गई। 'तुम दोनों... वाकई। सबके सामने खड़े होकर जो तुमने कहा, उसके लिए हिम्मत चाहिए। मामा, मामी –मुझे तुम दोनों पर गर्व है।' उसने मज़ाकिया सैल्यूट किया, जिससे कुछ हँसी निकल पड़ी। 'सीरियसली पर, आज तुमने मुझे सिखाया कि ईमानदारी पल भर के लिए लोगों को हिला तो सकती है, लेकिन उम्रभर के लिए इज़्ज़त बढ़ा देती है।'

फिर उसने कमरे में सबकी ओर देखा। 'और आप सबका –धन्यवाद। इनके साथ खड़े रहने के लिए, हमारे साथ खड़े रहने के लिए। हर परिवार ऐसा नहीं करता। कुछ सच से भाग जाते हैं। ये परिवार... सच की ओर झुका। मुझे गर्व है कि मैं इसका हिस्सा हूँ, भले ही कभी-कभी आप सब किसी वेब-सीरीज़ के फैमिली ड्रामा जैसे लगते हों।'

हम सब हँस पड़े।

फिर वेद थोड़ा आगे बढ़ा, गौरव के पास। उसके चेहरे पर नर्मी आ गई। 'और अब... मेरी बारी। मुझे "गौरव अंकल" से "डैड" कहने में थोड़ा

समय लग सकता है। लेकिन मैं कहना चाहता हूँ। क्योंकि मैं उनसे प्यार करता हूँ। वो मेरे साथ हमेशा अच्छे रहे हैं –फ्रेंडली, मददगार, दयालु, सपोर्टिव... और सबसे ज़रूरी –मज़ेदार।' वो मुस्कराया। 'वो मुझे ऐसा महसूस कराते हैं जैसे कोई है जो मुझे सँभाले खड़ा है। और मुझे वो चाहिए। हमें वो चाहिए।'

एक पल के लिए कोई भी नहीं हिला। वेद के शब्द हवा में आशीर्वाद की तरह ठहर गए –स्थिर, सीधे दिल में उतरते हुए।

लक्ष्मी की आँखों में फिर आँसू आ गए, लेकिन इस बार सुकून के। उन्होंने वेद को अपनी बाँहों में भर लिया। उनकी आवाज़ काँप रही थी। 'बेटा... इतना कुछ होने के बाद, तुम्हें ऐसा बोलते सुनकर... मेरा फिर से भरोसा जाग उठा। तुम्हारे पापा को तुम पर बहुत गर्व होता।' उन्होंने उसके सिर को चूम लिया।

राकेश ने गला साफ़ किया, सामान्य से ज़्यादा तेज़ी से पलकें झपकाईं, जैसे आँखों में आए पानी को झुंझलाहट में छुपा रहे हों। 'अरे, ये लड़का,' वो सिर हिलाते हुए बोले, 'दूल्हा-दुल्हन की लाइमलाइट ही चुरा ली।' लेकिन चेहरे पर फैली मुस्कान ने सारा सच बता दिया। 'वेद, मुझे तुम पर गर्व है। अगर तुम इतने खुले दिल से गौरव को अपना सकते हो, तो हम कौन होते हैं पीछे हटने वाले?'

गौरव ने ज़ोर का एक घूँट निगला। उसका संयम साफ़ टूट रहा था। उसने वेद को कसकर गले लगा लिया। आवाज़ भर्रा गई। 'तुम्हें अंदाज़ा नहीं है, चैंप, इसका मेरे लिए क्या मतलब है। मैं बहुत नर्वस था... लेकिन तुमने मुझे घर जैसा महसूस कराया। तुमने मुझे... अपनापन दिया।'

प्रिया उनके पास ही खड़ी थीं। अपने हाथ से आँसू पोंछते हुए, उसने गौरव और वेद के जुड़े हाथों पर अपना हाथ रखा। उसकी आवाज़ काँप रही थी। 'मैं बस यही चाहती थी –कि हम पूरे हों। परफ़ेक्ट नहीं, बस पूरे।'

रोहन और संजना ने एक-दूसरे की ओर देखा। हैरानी धीरे-धीरे गर्मजोशी में बदल गई। रोहन हल्के से मुस्कराया। 'लगता है आज सच बोलने का ही दिन था।'

संजना ने सिर हिलाया। उसकी आँखें मुलायम थीं। 'हाँ। प्यार हमेशा वैसे नहीं आता जैसे हम सोचते हैं –लेकिन आता ज़रूर है।'

दादी ने ज़ोर से घुटने पर हाथ मारा, कान से कान तक मुस्कराते हुए। 'वाह! ये कॉरिडोर तो कन्फ़ेशन बॉक्स बन गया है। अच्छा है! दिल में ज़हर बनाकर रखने से बेहतर है यहीं उड़ेल दो। प्रिया बेटा, तुम्हें मेरा आशीर्वाद। गौरव, पहले तुम पर शक था, अब मंज़ूरी भी है!' उन्होंने वेद की ओर आँख मारी। 'और तू –आज संतों जैसी बात की और मेरे जैसी शरारत। पूरे मेरे ही जीन्स हैं।'

हँसी फूट पड़ी। दिन भर में पहली बार हवा सचमुच हल्की लगने लगी।

जो कॉरिडोर एक घंटे पहले तूफ़ान की आँख जैसा लग रहा था, अब गर्माहट से गूँज रहा था। आँसू आशीर्वाद में बदल चुके थे, तनाव हँसी में। परफ़ेक्शन नहीं था –लेकिन सच था। और उसी सच में परिवार, पूरा लग रहा था।

राकेश कॉरिडोर की एक कुर्सी पर ढह-से गए। दिन का सारा बोझ जैसे एक साथ आ पड़ा हो। उन्होंने लंबी साँस ली और धीरे से सिर हिलाया, जैसे विरोध की आख़िरी दीवार भी गिर गई हो।

'ठीक है,' उन्होंने कहा। 'मेहमानों को खाना खिलाओ, बैंड बजने दो। हम जश्न मनाएँगे। आज का दिन याद रखा जाएगा। हाँ, रस्में पूरी नहीं हुईं, लेकिन हमने इस परिवार की मज़बूती और एक-दूसरे के लिए प्यार की परीक्षा पास कर ली।' फिर उन्होंने मेरी ओर देखा। 'लेकिन स्वामीजी... एक विनती है। ये बात कोनों में फुसफुसाई न जाए। कान से कान तक गॉसिप बनकर न फैले। सबको बताइए। खुले दिल से बताइए। घोषणा की तरह नहीं, शादी के भाषण की तरह। हँसी के साथ, दिल के साथ। ताकि लोग हमारे साथ हँसें, हमारे साथ महसूस करें और समझें। अगर स्क्रिप्ट बदली है, तो खुले मंच पर बदले।'

~

आँगन में फिर से रौनक थी। हँसी-ठहाकों की गूँज, बैंड की धुनें, गेंदे और अगरबत्ती की खुशबू हवा में घुली हुई। मेहमान इंतज़ार कर रहे थे, कुछ बेचैन, कुछ देरी को लेकर फुसफुसाते हुए।

आख़िरकार राकेश आगे आए। चेहरा संयमित था, लेकिन आँखों में बीते पलों का भार साफ़ झलक रहा था। माइक पकड़ते हुए उन्होंने हाथ उठाकर शोर को शांत किया।

'प्यारे दोस्तों,' उन्होंने कहना शुरू किया, 'आप सबका धैर्य रखने के लिए बहुत-बहुत धन्यवाद।' ढोल की आवाज़ धीरे-धीरे थमती गई। 'मुहूर्त आने ही वाला है... लेकिन उससे पहले हमें एक बात समझ में आई। संगीत की खुशी में, मेहंदी के रंगों में, हल्दी की हँसी में –हम एक चीज़ भूल गए थे।' उन्होंने हल्की मुस्कान के साथ कहा, 'स्वामीजी का आशीर्वाद। उनकी बात। शादी की स्पीच।'

भीड़ में सरसराहट हुई। जिज्ञासा ने इंतज़ार की जगह ले ली।

राकेश की आवाज़ नरम पड़ गई। 'मेरे परिवार और मेरे लिए ये सौभाग्य की बात है कि स्वामीजी सिर्फ़ आज के मेहमान नहीं हैं –बल्कि हमारे दोस्त, फिलॉसफर और गाइड भी हैं। और आज, इस पल में, मैं चाहता हूँ कि आप सब भी उन्हें सुनें, जैसे हमने सुना है। तो देवियों और सज्जनों, मैं अब ये माइक स्वामीजी को सौंपता हूँ। स्वामीजी... मंच अब आपका है।'

उन्होंने माइक मेरी ओर बढ़ाया। हाथ एक पल रुका, जैसे सिर्फ़ माइक नहीं, सच की ज़िम्मेदारी भी सौंप रहे हों।

मैंने माइक लिया, सामने उम्मीद से भरे चेहरों के समंदर की ओर मुस्कराते हुए।

'नमस्कार देवियों और सज्जनों। राकेशजी, उन स्नेहभरे शब्दों के लिए बहुत-बहुत धन्यवाद। हालाँकि सच कहूँ तो जब कोई मुझे "दोस्त, फिलॉसफर और गाइड" कहता है, तो मन करता है कि कंसल्टिंग फ़ीस चार्ज करना शुरू कर दूँ। मॉन्क्स के भी कुछ पर्क्स होने चाहिए ना!'

हँसी की लहर दौड़ गई।

'दोस्तों, हम सबने पिछले कुछ दिन कितने शानदार तरीके से बिताये। संगीत ने हमें नाच-गाना दिया, और सच बताऊँ, मैंने इतने सारे लोगों को ऐसे-ऐसे स्टेप्स करते देखा कि किसी भी बॉलीवुड कोरियोग्राफ़र को कॉम्प्लेक्स हो जाए। ईमानदारी से कहूँ, उनमें से आधे स्टेप्स तो अभी तक इन्वेन्ट भी नहीं हुए हैं।'

लोग हँस पड़े, कुछ एक-दूसरे को छेड़ते भी दिखे। राकेश भी, पहले की गंभीरता के बावजूद, सिर हिलाकर मुस्करा दिए।

'फिर आई मेहंदी –हाथों पर बने वो खूबसूरत डिज़ाइन, हर एक अपनी कहानी कहता हुआ। बस दिक़्क़त ये कि मेहंदी लगते ही महिलाएँ हाथ इस्तेमाल नहीं कर पातीं। और तभी सारे पुरुषों को अचानक "टेम्परेरी असिस्टेंट" में प्रमोट कर दिया जाता है –पर्स पकड़ना, फोन उठाना, और पानी-पूरी एक-एक करके खिलाना।'

हँसी और तेज़ हो गई। कुछ पुरुष सिर हिलाते दिखे। लक्ष्मी भी, जिनकी आँखें अब भी नम थीं, पास बैठी कज़न को कोहनी मारते हुए हँस पड़ीं।

'फिर आई हल्दी... आह, हल्दी।' मैंने मुस्कराकर कहा। 'उस युद्धभूमि के बारे में जितना कम कहा जाए, उतना ही बेहतर है। बस इतना समझ लीजिए, इस महल की दीवारें अब सूरज से भी ज़्यादा चमक रही हैं।

'और अब, इतने नाच-गाने और रंगों के बाद, हम आ पहुँचे हैं ग्रैंड फ़िनाले पर। शादी का दिन। फेरे बस होने ही वाले हैं। शादियाँ, दोस्तों, सिर्फ़ रस्में नहीं होतीं... वो फुल-टाइम डिग्री प्रोग्राम होती हैं।'

मैंने रुककर कोर्टयार्ड में सबकी उत्सुकता बढ़ने दी। वेद आगे झुक गया, इस बात की तलाश में कि अब आगे क्या होगा।

मैंने मुस्कराते हुए कहा, 'हाँ! यही वो दिन है जब आदमी ऑफ़िशियली अपनी बैचलर डिग्री खो देता है... और महिला मास्टर्स हासिल कर लेती है।'

पूरा आँगन ठहाकों से गूँज उठा। पुरुष नकली आहें भरने लगे, महिलाएँ तालियाँ बजाने लगीं। यहाँ तक कि संजना भी, घूँघट के भीतर से, हल्की-सी हँसी रोक नहीं पाईं।

'यहाँ कितने शादीशुदा पुरुष इससे सहमत हैं?' मैंने हाथ उठाते हुए पूछा।

ज़्यादातर पुरुषों ने थोड़ी झेंपी हुई मुस्कान के साथ हाथ उठा दिए, और महिलाएँ उससे भी ज़ोर से तालियाँ बजाने लगीं।

मैंने आवाज़ थोड़ा धीमी करते हुए कहा, 'और जिन पुरुषों ने हाथ नहीं उठाया... उन्हें उनकी पत्नियों ने चुपचाप कोहनी मारकर मना कर दिया है।'

एक बार फिर ठहाकों की लहर दौड़ गई। मज़ाकिया छेड़छाड़ पूरे आँगन में उछलने लगी। मैं मुस्कराया, और हँसी को अपना सफ़र पूरा करने दिया, और उसके बाद सबके शांत होने का इंतज़ार किया।

'लेकिन मज़ाक से हटकर, दोस्तों –इन सारे रंगों, संगीत और हँसी-मज़ाक से परे शादी का असली मतलब छुपा होता है। शादी सिर्फ़ एक बड़े दिन की बात नहीं है। ये उन सभी साधारण दिनों की बात है जो उसके बाद आते हैं। ये संगीत की आतिशबाज़ी के बारे में नहीं है, न मेहंदी की खूबसूरती के बारे में, और न ही हल्दी की मस्ती के बारे में। ये इस बारे में है कि रोज़मर्रा की शांति में क्या दो लोग अब भी साथ हँस पाते हैं, अब भी एक-दूसरे की बात सुन पाते हैं, अब भी एक-दूसरे का बोझ बाँट पाते हैं।'

अब आँगन शांत हो चुका था। मुस्कानें नरम थीं, ज़्यादा सोचती हुई।

'शादी कोई मंज़िल नहीं –एक शुरुआत है। फेरे, वचन, रस्में –ये खुशी की गारंटी देने वाले सर्टिफ़िकेट नहीं हैं। ये बस याद दिलाने वाले संकेत हैं, साइनपोस्ट के जैसे, कि आगे की यात्रा धैर्य, क्षमा और प्रेम से करनी होगी। क्योंकि आख़िर में, शादी सही इंसान ढूँढने से कम और सही साथी बनने से ज़्यादा जुड़ी होती है।'

मैंने रुककर भीड़ पर नज़र डाली। 'यहाँ कितने लोगों ने कभी केक बनाया है?'

कई हाथ उठे। भीड़ के अलग-अलग हिस्सों में हँसी उभर आई।

'तो फिर आप जानते हैं कि केक बनाने में सब्र लगता है। आप अवन तेज़ करके ये उम्मीद नहीं कर सकते कि केक जल्दी बन जाएगा। अगर ऐसा किया, तो बाहर से जल जाएगा और अंदर से कच्चा रह जाएगा। और क्या

यही रिश्तों के साथ नहीं होता? उन्हें जल्दबाज़ी में नहीं जोड़ा जा सकता। उन्हें समय चाहिए, कंसिस्टेंसी चाहिए और सही मात्रा में सही चीज़ें। थोड़ा ज़्यादा ईगो, थोड़ा कम कम्युनिकेशन, ग़ुस्से का एक चम्मच एक्स्ट्रा –और पूरा केक फ़्लॉप हो जाता है।'

लोग हँसे, कुछ ने अपने पार्टनर की ओर शरारती नज़रों से देखा।

'जब केक ठीक से पक रहा होता है, तब आती है आइसिंग। आइसिंग केक को स्वाद भी देती है और खूबसूरती भी। लेकिन असल बात तो ये है कि –अगर आइसिंग बहुत पतली हो, तो केक कितना भी अच्छा क्यों न हो, वो फिसलकर गिर जाएगी। रोमांस भी ऐसा ही है –देखने में सुंदर, स्वाद में मीठा, लेकिन तभी टिकता है जब उसमें स्थिरता हो।

'और फिर आता है वो मशहूर "चेरी ऑन टॉप"। वो छोटी-सी सजावट जिसे देखकर सब कहते हैं, "वाह!" चेरी ज़िंदगी के सारे एक्स्ट्राज़ जैसी होती है –डेस्टिनेशन वेडिंग, डिज़ाइनर कपड़े, फ़ैंसी इंस्टाग्राम रील्स। अच्छा लगता है, लेकिन याद रखिए –अगर केक ख़राब है, तो कोई भी चेरी उसे नहीं बचा सकती। आप ऑनलाइन कितनी भी शानदार तस्वीरें डाल लें, ऑफ़लाइन आपको वही बेस्वाद केक खाना पड़ेगा।'

अब हँसी और तेज़ थी। लोग तालियाँ बजा रहे थे।

'अगर आइसिंग और चेरी थोड़ी गड़बड़ हो, लेकिन केक ठीक से पका हो –तो भी मज़ा आ सकता है। क्योंकि केक ही आधार है। असल चीज़। इसी तरह, शादी की रस्में आइसिंग और चेरी जैसी हैं, सुंदर, पवित्र, ज़रूरी। लेकिन वही शादी नहीं बनातीं। असल में मायने रखता है केक –दो लोगों के बीच का बंधन, कमिटमेंट, भरोसा। अगर वो ठीक नहीं है, तो आगे की ज़िंदगी मुश्किल बन जाती है।'

मैंने प्रभाव के लिए रुककर, मुस्कराते हुए जोड़ा, 'एक बार मैं एक महिला से मिला जो अपनी शादी की अंगूठी गलत उँगली में पहने हुए थी। मैंने पूछा, क्यों? वो बोली, "क्योंकि मैंने ग़लत आदमी से शादी कर ली।"'

भीड़ हँस पड़ी। बुज़ुर्गों के बीच से समझदारी भरी हामी की आवाज़ें आईं।

'और इसी वजह से, दोस्तों, केक को ठीक से पकाना इतना ज़रूरी है। क्योंकि कोई भी सजावट अंदर से कच्चे केक को नहीं बचा सकती। और कोई भी रस्म, फूल या संगीत उस शादी को नहीं बचा सकता जो अंदर से तैयार नहीं है।'

मैंने बात को ठहरने दिया, फिर आवाज़ को नर्म किया।

'आज रोहन और संजना ने हमें यही सच याद दिलाया। वे मंडप के किनारे खड़े थे, दुनिया देख रही थी, और उन्होंने महसूस किया कि केक अभी पक रहा है। सारे इंग्रीडिएंट्स मौजूद हैं –प्यार, देखभाल, दोस्ती, भरोसा। लेकिन ज़िंदगी के अवन को थोड़ा और समय चाहिए। और उन्होंने हिम्मत दिखाई ये कहने की, "चलो जल्दी न करें। अधपके वादे न परोसें। पूरी तरह तैयार होने का इंतज़ार करें।"'

आँगन बिल्कुल शांत हो गया। मेहमान एक-दूसरे की ओर देखने लगे, कुछ हैरान, कुछ उलझन में। राकेश ने धीरे से साँस छोड़ी, जैसे तनाव पिघलकर बाहर निकल गया हो। संजना ने रोहन की ओर देखा, आँखों में आँसू थे, लेकिन शर्म नहीं, सुकून था।

'मुझे पता है,' मैंने आगे कहा, 'आपमें से कुछ लोग आज आइसिंग देखने आए थे –रस्में, फेरे, अग्नि। लेकिन बताइए, आप क्या चाहेंगे? एक सुंदर दिखने वाला केक जो स्वाद में ख़राब हो, या एक पूरी तरह पका हुआ केक, भले ही उसकी आइसिंग थोड़ी देर से आए? रोहन और संजना ने यही चुना।

प्यार को रद्द करना नहीं, उसे मज़बूत करना। एक-दूसरे से भागना नहीं, एक-दूसरे की ओर, और सावधानी से बढ़ना।'

मैं हल्के से मुस्कराया।

'आज रुक जाना, कल पछतावा करने से बेहतर है। दिखावे के साथ आगे बढ़ने से ईमानदारी के साथ इंतज़ार, बेहतर है। ये कमज़ोरी नहीं –विज़डम है।'

भीड़, जो साँस रोके हुए थी, धीरे-धीरे सिर हिलाने लगी। अब चुप्पी स्वीकार से भरी थी।

'और यक़ीन मानिए, इन दोनों के बीच कोई समस्या नहीं है। कुछ भी ग़लत नहीं है। कल तक उन्हें खुद नहीं पता था कि आइसिंग और चेरी से पहले उन्हें थोड़ा और समय चाहिए। और सच बताऊँ, क्या यही ज़िंदगी हमें नहीं सिखाती? कभी-कभी शोर-शराबे के बीच जो दिखाई नहीं देता, वो सन्नाटे में साफ़ दिखता है। वो पॉज़, वो ईमानदारी, यही इनकी ताक़त है।'

मैंने बात को थोड़ी देर ठहरने दिया। शांत बैठे गौरव ने आख़िरकार सिर हिलाया, शंका अब समझ में बदल चुकी थी।

'लेकिन आज की असली खूबसूरती ये है कि –सिर्फ़ रोहन और संजना ने ही ईमानदारी नहीं चुनी। इस पूरे परिवार ने तय किया कि आज सिर्फ़ शादी का दिन नहीं, सच का दिन होगा।

तो दोस्तों, आज हमें सिर्फ़ रस्मों का वादा नहीं मिला, हमें सच मिला। खुलकर कहा गया प्यार, खुले दिल से अपनाए गए रिश्ते, और चुपचाप दिखाई गई हिम्मत। और मेरी नज़र में, ये जल्दबाज़ी में हुए फेरों से कहीं ज़्यादा सेलिब्रेशन के लायक है।'

मैं मुस्कराया। 'मैं अक्सर मज़ाक में कहता हूँ कि शादी ताश के पत्तों जैसी होती है –शुरुआत दिल और हीरे से होती है, और अक्सर अंत गुलाम और हुकुम से। लेकिन मुझे लगता है उल्टा होना चाहिए। पहले गुलाम और हुकुम आएँ –मतभेद, टकराव, असहमति। और उन्हें पार करते हुए हम दिल और हीरे तक पहुँचें।

'क्योंकि प्यार की असली परीक्षा इसमें नहीं है कि वो कितनी मिठास से शुरू होता है, बल्कि इसमें है कि वो मौसमों के पार कितनी मज़बूती से टिकता है। दिल मायने रखते हैं, हीरे मायने रखते हैं –लेकिन वे सबसे ज़्यादा तब चमकते हैं जब गुलाम और हुकुम अपना काम कर चुके हों।

'रोहन और संजना ने शायद अभी सारे गुलाम और हुकुम नहीं देखे हैं, लेकिन मुझे भरोसा है –जब वे आएँगे, तो वे उन्हें और ज़्यादा दिलों, और ज़्यादा हीरों, और ज़्यादा ख़ुशी तक ले जाएँगे। क्योंकि आख़िर में, वही जीत का पत्ता होता है।'

मैंने आँगन में गूँजती सहमति की सरसराहट को महसूस किया, फिर आवाज़ धीमी की।

मैं पुजारियों और परिवार की ओर मुड़ा। 'आज का दिन उतना ही शुभ है जितना तय किया गया था। मुहूर्त शुरू हो चुका है। यज्ञ जलाया जाए। संजना और रोहन ये संकल्प लें कि वे तैयार होकर लौटेंगे। बल्कि, क्यों न हम सब उस अग्नि के चारों ओर अपने-अपने दिलों में, चुपचाप लेकिन सच्चे मन से, अपने व्रत लें।'

मैंने रुककर कहा, 'तो आइए जश्न मनाएँ। ढोल और ज़ोर से बजें, भव्य भोज परोसा जाए, और ये याद रखा जाए कि प्यार टला नहीं है, बस और सच्चा हो गया है।'

तालियों की गड़गड़ाहट फूट पड़ी –वो औपचारिकता वाली तालियाँ नहीं जो थोड़ा-सा इम्प्रेस होने पर बजाई जाती हैं, बल्कि स्टैंडिंग ओवेशन वाली सराहना दी गई। ये वो वाली तालियाँ थीं जो तब बजती हैं जब लोग भावुक हो जाते हैं, जब उन्हें लगता है कि उन्होंने कुछ सच्चा और असली देखा है। हँसी और आँसू एक-दूसरे में घुल गए और भारीपन ख़ुशी में बदल गया। बैंड पहले से ज़्यादा ज़ोर से बज उठा। और जो शादी अधूरी कही जा सकती थी, वो अविस्मरणीय बन गई।

~

और शायद, डियर रीडर, यही हम सबके लिए निमंत्रण है। हम भले ही किसी महल के आँगन में पवित्र अग्नि के सामने न खड़े हों, लेकिन हर एक के जीवन में अपने-अपने यज्ञ होते हैं –वे पल जब ज़िंदगी हमें रोककर पूछती है: अभी सच में क्या मायने रखता है?

कभी वो साहस होता है किसी दरवाज़े को बंद करने का, और कभी एक नया दरवाज़ा खोलने की ह्युमिलिटी। कभी डटे रहने का डिसिप्लिन, और कभी ठहर जाने का विज़डम। ये शांत यज्ञ मंत्रों से नहीं, उन फैसलों से जाने जाते हैं जो हम किसी के न देखे जाने पर लेते हैं। और वही फैसले, ईमानदारी के साथ बार-बार लिए जाएँ, तो साधारण को धीरे-धीरे पवित्र बना देते हैं।

परिवार एक साथ खड़ा था –राकेश और लक्ष्मी कंधे से कंधा मिलाकर, आँखें नम लेकिन चेहरे गर्व से चमकते हुए; रोहन और संजना पास-पास, उँगलियाँ एक-दूसरे में उलझी हुई, चेहरों पर सुकून और संकल्प दोनों; प्रिया, हल्के से गौरव की ओर झुकी हुई, और वेद खुशी-खुशी उनके बीच सटा हुआ; और दादी, लाठी थामे, सबसे चौड़ी मुस्कान के साथ, अपने आशीर्वाद के अदृश्य धागे से सबको जोड़े हुए।

एक पल के लिए, गेंदों और संगीत के बीच, वे सिर्फ़ एक परिवार नहीं थे। वे प्यार की एक तस्वीर थे –अधूरी, अपूर्ण, लेकिन सच्ची। और उसी सच्चाई ने उन्हें पूरा बना दिया। हालाँकि पूरा होना किसी कहानी का अंत नहीं होता, बस उस ज़िंदगी की शुरुआत होती है जो अब जी जानी बाकी है।

....

सोचने के लिए बातें...

सोच और कर्म का तालमेल:

- किष्किंधा कांड = सिर्फ़ सोचना, कर्म नहीं → अकर्मण्यता।
- लंका कांड = बिना सोचे कर्म → विनाश।

- सुंदर कांड = संतुलन की सुंदरता: सोच-समझ + साहसी कर्म।
- ग़लत फैसले सबक सिखाते हैं। असली असफलता है, निर्णय न लेना।
- काम, रिश्तों और निजी जीवन में विज़डम सिर्फ़ सोचने या करने में नहीं, बल्कि दोनों को जोड़ने में है।

शादी एक शुरुआत है: फेरे और वचन खुशी की गारंटी नहीं, बल्कि याद दिलाते हैं कि शादी रोज़मर्रा के छोटे पलों में बनती है, सुनने में, हँसने में, और एक-दूसरे का बोझ उठाने में।

एक अच्छा केक समय माँगता है:

- रिश्ता, केक की तरह, समय चाहता है। जल्दी करने से वो अंदर से कच्चा रह जाता है।
- रोमांस आइसिंग है –मीठा, लेकिन तभी टिकता है जब आधार मज़बूत हो।
- एक्स्ट्राज़ –डिज़ाइनर कपड़े, डेस्टिनेशन वेडिंग, इंस्टाग्राम रील्स –चेरी हैं। अच्छे हैं, लेकिन ख़राब केक को नहीं बचा सकते।

यूनिवर्सल प्रतिज्ञा: शादी सिर्फ़ दूल्हा-दुल्हन के लिए नहीं, हम सबके लिए एक याद दिलाने वाला पल है –कि हम अपने दिलों में धैर्य, क्षमा और गहरे प्रेम के व्रत लें।

....

इस अध्याय से जुड़े अभ्यास पेज नंबर 298 पर दिए गए हैं।

11

मंडप में मॉन्क

क्या हम सब पा सकते हैं?

~

भीड़ के छँट जाने से ही कहानी ख़त्म नहीं हो जाती—वो आगे बढ़ती है, चुपचाप, उन सभी चुनावों में जिनके साथ हम आगे बढ़ते हैं।

शादी वाले दिन के शाम की महक अगरबत्ती की तरह देर तक हवा में ठहरी रही –कुछ लोगों के लिए सुगंधित, तो कुछ के लिए चुभने वाली। जहाँ-जहाँ वह पहुँची, हर कोने में अलग-अलग प्रतिक्रिया जगा गई।

कुछ मेहमानों ने इस फ़ैसले की दिल से सराहना की। वे आपस में फुसफुसाते हुए कह रहे थे कि मंडप तक आकर रुक जाना, सिर्फ़ समाज के लिए रस्में पूरी न करना, वाकई बड़ी हिम्मत की बात है। उनके लिए यह शादी का टलना नहीं था, बल्कि समझदारी के साथ बढ़ाया हुआ क़दम था। कुछ लोग बीच में ही अटके रहे। मिठाइयों पर हाथ चलाते हुए बुदबुदाए, 'हाँ, ईमानदारी अच्छी बात है, लेकिन यह बात पहले नहीं सोच सकते थे? मंडप तक आने का इंतज़ार क्यों किया?' उनके सिर सहमति में हिल रहे थे, लेकिन दिल अब भी शक से जूझ रहे थे।

कुछ लोग खुलकर नाराज़ थे। 'लोग क्या कहेंगे?' वे सिर हिलाते हुए आह भरते। उनके लिए आत्म-मंथन से ज़्यादा इज़्ज़त-प्रतिष्ठा मायने रखती थी। उनकी नज़र में खाली पड़ा मंडप दो लोगों द्वारा सच चुनने की ख़ामोश गरिमा से कहीं ज़्यादा चौंकाने वाला था।

और फिर वे भी थे जिन्हें इससे कोई ख़ास फ़र्क ही नहीं पड़ा। जब तक बात उनकी ज़िंदगी को नहीं छूती, उन्हें सब ठीक लगता था। जियो और जीने दो –बस शर्त यह कि उनसे कुछ माँगा न जाए। और हाँ, हमेशा की तरह कुछ लोग ऐसे भी थे जिन्हें इस पूरे दिन में गॉसिप का एकदम परफ़ेक्ट मसाला मिल गया था–काट-छाँट करने लायक, बढ़ा-चढ़ाकर सुनाने लायक, बैंड के सामान समेट लेने के बाद भी कई दिनों तक दोहराने लायक। उनके लिए असल में क्या हुआ, यह ज़रूरी नहीं था, उससे क्या कहानी बनाई जा सकती है, वही मायने रखता था।

सच तो यह है कि लोग चीज़ों को वैसे नहीं देखते जैसी वे होती हैं। वे उन्हें वैसे देखते हैं जैसे वे ख़ुद हैं। उनका नज़रिया ही उनकी दुनिया बन जाता है।

कहते हैं न: एक मेरी कहानी होती है, एक उनकी कहानी, और फिर होती है 'असली कहानी'। लेकिन यह तथाकथित 'असली कहानी' भी कभी पूरी तरह बेदाग नहीं होती। उसमें हमारे पक्षपात का स्वाद मिला होता है, हमारे अनुभवों की छलनी लगी होती है, और हमारी कल्पना का तड़का भी।

तो फिर क्या लोगों की राय इतनी मायने रखती है? इसका जवाब इस बात पर निर्भर करता है कि हम किसे ज़्यादा महत्व देते हैं –बाहर की तालियाँ या भीतर का तालमेल। क्योंकि तालियाँ आती-जाती रहती हैं, लेकिन भीतर का तालमेल टिकता है। एक कान भरता है, दूसरा दिल।

~

रात ढल गई। फेयरी लाइट्स की रोशनी धीमी पड़ गई। आँगन में बिखरी पंखुड़ियाँ किनारों से सिकुड़ने लगीं। ढोल भी चुप हो गए। जिस महल में थोड़ी देर पहले ख़ुशी का शोर और अचानक लिए गए फ़ैसलों का तूफ़ान गूँज रहा था, वह अब ख़ामोशी में डूब गया। लेकिन उस फ़ैसले की गूँज –कुछ के लिए साहसी, कुछ के लिए हैरान करने वाली –अब भी मन में किसी धुन की तरह बनी रही।

और फिर आई अगली सुबह।

उस दिन महल कुछ अलग ढंग से जागा। ट्रम्पेट्स की आवाज़ के साथ नहीं, और न ड्रोन कैमरों की भनभनाहट के साथ, बल्कि रिकवरी की नरम लय के साथ। यह शादी का दिन नं. 3.5 था –जब सबको बहुप्रतीक्षित 'रिकवरी कैज़ुअल' लुक अपनाना था।

साढ़े तीन दिन की सीक्विन, सेल्फ़ी, शेरवानी और बुफ़े के बाद अब माहौल बदल चुका था। लहंगों की जगह पायजामे, जूतियों की जगह स्नीकर्स। अगरबत्ती की खुशबू की जगह तेज़ अदरक वाली चाय की सुकूनदेह भाप। मेहमान ढीले-ढाले कुर्तों में कैनोपी के नीचे पसरे हुए थे, सनग्लासेस से अपनी थकी आँखों को ढँके हुए। वेटर्स ट्रे में नारियल पानी,

नींबू सोडा और गरम-गरम समोसे ला रहे थे, जो आने से पहले ही गायब हो जा रहे थे।

कुछ लोगों के लिए पिछली रात का फ़ैसला अब भी धीमी आवाज़ की बातचीत का विषय था। कुछ के लिए वह कल की ख़बर बन चुका था। लेकिन परिवार के लिए, उन लोगों के लिए जो उस कॉरिडोर में खड़े थे और जिन्होंने सच को सामने से सुना था, यह सुबह अलग महसूस हो रही थी। यह सिर्फ़ तीन दिन की थकान से उबरना नहीं था। यह उस रात से उबरना था जिसने दिलों को झकझोरा, प्यार की परीक्षा ली, और हिम्मत की एक ख़ामोश ताक़त पीछे छोड़ गई।

सुबह के जप और साधना के बाद मैं अपने स्वीट में बैठा, नोटबुक खुली हुई। महल अब उतना शांत हो चुका था जितना वह कई दिनों से नहीं रह पाया था। मैं अलविदा कहने से पहले अपने विचार क़ैद करना चाहता था। और लिखते-लिखते मुझे एहसास हुआ, इन साढ़े तीन दिनों में मैंने सिर्फ़ एक शादी नहीं देखी, मैंने ज़िंदगी को देखा –पलों में सिमटी हुई, बहुत सारी सीख लिए सच्चाई में निचुड़ी हुई।

यही सबक वे दस सिद्धांत बने जो मैंने आपसे पिछले दस चैप्टर्स में साझा किया। किसी थ्योरी की तरह नहीं, बल्कि जीती-जागती समझदारी की तरह –कहानियों, रस्मों, आँसुओं, हँसी और सच्चा बनने की हिम्मत से निकली हुई।

दोस्तों, क्या यह सच नहीं है कि चाहे रिश्ते हों, काम हो या आध्यात्मिक जीवन, हम सब 'सब कुछ पा लेना' चाहते हैं? कि ज़िंदगी खत्म होने से पहले उसे पूरी तरह परफ़ेक्ट बना लेना चाहते हैं?

शादी में आए एक विवाहित आदमी ने मज़ाक में कहा था: 'कम्प्लीट और फ़िनिश्ड में फ़र्क़ पता है? अगर सही लाइफ़ पार्टनर मिल जाए, तो ज़िंदगी कम्प्लीट। अगर ग़लत मिल जाए, तो ज़िंदगी फ़िनिश्ड। और अगर सही वाला आपको ग़लत वाले के साथ पकड़ ले, तो ज़िंदगी कम्प्लीटली फ़िनिश्ड!'

सब हँसे थे। मैं भी हँसा था। लेकिन मज़ाक से हटकर, क्या हम अक्सर ज़िंदगी को इसी तरह नहीं देखते? जैसे वह एक परफ़ेक्ट थाली हो जिसमें

हर डिश सही जगह रखी हो तभी हम उसे एंजॉय कर पायेंगे। जबकि ज़िंदगी अक्सर हमें खाना ऐसे नहीं परोसती।

ज़िंदगी ज़्यादातर घर के बने खाने जैसी होती है। कभी कोई सब्ज़ी कम रह जाती है, कभी नमक कम, कभी खाना ज़्यादा तीखा बन जाता है, और कभी दाल ग़लती से सब्ज़ी में गिर जाती है। फिर भी, अगर हम उसे स्वाद लेकर खाएँ, तो ये कमियाँ भी फ्लेवर से भरी होती हैं। खाना शायद पिक्चर-परफ़ेक्ट न दिखे, लेकिन फिर भी हमें पोषण दे सकता है, चौंका सकता है, और खुश कर सकता है। ख़ासकर तब जब वह प्यार से बना हो –जैसे माँ के हाथ का खाना, जहाँ स्वाद परफ़ेक्शन में नहीं, ममता में होता है।

तो क्या हम सब कुछ पा सकते हैं? शायद हाँ, शायद नहीं।

अगर 'सब कुछ' से मतलब है परफ़ेक्शन, कंट्रोल, गारंटी –तो नहीं। वह 'सब कुछ' एक भ्रम है। ज़िंदगी हमेशा हमें दरारें देगी, देर होगी, मिसअंडरस्टैंडिंग्स, कॉनफ्लिक्ट्स, हार और सीढ़ियों की जगह कभी-कभी साँप भी।

लेकिन अगर 'सब कुछ' से मतलब किसी गहरी चीज़ से है, जैसे ग्रोथ, कनेक्शन, हारमनी, पीस, हैपीनेस, पर्पज़, लव –तो हाँ, हम सब कुछ पा सकते हैं। इसलिए नहीं कि ज़िंदगी उसे सलीके से हमारी थाली में परोस देगी, बल्कि इसलिए कि हम वहाँ तक पहुँचना सीख सकते हैं।

और यही हैं एक भरपूर ज़िंदगी को अनलॉक करने वाले दस प्रिंसिपल्स:

1. **अंडरस्टैंडिंग:** जब हम ख़ुद को समझते हैं, तो शांति मिलती है। दूसरों को समझते हैं, तो हारमनी। और जब हम वास्तव में हमें क्या करना है, वो समझ लेते हैं, तो उद्देश्य।
2. **मैनिफ़ेस्टेशन:** जब हम सहनशक्ति, ईमानदारी, धैर्य और मूल्यों को सींचते हैं, तो ऐसा बाग़ बनता है जहाँ सफलता, प्रेम और शांति की तितलियाँ अपने-आप आती हैं।
3. **एक्सेप्टेन्स:** जब हम अपनी कमियों को स्वीकारते हुए बढ़ने की चाह रखते हैं, तो आत्म-सम्मान और शांति मिलती है।

4. **ट्रांसफॉर्मेशन:** जब हम कड़वाहट से ऊपर उठते हैं, समझदारी, सहारा, छोटी खुशियाँ और सेवा के ज़रिये, तो ज़िंदगी हल्की और समृद्ध लगने लगती है।
5. **बैलेंस:** जब हम कर्तव्यों और इच्छाओं को एक-दूसरे से जोड़ते हैं, रेस्पॉन्सिबिलिटीज़ और पैशन को एक धागे में पिरोते हैं, तो न किसी को नज़रअंदाज़ करते हैं, न किसी से भागते हैं।
6. **फॉउंडेशन:** जब ट्रस्ट, रेस्पेक्ट, कम्युनिकेशन, वैल्यूज़ और कमिटमेंट साथ होती है, तो रिश्ते टिकते हैं। और जब भीतर की ऊर्जा बदलती है, तो सही लोग और मौके अपने-आप आते हैं।
7. **कम्युनिकेशन:** जब हम ऐज़म्पशंस की जगह बातचीत चुनते हैं, तो प्यार और काम, दोनों में भरोसा लौटता है।
8. **वल्नेरेबिलिटी:** जब हम मुखौटे उतारते हैं और ख़ुद को सामने लेकर आते हैं –या कम से कम ख़ुद से और भगवान से ईमानदार होते हैं –तो असलियत मिलती है।
9. **मैच्युरिटी:** जब फैसले जल्दबाज़ी या डर से नहीं, बल्कि ठहराव और सोच से लिए जाते हैं, तो समझ और ताक़त बढ़ती है।
10. **एलाइनमेंट:** जब सोच और कर्म साथ-साथ चलते हैं –ना अंतहीन रिफ़्लेक्शन में जमे हुए, और ना ही बिना मतलब की जल्दी करने की हड़बड़ाहट मचाये –तब हमें विकास, अनुभव और अर्थ मिलता है।

और शायद सबसे ज़रूरी बात, इन सब सिद्धांतों से भी आगे, हम बेहतर ज़िंदगी तब पाते हैं जब हम दुनिया को सिर्फ़ ट्रेलर दिखाना बंद करके पूरी फ़िल्म जीना शुरू करते हैं –कच्ची, उलझी हुई, अधूरी, लेकिन सच्ची।

मेरे लिए यही है 'सब कुछ पा लेना'। बिना दरारों की ज़िंदगी नहीं, बल्कि ऐसी ज़िंदगी को जीना जहाँ दरारें हमें तोड़ न पाएं। बिना तूफ़ानों की ज़िंदगी नहीं, बल्कि ऐसी ज़िंदगी जहाँ तूफ़ान हमें झुकाये पर फिर भी सीधा खड़ा रहना सिखाएँ। तस्वीरों में परफ़ेक्ट दिखने वाली ज़िंदगी नहीं, बल्कि ऐसी ज़िंदगी जो तब भी सच्ची लगे जब कोई देख नहीं रहा हो।

तो नहीं, ज़िंदगी कभी हमारी कल्पना जैसी 'कम्प्लीट' नहीं होगी। लेकिन वह पूर्ण हो सकती है। और मुझे अब लगता है, पूर्णता, कम्प्लीट होने से कहीं बेहतर है।

~

देर दोपहर तक भव्य लॉबी, जो कुछ दिन पहले किसी फ़िल्म प्रीमियर के रेड-कार्पेट एंट्रेंस जैसी लग रही थी, अब संगमरमर की फ़र्श पर घिसटते सूटकेसों से भर गई थी। बच्चे बचे-खुचे गुब्बारे पकड़े हुए थे, और आंटियाँ 'रास्ते के लिए' लड्डुओं के एक्स्ट्रा डिब्बे सावधानी से पैक कर रही थीं।

मुख्य मेहराब के नीचे परिवार खड़ा था, चेहरे पर मुस्कान और जुड़े हुए हाथ लिए, जैसे विदाई की रस्में भी स्वागत जितनी ही पवित्र हों। लक्ष्मी की आँखें फिर से भर आईं जब उन्होंने दूर-दराज़ से आए रिश्तेदारों को गले लगाया। राकेश, हमेशा की तरह मेहमाननवाज़, हर जाने वाले से ज़िद कर रहे थे कि आशीर्वाद के साथ कुछ खाने का सामान भी ले जाए। मज़ाकिया मुस्कान के साथ बोले, 'एक रास्ते के लिए, एक यादों के लिए।'

और वहीं, अब भी एंट्रेंस पर खड़ा था दूल्हा-दुल्हन का लाइफ़-साइज़ कटआउट –नए आरंभ की चमक से चेहरे अभी भी दमकते हुए। जब मेहमान आए थे, तो उसके साथ सेल्फ़ी लेने रुके थे, जैसे आने वाले जश्न का एक मज़ेदार टीज़र। लेकिन अब, जो कुछ भी हुआ था उसके बाद, मैं यह सोचे बिना नहीं रह सका कि ट्रेलर एक्सपेक्टेशन सेट करती है, लेकिन असली कहानी हमेशा किसी भी पोस्टर से ज़्यादा लेयर्ड, ज़्यादा ह्यूमन और ज़्यादा रॉ होती है।

और क्या ज़िंदगी भी कुछ ऐसी ही नहीं है? हम सब अपने-अपने ट्रेलर बाहर रखते हैं –सोशल मीडिया के हाइलाइट्स, चमकदार इंट्रोडक्शन्स, मुस्कुराती तस्वीरें। लेकिन उसके पीछे पूरी फ़िल्म चल रही होती है –एडिट्स के साथ, री-टेक्स के साथ, बिना प्लान के आए ट्विस्ट्स और बिना स्क्रिप्ट की सच्चाई के साथ। दुनिया ट्रेलर पर ताली बजा सकती है, लेकिन असली

मतलब कहानी जीने में ही मिलता है –उसकी पूरी उलझन और गहराई के साथ।

कुछ मेहमान जल्दी निकल गए, ड्राइवर वाली गाड़ियाँ उन्हें एयरपोर्ट की ओर ले गईं। कुछ रुके रहे, उनका महल के जादू से छूटने का मन नहीं था। वे मेहराबों के नीचे आख़िरी सेल्फ़ी लेने रुके, एक बार फिर आँगन में टहले –जैसे जश्न की आख़िरी बूँदें क़ैद करना चाहते हों। फ़ोटोग्राफ़र सामान समेट चुके थे, प्लानर्स थके हुए दिख रहे थे, लेकिन फूलों की खुशबू अब भी हल्की-सी हवा में तैर रही थी, मानो महल ख़ुद भी अलविदा कहने को तैयार न हो।

बच्चे कार की खिड़कियों से हाथ हिला रहे थे, सुरों में ढली हुई 'बाय-बाय' की आवाज़ें धीरे-धीरे हवा में घुलती जा रही थीं। दोस्त और कज़न्स फिर मिलने के वादे किये जा रहे थे –हालाँकि सब जानते थे कि अगली मुलाक़ात शायद किसी और शादी में ही होगी। धीरे-धीरे महल खाली होने लगा।

और फिर मेरी बारी आई।

मैं पीछे की ओर शांत खड़ा था, जाते हुए लोगों की धारा को देखता हुआ, गले मिलने की गर्माहट, विदाइयों की कोमलता मुझ पर हावी होने दे रहा था।

स्टाफ मेरा छोटा-सा स्ट्रॉली बैग नीचे ले आया था, लेकिन इस बार मैंने ज़िद की कि कार तक मैं ख़ुद ही ले जाऊँ।

परिवार एक साथ खड़ा था –मानो विदाई भी एक और रस्म हो।

सबसे पहले लक्ष्मी आगे बढ़ीं। हाथ जोड़कर नमस्ते किया, आँखें नम थीं लेकिन मन शांत। धीमी आवाज़ में बोलीं, 'स्वामीजी... धन्यवाद। यहाँ रहने के लिए, और कल हमें जोड़े रखने के लिए।'

मैंने भी हाथ जोड़े। 'आप सब अपने आपमें ही मज़बूत थे,' मैंने कहा। 'मैं तो बस जब बादल आए तब छाता पकड़े खड़ा था।' उनके होंठों पर एक हल्की-सी मुस्कान आ गई, वह मुस्कान जो तब आती है जब आँसू अपना काम कर चुके होते हैं।

राकेश ने मुझे एक छोटा-सा, पर गर्मजोशी से भरपूर हग दिया –वैसा हग जो मर्द तब देते हैं जब रोना नहीं चाहते। उनकी आवाज़ थोड़ी भर्रा गई। 'आपने एक मुश्किल दिन को मीनिंगफुल बना दिया।'

मैं हँस पड़ा, उनके कंधे पर हाथ थपथपाया। 'और आपने मुझे याद दिलाया कि कभी-कभी गंभीर होस्ट भी हँसना जानते हैं।'

वे हँस दिए, कल का सारा बोझ जैसे अब उतर गया हो। 'एक रास्ते के लिए, एक यादों के लिए,' कहते हुए उन्होंने मिठाइयों का डिब्बा मेरे बैग में डाल दिया, प्यार की तरह, थोड़ा चोरी-छुपे।

दादी आगे बढ़ीं। उन्होंने अपना हाथ मेरे सिर पर मज़बूती से रखा, उनकी हथेली में सालों का प्यार और ताक़त थी। मुस्कुराते हुए बोलीं, 'अरे मॉन्क साहब, आपने बिना एक भी आइटम सॉन्ग के ब्लॉकबस्टर स्पीच दे दी। अगली बार –कोई एस्केप नहीं –कम से कम एक लाइन सिर्फ़ दादियों के लिए चाहिए।'

मैंने नाटकीय अंदाज़ में झुककर कहा, 'डन, दादी। कोरस आपका।'

उन्होंने अपनी छड़ी कंडक्टर की बैटन की तरह उठाई, मुस्कान ऐसी जैसे दुनिया की सारी दादियों के लिए बहस जीत ली हो।

फिर प्रिया आगे आईं। मुस्कान कोमल, आँखें स्थिर। हाथ दिल पर रखकर बोलीं, 'धन्यवाद। हमें सच बोलने में मदद करने के लिए।' गौरव उनके बगल में खड़े थे, थोड़े झिझके हुए, थोड़े आभारी। उन्होंने जोड़ा, 'और "फ़नी" को ऑफ़िशियल रिक्वायरमेंट बनाने के लिए भी।'

'सबसे पवित्र व्रत,' मैंने कहा, 'वही होते हैं जो आपको अंदर से हँसा दें।'

सबसे आखिर में रोहन और संजना आए, उँगलियाँ एक-दूसरे में उलझी हुई। रोहन ने धीरे से कहा, 'आपने हमें वे शब्द दिए जो हमारे पास नहीं थे।' संजना ने जोड़ा, 'और आपने हमें समय दिया, बिना यह महसूस कराए कि माँगना कोई कमजोरी है।'

मैंने हाथ जोड़े। 'ये तोहफ़े आपने ख़ुद को दिए हैं। मैंने तो बस आइना पकड़ा था।'

मैं मुड़ने ही वाला था कि वेद हल्का-सा हाँफता हुआ मेरी ओर दौड़ा आया, रेगिस्तान की गर्मी में भी हुडी पहने हुए। 'गौरजी –रुकिए।' उसने अपने टोट बैग से एक भूरा-सा क्राफ़्ट एन्वेलप निकाला और मेरी ओर बढ़ाया। उसकी मुस्कान ऐसी थी जो अपनी घबराहट छुपाने की पूरी कोशिश कर रही थी।

अंदर चारकोल से बना एक स्केच था। मंडप का दृश्य: यज्ञ की लपटें, शांत रोशनी की ज़बान बनकर उठती हुईं। और माइक पर मैं। मेरी केसरिया चादर लाइनों में बदलती हुई, जो मालाएँ बनती थीं, नमस्ते में जुड़े हाथों में। नीचे उसने लिखा था: 'मंडप में मॉन्क'।

एक पल को मेरी आँखें भर आईं।

'वेद,' मैंने धीमे से कहा, 'तुमने वो क़ैद कर लिया जो सबसे अच्छे कैमरे भी नहीं कर पाते –फ़ीलिंग।'

वह अचानक शर्मीला हो गया। 'गौरजी... थैंक यू... मुझे देखने के लिए। मतलब, सच में देखने के लिए।'

मैंने स्केच की ओर देखा। 'और तुमने मुझे वो दिखाया जो हमेशा शब्दों में नहीं कहा जा सकता,' मैंने जवाब दिया। 'मतलब, सच में दिखाया।'

वह हँसते हुए बोला, कार की चाबियाँ घुमाते हुए, 'वैसे नानू ने पूछा कि क्या मैं आपको एयरपोर्ट छोड़ दूँ, जैसे पिक किया था। आपका रथ तैयार है, गौरजी।'

बाहर दोपहर की धूप महल की सैंडस्टोन दीवारों पर सोना उड़ेल रही थी। वही काली एस-क्लास सड़क किनारे खड़ी थी। ड्राइवर मेरा बैग उठाने आगे बढ़ा, लेकिन वेद ने सिर हिलाकर रोका। उसने स्केच वापस एन्वेलप में रखा, मेरा बैग उठाया और पीछे का दरवाज़ा ठाठ से खोलते हुए बोला, 'आफ़्टर यू, मॉन्क बॉस।'

मैंने भौंह उठाई। 'सर्वेंट गाय,' मैंने सुधारा।

वह हँसा। 'राइट। सर्वेंट बॉस।'

~

सिक्योरिटी की ओर जाते हुए मैंने वेद का स्केच अपने बैग में सँभालकर रखा, उसका हल्का-सा वज़न मेरे मन में उतर रहा था। बाहर, एयरपोर्ट की काँच की दीवारों के उस पार, कहीं एक उन्नीस साल का लड़का ओवरसाइज़्ड हुडी और स्नीकर्स में कार में बैठ रहा था, कल से थोड़ा बेहतर महसूस करते हुए। और एयरपोर्ट के भीतर, केसरिया वस्त्रों के नीचे, एक मॉन्क भी कुछ हल्का-सा चल रहा था –दिल की बात कहने से नहीं, बल्कि उसे सुनने के लिए, और उस पर भरोसा किये जाने की वज़ह से।

और मुझे लगता है, दोस्तों, यही है "आप सब पा सकते हैं" का असली मतलब –सब कुछ थामने से नहीं, बल्कि सही चीज़ों को पास रखने से – प्यार, सच, हँसी... और उन्हें पूरी शिद्दत से जीने का साहस।

....

सोचने की बातें ...

लोग चीज़ों को जैसी वो हैं, वैसी नहीं देखते: वे उन्हें अपने नज़रिये से देखते हैं। हर कहानी एक दृष्टिकोण से बनती है –मेरी कहानी, उनकी कहानी और असली कहानी। और हर कहानी पक्षपात, यादों और भावनाओं से रंगी होती है। असली सवाल यह नहीं कि दुनिया हमें कैसे

देखती है, बल्कि यह कि हम किसे पवित्र मानते हैं –तालियों का शोर या ईमानदारी की ख़ामोशी। तालियाँ मिट जाती हैं, अंदर की स्थिरता टिकती है। एक बाहर गूँजती है, दूसरी भीतर ठहरती है।

सब कुछ पा लेना:

- अगर 'सब कुछ पा लेने' का मतलब है एक परफ़ेक्ट ज़िंदगी, जहाँ कोई दरार, कोई अफ़रा-तफ़री न हो, तो नहीं, वह मौजूद नहीं है।
- ज़िंदगी हमेशा घुमाव, चक्कर और कमियाँ लेकर आएगी।
- लेकिन अगर 'सब कुछ पा लेने' का मतलब है उन्हीं कमियों के बीच विकास, प्रेम, शांति और अर्थ खोजना, तो हाँ, हम सब कुछ पा सकते हैं। इसलिए नहीं कि ज़िंदगी परफ़ेक्ट है, बल्कि इसलिए कि हम उसकी अपूर्णताओं के भीतर पूरा जीना सीख लेते हैं।

एक भरपूर ज़िंदगी की दस कुंजियाँ:

1. अंडरस्टैंडिंग (समझ)
2. मैनिफेस्टेशन (अभिव्यक्ति)
3. एक्सेप्टेन्स (स्वीकृति)
4. ट्रांसफॉर्मेशन (रूपांतरण)
5. बैलेंस (संतुलन)
6. फॉउंडेशन (आधार)
7. कम्युनिकेशन (संवाद)
8. वल्नेरेबिलिटी (कमजोरी)
9. मैच्युरिटी (परिपक्वता)
10. एलाइनमेंट (तालमेल)

....

इस अध्याय से जुड़े अभ्यास पेज नंबर 306 पर दिए गए हैं।

आपके विचारों का जर्नल

मोंकिफाई

चैप्टर 1

वर्कशीट 1.1: सहमति से ज़्यादा, समझ को चुनने का अभ्यास

भाग 1: जागरूकता

हाल ही की कोई ऐसी स्थिति याद कीजिए जहाँ आपकी किसी से ज़ोरदार असहमति हुई हो। मुद्दा क्या था?

काम का उदाहरण: एक सीनियर टीममेट पुराने तरीके पर चलना चाहते थे, जबकि मैं काम को ज़्यादा असरदार बनाने के लिए नया तरीका आज़माना चाहता था।

घर का उदाहरण: मेरे पार्टनर दोस्तों के साथ वीकेंड बिताना चाहते थे, और मैं चाहता था कि हम दोनों घर पर ही शान्ति से समय साथ में बिताएँ।

पीढ़ियों से जुड़ा उदाहरण: मेरे माता-पिता चाहते थे कि मैं एक 'सुरक्षित' सरकारी नौकरी करूँ, जबकि मैं एक स्टार्ट-अप आइडिया को आज़माना चाहता था।

✍ ______________________________

____

____

उस स्थिति में आपका नज़रिया क्या था?

✍ ______________________________

____

____

दूसरे व्यक्ति का नज़रिया क्या था?

✍ ______________________________

____

____

भाग 2: मनन के सवाल

उस पल आपके भीतर कौन-सी भावनाएँ उभरी थीं?

✍ ______________________________

____

____

दूसरा व्यक्ति किस मानवीय ज़रूरत को ज़ाहिर करने की कोशिश कर रहा हो सकता है?

✍ ______________________________

____

____

अब पीछे मुड़कर देखें तो – क्या ज़्यादा ज़रूरी था: सही साबित होना या रिश्ते में जुड़े रहना?

✍ ______________________________

____

____

भाग 3: नज़रिये में बदलाव

एक वाक्य लिखिए जो उस स्थिति में आपकी सच्चाई को दर्शाता हो।

काम का उदाहरण: रिपोर्ट साफ़ और सीधी होनी चाहिए।

घर का उदाहरण: हमारे रिश्ते को सँवारने के लिए वीकेंड साथ बिताना ज़रूरी है।

पीढ़ियों का उदाहरण: जब तक मुझमें ऊर्जा है, मुझे अपने सपनों को एक मौका देना चाहिए।

✍ ______________________________

____

____

अब एक वाक्य लिखिए जो सामने वाले की सच्चाई को दर्शा सकता हो।

काम का उदाहरण: रिपोर्ट को ध्यान खींचने वाली और अलग दिखने वाली भी होना चाहिए।

घर का उदाहरण: दोस्तों को भी समय और ध्यान चाहिए।

पीढ़ियों का उदाहरण: स्थिर नौकरी जोखिम और मुश्किलों से बचाती है।

✍ ______________________________

____

____

जो दो लाइनें आपने लिखी हैं अब इन दोनों वाक्यों की तुलना कीजिए कि कैसे वो इस सिचुएशन में आपकी और सामने वाले की, दोनों की बात को सही दिखा रही हैं।

कहाँ मेल है?

काम का उदाहरण: हम दोनों चाहते थे कि रिपोर्ट असर डाले।

घर का उदाहरण: हम दोनों ज़रूरी रिश्तों को सँभालना चाहते थे।

पीढ़ियों का उदाहरण: मेरे माता-पिता और मैं –दोनों चाहते हैं कि मेरी ज़िंदगी अर्थपूर्ण और सफल हो।

✍ ______________________________

____

____

कहाँ अंतर है?

काम का उदाहरण: तरीकों में फर्क –क्लैरिटी वर्सेस क्रिएटिविटी।

घर का उदाहरण: फोकस में फर्क –कपल टाइम वर्सेस दोस्तों के लिए समय।

पीढ़ियों का उदाहरण: परिभाषाओं में फर्क –सेक्युरिटी वर्सेस एक्सप्लोर करना।

✍ ______________________________

____

____

भाग 4: अभ्यास के कदम

प्रतिक्रिया देने से पहले रुकना: अगली बार मैं...

काम का उदाहरण: उनके आइडिया को तुरंत नकारने से पहले एक गहरी साँस लेना।

घर का उदाहरण: यह मान लेने से पहले कि मैं प्राथमिकता नहीं हूँ, थोड़ा रुकना।

पीढ़ियों का उदाहरण: माता-पिता से बात करते समय डिफेंसिव होने से पहले एक बार रुक जाना।

✍ ______________________________

____

____

एक स्पष्ट सवाल पूछना: क्या आप समझा सकते हैं कि...

काम का उदाहरण: 'आपके लिए विज़ुअल्स इतने ज़रूरी क्यों हैं?'

घर का उदाहरण: 'इस समय यह गेट-टुगेदर आपके लिए क्यों अहम है?'

पीढ़ियों का उदाहरण: 'मेरे स्टार्ट-अप चुनने में आपको सबसे ज़्यादा चिंता किस बात की है?'

✍ ______________________________

____

____

साझा ज़रूरत को नाम देना: हम दोनों इस बात को महत्व देते हैं कि...

काम का उदाहरण: दर्शकों को संदेश समझाने और याद दिलाने में मदद करना।

घर का उदाहरण: उन रिश्तों को मज़बूत करना जो हमारे लिए मायने रखते हैं।

पीढ़ियों का उदाहरण: एक सुरक्षित और अर्थपूर्ण भविष्य बनाना।

✍ ___

___

___

सहानुभूति का अभ्यास: मैं समझ सकता/सकती हूँ कि उनके लिए...

काम का उदाहरण: डिज़ाइन सिर्फ़ सजावट नहीं, कम्युनिकेशन का हिस्सा है।

घर का उदाहरण: दोस्तों के साथ समय बिताना भी संतुलन और संतुष्टि देता है।

पीढ़ियों का उदाहरण: स्थिरता उनके लिए प्यार दिखाने और मेरी सुरक्षा सुनिश्चित करने का तरीका है।

✍ ___

___

___

जीत से ज़्यादा कनेक्शन को चुनना: मुझे ख़ुद को याद दिलाना चाहिए कि...

काम का उदाहरण: समझना, सही साबित होने से ज़्यादा ज़रूरी है।

घर का उदाहरण: प्यार तब बढ़ता है जब मैं उनकी ज़रूरतों का भी सम्मान करता/करती हूँ –जैसे अपनी।

पीढ़ियों का उदाहरण: रास्ते अलग हों तब भी सम्मान पुल का काम करता है।

✍ ___

___

___

भाग 5: कमिटमेंट

इस हफ्ते कोई एक छोटा-सा कदम लिखिए जो आप दूसरे के नज़रिये को समझने के लिए उठाएँगे।

काम का उदाहरण: बहस में कूदने से पहले एक सवाल ज़रूर पूछूँगा।

घर का उदाहरण: पहले सुनूँगा, फिर समझौते का सुझाव दूँगा –आइडिया को तुरंत ख़ारिज नहीं करूँगा।

पीढ़ियों का उदाहरण: माता-पिता के साथ, अपनी बात रखने से पहले उनकी चिंताओं को स्वीकार करूँगा।

✍ ______________________________

____

____

~

वर्कशीट 1.2: पॉज़–रिफ्लेक्ट–एक्सपेरिमेंट

भाग 1: अवेयरनेस

आप आमतौर पर कब सबसे ज़्यादा शांति महसूस करते हैं?

उदाहरण: जब मैं बिना फोन के सुबह की शांत सैर पर जाता हूँ।

✍ ______________________________

____

____

आप आमतौर पर कब सबसे ज़्यादा थकान महसूस करते हैं?

उदाहरण: रात देर तक बिना मतलब स्क्रॉल करते रहना मुझे थका और बेचैन कर देता है।

✍ ______________________________

____

____

आप कब सबसे ज़्यादा उत्साहित और ज़िंदा-सा महसूस करते हैं?

उदाहरण: जब मैं पढ़ा रहा होता हूँ या दोस्तों के साथ आइडियाज़ शेयर करता हूँ।

✍ ____

____

____

भाग 2: रिफ्लेक्शन

अपने जवाबों को देखकर, आपको क्या लगता है, आपको किस चीज़ की सबसे ज़्यादा ज़रूरत है?

उदाहरण: मुझे और शांत, स्क्रीन-फ्री समय चाहिए।

✍ ____

____

____

आपको किस चीज़ को कम करने या छोड़ने की ज़रूरत है?

उदाहरण: मुझे रात की बेकार डूमस्क्रॉलिंग कम करनी चाहिए।

✍ ____

____

____

भाग 3: अभ्यास के कदम

पॉज़: हर दिन 5–10 मिनट के लिए शांत बैठिये।

उदाहरण: सोने से पहले फोन देखने की जगह 5 मिनट चुपचाप बैठूँगा/बैठूँगी।

✍ ____

____

____

रिफ्लेक्ट: हर हफ्ते अपने ट्रिगर्स, खुशियाँ और थकान लिखिए।

उदाहरण: हर रात डायरी में एक लाइन लिखूँगा –आज किस चीज़ ने ऊर्जा दी और किसने थका दिया।

✍ ____________________

____

____

एक्सपेरिमेंट: एक नई आदत अपनाइए और देखिए कैसा महसूस होता है।

उदाहरण: 10 मिनट स्क्रॉलिंग की जगह पढ़ना शुरू किया –मन शांत लगा और नींद बेहतर आई।

✍ ____________________

____

____

~

वर्कशीट 1.3: ऑथेंटिसिटी का लिटमस टेस्ट

भाग 1: कोई गतिविधि, लक्ष्य या सपना याद करें

कुछ लिखिए जिसे आप अभी कर रहे हैं या करने के बारे में सोच रहे हैं।

✍ ____________________

____

____

भाग 2: तीन जाँच लागू करें

एनर्जी चेक

- क्या यह मुझे ऊर्जा देता है या थका देता है?
- मुश्किल होने पर भी क्या यह सार्थक लगता है?

✍ ____________________

____

____

एनड्यूरन्स चेक

- जैसे-जैसे मैं इसमें उतरता/उतरती हूँ, क्या मेरी रुचि गहरी होती जाती है?
- या यह बस एक ट्रेंड या हाइप है?

✍ ______________________________

____

____

इनर–अप्रूवल चेक

- अगर कोई देख ही न रहा हो, तब भी क्या मैं यह करूँगा/करूँगी?
- अगर लाइक्स न हों, न तालियाँ, तो भी क्या यह करना मुझे सही लगेगा?

✍ ______________________________

____

____

भाग 3: आपका वर्डिक्ट

तीनों जाँच के बाद, नीचे दिए गए वाक्यों में से जो आपको सही लगे, उस पर गोला लगाइए:

☑ यह असली लगता है – सच में मेरा है।

⚠ मुझे कमिट करने से पहले और सोचने की ज़रूरत है।

✖ यह शायद असली नहीं है – ज़्यादा नकल जैसा लगता है।

बोनस रिफ्लेक्शन

खाली जगह भरिए ताकि यह साफ़ हो सके कि आपने अपने बारे में क्या सीखा है:

✍ 'अब मुझे दिख रहा है कि मेरी भूख __________ है, और मेरी साहसी मूर्खता __________ है।'

चैप्टर 2

वर्कशीट 2.1: निष्काम कर्मयोग के तीन कदम

भाग 1: एफर्ट (अपना सर्वश्रेष्ठ दीजिए)

यह पूछने के बजाय कि ज़िंदगी आपको कितना दे रही है, यह पूछिए कि क्या आप ख़ुद पूरी तरह मौजूद हैं। यह कदम है, अपने वर्तमान पल में अपनी ऊर्जा, ध्यान और ईमानदारी लाने का –बिना तुलना किए, बिना शॉर्टकट ढूँढे।

रिफ्लेक्शन प्रॉम्प्ट: जितना आमतौर पर मैं ईमानदारी, ध्यान या अनुशासन दिखाता/दिखाती हूँ, उससे ज़्यादा एफर्ट आज मैं कहाँ डाल सकता/सकती हूँ?

आज मेरा प्रयास होगा:

✍ ____

____

____

भाग 2: डिटैचमेंट (परिणाम की परवाह छोड़ देना)

आप अपने एफर्ट को कंट्रोल कर सकते हैं, पर रिज़ल्ट को नहीं। डिटैचमेंट का मतलब यह नहीं कि आपको परवाह नहीं है –इसका मतलब यह है कि आप नतीजों को अपनी शांति तय नहीं करने देते। यह भीतर का एक बदलाव है –'मुझे क्या मिलेगा?' से 'यह मुझे क्या सिखा रहा है?' की ओर।

रिफ्लेक्शन प्रॉम्प्ट: कौन-सा परिणाम मैं ज़रूरत से ज़्यादा सोच रहा/रही हूँ, और कैसा लगेगा अगर मैं एक गहरी साँस लेकर उसे वैसा ही रहने दूँ तो?

आज मैं जिस एक परिणाम को छोड़ूँगा/छोड़ूँगी:

✍ ____

____

____

भाग 3: सेवा (इसे किसी ऊँचे उद्देश्य से जोड़िए)

जब कर्म सिर्फ़ 'अपने लिए' नहीं होता, तो वह आपके मन को हल्का करने लगता है। सेवा शांत, सरल और रोज़मर्रा की ज़िंदगी में बुनी हुई हो सकती है। अपने काम को ईमानदारी से करना, बिना किसी उम्मीद के किसी की मदद करना, और छोटे-छोटे पलों में वैल्यू ऐड करना।

रिफ्लेक्शन प्रॉम्प्ट: आज मेरे कर्म से किसे फ़ायदा हो सकता है –भले ही वह छोटा हो, भले ही कोई देख न रहा हो?

आज अपने कर्म के ज़रिये सेवा करने का एक तरीका:

✍ ____________________

____

____

की-इनसाइट

फुल एफर्ट से दान कीजिये। डिटैचमेंट के साथ छोड़ दीजिए। और प्रेम के साथ ऑफर कीजिए। यही है निष्काम कर्मयोग।

चैप्टर 3

वर्कशीट 3.1: रोज़मर्रा की ज़िंदगी के लिए किंत्सुगी और वाबी-साबी

भाग 1: अपनी क्रैक्स को पहचानिए (किंत्सुगी प्रैक्टिस)

हम सबके भीतर कहीं-न-कहीं दरारें हैं –कुछ दिखाई देती हैं, कुछ नहीं। उन्हें छुपाने के बजाय अगर हम उन्हें सम्मान देना सीख लें तो?

मेरे शरीर पर कौन-सा निशान या ज़ख़्म है, और वह कौन-सी कहानी कहता है?

✍ ____________________

____

____

कौन-सी याद या अनुभव ऐसा था जिसने मुझे तोड़ा भी और मुझे गढ़ा भी?

✍ ______________________________

____

____

मेरी ज़िंदगी में कब मुझे मैं ख़ुद 'कमतर' महसूस हुआ –और कैसे मैं उसे एक कमी के रूप में नहीं, बल्कि गहराई के रूप में देख सकता/सकती हूँ?

✍ ______________________________

____

____

भाग 2: साधारण को सेलिब्रेट करना (वाबी-साबी अभ्यास)

वाबी-साबी का मतलब है –अपूर्णता, अस्थायित्व और अधूरेपन में छुपी सुंदरता।

मेरे घर की कौन-सी एक साधारण-सी चीज़ (जैसे थोड़ा पिचका हुआ प्लेट, पुराना दुपट्टा या धुँधली पड़ चुकी तस्वीर) कोई याद अपने भीतर समेटे हुए है?

✍ ______________________________

____

____

रोज़मर्रा का कौन-सा पल ध्यान से देखने पर मुझे चुपचाप ख़ुशी दे देता है?

✍ ______________________________

____

____

मैं कहाँ 'परफेक्ट' के पीछे भाग रहा/रही हूँ –और 'काफ़ी है' की सुंदरता को मिस कर रहा/रही हूँ?

✍ ______________________________

____

____

भाग 3: छोटे बदलाव, सुनहरी रोशनी

किंत्सुगी और वाबी-साबी विकास को छोड़ देने की बात नहीं करते –वे देखने का नज़रिया बदलते हैं।

इस हफ़्ते अपने किसी 'दरार' को गर्व के साथ अपनाने का एक तरीका:

✍ ______________________________

____

____

स्वीकार का एक छोटा अभ्यास जो मैं अपनी रोज़ की ज़िंदगी में लाना चाहता/चाहती हूँ:

✍ ______________________________

____

____

एक ऐसा क्षेत्र जहाँ मैं आगे बढ़ना तो चाहूँगा/चाहूँगी –लेकिन नरमी के साथ, ख़ुद पर सख़्ती किए बिना:

✍ ______________________________

____

____

भाग 4: रिफ्लेक्शन अफ़रमेशन

'मैं अपनी क्रैक्स से डिफाइन नहीं होता, बल्कि उस वॉर्म्थ से होता हूँ जो आज भी मेरे भीतर ज़िंदा है।'

चैप्टर 4

वर्कशीट 4.1: ज़िंदगी के अनफेयर मोमेंट्स पर मास्टरी –कब एक्सेप्ट करें, कब कदम उठाएँ

ज़िंदगी अनफेयर है

इसकी आदत डाल लो

नेगोशिएट करना सीखो

डिफिकल्ट सिचुएशंस में क्या बदला जा सकता है?

स्वीकार करना (एक्सेप्टेन्स) बातचीत/हस्तक्षेप (नेगोशिएशन)

सिचुएशन के वे पहलू जो बदले नहीं जा सकते:

✍ ______________________________

____

____

सिचुएशन के वे पहलू जिन पर आप असर डाल सकते हैं:

✍ ______________________________

____

____

इन दोनों के बीच का फर्क पहचान लेने में ही विज़डम है।

~

वर्कशीट 4.2: किसान का विज़डम –मेरे कंट्रोल में क्या है?

'अपना कर्तव्य पूरी निष्ठा से करो, फल की चिंता किये बिना' –भगवद् गीता

भाग 1: अपना 'फ़ील्ड' पहचानिए

ज़िंदगी का वह कौन-सा क्षेत्र है जहाँ आप सुधार लाना चाहते हैं या जहाँ आप अटके हुए महसूस कर रहे हैं?

उदाहरण: करियर/रिश्ता/सेहत/वर्क प्रोजेक्ट/आध्यात्मिक विकास

✍ मेरा फ़ील्ड: ____

____

____

भाग 2: किसान के फ़्रेम के पाँच तत्व

1. ज़मीन (फ़ाउंडेशन)

जो स्थिति या शुरुआती पॉइंट आपको मिला है – जैसे आपका मौजूदा माहौल, परिस्थितियाँ।

✍ मेरी सोच: ____

____

____

2. स्किल (नॉलेज और डिसिप्लिन)

आपके पास मौजूद टूल्स और समझ – आपकी पढ़ाई, अनुभव और एटिट्यूड।

✍ मेरी सोच: ____

____

____

3. रिसोर्सेज़ (सपोर्ट और टूल्स)

बाहरी मदद, मटेरियल या मौके जो आपको मिल रहे हैं।

✍ मेरी सोच: ____

____

____

4. एफर्ट (एक्शन और धैर्य)

रोज़ की लगातार कोशिश, कमिटमेंट, सब्र और प्रैक्टिस।

✍ मेरी सोच: ____________________

____

____

5. बारिश (कृपा और नियति)

जो आपके कंट्रोल में नहीं – जैसे टाइमिंग, किस्मत, दूसरों के फैसले, ईश्वर की इच्छा वगैरह।

✍ मेरी सोच: ____________________

____

____

भाग 3: कंट्रोल का घेरा

नीचे दिए गए स्थान में दो गोले बनाइए:

- अंदर वाले गोले में लिखिए – वो चीज़ें जो आपके कंट्रोल में हैं (आपके विचार, आपके कर्म, आपकी प्रतिक्रियाएँ)
- बाहर वाले गोले में लिखिए – वो चीज़ें जो आपके कंट्रोल में नहीं हैं (दूसरों की राय, नतीजे, टाइमिंग)

(टिप: आप बारिश की भविष्यवाणी नहीं कर सकते, लेकिन मिट्टी की तैयारी तो कर ही सकते हैं।)

भाग 4: रिफ़्लेक्शन प्रॉम्प्ट्स

मैं किस पर ज़्यादा ध्यान दे रहा/रही हूँ – मिट्टी पर या बारिश पर?

✍ ____

____

____

आज, जो मेरे हाथ में पहले से है, उससे मैं क्या शुरू कर सकता/सकती हूँ?

✍ ____

____

____

कब मुझे 'छोड़ देना' है और प्रक्रिया पर भरोसा करना है?

✍ ____

____

____

की इनसाइट

जो नहीं है उसके पीछे भागना बंद कीजिए। जो आपके हाथ में है, वहीं से शुरुआत कीजिए। मिट्टी जोतिए। बीज बोइए। और बारिश – जब भी आए – उसे तोहफ़ा मानिए, गारंटी नहीं।

~

चैप्टर 5

वर्कशीट 5.1: भीतर का नमक

भाग 1: पहचानना सीखें

रिफ़्लेक्शन प्रॉम्प्ट्स

अपनी ज़िंदगी में उन शांत योगदान देने वालों के बारे में सोचिए – घर में, काम पर या समाज में। जो सब कुछ करते चले जाते हैं, लेकिन जिनका नाम शायद ही कभी लिया जाता है? आपके परिवार या ऑफिस में कौन 'नमक'

की भूमिका निभाता है – जो हमेशा मौजूद रहता है, हमेशा देता है, लेकिन जिसकी कद्र कम ही होती है? आख़िरी बार आपने उन्हें दिल से, सच में, धन्यवाद कब कहा था?

एक्शन स्टेप

अपनी ज़िंदगी के ऐसे तीन 'नमक जैसे' लोगों के नाम लिखिए और यह भी लिखिए कि आज – बाद में नहीं – आप हर एक के प्रति अपनी कद्र कैसे जताएँगे।

 ______________________________

____

____

भाग 2: ख़ुद को व्यक्त करना सीखें

कई बार हम सबके लिए मौजूद रहते हैं, सबको सपोर्ट करते हैं – फिर भी भीतर कहीं अनदेखा और अनसुना महसूस करते हैं। इस जगह का इस्तेमाल यह देखने के लिए कीजिए कि आप कहाँ चुप रह गए – इसलिए नहीं कि आपके पास कहने को कुछ नहीं था, बल्कि इसलिए कि आपने पीछे रहना सीख लिया है।

रिफ़्लेक्शन प्रॉम्प्ट्स

- क्या मुझे मेरे डिपेंडेबल होने पर सीक्रेटली गर्व होता है, लेकिन भीतर-ही-भीतर अनदेखा महसूस करता/करती हूँ?
- क्या मैं जज किए जाने के डर से अपने आइडियाज़ रोक लेता/लेती हूँ?
- क्या मैं विनम्रता (ह्यूमिलिटी) को चुप्पी समझ बैठा/बैठी हूँ?

एक्शन स्टेप्स

इस हफ्ते एक ऐसी स्थिति सोचिए जहाँ आप ख़ुद को ठीक से व्यक्त करेंगे – चाहे वह कोई आइडिया रखना हो, कोई सीमा (बाउंडरी) तय करना हो या कोई ज़रूरत साफ़-साफ़ कहना हो।

ख़ुद को याद दिलाइए: चमक आ जाने की वज़ह से नमक कभी नमक होना बंद नहीं करता – वह डिश के स्वाद को और भी निखार देता है।

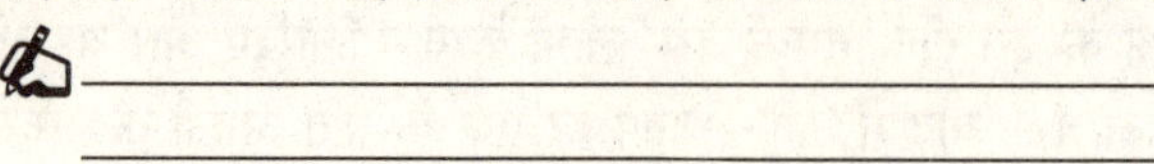

भाग 3: रिकग्निशन और एक्सप्रेशन का संतुलन

असली संतुलन तब होता है जब दूसरे हमारे योगदान को पहचानें और हम ख़ुद को खुल कर एक्सप्रेस करने की इजाज़त दें।

रिफ़्लेक्शन प्रॉम्प्ट्स

- मैं घर या काम की जगह पर ऐसा माहौल कैसे बना सकता/सकती हूँ जहाँ चुपचाप योगदान देने वालों को नोटिस किया जाए?
- अगर मैं नमक हूँ, तो कौन-सा छोटा, हल्का कदम उठा सकता/सकती हूँ ताकि मैं बिना निशान छोड़े घुल न जाऊँ?

की इनसाइट

नमक दिखाई भले न दे, लेकिन वह कभी ग़ायब नहीं होता। जब रिकग्निशन और एक्सप्रेशन साथ आती हैं, तो हर डिश – और हर रिश्ता – और भी ज़्यादा समृद्ध हो जाता है।

चैप्टर 6

वर्कशीट 6.1: लूप को तोड़ना – ए-आर-आई-एस-ई मॉडल

दर्दनाक पैटर्न्स से ऊपर उठने के लिए हमें बाहरी बदलाव से ज़्यादा कुछ और चाहिए होता है – हमें भीतर से शिफ्ट करना पड़ता है।

ए-आर-आई-एस-ई (A-R-I-S-E) एक स्टेप-बाय-स्टेप कम्पास है, जिसे आप अपनी ज़िंदगी में इस्तेमाल कर सकते हैं।

A - अवेयरनेस: पहला कदम है – बस नोटिस करना।

- आपकी ज़िंदगी में क्या बार-बार दोहराया जा रहा है?
- क्या आपको अक्सर अनदेखा किया गया, चुना नहीं गया, या कम आँका गया महसूस होता है?
- कौन-सी परिस्थितियाँ या रिश्ते आपको यह एहसास कराते हैं कि "ये पहले भी हो चुका है"?

अवेयरनेस उस रोशनी की तरह है जो उन चक्रों पर पड़ती है, जिनसे हम अँधेरे में ठोकर खा सकते हैं।

एक्सरसाइज़: अपने रिश्तों, काम या निजी जीवन में ऐसा एक पैटर्न लिखिए जो आपको बार-बार दोहराता हुआ दिखा हो।

 ______________________________

____

____

R - रिलीज़ एंड हील: अवेयरनेस ताक़तवर है, लेकिन जब तक पुराने जज़्बात छोड़े नहीं जाते, वे घूम-फिरकर वापस आते रहते हैं। हीलिंग का मतलब है – पछतावा, ग़ुस्सा या शोक महसूस करने की ख़ुद को इजाज़त देना, और फिर उसे जाने देना। यह अतीत को भूलना नहीं है, बल्कि उसे अब अपनी ज़िंदगी चलाने न देना है।

एक्सरसाइज़: एक ऐसा पुराना जज़्बा लिखिए जिसे आप अब भी ढो रहे हैं। उसके पास कोई छोटा-सा रिचुअल या प्रैक्टिस लिखिए जिससे आप उसे

रिलीज़ कर सकें (जैसे –जर्नलिंग, मेडिटेशन, माफ़ी, खुलकर बात करना आदि)।

I – इंस्टॉल न्यू स्क्रिप्ट्स: भीतर चलने वाली पुरानी स्क्रिप्ट्स – जैसे "मैं काफ़ी नहीं हूँ" या "मुझे इतना ही मिलना चाहिए" – इन्हें बदलना ज़रूरी है। रीवायरिंग का मतलब है – जानबूझकर नए बिलीफ़ और अफ़र्मेशन्स बनाना:

- "मैं प्यार और सम्मान के लायक हूँ।"
- "मैं सक्षम हूँ।"

हर बार जब पुरानी कहानी उठे, एक नई कहानी इंस्टॉल कर दीजिए।

एक्सरसाइज़: एक लिमिटिंग बिलीफ़ लिखिए जो आप ख़ुद को अक्सर दोहराते हुए पाते हैं। फिर उसके बदले वह एम्पॉवरिंग बिलीफ़ लिखिए जिसे आप अपनाना चाहते हैं।

S – सेट बाउंड्रीज़: हीलिंग का मतलब यह नहीं कि जो आपको चोट पहुँचाता है, उसे सहते रहें। बाउंड्रीज़ आत्म-सम्मान का एक रूप हैं। वे दीवारें नहीं हैं जो लोगों को बाहर कर दें, बल्कि दरवाज़े हैं जो सिर्फ वही अंदर आने देते हैं जो आपको पोषित करता है।

एक्सरसाइज़: अपनी ज़िंदगी में एक ऐसी जगह पहचानिए (किसी इंसान, आदत या परिस्थिति के साथ) जहाँ आपको और साफ़ बाउंड्री चाहिए। उसे सेट करने के लिए पहला छोटा कदम लिखिए।

E – एनर्जी शिफ्ट: आख़िर में, अपनी एनर्जी को बदलिए। हीलिंग आपके अंदर ये बदलाव लाती है कि आप ख़ुद को कैसे देखते हैं – और वही बदल देता है कि आप क्या आकर्षित करते हैं। अपने चारों तरफ़ ज़्यादा हेल्दी इन्फ्लुएंसेस रखिए – ऐसे लोग, प्रैक्टिसेज़ और माहौल जो आपको ऊपर उठाएँ।

एक्सरसाइज़: इस हफ्ते अपनी ऊर्जा शिफ्ट करने के दो तरीके लिखिए (जैसे – पॉज़िटिव लोगों के साथ समय बिताना, अपनी जगह को सादा/साफ़ करना, या रोज़ की ग्रैटिट्यूड प्रैक्टिस जोड़ना)।

✍ ____

____

____

रिफ़्लेक्शन प्रॉम्प्ट

हम किसी चीज़ को भूलकर आगे नहीं बढ़ते; हम आगे बढ़ते हैं अलग तरह से याद करके – बिना दर्द को बार-बार रिहर्स किए।

यह पंक्ति इस समय आपकी अपनी यात्रा पर कैसे लागू होती है?

✍ ____

____

____

~

चैप्टर 7

वर्कशीट 7.1: बेहतर कम्युनिकेशन से भरोसा बनाना

अच्छी नीयत के बावजूद भी, अगर तरीका सही न हो तो मान्यताएँ (ऐज़म्प्शंस) भरोसे को नुकसान पहुँचा सकती हैं। साफ़, खुला और ईमानदार संवाद ही इसकी कुंजी है। यह वर्कशीट आपको अपने कम्युनिकेशन पैटर्न्स पर सोचने, अभ्यास करने और उन्हें मज़बूत करने में मदद करेगी।

भाग 1: झपटने से पहले ठहरिए

हाल की कोई ऐसी स्थिति याद कीजिए जहाँ आप जल्दबाज़ी में नतीजे पर पहुँच गए। क्या हुआ? आपने क्या मान लिया? इसका दूसरे इंसान के साथ आपके रिश्ते पर क्या असर पड़ा?

उदाहरण: आपके सहकर्मी ने दो दिन तक आपके ईमेल का जवाब नहीं दिया। आपने मान लिया कि वे आपको इग्नोर कर रहे हैं, इसलिए आपने एक रूखा सा मैसेज भेज दिया। बाद में पता चला कि वे बीमार थे।

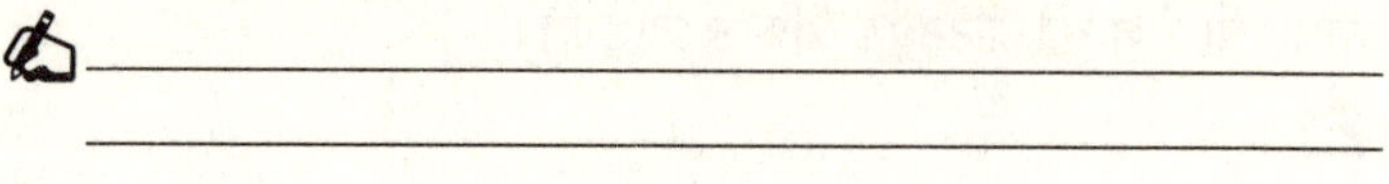

भाग 2: 'तुमने ऐसा क्यों किया?' की जगह

'क्या तुम मुझे समझने में मदद करोगे?'

जो सवाल आप अक्सर डिफेंसिव अंदाज़ में पूछते हैं, उन्हें ओपन-एंडेड सवालों में बदलने की कोशिश करें।

उदाहरण: 'तुम इतनी देर से घर क्यों आए?' कहने की बजाय कहें – 'क्या तुम मुझे समझा सकते हो कि आज तुम्हें देर क्यों हो गई?' इससे टोन आरोप से जिज्ञासा की ओर शिफ्ट हो जाती है।

भाग 3: पहले फ़ैक्ट्स, फिर फ़ीलिंग

ऐसा कोई समय सोचिए जब आप, अपने देखे हुए और अपने महसूस किये गए के बीच, कंफ्यूज़ हो गए। अब उन्हें अलग-अलग लिखिए – क्या फ़ैक्ट था और क्या आपकी व्याख्या (इंटरप्रिटेशन)। उसके बाद सोचिये कि कैसे आप अपने सवाल को बेहतर ढंग से कम्यूनिकेट कर सकते हैं।

उदाहरण:

फ़ैक्ट: 'कल मैंने तुम्हें कैफ़े में किसी से बात करते देखा।'

इंटरप्रिटेशन: 'तुम मुझसे कुछ छुपा रहे हो।'

बेहतर कम्युनिकेशन: 'मैंने कल तुम्हें किसी के साथ देखा – क्या तुम मुझे उसके बारे में बता सकते हो?'

भाग 4: जब तक ग़लत साबित न हो, इंटेंट अच्छा ही मानकर चलिए

तीन ऐसे लोगों के नाम लिखिए जिन पर आप भरोसा करते हैं। सोचिए कि अगर आप उनकी नीयत को पहले अच्छा मान लें, तो किसी टकराव को सँभालना कैसे आसान हो सकता है।

उदाहरण: आपके दोस्त ने आख़िरी पल में लंच कैंसल कर दिया। आपने मान लिया कि उन्हें आपके समय की कद्र नहीं। बाद में पता चला कि घर में इमरजेंसी थी। अगर आपने पहले अच्छी नीयत मानी होती, तो आप ख़ुद को उस चोट से बचा लेते।

भाग 5: स्थिति ख़राब होने से पहले ख़ुद को एक्सप्रेस कीजिये:

ऐसी एक बात लिखिए जिसे आप कहने से ख़ुद को रोक रहे हैं। उसे सम्मान के साथ कैसे कहा जा सकता है?

उदाहरण:

चुप रहकर मन में नाराज़गी पालने के बजाय कहिये – 'जब घर के सारे काम मैं ही सँभालता/सँभालती हूँ, तो मुझे बहुत थकावट होती है। क्या हम इन्हें थोड़ा बराबरी से बाँट सकते हैं?'

इससे छोटी बात बड़ा झगड़ा बनने से रुक जाती है।

की इनसाइट

भरोसा समस्याओं से बचकर नहीं, उनके बारे में कम्यूनिकेट करने से बनता है। ठहरिए, क्लैरिफ़ाइ कीजिए और खुलकर शेयर कीजिए – उस पल में यह मुश्किल लगता है, लेकिन लंबे समय में रिश्तों को मज़बूत बनाता है।

~

वर्कशीट 7.2: सही–ग़लत से आगे – एम्पैथी के साथ जीना

ज़िंदगी अक्सर काली या सफ़ेद नहीं होती। कई फैसले दबाव, डर या बेबसी में लिए जाते हैं। ये फैसले दर्द दे सकते हैं – कभी-कभी बिना किसी इरादे के। यह वर्कशीट आपको रुकने, सोचने और कम जजमेंट व ज़्यादा एम्पैथी के साथ स्थितियों को देखने में मदद करेगी।

भाग 1: किसी दर्दनाक मेमोरी पर रिफ़्लेक्ट कीजिये

ऐसा समय याद कीजिए जब किसी के व्यवहार ने आपको गहराई से चोट पहुँचाई।

- क्या हुआ था?
- आपने उनकी नीयत के बारे में क्या मान लिया था?
- आज पीछे मुड़कर देखें तो – क्या उनके व्यवहार के पीछे कोई और वजह हो सकती थी जो उस समय आपको पता नहीं थी?

भाग 2: ग्रे एरियाज़ को पहचानिए

अपनी ज़िंदगी की दो ऐसी स्थितियाँ लिखिए जहाँ लिए गए फैसले न पूरी तरह सही थे, न पूरी तरह ग़लत – बल्कि हालात से ढले हुए थे (चाहे वे फैसले आपके हों या किसी और के)।

✍ ____________________

____

____

उन फैसलों का आप पर या दूसरों पर क्या असर पड़ा?

✍ ____________________

____

____

भाग 3: जज करने से पहले रुकिये

अगली बार जब आपको लगे कि आपके साथ गलत हुआ है, ख़ुद से पूछिए:

- क्या ऐसा कुछ हो सकता है जो मुझे अभी पता न हो?
- सामने वाला किस दर्द या दबाव में रहा होगा?

रिफ़्लेक्शन प्रॉम्प्ट: आगे बढ़ने से पहले ख़ुद को याद दिलाइये

'मुझे पूरी कहानी अभी नहीं पता। जो मैं देख रहा हूँ, वह शायद सिर्फ़ एक हिस्सा है।'

भाग 4: एम्पैथी इन एक्शन

अपनी ज़िंदगी में ऐसे किसी इंसान के बारे में सोचिए जिसके साथ इस समय तनाव है।

एक ऐसा सहानुभूतिपूर्ण सवाल लिखिए जो आप एज़्यूम करने की जग़ह उनसे पूछ सकते हैं।

उदाहरण: 'क्या तुम मुझे समझा सकते हो कि उस समय तुम किस दौर से गुज़र रहे थे?'

भाग 5: माफ़ी का अभ्यास

माफ़ी दर्द नहीं मिटाती, लेकिन उसका बोझ हल्का कर देती है।

- किसी एक इंसान का नाम लिखिए जिसे आप अपनी शांति के लिए थोड़ा-सा भी माफ़ करने की कोशिश कर सकते हैं।
- उस माफ़ी की दिशा में पहला कदम क्या हो सकता है? (बातचीत, एक ख़त, सोच में बदलाव आदि)

भाग 6: सेल्फ़ कम्पैशन

कभी-कभी सबसे मुश्किल ख़ुद को माफ़ करना होता है।

- एक ऐसी गलती लिखिए जिसके लिए आप ख़ुद को बार-बार जज करते हैं।
- अब उसे इस तरह रीफ़्रेम कीजिए: 'मैंने यह चुनाव इसलिए किया क्योंकि उस समय मैं _____ था/थी (डरा हुआ, बेबस, उलझा हुआ, अपनी पूरी कोशिश कर रहा था) । मैं अब इससे सीख रहा/रही हूँ।'

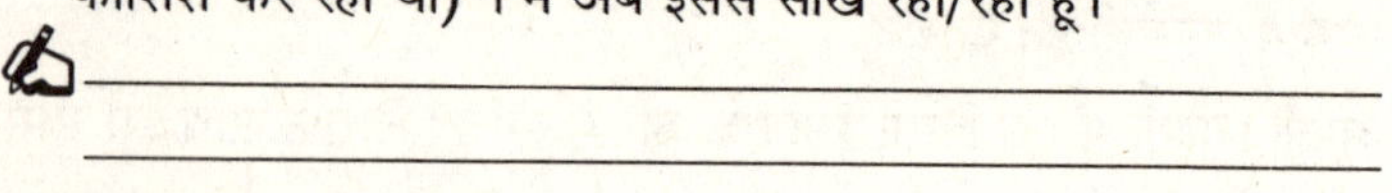

की इनसाइट

ज़िंदगी कॉम्प्लिकेटेड है – साथ ही लेयर्ड और सूक्ष्म भी। मकसद दर्द देने वाले व्यवहार को सही ठहराना नहीं, बल्कि उन्हें समझ के साथ देखना है।

थोड़ी-सी सहानुभूति और थोड़ी-सी माफ़ी – दूसरों के लिए भी और ख़ुद के लिए भी – ज़िंदगी को ज़्यादा नर्म, हल्की और जीने लायक बना देती है।

~

चैप्टर 8

वर्कशीट 8.1: ज़िंदगी के चौराहों से गुज़रना

ज़िंदगी के सबसे मुश्किल फैसले अक्सर सही और ग़लत के बीच नहीं होते। अक्सर वे दो सही ऑप्शंस के बीच होते हैं जो एक साथ चल नहीं सकते। यह वर्कशीट आपको अपने चौराहों को ईमानदारी, सहानुभूति और हिम्मत के साथ देखने में मदद करेगी।

अपने चौराहे को पहचानिए

ऐसी किसी स्थिति को लिखिए जहाँ आपको दो बराबर ज़रूरी रास्तों में से एक चुनना पड़ा था(या अब भी)।

उदाहरण: मुझे काम में प्रमोशन मिला, लेकिन उसके लिए मुझे दूसरे शहर जाना था।

- विकल्प A: प्रमोशन स्वीकार करना
  यह क्या दर्शाता है: करियर में आगे बढ़ना और आर्थिक स्थिरता
- विकल्प B: अपने शहर में ही रहना
  यह क्या दर्शाता है: बुज़ुर्ग माता-पिता के साथ रहना और परिवार के क़रीब होना

✍ ____________________

____

____

क्या क़ीमत चुकाई गई

हर चुनाव की एक कीमत होती है। हर विकल्प के साथ आप क्या पाएँगे और क्या खोएँगे – लिखिए।

- विकल्प A (शहर बदलना):
  पाना: ज़्यादा आमदनी, नए मौके, पहचान
  खोना: माता-पिता के साथ समय, परिवार के पास होना
- विकल्प B (यहीं रहना):
  पाना: परिवार के साथ नज़दीकी, माता-पिता की सेहत को लेकर मन की शांति
  खोना: करियर में तेज़ तरक़्क़ी, ज़्यादा सैलरी

अंतरात्मा की कसौटी

ख़ुद से पूछिए – 'कौन-सा चुनाव मुझे रात को चैन से सोने देगा?' 'किस फैसले को मेरी अंतरात्मा स्वीकार करेगी?'

उदाहरण: मुझे एहसास हुआ कि अगर मेरे दूर रहने के दौरान माता-पिता के साथ कुछ हो जाता, तो मैं ख़ुद को कभी माफ़ नहीं कर पाता। मेरी अंतरात्मा ने साफ़ कहा –

इस दौर में मेरे लिए परिवार पहले है।

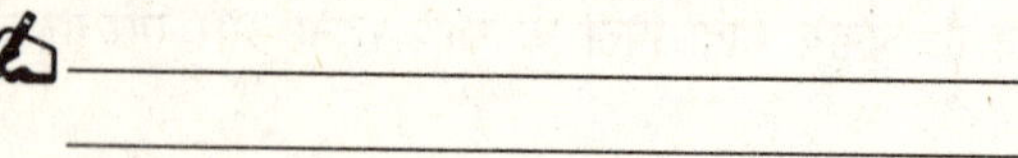

वर्कशीट 8.2: ख़ाली जगहों का सम्मान करना

हम सबके भीतर कुछ 'ख़ाली जगहें' होती हैं – कमी, अधूरी चाहतें, पूरे न हो पाए सपने। यह वर्कशीट आपको उन जगहों को जल्दबाज़ी के बिना, सहानुभूति, धैर्य और ईमानदारी से देखने में मदद करेगी।

अपनी ख़ाली जगह को नाम दीजिए

ज़िंदगी का वह कौन-सा हिस्सा है जहाँ आपको लगता है कि कुछ कमी है? (माता-पिता का प्यार, टूटी दोस्ती, कोई अधूरा सपना)

उदाहरण: मेरे और मेरे पिता के बीच कभी बहुत क़रीबी रिश्ता नहीं रहा।

उसके नीचे छुपी चाहत

इस खाली जगह में आप असल में किस चीज़ को तरसते हैं? (प्यार, सुरक्षा, पहचान, साथ, सराहना, मार्गदर्शन)

उदाहरण: असल में मैं मार्गदर्शन चाहता था – कोई जो मुझे सिखाए कि ज़िंदगी को आत्मविश्वास के साथ कैसे जिया जाए।

इसका आप पर असर

इस खाली जगह ने आपको कैसे गढ़ा है? क्या इसने आपको ज़्यादा आत्मनिर्भर बनाया? ज़्यादा संवेदनशील? ज़्यादा सतर्क? या ज़्यादा रचनात्मक?

उदाहरण: मार्गदर्शन न मिलने की वजह से मैंने अपने रास्तों को ख़ुद ढूँढना सीखा। साथ ही, उन लोगों के लिए मेरी संवेदनशीलता बढ़ी जो चुपचाप संघर्ष करते हैं।

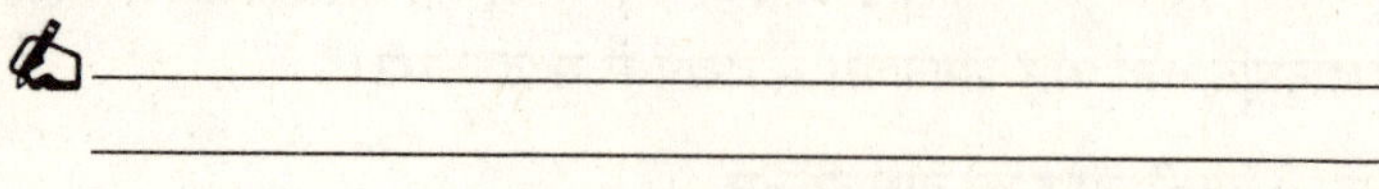

उस जगह का सम्मान करना

उसे तुरंत 'भरने' की कोशिश करने के बजाय, आप इस खाली जगह का सम्मान कैसे कर सकते हैं? (डायरी लिखना, कला, बातचीत, प्रार्थना, ख़ुद की देखभाल, सेवा)

उदाहरण: मैं अपनी भावनाओं को लिखकर व्यक्त कर सकता हूँ और अपने से किसी छोटी उम्र के इंसान के लिए वह मार्गदर्शक बन सकता हूँ जो मुझे कभी नहीं मिला।

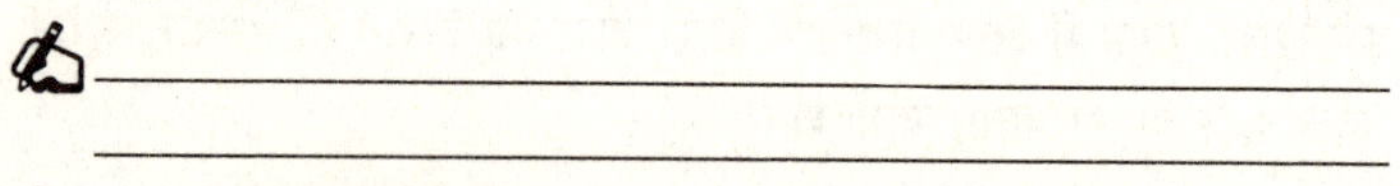

अनजान के साथ धैर्य

यहाँ धैर्य कैसा दिखेगा? (कड़वाहट के बिना दर्द को स्वीकार करना, यह भरोसा रखना कि जुड़ाव या भराव अपने समय पर आ सकता है)

उदाहरण: धैर्य का मतलब है न ख़ुद को दोष देना, न दूसरों को – और रिश्तों को स्वाभाविक रूप से विकसित होने देना, अगर वो होते हैं तो।

ख़ाली जगह को ताक़त में बदलना

यह जगह आपको कमज़ोर करने के बजाय ताक़त कैसे दे सकती है?

उदाहरण: मार्गदर्शन की मेरी कमी ने मुझे दूसरों की मदद करने के लिए प्रेरित किया। जो मुझे नहीं मिला, वही अब दूसरों को बाँटने की, मेरी वजह बन गया है।

✍ ______________________________

____

____

की इनसाइट

ख़ाली जगहें कोई कमी नहीं होतीं। वे निमंत्रण होती हैं – ज़्यादा कोमल बनने की, ज़्यादा गहराई में उतरने की और ज़्यादा धैर्य सीखने की। हो सकता है एक दिन वे किसी अनएक्सपेक्टेड तरीके से भर जाएँ, या शायद वैसी ही रहें – लेकिन फिर वो दिल के ऐसे शांत कोने बन जाते हैं जहाँ बिना शोर के वॉर्म्थ बस जाती है।

~

चैप्टर 9

वर्कशीट 9.1: जो दाग़ हम साथ लेकर चलते हैं

दाग़ को नाम देना

कौन-सी याद या अनुभव ऐसा है जो बार-बार लौट आता है, भले ही आपको लगे कि वो पीछे छूट चुका है? वो कोई नुकसान हो सकता है, कोई चुभता हुआ शब्द, कोई छोटी-सी दयालुता या ज़िंदगी मोड़ देने वाला पल।

उदाहरण: मुझे आज भी वो समय याद है जब मुझे उस ग्रुप से बाहर कर दिया गया था जिसका मैं हिस्सा बनना चाहता था।

वो कैसे लौटता है

यह याद कब-कब वापस आती है? शायद कोई खुशबू, कोई गाना, कोई जगह या कोई इंसान उसे फिर से जगा देता है।

उदाहरण: जब भी मैं किसी ऐसे समूह की हँसी सुनता हूँ जिसका मैं हिस्सा नहीं हूँ, वो याद लौट आती है।

इसका असर

जब यह 'दाग़' उभरता है, तो आप पर इसका क्या असर होता है? क्या आप सिमट जाते हैं, मुस्कुरा देते हैं, अंदर से दुखता है, बचने लगते हैं या ख़ुद के बारे में कुछ नया समझ पाते हैं?

उदाहरण: मेरी प्रेज़ेंट कंडीशन अलग होने पर भी मुझे इनसिक्योर और लेफ़्ट-आउट फ़ील होता है।

अच्छी यादें दाग़ बनाम बुरी यादें

कौन-सी यादें अच्छी यादों जैसी लगती हैं – जो दिल को गरमाहट देती हैं? और कौन-सी बुरी यादें ऐसी हैं – जिनसे आप नज़र चुराना चाहते हैं?

उदाहरण: एक शिक्षक के दयालु शब्द आज भी मुझे हौसला देते हैं (अच्छी याद)। वहीं, बरसों पहले भाई-बहन से हुआ झगड़ा आज भी चुभता है (बुरी याद)।

✍ ____

____

____

याद को अपने भीतर उतारना

अगर यह याद आपको क़ैद करने के बजाय कुछ सिखा सके, तो वह क्या सबक हो सकता है?

उदाहरण: जब ख़ुद को एक्सक्लूडेड महसूस किया तब दूसरों को शामिल करने की क़ीमत समझ आयी।

✍ ____

____

____

छोड़ने का छोटा-सा रिवाज़

वो कौन सा एक ऐसा छोटा-सा रिवाज़ हो सकता है जिससे आप इस याद को स्वीकार करें और उसे एक नए ढंग से साथ रखें?

उदाहरण: मैं इस याद को लिखूँगा, इससे मिले सबक के लिए धन्यवाद दूँगा और फिर उस काग़ज़ को अपनी डायरी में मोड़कर रख दूँगा – एक रीमाइंडर की तरह कि अब कहानी मेरे हाथ में है।

✍ ____

____

____

की इनसाइट

जैसे हल्दी दाग़ भी लगाती है और दवा भी बनती है, वैसे ही हमारा अतीत हमें चोट भी दे सकता है और ठीक भी कर सकता है। मक़सद निशानों को मिटाना नहीं है, बल्कि उन्हें ऐसा बनने देना है जो हमें ज़्यादा नर्म, ज़्यादा गहरा और ज़्यादा समझदार बना दें।

~

चैप्टर 10

वर्कशीट 10.1: समझदारी से सोचना, करना और फ़ैसला लेना

सुग्रीव का फंदा: जब हम सिर्फ़ सोचते रहते हैं

हर वक़्त सोचना, लेकिन हिलना नहीं = ठहराव

रिफ़्लेक्शन प्रॉम्प्ट्स

इस समय मैं किस बात को ज़रूरत से ज़्यादा सोच रहा/रही हूँ, जबकि उस पर कुछ कर सकता/सकती हूँ?

✍ ______________________________

____

____

मेरी हिचक के पीछे कौन-सा डर छुपा है?

✍ ______________________________

____

____

आज मैं कौन-सा एक छोटा-सा क़दम उठा सकता/सकती हूँ – भले ही वो अधूरा या परफेक्ट न हो?

✍ ______________________________

____

____

क्या मेरी ज़िंदगी में कभी ऐसा हुआ है जब मैंने सब 'समझ' लिया, पर 'किया' कुछ नहीं?

✍ ______________________________

____

____

सीख: बिना एक्शन लिए बस सोचते रहना – काबिलियत की बर्बादी है।

रावण की भूल: जब हम सिर्फ़ करते रहते हैं

बिना सोचे किया गया काम = नुकसान

रिफ़्लेक्शन प्रॉम्प्ट्स

हाल ही में मैंने कौन-सा फ़ैसला या प्रतिक्रिया जल्दबाज़ी में लिया?

✍ ____

____

____

मैं इतनी जल्दी क्यों करना चाहता/चाहती था? किससे बच रहा/रही था – असहजता से, चुप्पी से या इंतज़ार से?

✍ ____

____

____

अगर एक पल रुककर सोचा होता, तो मैं क्या अलग कर सकता/सकती था?

✍ ____

____

____

सीख: ऐसा लग सकता है कि जल्दी करना ही सही है, पर विज़डम ठहराव से आता है।

हनुमान का मार्ग: जब सोच और कर्म साथ चलते हैं

बैलेंस्ड सोच + साहसी एक्शन = विज़डम इन मोशन

रिफ़्लेक्शन प्रॉम्प्ट्स

हाल का कोई ऐसा फ़ैसला जहाँ मैंने सोच और काम – दोनों में संतुलन रखा:

✍ ____

____

____

इस संतुलन में किसने मदद की – आस्था, स्पष्टता, शांति या किसी मार्गदर्शक की मौजूदगी?

✍ ______________________________

____

____

इस समय ज़िंदगी के किस एक हिस्से में मैं यही संतुलन अपना सकता/सकती हूँ?

✍ ______________________________

____

____

सीखः ख़ूबसूरती ज़्यादा करने में नहीं, ध्यान से करने में है।

सीख को अभ्यास में बदलना

सोचो –करो –सीखो –दोहराओ

मेरा झुकाव ज़्यादा किस तरफ़ है:

☐ ज़्यादा सोचना ☐ ज़्यादा करना ☐ संतुलन

अगर ज़्यादा सोचते हो:

- 48 घंटे का नियम बनाओ – दो दिन में फ़ैसला लो और कदम उठाओ।

अगर ज़्यादा करते हो:

- सोचने का एक रिवाज़ बनाओ – हाँ या ना कहने से पहले 10 मिनट ठहरो।

अनुभव का राज़

सही फ़ैसले अनुभव से आते हैं। और अनुभव ग़लत फ़ैसलों से।

रिफ़्लेक्शन प्रॉम्प्ट्स

अतीत का कौन-सा 'ग़लत' फ़ैसला मेरा सबसे बड़ा शिक्षक बना?

✍ ______________________________

____

____

उससे मैंने ऐसा क्या सीखा जो कोई सफलता मुझे नहीं सिखा सकती थी?

✍ ______________________________

____

____

सीख: ग़लत मोड़ पर मुड़ने से मत डरो – ठहर जाने से डरो।

इस हफ्ते का अभ्यास

समझ को हरकत में बदलो। इस हफ्ते एक क्षेत्र चुनो, अपना कदम तय करो और तय करो कि कब तक करोगे।

रिफ्लेक्शन गोल	एक्शन स्टेप	टाइम फ्रेम
✍ ________	________	________
________	________	________
________	________	________

रिफ़्लेक्शन अफर्मेशन

"मैं ग़लत फ़ैसलों से ज़्यादा अनिर्णय से नहीं डरूँगा/डरूँगी। मैं ईमानदारी से सोचूँगा/सोचूँगी, हिम्मत से करूँगा/करूँगी और विनम्रता से सीखूँगा/सीखूँगी।"

~

वर्कशीट 10.2: रिश्तों का केक – ऐसे रिश्ते जो पोषण दें और टिकें

रिश्तों का असली मतलब

रिश्ता कोई मंज़िल नहीं – एक चलता हुआ सफ़र है। इसे किसी एक जश्न या पड़ाव से नहीं, बल्कि उसके बाद आने वाले रोज़मर्रा के पलों

से पहचाना जाता है – हँसी, सुनना, माफ़ी और दयालु बने रहने का चुनाव।

रिफ़्लेक्शन प्रॉम्प्ट्स

मेरे सबसे क़रीबी रिश्तों को वाक़ई अर्थपूर्ण क्या बनाता है?

✍ ____

जब कोई ख़ास मौक़ा नहीं होता, तब मैं कैसे अपनी प्रेजेंस जताता/जताती हूँ और ये कि मुझे परवाह है?

✍ ____

आधार – केक

केक का असली हिस्सा उसका आधार है – भरोसा, ईमानदारी, सम्मान, एम्पैथी और कंसिस्टेंसी। इस नींव के बिना सबसे मीठे जेस्चर्स भी आख़िरकार किसी काम नहीं आते।

रिफ़्लेक्शन प्रॉम्प्ट्स

मेरे रिश्तों में कौन-सी 'सामग्री' मज़बूत है?

✍ ____

मुझे किस पर ज़्यादा ध्यान देने की ज़रूरत है – भरोसा, ईमानदारी, सीमाएँ या धैर्य?

✍ ____

आइसिंग – वॉर्म्थ और एक्सप्रेशन

आइसिंग वो तरीक़े हैं जिनसे हम प्यार जताते हैं – शब्दों से, छोटे इशारों से, हास्य, समय और सोच से। ये रिश्तों को मीठा बनाते हैं, पर तभी, जब नीचे का आधार मज़बूत हो।

रिफ़्लेक्शन प्रॉम्प्ट्स

मैं अपनापन या सराहना कैसे सार्थक ढंग से जताता/जताती हूँ?

✍ ______________________________

____

____

कब मैं इमोशनल प्रेज़ेंस की जगह सिर्फ़ सुपरफिशिअल जेस्चर्स पर ज़्यादा निर्भर हो जाता/जाती हूँ?

✍ ______________________________

____

____

चेरी – एक्स्ट्रा चीज़ें

चेरी वो सब कुछ है जो बाहर से दिखता है – तोहफ़े, यात्राएँ, इवेंट्स, फ़ोटोज़, सोशल मीडिया पोस्ट्स, सार्वजनिक तारीफ़। ये अच्छी लगती हैं, पर कमज़ोर रिश्ते को नहीं बचा सकतीं।

रिफ़्लेक्शन प्रॉम्प्ट्स

मैं अपने रिश्तों में किन 'चीज़ों' को ज़रूरत से ज़्यादा अहमियत देता/देती हूँ?

✍ ______________________________

____

____

मैं इन एक्स्ट्रा चीज़ों के असली जुड़ाव को भूले बिना आनंद कैसे लूँ?

✍ ______________________________

____

____

अवन – समय और सब्र

अच्छा केक बनने में वक़्त लगता है। जल्दी करोगे, तो बाहर से जल जाएगा और अंदर से कच्चा रह जाएगा। रिश्तों को भी चाहिए – जगह, सब्र और अपना तालमेल – ज़ोर से नहीं, स्वाभाविक रूप से बढ़ने के लिए।

रिफ़्लेक्शन प्रॉम्प्ट्स

मैं कौन से रिश्ते में परिपक्वता आने देने के बजाय, उसमें जल्दबाजी करके उसे आगे बढ़ाने की कोशिश कर रहा हूँ?

✍ ______________________________

____

____

मैं दूसरों के साथ या ख़ुद के साथ और ज़्यादा सब्र कैसे रख सकता/सकती हूँ?

✍ ______________________________

____

____

मज़बूत रिश्तों की रेसिपी

सामग्री	मतलब	मेरा अंक (1-10)
भरोसा	यह सुकून कि हम एक-दूसरे के साथ हैं	
संवाद	ईमानदारी से बोलना, पूरा सुनना	
सम्मान	फ़र्क़ को भी उतनी ही क़ीमत देना	

सामग्री	मतलब	मेरा अंक (1–10)
धैर्य	समझने और भरने के लिए समय देना	
सहानुभूति	प्रतिक्रिया से पहले दूसरे की नज़र से देखना	
हास्य	साथ हँसना, बोझ हल्का करना	

जीवन की सीख

जितनी भी सजावट कर लो, अगर केक अंदर से कच्चा है तो वो नहीं टिकेगा। वैसे ही, तोहफ़ों और जेस्चर्स की कोई भी मात्रा उस रिश्ते को नहीं बचा सकती जो अंदर से सच्चा नहीं है।

एक्शन स्टेप्स

इस हफ्ते मैं वो कौन सा एक काम कर सकता/सकती हूँ जिससे मैं अपने किसी अहम रिश्ते को और मज़बूत कर पाऊँ?

✍ ______________________________

____

____

कौन-सी एक आदत मैं छोड़ सकता/सकती हूँ जो सिर्फ़ सजावट बढ़ाती है, गहराई नहीं?

✍ ______________________________

____

____

~

चैप्टर 11

वर्कशीट 11.1: 'सब कुछ पा लेने' का भ्रम

सोच की शुरुआत

हम अक्सर एक परफेक्ट ज़िंदगी के पीछे भागते रहते हैं। पर ज़िंदगी असल में घर के खाने जैसी है – एक सब्ज़ी ज़्यादा तीखी हो जाती है, तो एक थोड़ी फीकी। फिर भी, अगर प्यार से बनी हो, तो वही अधूरी-सी थाली भी दिल को सुकून दे जाती है।

रिफ़्लेक्शन के लिए सवाल

अपना 'सब कुछ' तय करें

इस वक़्त आपके लिए 'सब कुछ होना' क्या मायने रखता है – समाज की परिभाषा नहीं, सोशल मीडिया की नहीं, बल्कि आपकी अपनी?

☐ सुरक्षा

☐ आगे बढ़ना

☐ प्यार

☐ उद्देश्य

☐ संतुलन

☐ शांति

☐ कुछ और: ______________________________

परफेक्शन बनाम पूर्णता

एक ऐसा क्षेत्र लिखिए जहाँ आप परफेक्ट होने के पीछे भाग रहे/रही हैं।

✍ ____

____

____

अब लिखिए कि उसी जगह 'पूर्णता' कैसी दिख सकती है – बिना परफेक्ट हुए भी।

✍ ______________________________

____

____

सीढ़ी और साँप

ज़िंदगी हमेशा प्लान के मुताबिक़ नहीं चलती। आख़िरी बार कब ऐसा हुआ जब किसी झटके या गिरावट (साँप) ने आगे चलकर आपको बढ़ने में मदद की (सीढ़ी)?

✍ ______________________________

____

____

एक भरी हुई ज़िंदगी की आपकी रेसिपी

अगर ज़िंदगी आपकी थाली होती, तो उसमें कौन-सी पाँच 'डिशेज़' होतीं – पूरी तरह परफेक्ट नहीं, पर दिल से भरी हुई?

✍ ______________________________

____

____

की इनसाइट्स

- 'सब कुछ होना' हर चीज़ पा लेने का नाम नहीं है, बल्कि अपनी थाली में जो है, उसकी क़द्र करने का नाम है।
- कंट्रोल, परफेक्शन और गारंटी – ये सब भ्रम हैं।
- विकास, प्यार, शांति और जुड़ाव – यही असली 'सब कुछ' हैं।
- अपूर्णता ज़िंदगी को कम ख़ूबसूरत नहीं बनाती, बल्कि उसे सच्चा बनाती है।

रिफ़्लेक्शन प्रॉम्प्ट

आप किस चीज़ की क़द्र कर सकते/सकती हैं – भले ही वो पूरी तरह परफेक्ट न हो?

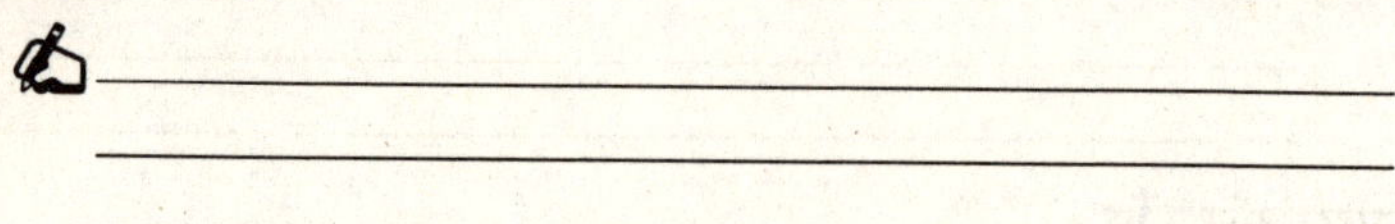

नोट्स

चैप्टर 1: हैशटैग्स, हुडीज़ और एक मॉन्क – रिलेशनशिप्स को समझने के तीन डायमेंशन्स की खोज

1. 'भगवान् पद्मनाभ और उनके दास, मिनिस्ट्री ऑफ़ कल्चर, https://indianculture.gov.in/stories/lord-padmanabha-and-his-dasas; मुदिता परमेस्वरन, 'श्री पद्मनाभ स्वामी के शाश्वत दास – I, प्रज्ञाता, 11 अगस्त 2020, https://pragyata.com/the-eternal-dasas-of-sree-padmanabha-swamy-i/; और 'संतस्वभावी राजा मार्तंड वर्मा, पवित्र धाम (ब्लॉग), https://www.holydham.com/contact-us/.

चैप्टर 2: साँप और सीढ़ी का खेल – फेल्योर को नेविगेट करना और सच्ची सक्सेस को पाना

1. सौन्ड्रा डाल्टन-स्मिथ, 'हर व्यक्ति को जिन 7 प्रकार के रेस्ट की ज़रूरत होती है', टेड आइडियाज़, 6 जनवरी 2021, https://ideas.ted.com/the-7-types-of-rest-that-every-person-needs/.

2. ''कैसे मोक्ष पटम बदलकर स्नेक्स एंड लैडर्स बन गया', रेडियो अज़ीज़ प्रेमजी यूनिवर्सिटी, [https://azimpremjiuniversity.edu.in/thats-the-thing/how-moksha-patam-rolled-into-snakes-and-ladders] (https://azimpremjiuniversity.edu.in/thats-the-thing/how-moksha-patam-rolled-into-snakes-and-ladders); और ''ज्ञान चौपर', एमएपी अकादमी इनसाइक्लोपीडिया ऑफ़ आर्ट, 21 अप्रैल 2022, [https://mapacademy.io/article/gyan-chaupar/] (https://mapacademy.io/article/gyan-chaupar/).

चैप्टर 3: क्रेक्ड मग्स – इम्परफ़ेक्शन में सुंदरता और एक्सेप्टेन्स की खोज

1. तेरुशी शो, 'किंत्सुगी: अपूर्णता को अपनाने की जापान की प्राचीन कला', बीबीसी ट्रैवेल, 9 जनवरी 2021, [https://www.bbc.com/travel/article/20210107-kintsugi-japans-ancient-art-of-embracing-imperfection] (https://www.bbc.com/travel/article/20210107-kintsugi-japans-ancient-art-of-embracing-imperfection); और 'टूटी हुई चीज़ों में सुंदरता: किंत्सुगी की कला', कोनमारी.कॉम, [https://konmari.com/beauty-in-broken-things/] (https://konmari.com/beauty-in-broken-things/).
2. ज़िया मेयर, 'वाबी-साबी: अपूर्णताओं में सुंदरता खोजने की जापानी कला', कार्नेगी लाइब्रेरी ऑफ पिट्सबर्ग [https://www.carnegielibrary.org/staff-picks/wabi-sabi-the-japanese-art-of-finding-the-beauty-in-imperfections/] (https://www.carnegielibrary.org/staff-picks/wabi-sabi-the-japanese-art-of-finding-the-beauty-in-imperfections/); लिली क्रॉस्ली-बैक्स्टर, 'दुनिया को देखने का जापान का अनोखा तरीका', बी बी सी ट्रैवेल, 28 अप्रैल 2020, [https://www.bbc.com/travel/article/20181021-japans-unusual-way-to-view-the-world] (https://www.bbc.com/travel/article/20181021-japans-unusual-way-to-view-the-world); और ओमर इतानी, 'जापानी

वाबी-साबी फिलॉसफी की 5 शिक्षाएँ जो आपकी लाइफ़ को ड्रास्टिकली बेहतर बना सकती हैं', ओमर इतानी (ब्लॉग), 23 अप्रैल 2021, [https://www.omaritani.com/blog/wabi-sabi-philosophy- teachings](https://www.omaritani.com/blog/wabi-sabi-philosophy-teachings).

चैप्टर 4: कमल का विज़डम – अभाव से तृप्ति की ओर कैसे बढ़ें

1. बरद्वाज रंगन, 'कॉमन मेन, अनकॉमन हीरोज़', द हिन्दू, 29 मार्च 2016, https://www.thehindu.com/sunday-anchor/baradwaj-rangan-on-the-rise-of-unknown-protagonist-in-cinema-common-men-uncommon-heroes/article7544532.ece.

लेखक के बारे में

गौर गोपाल दास ने पुणे के कॉलेज ऑफ़ इंजीनियरिंग से इलेक्ट्रिकल इंजीनियरिंग की पढ़ाई की। पढ़ाई के बाद उन्होंने कुछ समय तक ह्यूलेट-पैकर्ड में काम किया, लेकिन जल्द ही उन्होंने अपना जीवन अध्यात्म और सेवा को समर्पित किया, और मुंबई के एक आश्रम से जुड़ गए।

पिछले बीस से ज़्यादा सालों में गौर गोपाल दास कॉरपोरेट लीडर्स, यूनिवर्सिटीज़ और सामाजिक संस्थाओं से संवाद करते हुए दुनिया भर में घूम चुके हैं। उन्होंने न्यूयॉर्क में संयुक्त राष्ट्र (United Nations) में भी अपने विचार रखे हैं। साल 2016 में जब उन्होंने अपनी बातों को ऑनलाइन मंचों पर साझा करना शुरू किया, तो उनकी पहुँच तेज़ी से दुनिया के कोने-कोने तक फैल गई। आज उनके वीडियो को 2.5 बिलियन से ज़्यादा बार देखा जा चुका है और सोशल मीडिया पर उन्हें 2.5 करोड़ से अधिक लोग फॉलो करते हैं। वे लगातार लोगों को जीवन में उद्देश्य, संतुलन और सच्ची खुशी खोजने के लिए प्रेरित करते आ रहे हैं।

गौर गोपाल दास दो राष्ट्रीय बेस्टसेलर किताबों के लेखक हैं और उन्हें कई सम्मान मिल चुके हैं –जिनमें 2020 में दादा साहेब फाल्के इंटरनेशनल फ़िल्म फ़ेस्टिवल में मिला 'ग्लोबल चेंजमेकर ऑफ़ द ईयर' अवॉर्ड और भुवनेश्वर स्थित कलिंगा इंस्टीट्यूट ऑफ़ इंडस्ट्रियल टेक्नोलॉजी (KIIT)

से मिला मानद डॉक्टरेट (DLitt) शामिल है। आज उन्हें दुनिया के सबसे प्रभावशाली साधुओं में गिना जाता है। वे एक ऐसे आंदोलन का नेतृत्व कर रहे हैं, जिसका मक़सद लोगों को ज़्यादा अर्थपूर्ण, संतुलित और संतुष्ट जीवन जीने में मदद करना है।

अनुवादक के बारे में

बासब चंदना, जिन्हें "द कहानी वाला" के नाम से जाना जाता है, एक अंतरराष्ट्रीय स्तर पर प्रमाणित स्टोरीटेलर, लेखक और शिक्षाविद् हैं, जो मानते हैं कि कहानियों में जीवन बदल देने की शक्ति होती है। वे बाल कथा-संग्रह 'गुब्बारे' के लेखक हैं और 15,000 से अधिक विद्यार्थियों के लिए स्टोरीटेलिंग वर्कशॉप आयोजित कर चुके हैं, साथ ही 2,000 से अधिक शिक्षकों को प्रशिक्षित कर चुके हैं, जहाँ वे शिक्षा और भावनात्मक सशक्तिकरण में कहानियों की भूमिका को बढ़ावा देते हैं।

बासब ने देश के प्रतिष्ठित मंचों पर अपनी प्रस्तुतियाँ दी हैं, जिनमें लाल किले में आयोजित 'भारत भाग्य विधाता फेस्टिवल' और देश भर के विभिन्न साहित्यिक उत्सव शामिल हैं। अपने कार्य के माध्यम से वे कहानी कहने की शाश्वत शक्ति और हिंदी साहित्य की समृद्ध परंपरा को निरंतर आगे बढ़ा रहे हैं।

Harper
Collins

Harper
Sport

HARPER
FICTION

HARPER
NON-FICTION

हार्पर
हिन्दी
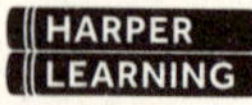
HARPER
LEARNING

HARPER
VANTAGE

HCCB
HARPERCOLLINS
CHILDREN'S BOOKS

4th

HARPER
PERENNIAL

HARPER
DESIGN

BOOKTOPUS

HARPER
BUSINESS